"L'EUROPE DE TRADITION ORALE"
Collection dirigée par Fanny de SIVERS

Le prestige de la civilisation européenne avec ses sciences et ses lettres, ses règles et ses normes, fait souvent oublier qu'il existe aussi un autre visage de la réalité : les gens — ici et ailleurs — ne parlent pas toujours comme ils l'ont appris à l'école et ils n'analysent pas la vie uniquement selon les modèles et les critères généralement reconnus.

La tradition orale reste vivante même sous une épaisse couche de culture sophistiquée, et elle nous montre les communautés, qui se partagent notre vieux continent, sous un angle bien différent.

La Collection "L'Europe de Tradition Orale" essaie de contribuer à la connaissance de ce domaine fascinant et encore bien peu exploré.

LE FINNOIS PARLÉ PAR LES SAMES BILINGUES D'UTSJOKI-OHCEJOHKA (LAPONIE FINLANDAISE)

L' EUROPE DE TRADITION ORALE

1

M. M. Jocelyne FERNANDEZ

LE FINNOIS PARLÉ PAR LES SAMES BILINGUES D'UTSJOKI-OHCEJOHKA (Laponie finlandaise)

STRUCTURES CONTRASTIVES, SYNTAXIQUES, DISCURSIVES

Préface de Claude HAGÈGE

Publié avec le concours du
CENTRE NATIONAL DE LA RECHERCHE SCIENTIFIQUE

1982

ISSN : 0240-2041
ISBN : 2-85297-135-6

Dépôt légal : juin 1982

SELAF - 5, rue de Marseille, 75010 PARIS (France) - Tél. 208-47.66

RÉSUMÉS

M.M.Jocelyne FERNANDEZ - Le finnois parlé par les Sames bilingues d'Utsjoki-Ohcejohka (Laponie finlandaise) : Structures contrastives, syntaxiques, discursives. 1982, Paris, SELAF (L'Europe de tradition orale 1)

Cette étude qui, en réaction contre l'étalonnage généralement imposé aux situations de plurilinguisme, se veut la présentation fonctionnelle d'une variante de finnois parlé par des fennophones non natifs, s'effectue en 3 étapes : la 1ère est une *Typologie contrastive des langues lapone* (L) *et finnoise* (SF), description sélective (corpus de littérature bilingue) orientée en direction de l'objet finalement visé, le finnois laponisant (SFL), et donc fondée sur les probabilités d'interférence dues aux différences morphosyntaxiques. A la *Multiplicité casuelle du finnois* (14 cas SF contre 7 L) est ainsi opposée la *Multiplicité spécificatrice du lapon*, ancrage plus solide dans la situation d'énonciation, favorisé par un nombre considérable d'embrayeurs (déictiques, particules enclitiques, suffixes de dérivation : 13 classes pour les verbes, aisément combinables).

La 2ème partie exploite un corpus de Discours spontanés de SFL (dont 50 p. transcrites, correspondant à 5 h. d'écoute), enregistrés de 1974 à 1977 dans deux communautés sames du Nord de la Laponie finlandaise (frontière norvégienne de la vallée du Teno-Teädnu) : village de Vetsikko-Veähčak et bourg d'Utsjoki-Ohcejohka. Après un rapide inventaire du matériel phonique utilisé par le locuteur de SFL, et des conditions extérieures de développement de la langue (Civilisation de l'oralité, Signifiés ethno-culturels), une *Analyse morphosyntaxique* de SFL est proposée : il s'agit moins de répertorier les interférences grammaticales (rejet après discussion des critères habituels de l'"agrammatisme") que d'expliciter par le lieu et la régularité de leurs occurrences les solutions originales apportées aux ambiguités du SF standard (hiérarchie instable des Actants, nature "existentielle" de certains prédicats, expression du "species" en l'absence d'articles).

La 3ème partie, écartant tout point de vue comparatif quant au corpus collecté (le finnois *parlé* est d'ailleurs encore très peu décrit à l'heure actuelle), expose le fonctionnement du système SFL au plan du message : cette *Analyse discursive* basée sur l'étude des 3 procédés essentiels de thématisation (Prosodie, Ordre des constituants; marquage formel du schéma dichotomique Thème / Rhème : particules, déictiques, adverbes énonciatifs) ébauche une Perspective "Au-delà de la Phrase", et souligne les difficultés de systématisation des phénomènes discursifs repérables dans un texte "spontané". Si la Progression thématique se prête rarement à une représentation graphique simple, la *Cohésion*, syntaxique et surtout iconique (répétition, allitération), liée au contexte d'oralité traditionnelle, apparaît nettement, avec une fréquence inversement proportionnelle à la compétence de l'informateur.

La conclusion - *Stratégie discursive* - estime vérifiée l'une des hypothèses fondamentales : la parole du bilingue réalise certaines des possibilités latentes de la langue.

M.M.Jocelyne FERNANDEZ - Utsjoen-Ohcejohka kaksikielisten saamelaisten puhumasta suomen kielestä : Kontrastiiviset, syntaktiset, diskurssiiviset struktuurit. 1982, Paris, SELAF (L'Europe de Tradition orale 1)

Tämä tutkimus, toisin kuin ne tavanomaiset monikielisyystutkimukset, joissa vertailukohteena on yksikielinen normi, pyrkii olemaan ei-syntyperäisten suomen kielen puhujien (saamelaisten) käyttämän puhutun suomen kielen variantin funktionaali kuvaus. Tutkimus jakautuu kolmeen osaan.

Ensimmäinen osa, *Saamen* (L) *ja Suomen* (SF) *kontrastiivinen typologia*, on valikoiva kuvaus, jossa tutkimuksen pääkohteeksi muodostuu saamelaisten puhuma suomi (SFL), ja joka perustuu morfosyntaktisten eroavuuksien aiheuttamaan todennäköiseen interferenssiin. Suomen kielen runsasta sijamuotojärjestelmää (14 sijamuotoa suomessa, 7 saamessa) vastaa määritteiden runsaus saamen kielessä ja sen myötä lujempi keskustelutilanteeseen kytkeytyminen, jota helpottaa suuri joukko liittimiä (deiktiset elementit, liitepartikkelit, derivaatiosuffiksit : 13 helposti yhdisteltävää luokkaa verbeillä).

Toinen osa tarkastelee saamelaisten suomenkielistä (SFL) spontaania puhetta, joka on nauhoitettu vuosina 1974-1977 Vetsikossa (Veähčak) ja Utsjoella (Ohcejohka), Suomen Lapin pohjoisimmassa osassa (tästä aineistosta on litteroitu 50 sivua vastaten viittä tuntia nauhoitusta). Lyhyen saamelaisten puhuman suomen foneettisten piirteiden ja kielen kehittymisen ulkoisten edellytysten esittelyn jälkeen (suulliselle traditiolle perustuva sivilisaatio, etno-kulttuuriset ominaisuudet) esitetään saamelaisten puhuman suomen kielen *morfosyntaktinen analyysi*. Painopiste ei ole niinkään kieliopillisen interferenssin ongelmissa (epäkieliopillisuuden tavanomaiset kriteerit käydään läpi ja hylätään) kuin saamelaisten puhuman suomen kielen joidenkin omaperäisten ja tyypillisten piirteiden tulkinnassa, joka perustuu näiden piirteiden täsmälliseen esiintymisympäristöön ja niiden esiintymisen säännönmukaisuuteen, ja joiden avulla saamelaispuhujat pyrkivät ratkaisemaan standardisuomen kaksiselitteisten ilmausten ongelmia (aktanttien epäselvä hierarkia, joidenkin predikaattien "eksistentiaali" luonne, spesieksen ilmaiseminen artikkelin puuttuessa).

Kolmas osa esittelee saamelaisten puhuman suomen kielen järjestelmän toiminnan sanoman tasolla ja jättää sivuun vertailunäkökohdan (itse asiassa puhesuomen tutkimus tarjoaa toistaiseksi varsin vähän vertailuaineistoa). Tämä *diskurssianalyysi* perustuu kolmen olennaisen tematisointikeinon tarkastelulle : prosodia, konstituenttien järjestys ja teema/reema -rakenteen formaali merkitseminen partikkelien, deiktisten elementtien ja selittävien adverbien avulla. Tällainen lähetymistapa avaa perspektiivin "lauseen tuollepuolen" samalla kun se tuo esiin ne vaikeudet, joita "spontaanin" tekstin diskurssi-ilmiöiden systematisointi tarjoaa. Joskin temaattista etenemistä voidaan harvoin esittää yksinkertaisen kaavamaisesti, *koheesio*, joka on syntagmaattista ja ennen kaikkea ikonista (toisto ja alliteraatio, suullisen perinteen elementit), tulee selvästi esiin kääntäen verrannollisessa suhteessa puhujan kompetenssiin.

Johtopäätöksissä - *Diskurssistrategia* - osoitetaan näytetyksi toteen perustavaa laatua oleva hypoteesi : kaksikielisen henkilön puhe toteuttaa tiettyjä kielessä piilevänä olevia mahdollisuuksia.

M.M.Jocelyne FERNANDEZ - The Finnish spoken by Sami Bilinguals in Utsjoki-Ohcejohka (Finnish Lappland) : Contrastive, syntactic, discursive structures. 1982, Paris, SELAF (L'Europe de Tradition orale 1)

This functionalist presentation of a variety of Finnish spoken by non-native speakers (Sami-Lapps) is intended as a reaction to the study of situations of plurilingualism exclusively by measurement against monolingual norms. The study is presented in three parts.

The first, *Contrastive typology of Lapp* (L) *and Finnish* (SF), is a selective analysis oriented towards Lapp Finnish (SFL) and based on probable interferences due to morphosyntactic differences. To the *Multiplicity of case distinctions in Finnish* (14 cases as against 7 in Lapp) corresponds a *Multiplicity of specifiers in Lapp* : a firmer anchoring in the discourse situation facilitated by a large number of shifters (deictics, enclitic particles, and 13 classes of easily combined aspectual suffixes for verbs).

The second part draws on a corpus of spontaneous SFL discourse (of which 50 pages, the equivalent of 5 hours on tape, are given in transcription) recorded between 1974 and 1977 in two Sami communities in the North of Finnish Lappland : the village of Vetsikko-Veähčak and the town of Utsjoki-Ohcejohka (in the Teno Valley near the Norwegian border). After a quick survey of the phonetic inventory of SFL and of the socio-cultural conditions in which the language has developed (Civilization based on oral tradition, Ethno-cultural characteristics), a *Morphosyntactic analysis* is presented. Here the emphasis is less on problems on grammatical interference (the usual criteria of "agrammaticality" are discussed and rejected) than on the interpretation, based on a study of the precise context and the predictability of their occurrence, of certain original features of SFL as responses to perceived problems of ambiguity in standard Finnish : the unstable participant hierarchy, the "existential" nature of certain predicates, the expression of "species" in the absence of articles.

The third part puts aside the comparative point of view (indeed, there are few studies to date of *spoken* Finnish to refer to) and presents SFL from a functional perspective at the level of the message. This *Discourse analysis* is based on the study of the three essential means of thematization : prosody, ordering of constituents, and formal marking of the binary structure Theme / Rheme by particles, deictics, and enunciative adverbs. It opens a perspective "Beyond the sentence" and underlines the difficulties of systematizing discourse phenomena observed in spontaneous text. Of these, Thematic progression lends itself only rarely to a simple schematic representation, but Cohesion, which is syntagmatic and above all iconic (repetition, alliteration - linked to the context of oral tradition), appears clearly, in inverse proportion to the competence of the speaker.

In the conclusion, *Discourse strategy*, one of the original hypotheses is shown to be verified : the speech of the bilinguals brings out certain latent possibilities of a language.

M.M.Jocelyne FERNANDEZ - Das Finnische der zweisprachigen Samen in Utsjoki-Ohcejohka (Finnisches Lappland) : kontrastive, syntaktische, diskursive Strukturen. 1982, Paris, SELAF (L'Europe de tradition orale 1)

Vorliegende Arbeit will eine funktionalistische Darstellung einer zweisprachlichkeit, die von der monolingualen Norm ausgehen. Sie besteht aus drei Teilen : Im ersten wird, von einem zweisprachligen Korpus ausgehend, eine *kontrastive Typologie des Lappischen* (L) *und des Finnischen* (SF) dargeboten. Es handelt sich um eine selektive Beschreibung der wahrscheinlichen Modalitäten der Interferenz zwischen den beiden Sprachen, die das Lappenfinnische (SFL) ins Auge faßt. Diese Interferenz ist auf morphosyntaktische Unterschiede zurückzuführen : Der *Kasusvielfalt im Finnischen* (14 Kasus, L dagegen 7) stellt sich *im Lappischen die Viefalt der Spezifikatoren* entgegen, eine festere Verankerung in der Gesprächsituation. Das kommt durch eine Vielzahl von situationsbezogenen Elementen zustande, wie Deiktika, enklitische Partikeln und leicht miteinander kombinierbare verbale Ableitungssuffixe in 13 Klassen.

Der zweite Teil bewertet einen Korpus von spontanen SFL-Diskurs, der zwischen 1974 und 1977 in zwei lappischen Gemeinden im Norden des finnischen Lappland aufgenommen wurde (norwegische Grenze, Tenotal) : das Dorf Vetsikko-Veähčak und das Städtchen Utsjoki-Ohcejohka. 50 Seiten daraus, entsprechend 5 Hörstunden, werden transkribiert dargeboten. Nach einem kurzen Überblick über das vom SFL-Sprecher benutzte Lautmaterial und die Entwicklungsumstände der Sprache (mündliche Sprachkultur, ethno-kulturelle Bedeutung) wird eine *morphosyntaktische Analyse* des SFL geboten. Es geht weniger um ein Repertorium der grammatischen Interferenzen (die üblichen Kriterien der "Agrammatikalität" werden besprochen und abgelehnt) als darum, je nach Situation und Regelmäßigkeit ihres Auftretens, darzulegen, Aktantenhierarchie, existentieller Charakter von gewissen Prädikaten, der Ausdruck der "spezies" bei Abwesenheit von Artikeln).

Der dritte Teil verläßt mit Bezug auf den Korpus die vergleichende Sicht völlig (*gesprochenes* Finnisch ist übrigens noch kaum beschrieben worden) und stellt das SFL-System vom Standpunkt des Kommunizierten aus dar. Diese *Diskursanalyse* fußt auf den 3 wichtigsten Thematisierungsprozessen (Prosodie, Wortfolge und formelle Markierung des dichotomen Schemas Thema / Rhema durch Partikeln, Deiktika und Adverbien der Aussage). Sie eröffnet eine "den Satz überschreitende" Perspektive und unterstreicht dabei die Schwierigkeiten, die bei Systematisierung von diskursiven Phänomenen des spontanen Textes ins Auge gefaßt werden müssen. Während die "thematische Progression" sich selten einer schematischen Darstellung unterziehen läßt, erscheint ganz deutlich - verbunden mit den Umständen der mündlichen Überlieferung-syntagmatische und vor allem ikonische *Kohäsion* (Wiederholung, Alliteration), in einem Maße, das in inversem Verhältnis zur Kompetenz des Informanten steht.

Im abschließenden Teil - *Diskursive Strategie* - wird eine der Grundhypothesen bestätligt : Die Rede des Zweisprachigen verwirklicht gewisse latente Möglichkeiten der Sprache.

М.М. Жоселин ФЕРНАНДЕЗ - Финский устный язык двуязычных Саамов из области Уциоки-Охцейока (Лаппи Финляндии): сопоставительные, синтаксические и речевые структруры.
1982, Paris, SELAF (L'Europe de tradition orale 1)

Это исследование, отходя от обще принятых норм для изучения многоязычных речевых произведений, является функциональным представлением варианта финского устного языка используемого субъектами для которых он не оказывает родным языком. Оно вычленяется на три части: первая часть представляет собой Сопоставительную типологию лопарского (Л) и финского (СФ) языков. Она является отборным описанием которое касается финского языка содержащего лопарские элементы и основывается таким образом на вероятность интерференций вызванных морфосинтаксическими различиями. Итак множеству падежов финского языка (14 падежов СФ против 7 Л) противопоставляются множество определяющих элементов лопарского языка и большое число актуализаторов (деиктические, энклитики, словообразовательные суффиксы, в том числе 13 легко сочетающихся глаголных классов).

Во второй части обрабатывается материал спотаных речей СФЛ (из которых 50 переписанных страниц соответствуют 5 часов записи на плёнках) собранный между 1974 г.и 1977 г. в двух саамских общностях на северной финской части Лапландии (около норвегийской границы в долине Тено-Деадну) в городке Вецикко-Веахчак и в селе Уциоки-Охциохка. После краткого инвентария речевых произведений информатора СФЛ и анализа социо-культурных условий развития языка (эта цивилизация основывается на словесности и у неё этно-культурные особенности) , рассматрывается морфосинтаксическая сторона СФЛ. Ведь, речь идёт не так о перечни грамматических интерференций (по этому поводу трактуется и отклоняется обычный критерий "аграмматичность") а скорее о трактовке, посредством изучения точного контекста и закономерностей местонахождений, отдельных ответов на неясности стандартного СФ (в том числе неустойчивая иерархия Актанов, "екзистенциальная" природа некоторых сказуемых, выражение "спесиеса" при несуществовании артиклей).

В третьей части, отвергая сравнительный метод для анализа материала (к статьи, до сих пор мало описаний финского устного языка) излагается функциональный подход на информативном уровне сообщения. Этот речевой анализ основывается на изучение трёх важных средствах тематизации : на просодию, на порядок составляющих элементов и формальное выражение дихотомической схемы тема/рема (посредством частиц, деиктических частиц и модальных наречий). Это открывает перспективы для анализа "сверх пределов предложения" и подчеркивает препятствия для того чтобы систематизировать речевые явления наблюдающиеся в "спонтаном" тесте. Если тематическая прогрессия редко поддаётся простому схематическому представлению, то синтаксическая увязка и формальное тождество (повторения аллитерации, связанные с устным языком) явно появляются с частотой обратно пропорционалной способности говорящего судя по действующим лингвистическим нормам.

В заключении названной "Речевая Стратегия", оказывается проверенным один из основных гипотезисов : в речи двуязычного осуществляются некоторые скрытые возможности языка.

Hasvik
Loppa
Helgøy
NM
Skjärvøy
Karlsøy
Talvik
Kvenangen
Ullsfj.
Kalfjord
Lyngen
Kåfjord
NF
Lenvik
Sørfjord
Mandalen
Storfjord
Balsfjord
Gullesfjord
Vesterålen
Enon-
Ibestad
Gratangen
Efjord
Könkämä
tekiö
Saarivuoma
NTo
Ofoten
Kaaresuvanto
Hamarøy
Tysfjord
Suijavaara
Rautasvuoma
Jukkasjärvi
Lainio
Parkalompolo
Folda
Kaalasvuoma
Kaitum
Saltfjord
Fauske
Ålloluokta
L
Jällivaara
Njunjes
Kvikkjokk
Pi
Jokkmokk
Flakaberg
Hornberg
Risappi
Rana
Semisjaur
Vefsn
Mosjøen
Arjeplog
Tärna
Grane
Hattfjelldal
U
Arvidsjaur
Sorsele
EtÅ
Bindal
Stensele
Malå
Namdal
Risbäck
Frostviken
Vilhelmina
Lycksele
Snåsa
Liene
Åsele
Verdal
Hotagen
Feren
Skalstugan
Föllinge
Kall
Stjørdal
Meråker
Offerdal
EtJe
Undersåker
Tydal
Essand
Oviken
Härjedalen
Brekken
Kvikne
Mittådalen
Røros
Tännäs
Idre

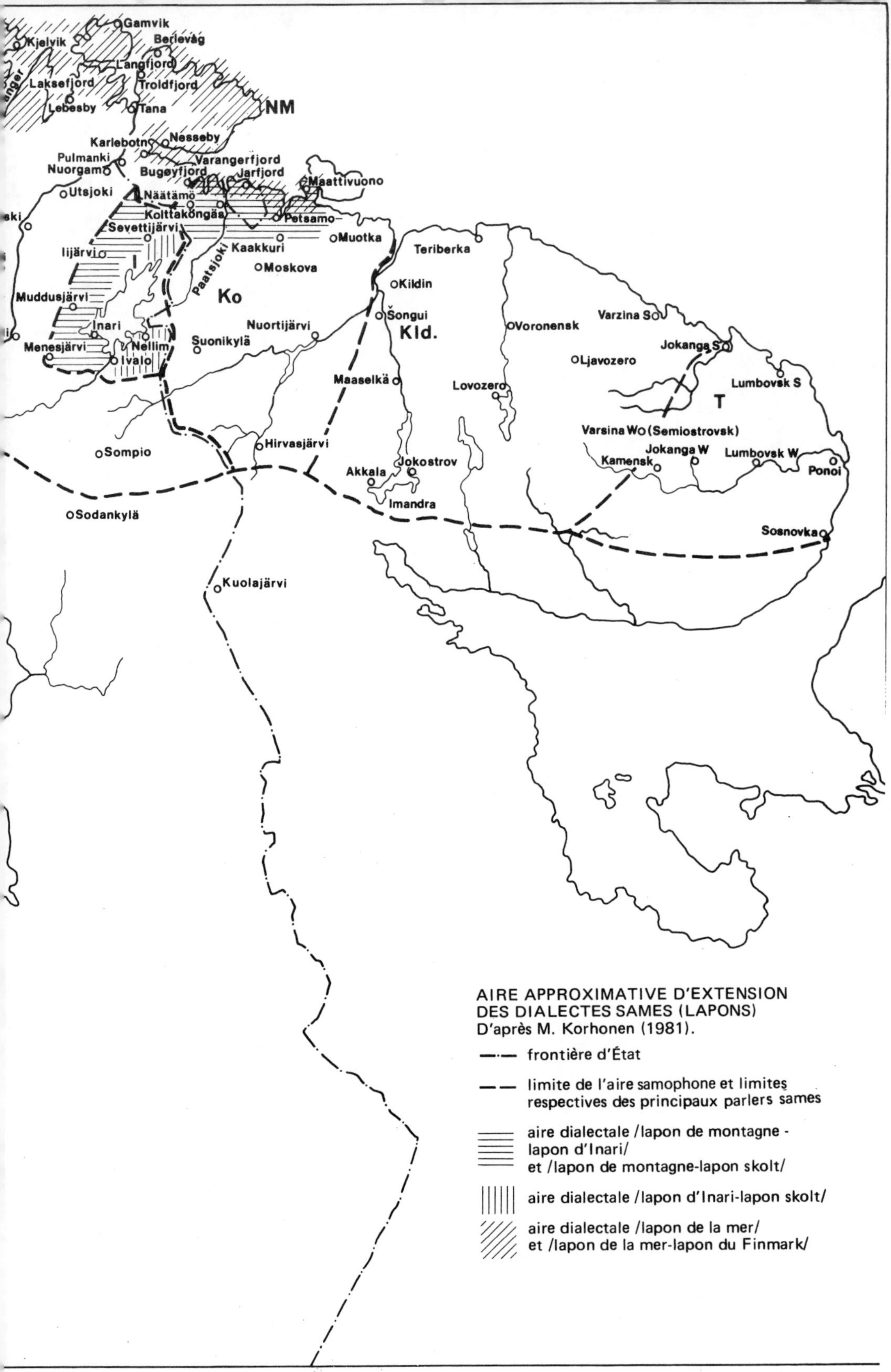

LES DIALECTES SAMES (d'après M. Korhonen, 1981

LE FINNOIS PARLÉ PAR LES SAMES BILINGUES D'UTSJOKI-OHCEJOHKA (LAPONIE FINLANDAISE)

SOMMAIRE

Préface
Remerciements
O. REMARQUES LIMINAIRES
1. TYPOLOGIE CONTRASTIVE DU FINNOIS ET DU LAPON
2. ANALYSE MORPHOSYNTAXIQUE DU FINNOIS LAPONISANT
3. ANALYSE DISCURSIVE DU FINNOIS LAPONISANT
TEXTES DU CORPUS
INDEX DES AUTEURS
BIBLIOGRAPHIE
TABLE DES MATIÈRES

DISTRIBUTION DES LANGUES FINNOISE ET LAPONE EN LAPONIE FINLANDAISE
D'après Saamelaisasiain Komiteanmietintö,1973 (Liite).

1 — LA LANGUE FAMILIALE

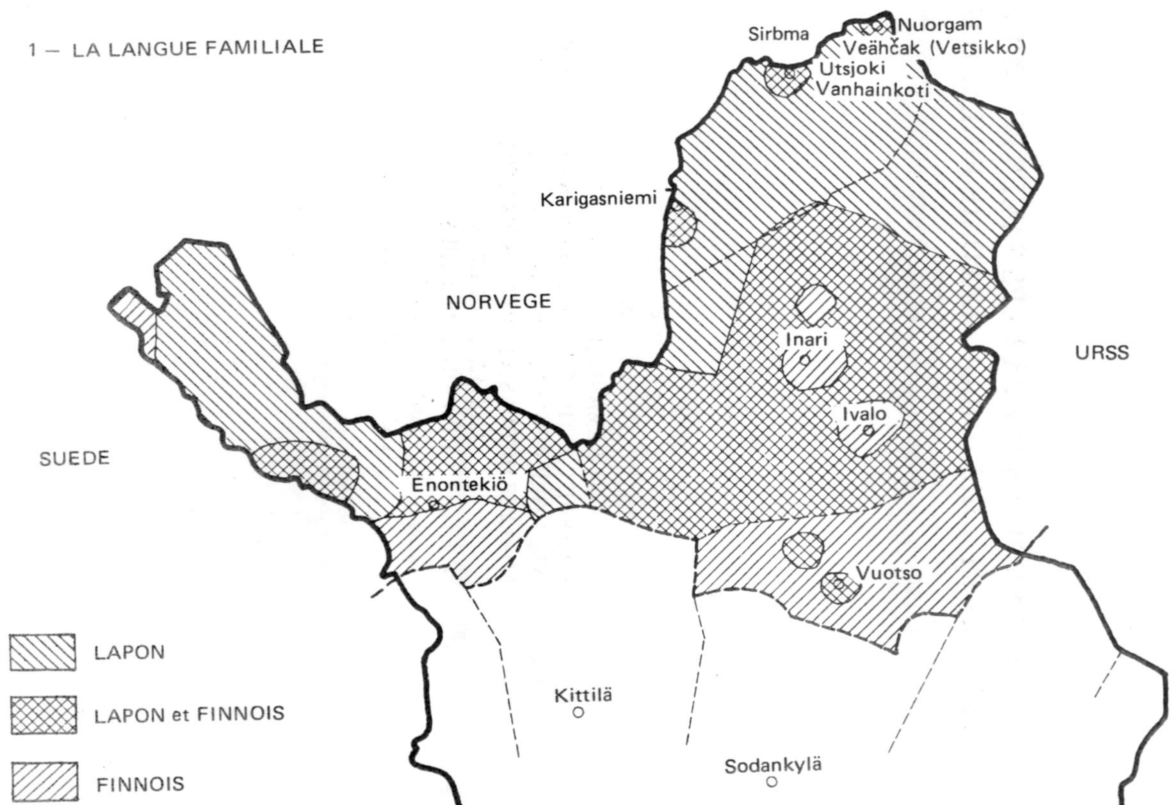

2 — LANGUE DE COMMUNICATION ENTRE LAPONS AGÉS DE MOINS DE 30 ANS

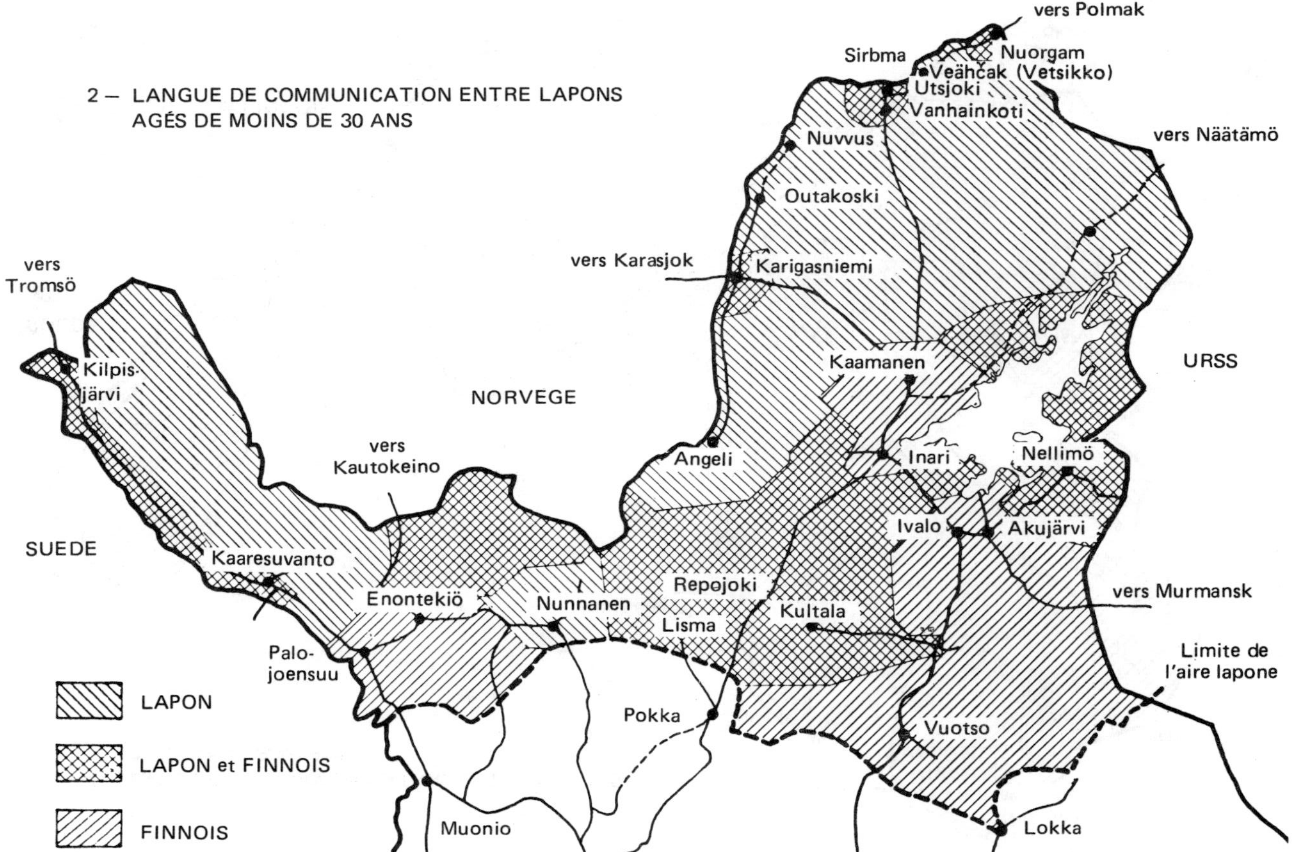

3 – LANGUE DE COMMUNICATION ENTRE LAPONS AGÉS DE 30 A 60 ANS

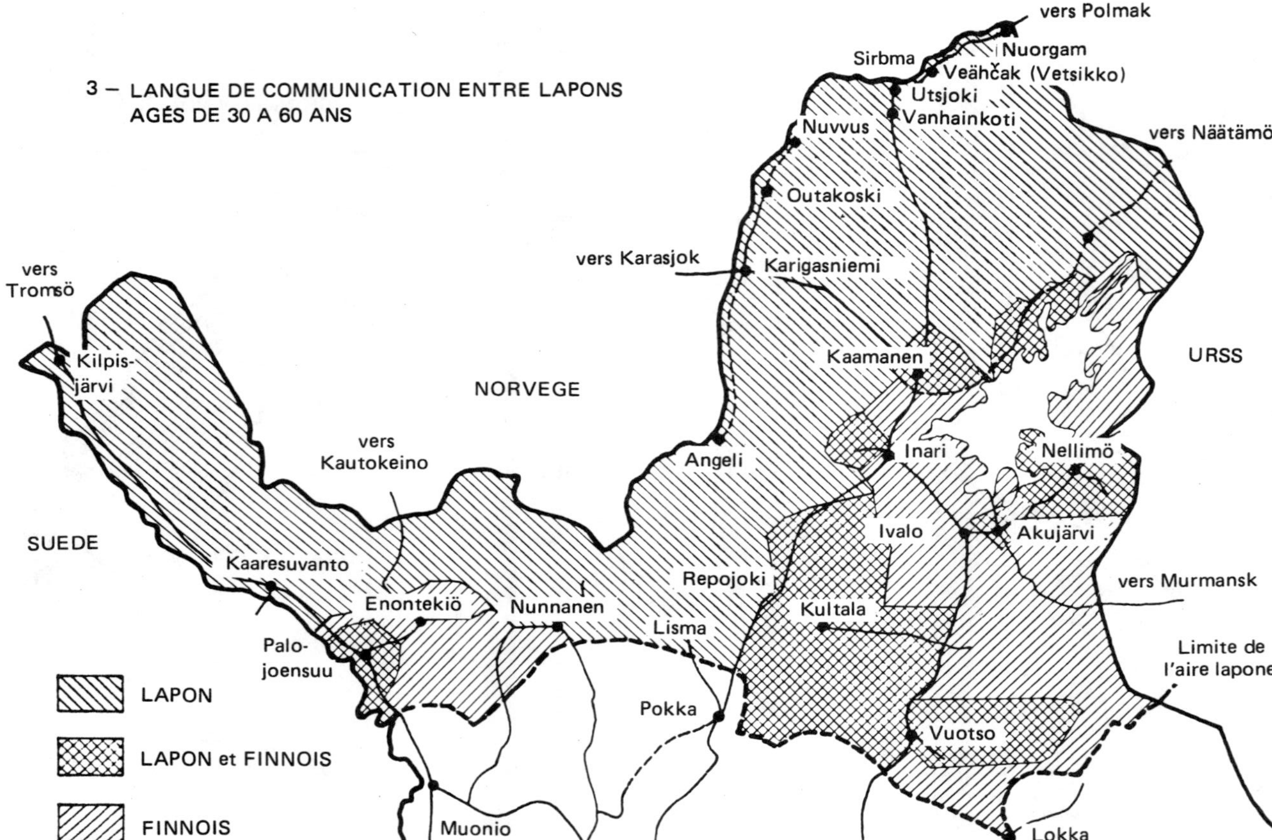

4 — LANGUE DE COMMUNICATION ENTRE LAPONS AGÉS DE PLUS DE 60 ANS

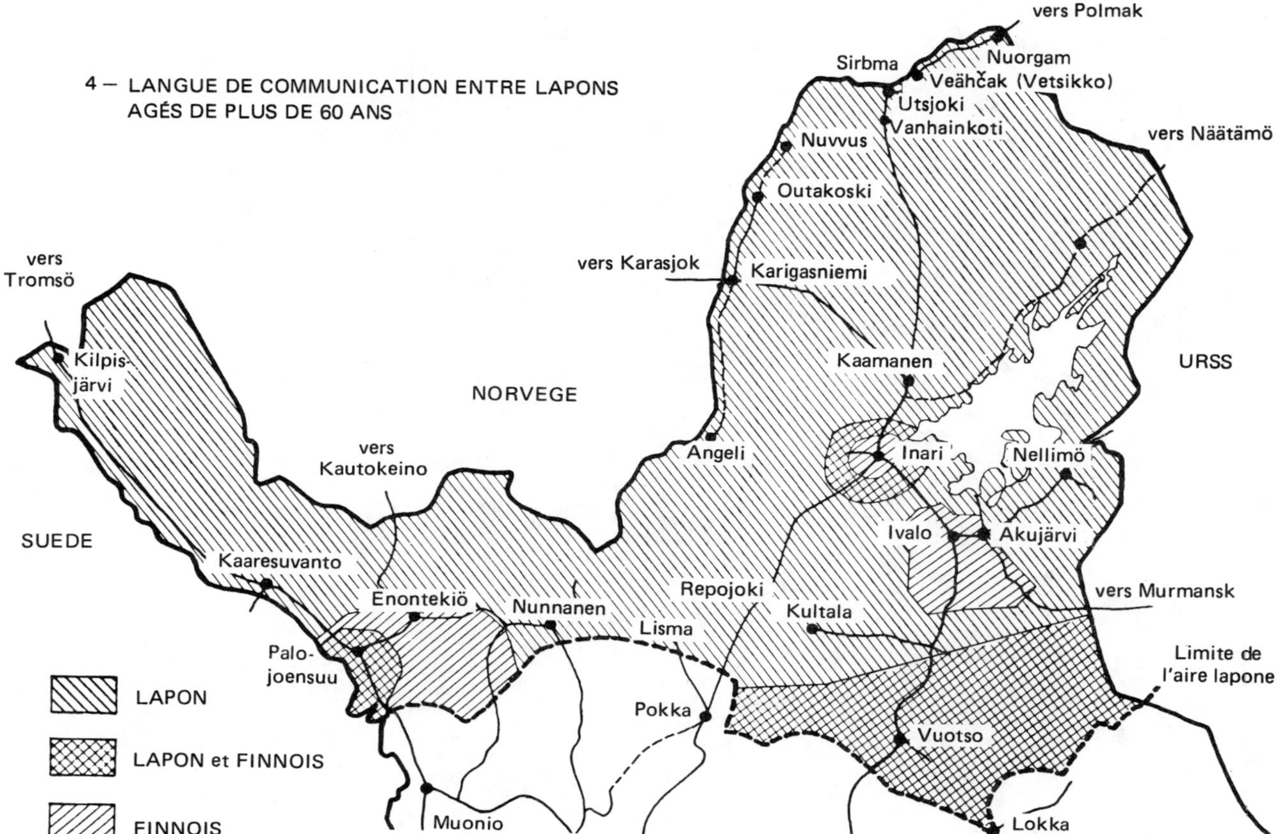

PRÉFACE

Par trois au moins de ses aspects, cette étude du finnois parlé par des Lapons bilingues du cercle polaire mérite de retenir l'attention des linguistes, mais aussi des sociologues, des spécialistes de la Fenno-Scandie et de tous ceux qui s'intéressent à la littérature orale.

Il s'agit, en premier lieu, du premier travail important, de nature scientifique, qui soit consacré à un cas peu connu et fort intéressant de bilinguisme, celui des Lapons de Finlande, qui parlent un type de finnois dont les particularités sont susceptibles d'enrichir beaucoup notre connaissance du phénomène de contact entre langues. L'auteur traite avec compétence et sur la base d'une vaste information un des cas de plurilinguisme si fréquents dans cette partie septentrionale de l'Europe, et les paramètres sociaux, culturels et psychologiques qu'elle propose la conduisent à une typologie des situations de bilinguisme qui éclaire d'une vive lumière cet aspect de la sociolinguistique.

En deuxième lieu, les manifestations linguistiques d'une culture de l'oralité sont soigneusement étudiées, et là encore, l'ouvrage est novateur, dans la mesure où il apporte une pièce originale au dossier, de plus en plus volumineux aujourd'hui, des techniques d'oralité, liées aux cultures qui développent une mémoire là où d'autres ont une écriture, qui donnent à la parole proférée une importance sociale, psychologique et éthique particulière, et qui, du fait de l'absence des intermédiaires scripturaires, fondent des relations plus authentiques.

Mais surtout, et c'est là le troisième aspect qui recommande ce livre, M.M.J. FERNANDEZ donne une place essentielle à ce troisième cadre d'organisation de l'énoncé qu'est, à côté du morphosyntaxique, et du sémantico-référentiel, l'énonciatif-hiérarchique : toute sa troisième partie montre l'ancrage des énoncés de finnois laponisant dans les situations d'énonciation et la richesse des procédés d'opposition du thème, comme information moins nouvelle ou de départ, et du rhème comme information plus nouvelle ou d'arrivée. Ils peuvent se ramener à trois : thématiseurs spécialisés, éléments de déixis liée à l'énonciation, adverbes modalisant l'énoncé. Par ce biais, l'auteur est conduite à dépasser, plus qu'on ne le fait en général, la perspective étroitement phrastique, et à faire apparaître au niveau où elle se manifeste clairement, à savoir celui du texte comme suite d'énoncés, ce qu'est la cohésion.

A ce titre encore, le présent ouvrage est une contribution importante et précieuse aux recherches linguistiques contemporaines.

Claude HAGEGE

SULOI

A Sulo

Sáttašiigo muitalit
viisodagaid
go juo akto sádnige
ibmirduvvo
mot háliduvvo

(Ailu, 1976)

Comment transmettre
des pensées profondes
lors qu'un seul mot
déjà est susceptible
d'interprétation

(Jocé, 1982)*

* Les poèmes cités en exergue sont extraits de N.A. VALKEAPÄÄ, 1976 (MMJ.F., 1982).

L'ORALITE POUR MEMOIRE

"minä muistan sen ajan kun oli niitä vanhoja ihmisiä,
varsinkin tuolla Norjan puolella;
ne käytti paljon sitä vanhaa, sitä oikeaa aitoa ...
saamenkielisiä sanoja ...
mikä nyt on mullaki aika paljon kyllä unohtanu" (B.31)

"il me souvient d'un temps où il y avait de vieilles gens,
surtout là-bas du côté norvégien;
ils usaient beaucoup de ce vieux, de ce vrai, de cet authentique ...
de mots de langue same ...
qui désormais chez moi aussi sont oubliés"

«Nuppi» Antti GUTTORM, Mahtte-Per Jovnna-Ante (1903-1977)

Maarit GUTTORM, Maret-Maret (1891-1977)

RENDONS A CES ARTS . . .

Mes premiers pas outre-Baltique sur les traces des prétendus "Fenni" furent guidés par Anne KOKKO-ZALCMAN, le long d'une voie lacustre et légendaire qui deviendrait celle de *"On tie"*. Comment ne pas s'hameçonner au menton-en-crochet de sa "**koukkuleuka akka**" ?

Mais en 1967 plus d'une route était pavée de bonnes intentions, et peut-être l'engouement fût-il resté lettre morte, sans la fureur poético-grammaticalisante de Jean-Luc MOREAU. D'irrégularités (les degrés de l'adjectif) en harmonies (vocaliques), d'embûches (le chant magique et enlisant du vieux vaillant Väinämöinen, l'écueil de la proposition participiale) en divertissements (jeu de palet avec les Sept Frères, puzzles morphologiques : les thèmes multiples, le Partitif à réinventer), les troupes s'aguerrissaient, et force fut au finnois, talonné de toute part, de se livrer. Mais le territoire conquis était exigu, minorité des minorités, boréalité pour moi parapédagogique qui n'intriguait que sommairement les régionalistes bretons.

Alors Jean PERROT vint. Fini l'exotisme du septentrion, arrêtée l'instruction sur le vol du Sampo : l'enquête porterait désormais sur la vie du langage. De marginal, le finnois devenait linguistiquement universel, éminemment contrastable : il était pertinent, cohérent, majeur donc. Non content d'énoncer, il distribuait des messages : il faudrait en décoder avec lui.

Mais qui l'avait forgé ce code, sinon Ilmarinen et ses apprentis divins ? Qui l'avait transmise, cette réalité situationnelle, sinon les conteurs de l'orientale Carélie ?

Je n'ai fait de choix qu'en apparence : privilégier l'ORAL d'aujourd'hui, c'était aussi rendre hommage à ceux qui m'avaient ouvert les trésors de l'oralité d'antan :

celle des bardes et celle des chamans.

Parmi mes collègues finlandais, ceux dont la coopération m'a été la plus précieuse sont : à Helsinki, Pertti VIRTARANTA (Castrenianum), Esa ITKONEN et Eugene HOLMAN (Institut de Linguistique); à Turku, Nils-Erik ENKVIST, Auli HAKULINEN et Fred KARLSSON (Groupe de Linguistique Textuelle); à Oulu, Pauli SAUKKONEN, Pekka SAMMALLAHTI et Tuomas MAGGA (Département de Finnois et de Same).

Mais c'est à mes amis Rauni PURANEN et Hannu LAUNONEN que je dois d'avoir pu à loisir organiser le sac semestriel des collections de la Suomalaisen Kirjallisuuden Seura; grâce à d'autres amis, migrants, j'ai pu élucider certaines subtilités acoustiques du finnois du Nord : Marjatta NEVAKIVI (née à Oulu), Hannele PORSANGER (originaire d'Utsjoki); de concert avec Markku HEIKINHEIMO-BEAURAIN (Sibelius Akatemia), j'ai pu discerner sous ces variations le thème du finnois standard.

Pourtant, la source première de cette étude, ce sont, bien sûr, les usagers du finnois laponisant : les villageois de Veähčak et les pensionnaires du Vanhain koti d'Utsjoki. Sans eux etc. Ils savent combien j'ai apprécié leur chaleureuse hospitalité, leur inlassable indulgence, leur paisible confiance, leur discrète coopération.

Et s'ils craignent encore, reflet d'une jeune Finlande en mal d'identité, un jugement trop sévère sur leur pratique langagière, qu'ils se rassurent; réceptivité et libéralisme sont chez eux garants d'une fonction ailleurs caduque :

la communication.

Quartier Latin, Août 1977.

Avant l'édition de 1982.

Nous n'avons pu tenir compte que partiellement des travaux sur le finnois postérieurs à notre texte : la Syntaxe de KARLSSON & HAKULINEN (1979), et l'important Projet sur "Le Finnois parlé dans la société actuelle" (1976-), auquel nous sommes reconnaissante à Heikki PAUNONEN (Tampere, Académie de Finlande) de nous avoir associée. Ceci n'invalide nullement les observations faites dans le Chapitre III, pas plus que ne les rend caduques notre effort de systématisation ultérieure des phénomènes informatifs (tel le regroupement des marqueurs du Thème en PEN - Particules énonciatives - etc.).

Veijo V. VIHANTA (Tampere, Paris III) nous a fait l'amitié de scruter le manuscrit de son oeil de phonéticien; il nous pardonnera d'avoir pourtant maintenu, dans l'analyse, le point de vue du locuteur-auditeur.

Mes remerciements vont à Fanny de SIVERS qui m'encouragea dans la relecture, à Françoise PEETERS qui me conseilla pour l'édition.

Puisse les spécialistes de la discipline savoir gré à Jacqueline M.C. THOMAS d'avoir offert à la finno-ougristique, en accueillant cet ouvrage dans sa collection, une audience élargie.

M.M.J.F.

O. REMARQUES LIMINAIRES

0.1. MOTIVATION ET DÉMARCHE

L'universel multilinguisme suscite depuis deux décennies des études multiples et variées. Faut-il voir là heureusement réalisée - et déjà dépassée - la prédiction de Roman JAKOBSON ? Si nous adhérons sans hésiter à sa déclaration "Le bilinguisme est pour moi le problème fondamental de la linguistique" (1963, p. 35)[1], nous sommes moins prompte à considérer le problème comme définitivement traité. Du moins les traitements qu'il subit sont-ils à double tranchant; l'interdisciplinarité qui s'y attache n'est pas à mettre en cause, encore que l'on puisse s'inquiéter de voir dans l'Association socio-psycho-linguistique - pour la défense des minorités parlantes - le radical se maintenir en constante minorité. Mais la linguistique "proprement dite", lorsqu'elle s'attaque au problème, se garde bien d'y apporter l'éclairage de méthodes adéquates. Une fois posé le cadre historico-géographico-politique du "contact des peuples", on se livre à des mesures de "l'interpénétration des langues", au recensement des variables et des supériorités d'influence de l'une à l'autre (*cf.* par ex. W.F. MACKEY, 1976). Cette entreprise de répartition des influences respectives des langues en contact - qui conclut immanquablement à la prééminence de la langue nationalement majoritaire - est étayée d'études expérimentales sur le terrain.

---

[1] Les références des ouvrages renvoient globalement à la Bibliographie : présentée sous forme *thématique*, celle-ci est précédée d'un index alphabétique des auteurs mentionnés, qui devra donc être consulté pour la ventilation des ouvrages entre les différentes sections.

L'aire géographique qui nous concerne, la Fenno-Scandie, constitue certes un terrain d'élection pour la planification linguistique : pragmatisme et égalitarisme civique y garantissent, avec la reconnaissance des identités ethniques, le droit au pluralisme culturel (*cf.* M.M.J. FERNANDEZ, 1981a, p. 82 sqq; J.J. FOL, 1978, p. 100-110).Toutefois, l'entretien méticuleux de cette fine mosaïque de cellules plurilingues (outre les effets de l'étroite consanguinité interscandinave, citons l'implantation historique des Suédois en Finlande, l'actuelle mouvance des communautés de travailleurs finnois immigrés en Suède) n'est pas totalement exempt de glotto-centrisme : la mise à nue du "semi-linguisme" de tel groupe marginal n'a pas forcément pour objectif la mise en oeuvre de moyens propres à y remédier. Ainsi, les pratiques langagières de la vallée-frontière du Torneå/Tornio, amplement circonstanciées (nombreux rapports des sociologues et des linguistes de Lund et de Helsinki, *cf.* Bibliographie, Ib) sont progressivement absorbées par l'inconscient collectif en Suède et Finlande : la double non-conformité de ces pratiques est de nature à conforter suécophones et fennophones "natifs".

Sous prétexte en effet de bien cerner la question, on n'en étale souvent que le passif; les recherches en paternité que dissimule à peine l'exposé des "interférences" - qu'elles soient grammaticales, lexicales etc. , voire conceptuelles - ressortissent en fait à une démarche traditionnellle de la linguistique : la perspective diachronique (la seule actualisation étant ici fournie par l'inévitable resserrement des antériorités). Et à l'issue du catalogage des "divergences", l'instrument d'expression qu'est la langue du multilingue se trouve si désaccordé qu'on l'imagine difficilement accompagnant un acte de communication.

Une protestation galilléenne vient alors à l'esprit :

"Mais pourtant elle FONCTIONNE !"

C'est ce que nous allons essayer de montrer quant à la langue finnoise parlée par les Lapons de la commune d'Utsjoki/Ohcejohka : des différents niveaux de structuration possibles, nous retenons celui de la syntaxe, comme préconstruite au lexique, et nous nous fixons pour but d'en expliciter le fonctionnement grâce à l'analyse de la signification. Pour ce faire, nous nous soumettrons à deux conditions.

Répondant à l'invite d'U. WEINREICH

> "Great or small, the differences and similarities between the languages in contact must be exhaustively stated for every domain - phonic, grammatical, and lexical - as a prerequisite to an analysis of interference" (1974, p. 2)

nous présenterons une typologie contrastive (synchronique) des deux langues en contact - le finnois (SF) et le lapon (L). Une typologie exhaustive était quantitativement exclue et - qualitativement - peu souhaitable : nous l'avons orientée en direction de l'objet visé, le finnois laponisant (SFL), une variante de finnois parlée par des "étrangers". Il s'agit donc plutôt d'une étude des *probabilités d'interférence*, étude inspirée par l'observation des différences morpho-syntaxiques existant entre les deux langues.

Le second préalable nous est imposé à la fois par l'état actuel de la science et par notre souci de ne pas donner prise d'emblée à une critique nuisible au fonctionnement du système.

Pour qui se propose d'étudier l'agencement de la communication, càd. l'activité propre au locuteur - laborieusement réintroduite par les structuralistes post-post-bloomfieldiens - une hypothèse de travail consiste à postuler pour le message une structure correspondant à celle de l'énoncé : une structure hiérarchisée, caractérisée par l'existence d'un noyau nécessaire et suffisant pour qu'il y ait message, les autres éléments étant des satellites susceptibles de graviter autour de lui. Mais si les deux codes correspondant aux deux niveaux de l'analyse coexistent et se manifestent conjointement, c'est la structuration du message qui est, dans une mesure qui reste à déterminer, tributaire de l'énoncé ou, selon la formulation de Jean PERROT :

> "L'énoncé est le moule syntaxique dans lequel se coule le message" (1978a)

En toute logique , nous devrions donc commencer par analyser le donné linguistique au plan du message pour établir ensuite une correspondance entre unités communicatives et unités syntaxiques. Mais la recherche sur la typologie du message en est au stade de l'élaboration; nous procéderons donc - conformément à la démarche discursive telle que nous la concevons et la définissons - du connu à l'inconnu. Les acquis de l'analyse syntaxique nous permettront, à l'issue d'une description minutieuse et pourtant sélective, d'ébaucher une classification des contraintes discursives qui pèsent sur la réalisation de la structure.

Cet ordre d'exposition présente un avantage non négligeable. Nous pourrons régler leur sort aux interférences et leur assigner une place fixe dans le système linguistique avant d'illustrer le dynamisme du système. La IIe partie de notre exposé sera donc pertinemment *normative* : les "fautes", mais aussi l'appropriation des structures grammaticales par le sujet parlant bilingue.

Avec la IIIe partie, l'optique (plus constructive) sera sensiblement modifiée : abandonnant tout souci centralisateur, nous essaierons de présenter l'instrument SFL en tant que performatif de l'acte social de communication, le découpage au plan de la signifiance devenant ensemble de schémas au plan de la signification. Ce chapitre, dont l'impertinente autonomie par rapport à la langue standard est amplement justifiée par le statisme de la recherche en ce domaine (peu de théories sur la langue parlée, peu ou pas de références à des corpus vivants) prétendra illustrer nos options fondamentales : *la parole du bilingue réalise certaines possibilités latentes de la langue.*[2]

Avant d'aborder description et analyse, exposons succinctement les caractères externes de la situation linguistique choisie.

0.2. LES LAPONS

Nombre de Lapons en Finlande

L'évaluation numérique des communautés lapones dépend de la conception officielle (gouvernementale) de la qualité de "Lapon/Same" - "Same" n'ayant aucune valeur proprement linguistique (pas de contraste possible tel que finnois/finlandais), nous emploierons les deux termes comme variantes stylistiques - or les différents Pays Nordiques ne sont jamais parvenus à un accord sur ce point. Le programme d'étude de la population lapone mis en oeuvre en 1959 par le Conseil Nordique, à l'instigation des associations lapones, n'a été réalisé qu'en Finlande.

En Finlande, c'est le critère *linguistique* qui est retenu par le Comité pour les Affaires lapones : il propose en 1952 (définition élargie en 1962) de considérer comme lapone toute personne dont le père ou la mère - puis (1962) l'un des grands-parents - a pour première langue le lapon, et qui pratique elle-même cette langue (*Saamelaisasiain komiteanmietintö*, 1973, p. 3).

---

[2] Il n'échappera pas que :

a) la fameuse opposition saussurienne langue/parole reçoit en contexte multilingue un éclairage nouveau : la pratique collective est ici l'étalon standard, la pratique individuelle sa déviance. Aussi nos options devraient-elles apporter des éléments à la remise en question du concept saussurien par les théories sémantiques.

b) nos informateurs ont peu d'affinités avec la vedette chomskyenne - le "locuteur-auditeur idéal" (N. CHOMSKY, 1971, p. 2).

On a recensé ainsi 4409 Lapons en 1970, dont 89% dans les communes d'Enontekiö, Inari, Sodankylä, et Utsjoki (1077).

Mais si en Finlande l'accent est mis sur l'identification linguistique (voir "Identité ethnique" 2.1.2.1.2.1.)[3] - rappelons que la Finlande est le seul de ces pays à posséder une législation *bilingue* (minorité suécophone) - en Suède par contre on compte pour Lapons les seuls éleveurs de rennes : la laponité y est traditionnellement liée à un facteur *économique*. Quant à la Norvège, aucune définition fixe n'y a été officialisée. Aussi les estimations globales de population same varient-elles considérablement selon les sources : le chiffre généralement retenu de 35 000 Lapons environ (dont 20 000 en Norvège, 10 000 en Suède, 4000 en Finlande et 1000 en Union soviétique) peut être décuplé par une interprétation plus libérale (jusqu'à 300 0000 Lapons, *cf.* SIURUAINEN & AIKIO, 1977, p. 11).

Nature et évolution de la culture lapone

L'élevage du renne est généralement considéré comme l'élément conservateur de la langue lapone (études de KÜNG (1970) en Suède et d'ASP (1965, 1966) en Finlande). Ceci est vrai des Laponies suédoise et norvégienne, mais dans la commune d'Utsjoki, la seule de la Laponie finlandaise où le lapon soit largement majoritaire, la renniculture n'est qu'un facteur économique secondaire.

D'un point de vue ethnique, on distingue trois groupes principaux:

- Les Lapons des montagnes ou éleveurs de rennes
- " des forêts ou pêcheurs
- " de la mer.

La base de cette répartition, ce sont donc d'une part le milieu écologique , d'autre part la forme d'économie naturelle correspondant à chacun des types. En fait, sur l'ensemble des Lapons, 3500 seulement (soit 10%) pratiquent l'élève du renne. Les Lapons pêcheurs de Finlande se répartissent en trois sous-groupes : ceux des fleuves (Tenojoki et Utsjoki) et du Ruija (le "bras" qui s'étire entre les Laponies norvégienne

---

[3] Bien que l'on conçoive difficilement quel autre critère culturel pourrait lui être substitué (le costume, le "joïk", eux aussi en voie de disparition, ?), ceux-là mêmes qui perçoivent la nécessité d'une identification sur critères fixes s'insurgent contre la "sélection linguistique" : la langue lapone est, du fait d'une législation scolaire inefficace, en état avancé de désintégration. Certains parallèles ne manqueront pas d'être tracés (breton, occitan, basque etc.).

et suédoise) ceux du lac d'Inari, et les Skolts (transplantés au Nord-Est de la commune d'Inari à la fin de la seconde guerre mondiale, après la cession de la région de Petsamo à l'Union soviétique).

Dialectes lapons

9 idiomes relativement hermétiques, dont 3 parlés en Finlande : le lapon de montagne, d'Inari et skolt.

L'idiome le plus parlé (montagne, 80%) ne possède pas moins de 4 orthographes différentes : les deux systèmes de transcription utilisés en Norvège sont celui proposé par J.A. FRIIS dans sa *Lappisk grammatik* en 1856 (et repris par le périodique *Nuorttanaste*, organe de l'église évangélique libre, répandu chez les Laestadiens du Finnmark et dans la région d'Utsjoki) et celui promu par K. NIELSEN dans son *Laerebok i lappisk* en 1926 (plutôt réservé aux publications d'ordre scientifique), tandis qu'en Finlande prédomine le système mis au point en 1934 et amélioré en 1951 par les soins de la Lapin Sivistysseura (Société pour la Civilisation lapone, siège à Helsinki, édite la revue *Sabmelaš*). Dans les années 70, ces différentes formules sont concurrencées par un code unique, mis en rodage depuis 1974 et qui tend, avant même son adoption officielle, à se substituer en Norvège et en Suède à l'orthographe du Norvégien K. BERGSLAND et du (Lapon) suédois I. RUONG, introduite dans le système scolaire depuis 1947 (et qui est en fait une adaptation de celle de NIELSEN, corrigée par la représentation spécifiquement suédoise de certains phonèmes : å:/o/, o:/u/ etc.).

L'apparente disproportion des priorités accordées conjointement - malgré un choix différent de solutions - par lapologues et lapophones au problème de *l'orthographe*, aux dépens de ceux du lexique et de la syntaxe, reflète la spécificité de cette situation linguistique : indispensable à une communication élargie, la graphie était perçue par les uns comme l'instrument nécessaire à la fixation d'une oralité peu banale au sein d'une famille linguistique (finno-ougrienne) déjà bien cataloguée, pour les autres elle devait être le garant fondamental d'un développement culturel autonome et dynamique, le code qui les soustrairait collectivement à tous les monopoles d'Etat. Les uns faisaient assaut de technicité dans la préhension de faits authentiques de langue, les autres préféraient schématiser dans un souci d'efficacité. Livré à lui-même, le lexique renonçait à repousser l'invasion des termes étrangers, se retranchait derrière les derniers bastions de la culture traditionnelle. La situation devait changer radicalement après la seconde guerre mondiale, avec la prise de conscience par les pan-lapons de leur particularisme ethno-culturel (rejet du missionariat, puis du protectionnisme des linguistes étrangers à la communauté). La contestation menée dans les années 60 par enseignants et simples locuteurs contre linguistes et législateurs aboutissait à l'adoption, lors de la Xe Conférence lapone (sorte de parlement populaire), en 1978, d'une Réforme commune de l'orthographe, applicable aux trois pays concernés. Cette réforme, qui a fait l'objet d'un vaste débat public (à la radio et dans la presse lapone) durant toute sa mise au point, devrait satisfaire un maximum de locuteurs. Reste à leur fournir les indispensables compléments au cadre formel de l'expression : des lexèmes adaptables à une réalité en mutation - ce à quoi s'emploie également la Commission pour la Langue lapone (Sámiid giellalávdegoddi), créée en 1971 sous l'égide du Conseil lapon nordique.[4]

La communauté choisie

Le lapon est minoritaire dans toutes les communes de la Laponie finlandaise, hormis celle d'Utsjoki. Même dans cette dernière, les possibilités offertes d'utiliser le lapon (dans un contexte officiel) sont extrêmement réduites : les fonctionnaires venus du Sud du pays ne sont qu'exceptionnellement lapophones, dans le commerce 1 employé sur 5 parle cette langue. Pourtant la paroisse d'Utsjoki est dotée d'un interprète lapon pour les services religieux.[5]

a) La première communauté que j'ai choisi d'observer est un petit groupe de pêcheurs, habitants du village de Vetsikko/Veähčak (le toponyme finnois est le seul officiel, l'appellation lapone est pourtant justifiée par une réalité anachronique : la communauté est encore entièrement lapophone), à 15 km au nord du bourg d'Utsjoki, à l'endroit où la rivière du même nom (Vetsikko) se jette dans le fleuve Teno, sur la route du village-frontière de Polmak. Outre la pêche au saumon (L. luossa, SF. lohi) et ses industries annexes (construction de barques,

---

[4] Sur ces questions, voir M.M.J. FERNANDEZ, 1976, et 1982b (1. "La notation écrite").

[5] La création d'un lycée lapon à Utsjoki en 1978 et l'adoption simultanée de l'Orthographe commune (*cf.* Note[4] *supra*) ont sensiblement modifié le tableau : deux ans plus tard, les progrès rapides du lapon sont perceptibles tant dans la conversation quotidienne (jeune génération) que dans les rapports avec l'administration (exigences croissantes de compétence lapophone).

fabrication de hameçons spéciaux), ces Lapons vivent de la chasse au collet (l'hiver) et, bon an mal an, de la cueillette des "framboises arctiques"[6] dans les marais (l'automne). Les plus fortunés d'entre eux possèdent quelques moutons.

b) La deuxième communauté est d'origine géographique et socio-professionnelle plus diversifiée (anciens éleveurs de rennes et enseignants des communes d'Utsjoki et d'Inari)[7] mais homogénéisée par la coexistence en Maison de retraite (isolement du monde extérieur : l'enquêteur était pour certains le seul interlocuteur quotidien).

0.3. L'ENQUÊTE

Parmi les multiples méthodes ethnolinguistiques couramment utilisées, certaines sont particulièrement mal appropriées dans le cas d'un chercheur étranger : il eût été absurde de soumettre les villageois de Veähčak ou les vieillards du Vanhainkoti à des tests de compréhension, d'intelligibilité, de correction de la langue. Je crois d'ailleurs que ce genre d'entreprise serait difficilement réalisable même pour un Finlandais, à moins d'y soumettre la seule génération des moins de 30 ans (très relativement "bilingues"). J'ai pour ma part entièrement misé sur l'étude d'un usage de langue suscité par des conditions naturelles de communication, m'efforçant de créer jour après jour une atmosphère de confiance et d'amitié.

a) Au village (en 1975), postée la plupart du temps chez mes hôtes dans la pièce principale, j'étais munie d'un magnétophone discret, manipulé avec nonchalance (sous le prétexte d'enregistrer des émissions lapones à la radio). Le contact avec les autres familles était facilité du fait que le seul poste téléphonique de la région ait été installé par l'administration centrale chez mes hôtes : les voisins se succédaient à toute heure du jour et de la nuit (l'été) pour communiquer

---

[6] Ces "mûres des marais" (L. **luomi**, SF. **lakka, hilla**), ou ces "moréales" (néologisme, *cf.* M.M.J. FERNANDEZ, 1978a, p. 229), étaient dans l'économie traditionnelle destinées à la consommation familiale (sources principales de vitamine C); devenues denrées de luxe, elles sont de nos jours réservées à la vente extérieure. Il en va de même du lagopède (L. **rievssak**, SF. **riekko**) et, dans une large mesure, du saumon - d'où le déséquilibre du régime alimentaire.

[7] Jusqu'à l'ouverture d'un établissement similaire à Ivalo (1978), l'hospice d'Utsjoki accueillait aussi les vieillards originaires de la commune d'Inari.

avec des parents lointains et passer leurs commandes en produits alimentaires (livrés par l'autocar qui relie deux fois par jour Utsjoki à Polmak). Le problème était cependant non seulement de faire parler les visiteurs, mais de les obliger à s'exprimer en *finnois* : introduite dans la communauté et présentée par des amis comme "non finlandaise" et désireuse de pratiquer le lapon, je devais m'évertuer à provoquer un échange de répliques en finnois. De cette ambiguité initiale résulte la relative étroitesse du corpus rassemblé (une dizaine d'heures d'enregistrement). Je maintiens que le but n'aurait pas été mieux atteint si j'avais révélé mes intentions : ces pêcheurs, bien que très accueillants et - à la longue - fort loquaces, sont d'abord plutôt farouches (càd. observateurs) et mon absence (déclarée) d'engagement dans leurs rapports avec l'administration finnoise était le *sine qua non* de ma présence sur les lieux.

L'idéal eût été de pouvoir "capter" des conversations au hasard des activités quotidiennes, lorsque j'aidais les femmes aux travaux ménagers ou que j'accompagnais les hommes à la pêche; cela n'a pas été possible, pour des raisons d'ordre technique. Les textes présentés ci-dessous sont le produit d'une sélection rigoureuse, et d'une option fondamentale : il m'a semblé préférable d'analyser des extraits de conversation d'une certaine longueur, donc des discours suivis, plutôt que des enregistrements épisodiques ne faisant que trop peu intervenir la construction. Par ailleurs, une diversité maximale des situations d'enregistrement a également été recherchée - et donc des prétextes à échanges conversationnels (lectures, traduction, visites, appels téléphoniques etc.). On jugera sans peine de la bonne humeur générale, pour des conversations dirigées mais débouchant très vite sur la plaisanterie ou sur la confidence : l'informateur n'était que par intermittence conscient d'être enregistré, d'où un style plus solennel récurrent - et même persistant dans le cas de E, jusqu'à ce que l'informateur eût cessé de remarquer la présence de l'appareil.

b) Deux nouveaux séjours en Laponie m'ont permis d'enregistrer des conversations d'une part dans les établissements scolaires d'Utsjoki et d'Inari (lors d'un colloque d'enseignants - Avril 1976), d'autre part à l'hospice/maison de retraite d'Utsjoki (Utsjoen Vanhainkoti) où j'ai rempli au cours de l'été 1976 les fonctions de femme de ménage/ aide-soignante/directrice associée.

Les observations faites sur les conditions de collecte du matériau linguistique dans la première communauté restent valables : ici le contact était facilité par l'insertion professionnelle de l'enquêteur dans la vie ordinaire (monotone) des informateurs.

Etant donné les différences de compétence entre générations, j'ai finalement choisi de ne retenir que les enregistrements correspondant à une tranche d'âge précise : la génération des "bilingues authentiques" càd. des adultes de plus de 40 ans qui ont bien comme langue première le lapon et comme langue de communication journalière, hors du groupe ethnique, le finnois. Nous faisons nôtre la définition du BILINGUISME proposée par M. van OVERBEKE :

> "l'aptitude, facultative ou indispensable, de communiquer avec les interlocuteurs de deux mondes (communautés et/ou régions) allophones, au moyen de deux idiomes présentant un taux de différence linguistique tel que la communication entre les deux est affectée ou même exclue." (1972, p. 128)

étant bien entendu que la situation décrite est celle d'un bilinguisme "coordonné" et non pas "subordonné" (WEINREICH) ou "composé" (HAUGEN).[8]

0.4. LE CORPUS

Quant au nombre des informateurs, je l'arrêterai à une vingtaine : 8 (+2) des discours recueillis seront reproduits intégralement et analysés dans le détail, les autres étant mis en réserve pour vérification.

Bien que l'évaluation numérique de la compétence individuelle des locuteurs ne soit pas mon objectif - elle serait d'ailleurs prématurée, avant que l'analyse elle-même ait été menée à terme ! - il m'a paru commode de classer les informateurs principaux dans un ordre décroissant. Ainsi les lettres A.B.C.D.E., G.H.I. (+K.,M.)[9] par lesquelles ils seront désignés correspondent à une graduation allant de 1 à 8, inversement proportionnelle à leur "compétence" (au sens ordinaire, et non saussurien) telle que j'ai été en mesure de l'estimer. Cette graduation repose moins sur des notations impressionnistes (il est bien évident que l'aisance avec laquelle s'expriment les deux premiers

---

[8] La problématique du bilinguisme, que nous entendons subordonner à l'analyse du donné linguistique, ne sera pas développée ici. Pour une discussion des termes de "bilinguisme / semi-linguisme / diglossie", cf. M.M.J. FERNANDEZ, 1981a (p. 85 sqq.).

[9] La discontinuité alphabétique coïncide avec les plages de compétence : Groupe I, Gr. II (+ Gr. III, extérieur). Les Discours du corpus SFL sont pourvus d'une numérotation interne (correspondant aux répliques, ou groupes de répliques, de l'informateur), utilisée dans les citations. Seuls les exemples non suivis d'une référence ont donc été forgés pour les besoins de l'argumentation.

locuteurs leur confère une nette supériorité communicative sur les deux derniers par ex.) que sur un critère de "fonction sociale" pouvant être attribué à la langue 2. Dans une période antérieure à la scolarisation obligatoire des Lapons, l'acquisition de la langue 2 était conditionnée par la fréquence et l'importance socio-économique des contacts avec les fennophones, son développement et sa stabilisation en tant que moyen d'expression "naturel" étant par la suite souvent liés à une activité professionnelle fixe, extérieure au groupe ethnique. Aussi ne s'étonnera-t-on pas de trouver - hormis l'informateur N° 1 dont le bilinguisme déclaré recouvre en fait une sûreté plus grande dans l'usage du finnois (le seul locuteur dont les Finnois admettent, malgré quelques hésitations dues aux improvisations lexicales, l'appartenance à leur groupe : il servira de point de référence pour la syntaxe du finnois parlé) - les trois hommes en tête de liste, suivis par le groupe des femmes. Quant aux deux derniers textes, K et M, ils sont marginaux mais susceptibles de fournir des éléments complémentaires : discours d'un jeune Lapon déjà acculturé, et d'un Suédois de Finlande finnisant, bien intégré dans la communauté lapone.

Les informateurs

A. 1 femme, 77 ans, ancienne "catéchiste" (finnois **katekeetta**, institutrice itinérante).
Langue maternelle : le lapon, mais elle l'a oublié entre 10 et 25 ans, et a dû le rapprendre pour exercer ses fonctions d'enseignante familiale.

B. 1 homme, 60 ans, pêcheur sédentaire du village de Veähčak; responsabilités locales qui le mettent en rapport constant avec l'administration finlandaise, fréquentation saisonnière depuis vingt ans des "touristes", pêcheurs finlandais qu'il loge et auxquels il loue ses services de "technicien de la pêche au saumon".
Lit et écrit le lapon dans différentes orthographes. Auteur de nouvelles pour le journal *Sabmelaš*.

C. 1 homme, 60 ans, pêcheur et chasseur à Veähčak, personnalité culturelle autodidacte.
Lit et écrit le lapon. Auteur de récits.

D. 1 homme, 55 ans, autre pêcheur du village, ne reçoit pas de touristes mais collabore quotidiennement avec une entreprise finlandaise de construction de barques au bourg d'Utsjoki.
Lit et écrit le lapon.

E. 1 femme, 60 ans, épouse de pêcheur.
A pratiqué quasi exclusivement le lapon jusqu'à l'âge de 50 ans, puis s'est mise au finnois pour faciliter les échanges avec les touristes.

G. 1 femme, 83 ans, veuve très tôt d'éleveur de rennes, a exercé activités paroissiales et commerciales, bien intégrée dans le milieu hospitalier fennophone (à l'hospice).
Lit et écrit le lapon dans l'ancienne orthographe norvégienne, s'inspire volontiers de la Bible.

H. 1 femme, 80 ans, veuve d'éleveur de rennes, a vécu la plus grande partie de sa vie dans une ferme isolée, mère de famille nombreuse.
Pratique le finnois depuis le mariage de ses filles (glissement d'une langue vers l'autre : la correspondance en finnois s'est substituée aux échanges oraux).

I. 1 femme, 80 ans, veuve d'éleveur de rennes, vit dans une ferme isolée avec ses deux fils célibataires.
Initiée au finnois par fréquentation de familles fennophones (ou mixtes par alliance : un frère, époux de Finnoise, est devenu l'un des trois boutiquiers du bourg d'Utsjoki etc.)

K. 1 homme, 29 ans, manoeuvre; travail saisonnier en Norvège (mais ne parle pas le norvégien), domicile fixe Veähčak.

M. 1 homme, 54 ans, sans profession ni domicile fixe. Suécophone, originaire de la vallée du Tornio; autodidacte, finnois parlé et écrit très correct. Grand ami des Lapons et connaisseur de la Laponie qu'il hante depuis trente ans (à bicyclette, hors période d'enneigement).
Ne parle ni ne comprend le lapon.

Les deux sexes et les différents secteurs d'activité de la communauté lapophone d'Utsjoki se trouvent donc représentés dans le groupe d'informateurs.

La transcription

Les symboles utilisés dans la transcription sont le résultat d'un compromis écrit/oral (voir Légende du corpus). Les variantes n'ont été notées que dans la mesure de leur récurrence. La rigueur et la minutie avec laquelle j'ai durant deux ans scruté l'horizon acoustique des documents enregistrés - assistée dans les moments critiques d'amis finlandais - sont seules garantes de leur authenticité.

0.5. LES LANGUES EN CONTACT

Le finnois du nord

La question du dialecte parlé dans l'extrême Nord de la Finlande est loin d'être réglée ; cette variante semble avoir échappé aux mailles du filet amoureusement tissé par les linguistes-dialectologues finlandais : KETTUNEN (1930, 1940) et RAPOLA (1969) s'étendent plus volontiers sur les dialectes de la Carélie, du Savo ou de la côte Sud-Ouest, VIRTARANTA & SOUTKARI (1964) ne fournissent pas d'échantillons au-delà de la latitude de Rovaniemi, soit à 500 km au Sud d'Utsjoki, puis VIRTARANTA & YLI-PAAVOLA (1980) produisent un discours du Sud-Varanger (Norvège).[10]

Je n'évoquerai que ceux des traits spécifiques qui me paraissent pertinents pour l'état de langue attesté par le corpus : ils ne coïncident qu'imparfaitement avec ceux décrits sous la rubrique "*dialectes de Peräpohjola*" (l'extrême Nord) mais sont très proches de ceux apparaissant dans l'échantillon de Vesisaari (KETTUNEN, I) càd. de la presqu'île norvégienne de Varanger, à une centaine de kilomètres au Nord d'Utsjoki, au bord de l'Océan Arctique. La population de cette région est en effet en majeure partie d'ascendance finnoise (immigrations de la fin du XIXe siècle) et sa langue a déjà fait l'objet de deux études circonstanciées du linguiste norvégien J. BEROMKA (Syntaxe, 1922; Morphologie, 1925).

Les dialectes de ces régions échappent d'autant plus à la classification traditionnelle finlandaise qu'ils ne font partie ni du groupe de l'Ouest, ni du groupe de l'Est habituellement considérés comme catégories distinctives : ils présentent des traits des deux.

1°) Leur caractère *occidental* ressort essentiellement

. des assimilations progressives :[11]

ts > tt (ex. **mettään** (A.1), **riekkomettässä** (B.6), **veittiä** (I.12)) en syllabe pénultième, qui s'ajoute à l'assimilation ts > t (**kato** (E.9, K.), **itestään** (A.2)) connue des parlers de Helsinki et du Häme. Les

---

[10] - KETTUNEN : "**Ruijan Vesisaaren murre**", sous-groupe des "**Kemijoen murteet**", p. 130-131 de *Suomen murteet*, I (1930). Dans le tome II (1940), les traits généraux des "**Peräpohjolan (ja Ruijan) murteet**" sont traités en 3 p. (81-84).
- RAPOLA : "**Peräpohjolan murteet**", p. 131-134 du *Johdatus Suomen murteisiin* (1969).
- VIRTARANTA & SOUTKARI (1964) : échantillons de Rovaniemi p. 34-36, et de Matarenki (vallée du Torneå, Suède) p. 37-39.
- VIRTARANTA & YLI-PAAVOLA (1980) : "**Ruijan etelä-Varanki**", p. 24-25.

[11] On note aussi quelques assimilations régressives : ex. r + cons. **turvota** [**turrota**] (D.10).

équivalents dialectaux du **ts** de l'écrit sont des signes très nets de l'opposition entre Est et Ouest : à l'Ouest **mettä, kattoo**, à l'Est **mehtä, kahtoo**, pour **metsä** 'forêt', **katsoo** 'il regarde' (RAPOLA, 1969, p. 38).

- **st** > **ss** : **syömässä** (G.15), **pessään** (E.10) (l'élatif **-stä** étant alors confondu avec l'inessif **-ssä**).

- le **-t** final s'assimile généralement aux occlusives qui suivent (**suuret puut** 'grands arbres' > **sūrep pūt**) bien que ce phénomène, faute de régularité, ne soit qu'exceptionnellement noté dans ma graphie (**en nähnykkä** (G.12)).

. et des effacements :

- le **-v-** intervocalique (labiales) : **Ro-aniemi, su-anto** (cependant, l'informateur C, qui commente un texte portant ce titre, prononce bien le [v] : dans le mot lapon correspondant **sâvu**, qui est cité conjointement, il ne s'efface pas), **pitä-yyden** (D.6), **hy-in** (G.4) . Mais on a aussi **huovata** prononcé [huopata] (C.12).

- le **-j-** et le **-d-** entre voyelles homorganiques (identiques) : **a-attelin** (D.9) pour **ajattelin** 'j'ai pensé', **en a-atellu** (I.11); **o-otappa** (k.9) pour **odotappa** 'attends !'.

2°) Quant aux traits *orientaux*, ce sont :

- la disparition du **-d-** intervocalique : ex. **ve-eksi** (C.2), **ve-en** (D.6), respectivement translatif et génitif de **vesi**, thème vocalique **vede-**, 'eau'. On a aussi : **sou-ettu** (D.6), **yh-en** (I.7), **koh-alla** (G.29), **mei-än** (G.1), **tai-a** (H.2). Les variantes dialectales du **-d-** intervocalique (ou précédé de **-h-**) sont considérées comme la caractéristique N°1 de l'opposition Est-Ouest (RAPOLA, *ibid.*, p. 33 sqq.) : à l'Ouest, ce **d**, alternante sonore du **t**, qui remonte à un **đ** en finnois commun, est remplacé par un **r** ou un **l**; à l'Est, il se change en **v**, **j**, ou **h**, ex. **lehlen** vs. **lehen** / **lehjen** pour **lehden**, génitif de **lehti** 'feuille'. En réalité, nos informateurs ont aussi souvent **-t-** que Ø, càd. qu'ils ignorent la règle de l'alternance consonantique (en SF standard : **t** > **d** en syllabe fermée par désinence casuelle, le **s** de **vesi** étant la variante, au nominatif, du **t** du thème consonantique **vet-**) : **veten** *ou* **ve-en**.

- le suffixe archaïque du présent : **saa-pi** (SF. standard : **saa** '(il/elle) reçoit').

- les pronoms personnels "caréliens" **mie, sie** 'je', 'tu' : ce trait est très irrégulièrement perçu chez les locuteurs A, D, M - càd.

qu'il y est fonction du débit (nous transcrivons **mä**; la forme longue **minä** de la langue écrite réapparaît avec l'hésitation; un réflexe d'hypercorrection n'est pas exclu, surtout chez A). Chez B, C, E, la version occidentale contracte **mä** l'emporte nettement; il s'agit des informateurs les plus en contact avec les Finnois du Sud-Ouest - ou avec de jeunes parents "expatriés" à Helsinki. Pour la forme longue, même remarque que ci-dessus. Chez les moins compétents, G, H, I, la distribution **mä** / **mie** / **minä** (influence de la langue écrite, due aux lectures bibliques) est inégale.

- les voyelles d'appui (dites en finnois **švaavokaali**), connues par ailleurs comme caractéristiques du dialecte du Savo.[12] Elles sont systématiques chez le jeune informateur K : **tyh(y)jä** (K.7), **hel(e)pompi** (K.11); **sel(e)viää** (D.7), **pel(e)kää** (I.4).

Le seul trait vraiment caractéristique du finnois du Nord est enfin une gémination consonantique, qui fait intervenir à la fois les consonnes géminées à l'Ouest (occlusives - en particulier avec chute du **-i** de prétérit) et à l'Est (le **-h-** intervocalique, les liquides et nasales) : **kottiin** (A.1), **sanno** (A.17) pour **sanoi** '(il) a dit', **assuu** (I.7), **tekkee** (D.7), **puhhuu** (G.1), **kukkaan** (G.12). Un phénomène de compensation se produit parfois : **ennä** (G.4) mais aussi **enä** (G.21), pour **enää** 'plus'. Chez les lapophones, l'ensemble du consonantisme est ainsi perturbé, et l'opposition longue-brève de SF n'est pas toujours fonctionnelle (*cf.* 2.1.1.).

Le norvégien

Pour le norvégien, bien qu'un certain nombre de phénomènes récurrents (détermination par un déictique qui tend à devenir article défini, absence d'accord en nombre des adjectifs attributs), lui soient probablement imputables, nous rejetterons d'office la question de son influence comme négligeable d'un point de vue synchronique : il ne peut s'agir que d'une influence indirecte, par langue lapone interposée, et donc impossible à apprécier. Les Lapons de la communauté choisie ignorent en effet totalement la pratique du norvégien.

---

12 Certaines occurrences -irrégulières- de la voyelle d'appui sont également le fait de dialectes de l'Ouest (tels ceux d'Ostrobotnie, *cf.* RAPOLA, *op. cit.* p. 83).

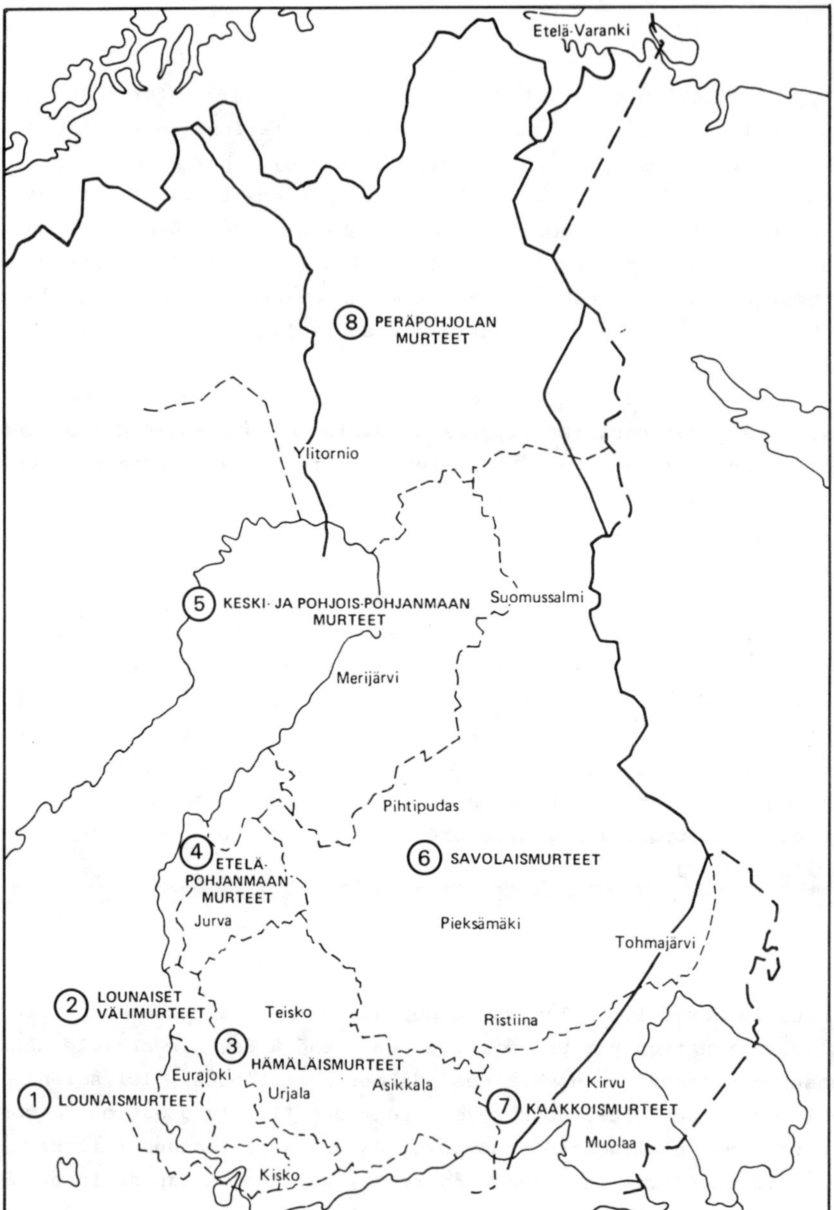

LES DIALECTES FINNOIS (d'après Virtaranta et Yli-Paavola, 1980)

DIALECTES DE L'OUEST
(LÄNSIMURTEET)

1. Dialectes du Sud-Ouest (**Lounaismurteet**)
2. Dialectes du Sud-Ouest centre (**Lounaiset välimurteet**)
3. Dialectes du Häme (**Hämäläismurteet**)
4. Dialectes de l'Ostrobotnie-sud (**Etelä-Pohjanmaan murteet**)
5. Dialectes de l'Ostrobotnie-centre et -nord (**Keski- ja Pohjois-Pohjanmaan murteet**)

DIALECTES DE L'EST (ITÄMURTEET)

6. Dialectes du Savo (**Savolaismurteet**)
7. Dialectes du Sud-Est (**Kaakkoismurteet**)
8. DIALECTES DU NORD
(PERÄPOHJOLAN MURTEET)

Le fameux "trilinguisme" de ces régions, auquel les mass media finlandais (et donc les locuteurs moyens) font des allusions fréquentes, n'est en réalité le fait que des seuls Lapons de Norvège, et très inégalement celui des descendants norvégiens d'immigrés finnois (mais leur compétence lapophone est en général réduite au vocabulaire d'usage immédiat)[13]. Les Lapons de Veähčak et du Vanhainkoti n'ont d'ailleurs aucune prétention dans ce domaine. Les deux seuls Lapons qui, au village, m'avaient affirmé connaître "un peu" le norvégien, l'un pour avoir été employé dans une boutique frontalière (à Nuorgam), l'autre pour avoir rendu visite à une parente mariée en Norvège - hors de la communauté lapophone - se sont avérés ne maîtriser que des rudiments de conversation (locutions ou lexies techniques). Il est à noter que, dans toutes les situations où le lapon n'a pas pu fonctionner comme langue véhiculaire (visite au village de marins norvégiens se rendant à l'hôtel d'Utsjoki et momentanément abandonnés par leur chauffeur de taxi lapon - arrivée impromptue de marcheurs scandinaves cherchant à se loger à l'hospice - achats effectués dans les boutiques norvégiennes sur l'autre rive du Teno etc.), les services de l'enquêteur ont été requis pour l'interprétation (suédois / norvégien -->> finnois). Une étude sur le terrain - en projet - d'échantillons de lapon parlé par les populations frontalières de Norvège serait nécessaire pour éclaircir la question.

A première vue (écoute) et conformément aux commentaires de leurs cousins à la mode de Finlande (*cf.* G.29, K.4 etc.), les différences entre les deux lapons (tous deux "de montagne") parlés de part et d'autre du fleuve sont essentiellement d'ordre lexical (emprunts norvégiens vs. emprunts finnois), mais ces appréciations hâtives sont

---

13 Le mythe se fonde néanmoins sur une réalité écologique : ce trilinguisme ambiant, contestable dans une acception linguistique étroite, ne saurait être minimisé quant à ses implications culturelles (et donc conceptuelles) - remarque qui vaut également pour les régions de la Laponie suédoise (telle Jukkasjärvi) où se côtoient quotidiennement les trois communautés sans que la compétence plurilingue d'aucune d'elles puisse être scientifiquement prouvée (*cf.* N.E. HANSEGÅRD, 1967, p. 69-82; E. HELANDER, 1979, p. 181).

sujettes à caution : on sait que l'homme de la rue (ici : de la vallée) ne retient des interférences que le vocabulaire ou l'"accent".[14]

Cherchons donc à évaluer le taux de différence linguistique (*cf. supra*, définition du "bilinguisme") entre les deux langues en contact.

*

[14] Pour un exposé plus détaillé des influences respectives finnoise et scandinave sur l'évolution présente du lexique (et de la synthématique en particulier), voir M-M.J. FERNANDEZ, 1982b (2. "Le lexique"). Les enquêtes réalisées ultérieurement du côté norvégien (commune de Polmak/Buolbmag, été 1980) ont d'ailleurs confirmé une nette prédominance des interférences *lexicales* .

1. TYPOLOGIE CONTRASTIVE DU FINNOIS ET DU LAPON

1.1. LES HYPOTHÈSES GÉNÉTIQUES

La place exacte du lapon dans la famille ouralienne des langues est un problème auquel aucun linguiste n'a jusqu'ici apporté de solution unanimement satisfaisante.

Résumons les deux points de vue principaux.

1.1.1. La recherche nordique

C'est dans le *Entwurf einer urlappischen Lautlehre* (1896) que le Suédois K.B. WIKLUND propose une théorie sur l'origine de la langue lapone selon laquelle les Lapons auraient parlé une autre langue, dite "proto-lapon", et l'auraient peu avant le début de l'ère chrétienne échangée contre la langue finno-ougrienne qui devait plus tard se développer d'une part en lapon, d'autre part en finnois et autres langues fenniques (ou "balto-finnoises"). Cette théorie du proto-lapon a fait l'objet de discussions chez tous les grands lapologues (RAVILA, 1935, p. 26 sqq.; SKÖLD, 1961, p. 40 sqq.). QVIGSTAD (1945) s'est efforcé de montrer que les mots, autres que les emprunts scandinaves, qui ont un cluster consonantique à l'initiale, pourraient être des éléments de cette langue proto-lapone hypothétique. K. NIELSEN (1913, p. 196 sqq.), partisan de la théorie de WIKLUND, suggère que les Lapons sont, à l'origine, des Samoyèdes : certains termes de la renniculture sont communs aux seuls Lapons et Samoyèdes.[1] TOIVONEN (1949,

---

[1] Sur la terminologie de la renniculture, voir aussi R. AUSTERLITZ (1976), M.M.J. FERNANDEZ (1982a).

p. 159-183), sur la base d'une comparaison lexicale, suppose que les Lapons étaient des Samoyèdes qui, durant leur migration vers l'Ouest, furent soumis à l'influence linguistique de différentes peuplades parlant des langues finno-ougriennes, au point que leur propre langue finit par être totalement finno-ougrisée et acquit le caractère qu'elle possède actuellement d'une langue étroitement apparentée aux langues balto-finnoises mais aussi au mordve et au tchérémisse. Pour LAGERCRANTZ (1941, p. 291 et 335-337), les Lapons, les Ostiaks, les Vogouls et les Samoyèdes auraient conservé leur langue d'origine, au contraire des autres peuplades qui aujourd'hui parlent les langues finno-ougriennes. COLLINDER (1944, 1945, 1954) estime qu'on n'a pas pu prouver pour le lapon une parenté plus étroite avec le finnois qu'avec le mordve ou avec le tchérémisse. Pour lui, l'existence d'une proto-langue finno-lapone séparée est donc à rejeter : ce seraient les Lapons, avec les Ougriens de l'Ob et les Samoyèdes, qui seraient les descendants d'une peuplade parlant l'ouralien primitif, et les autres populations finno-ougriennes occidentales auraient échangé leur langue contre une langue finno-ougrienne. Le Finlandais RAVILA, résumant sa position (1935, p. 20-65), insiste sur la longue influence exercée par le finnois sur le lapon. L. HAKULINEN se réfère notamment à son compatriote pour affirmer que :

> "varhaiskantasuomalaisten on oletettava olleen vielä kiinteässä yhteydessä kantalappalaisiin, jotka ehkä sekä rodultaan että alkuperäiseltä kieleltään ei-suomalaisugrilaisina itämerensuomalaisista erotessaan puhuivat todennäköisesti juuri suunnilleen varhaiskantasuomalaista kielimuotoa." (1968, Introduction, p. 12)[2]

Erkki ITKONEN enfin (1961) adhère dans l'ensemble aux thèses de RAVILA.

1.1.2. La position d'Aurélien SAUVAGEOT

A. SAUVAGEOT analyse à son tour, dans son *Elaboration de la langue finnoise* (1973), sous les rubriques "Fennique et lapon" (p. 14-19), puis "Fennique, volgaïque et permien" (p. 19-29) les arguments mentionnés à l'appui d'une origine commune du lapon et du fennique. Ces arguments sont au nombre de 8 :

---

[2] Affirme ou plutôt suggère une longue contiguité des Lapons et des Finnois qui n'exclut pas l'éventualité (**ehkä** 'peut-être') d'origines raciale et linguistique "non-finno-ougriennes" (**ei-suomalaisugrilaisina**) pour les premiers.

1. L et SF se caractérisent par un phénomène phonétique très particulier : l'alternance consonantique.

2. L a produit des diphtongues vocaliques tout comme SF, mais plus nombreuses (L. **guolle** 'poisson' - **kuolli** dans notre graphie (finlandaise) - SF. **kala**.

3. L et SF forment les cas obliques pluriels de leur déclinaison nominale au moyen d'un morphème **-i-**.

4. Le comparatif (SF. **-mpa/-mpä**, L. **-b/-b'bo**) serait une particularité finno-lapone. (Mais possibilité de rapporter la forme hongroise **-b/-bb** à la même origine.)

5. Le suffixe **-ta** de l'un des infinitifs SF aurait la même origine que le **-t** de l'infinitif lapon :

L. **kullat** < ***kulatak**

SF. **kuulla** < ***kuul-+-tak**

(Mais on retrouve l'équivalent en ostiak.)

6. SF et L auraient un suffixe originel commun de conditionnel. Mais M. KORHONEN souligne les difficultés posées par son identification (1967, p. 123 sqq.).

7. La construction adnominale "Substantif au génitif - postposition" a été considérée par certains finno-ougristes (tel G. DECSY) comme une innovation propre à SF et L : à tort, pense SAUVAGEOT, qui en situe l'origine dans l'ouralien commun (*cf. EFO*, 1965, p. 73-93).

8. SF et L ont substitué à la phrase nominale la construction trinaire "Sujet - Attribut - Verbe d'existence". A. SAUVAGEOT fait remarquer qu'il ne s'agit pas dans les deux langues du même verbe d'existence mais de deux thèmes, L. **laet-** SF. **ole-**, attestés par ailleurs dans les autres langues finno-ougriennes.

SAUVAGEOT, comparant alors les appareils morphologiques des deux langues, met en évidence la non-exploitation en L des cas de la déclinaison qui en fennique comportent un co-affixe en **-l** (SF. : adessif, allatif, ablatif). La flexion verbale révèle aussi une discordance fondamentale : alors qu'en SF la 3e personne du présent de l'indicatif a été fournie par un dérivé déverbatif (degré fort **-pa/-pä**, faible **-va/-vä**), en L on a pour la même forme le thème nu comme en hongrois. Si l'on ajoute à cela des observations sur les désinences de prétérit différentes dans les deux langues, il semble bien que les conjugaisons lapone et fennique se soient édifiées indépendamment l'une de l'autre. Passant enfin en revue le domaine lexical qui traduit une économie différente chez Finnois et Lapons (agriculture-élevage / chasse-pêche), SAUVAGEOT conclut :

> "Dans ces conditions, et jusqu'à ce que de nouvelles preuves soient apportées, nous récusons l'hypothèse d'un préfennique qui aurait donné naissance au lapon commun d'une part et d'autre part au fennique ou finnois commun." (p. 28)

Les relations intimes entretenues par le finnois et le lapon s'expliquent donc par une longue contiguïté dans l'espace.

> "Les affinités prétendues entre le finnois et le lapon ne sont donc le plus souvent que le résultat d'un long travail de décalque. Le lapon, langue finno-ougrienne, a été finnisé aussi profondément que l'anglais, langue germanique, a été francisé." (p. 29)[3]

Il n'est évidemment pas question pour nous ici de trancher dans l'un ou l'autre sens : outre qu'une étude diachronique n'est pas notre propos, elle mettrait en jeu des références à l'ensemble du domaine finno-ougrien (et même ouralo-altaïque) dépassant de beaucoup la contrastivité binaire que nous abordons maintenant. Remarquons simplement que si la conclusion d'A. SAUVAGEOT est séduisante (on imagine sans peine quelle serait la perplexité du chercheur confronté à un document de langue anglaise si le latin, ancêtre des langues romanes, avait disparu), il est troublant que sur le plan lexical, les mots lapons semblent se répartir à peu près à égalité entre étymologies finno-ougriennes et scandinaves. Ceci ressort nettement du lexique accompagnant le *Manuel de lapon de montagne* en préparation (*cf.* Note 5 *infra*), avec d'inévitables incertitudes quant à l'authenticité des emprunts (*cf.* HANSEGÅRD, 1967, p. 86-100).

Pour ce qui est des structures morphosyntaxiques, la typologie ébauchée ci-dessous, et l'analyse subséquente du fonctionnement du produit global de l'interférence, devraient fournir des critères nouveaux d'appréciation, susceptibles d'intéresser les hypothèses génétiques.

Une autre extension souhaitable de ces manoeuvres d'approche serait l'étude du "lapon parlé par les Finnois" ... mais la valeur communicative du langage, phénomène social, pouvant difficilement se dissocier des facteurs politiques, une telle étude reste du domaine de l'utopie : la pratique du lapon chez les sujets parlants fennophones même les plus septentrionaux (et les plus dépourvus de préjugés

---

[3] A. SAUVAGEOT (1977) maintient sa position après examen de l'appareil de la conjugaison et du vocabulaire commun au lapon et au fennique.

ethnocentristes) ne dépasse habituellement pas le niveau des abécédaires bilingues. Peut-être une telle classe de nouveaux locuteurs lapophones sera-t-elle créée grâce aux dispositions réformatrices prévues par les Commissions d'enquête successives (*cf. Komiteanmietintö*, 1973, p. 88), mais les innovations pédagogiques ne sauraient garantir l'apparition d'une situation nouvelle de communication : il faudrait pour cela créer au préalable une motivation autre que la préservation d'un patrimoine. Contentons-nous dans l'immédiat d'apporter de l'eau au moulin des uns et des autres sans préjuger du sens du courant autrement que par la sélection des éléments de divergence propres à influer sur les réalisations de finnois laponisant.

1.2. LES GÉNÉRALITÉS CATÉGORIELLES

Bien que les critères de classification typologique des langues n'aient jamais été établis de façon suffisamment convaincante pour connaître la faveur des théoriciens éminents, nous considérerons pour la commodité - quitte à expliciter notre pensée par l'analyse - que le finnois et le lapon sont, à des degrés divers, aptes à être rangés dans l'une des quatre grandes classes définies par SAPIR. SF et L sont toutes deux des langues d'une part *synthétiques*, càd. dans lesquelles les morphèmes grammaticaux sont subordonnés au radical en tant que désinences non-autonomes, et d'autre part *agglutinantes*, puisque, si les processus de suffixation entraînent parfois des mutations morphophonématiques (ainsi en finnois l'harmonie vocalique et l'alternance consonantique, mutations morphophonématiques à détermination respectivement phonologique et grammaticale : *cf.* KARLSSON, 1974, chap. 8), ces langues ne possèdent pas de déclinaison interne ou fusionnante - correspondant à des catégories grammaticales fonctionnelles - telles par exemple les langues germaniques dont les verbes forts expriment le passage du présent au prétérit par l'apophonie (Angl. **write/wrote**, Suéd. **skriva/skrev**) et celui du singulier au pluriel, pour certains substantifs, par une métaphonie (Angl. **man/men**, Suéd. **man/män**).

Le synthétisme morphologique du finnois et du lapon a une répercussion immédiate sur la nature de l'étude : si l'on s'en tient à des définitions simples de la "morphologie" et de la "syntaxe", l'une se proposant de décrire la grammaire intérieure aux mots, et l'autre les agencements des mots entre eux, on constate que les deux langues concernées sont - en regard du français par exemple - caractérisées par une *morphologisation* extrême. Des phénomènes qui dans d'autres langues s'expriment par des procédés syntaxiques sont ainsi en SF et L partiellement ou totalement morphologiques : citons l'identification des constituants Sujet et Objet, le jeu complexe de la possessivation (si l'adjonction d'un suffixe possessif tend dans la langue parlée quotidienne à être remplacée par l'antéposition d'un pronom, le suffixe possessif n'en est pas moins comparable à un Actant de rang I dans les syntagmes verbo-nominaux dits "semi-propositions" - *cf.* 1.3.1.), la richesse pragmatique des particules enclitiques; à ces dernières se rattache aussi le problème de l'interrogation, accessoire pour nous, étant donné la prédominance narrative des discours recueillis.

Il est vrai qu'à l'une des catégories morphologiques des langues indo-européennes, l'opposition défini/indéfini marquée par l'usage de deux articles spécifiques, le finnois répond par un procédé syntaxique : le recours à l'Ordre des mots. Mais cette affirmation doit être nuancée en ce qui concerne le lapon, lequel, accentuant par là une tendance aisément repérable en finnois parlé, fait un usage extensif de déictiques dont certains se comportent comme de véritables articles.

Sur le fond, un rejet catégorique des phénomènes morphologiques est d'autant moins justifié ici que la langue - commune à l'auteur et au lecteur - dans laquelle sont traités ces problèmes est elle-même extérieure au microcosme finno-ougrien créé (fût-il ou non originel) par la mise en contact de SF et de L. Nous commencerons donc par un inventaire sélectif - toujours dans la perspective du matériel finnois offert à un locuteur lapon conditionné par le sien propre - des catégories morphologiques des deux langues. Les Parties du Discours sont sensiblement les mêmes que dans la majorité des langues, mais la limite à établir entre les deux premières est fluctuante : s'il est aisé de distinguer formellement le Nom (substantif, adjectif, pronom, nombre) et le Verbe - affectés tous deux de désinences flexionnelles - des particules qui, comme les prépositions, les conjonctions et les adverbes, sont invariables (à quelques exceptions près : ainsi les adverbes dérivés d'adjectifs sont susceptibles d'être comparés - la différence sera donc positionnelle), la frontière entre Nom et Verbe n'est pas aussi fixe. SF et L possèdent tous deux un répertoire important de formes non finies, dites encore "formes nominales" du Verbe - qu'elles soient globalement (abusivement) désignées comme en finnois du terme d'"Infinitifs", ou qu'elles donnent lieu, comme en L, à une terminologie plus différenciée : "Gérondifs", "Nom d'action" - dont la caractéristique est précisément d'être soumise au système de la suffixation casuelle (et non plus "personnelle", ce qui est le propre du Verbe au sens strict). Ce même problème se retrouve d'ailleurs au niveau de la subdivision de la première classe : le substantif peut être affecté de suffixes comparatifs, trait habituellement réservé à l'adjectif; nombre de racines nominales font à la fois fonction de substantif et d'adjectif; par contre, l'adjectif a l'exclusive de la dérivation adverbiale.[4]

Les manifestations de *synthétisme* sont de deux ordres :

1. adjonction quasi-obligatoire de suffixes flexionnels (casuels pour le Nom, personnels pour le Verbe; en SF les thèmes "nus" sont en fait très rares : ex. désinence Ø du Nominatif-sujet et de l'Accusatif 2 - objet de constructions impersonnelles ou différées - impératif 2e personne du singulier pour le Verbe), y compris les morphèmes modaux du Verbe (potentiel finnois, conjonctif lapon).

2. possibilité de dérivation par adjonction à un monème autonome minimal d'un ou de plusieurs suffixes (qui peuvent être combinés). Les supériorités synthétiques (rapport quantitatif) respectives des deux langues se répartissent d'ailleurs le long de ces deux grands axes : à la *richesse casuelle du finnois* (au sens le plus traditionnel, puisqu' aux morphèmes flexionnels du lapon il faudrait ajouter un nombre important de postpositions qui tendent à s'agglutiner - sans parler des substantifs indépendants qui, apparaissant fréquemment dans cette même position fonctionnelle, suivent parfois le mouvement : le degré de grammaticalité des formes attestées est difficile à estimer) fait pendant la *pléthore de suffixes dérivatifs* dont peut user - et use - *le lapon*.

Du point de vue de la morphotaxe, le Nom et le Verbe suivent des schémas comparables, légèrement plus complexes en ce qui concerne le Verbe :

- pour le Nom, on a l'ordre :

Radical (+ Désinence dérivative) - 2 catégories flexionnelles (Nombre/cas) (+ Suffixe possessif) (+ Particule enclitique);

---

[4] Cette solidarité entre classes se retrouve dans la plupart des langues finno-ougriennes, mais n'y est pas uni-directionnelle : ainsi en mordve c'est le Nom qui a une flexion personnelle.

- pour le Verbe :
Radical (+ Désinence dérivative) (+ Passif) - Temps - Mode - Personne (+ Particule enclitique).

La suffixation obligatoire sera traitée en priorité : non seulement elle s'impose par sa fréquence, mais elle fait partie intégrante du matériel dont va disposer le locuteur. Quant à la suffixation facultative (la dérivation - à laquelle se rattache la composition, mais celle-ci ne fera pas l'objet d'une étude individuelle : elle n'est pas aussi spécifique des langues finno-ougriennes, et il semble que son poids s'équilibre dans les deux langues), elle sera l'enjeu d'une autre démarche : plus développée dans la langue de départ, elle sera répertoriée comme processus susceptible de prendre des formes compensatrices dans la langue-cible.

1.2.1. Multiplicité casuelle du finnois

Poser le problème de la flexion des mots dans une langue donnée, c'est d'abord poser celui de l'extension de son effectif casuel. A cet égard, le *finnois*, s'il n'a pas suscité autant de spéculations que les langues indo-européennes classiques (HJELMSLEV, JAKOBSON, BENVENISTE) ou, au sein de la famille finno-ougrienne, de son cousin hongrois (L. ANTAL), est un terrain idéal d'investigation, puisqu'il offre un ensemble important de morphèmes casuels doublé d'un contingent de mots-outils syntaxiquement complexes - complexité positionnelle (prépositions / postpositions) aussi bien que rectionnelle : les éléments antéposés réclament officiellement le Partitif, les éléments postposés le Génitif, mais la règle n'est pas absolue. Quant au *lapon*, il serait tentant d'y régler leur sort aux mots-outils, en les déclarant peu nombreux, le plus souvent postposés, et accompagnés (précédés) d'un cas unique, le Génitif (en l'absence de tout Partitif), d'ailleurs devenu formellement indissociable de l'Accusatif. Ce serait faire abstraction d'une donnée primordiale : la non-fixité des pratiques - le terme de "norme" est à bannir d'office. On se heurte, ici encore plus qu'ailleurs, à la difficulté de distinguer un morphème autonome d'un morphème non-autonome, un lexème pur d'un monème tendant à se spécialiser dans le rôle de modificateur grammatical - et donc en voie de disparition en tant que lexème indépendant. Cette gêne inhérente à la tradition lapone d'oralité s'ajoute aux deux difficultés habituelles de la description, formulées par J. PERROT :

"d'une part des phénomènes morphologiquement cohérents peuvent être fonctionnellement plus ou moins disparates, d'autre part la description d'un même ensemble de fonctions fait intervenir des phénomènes morphologiquement disparates, où le système des formes casuelles n'est qu'une des pièces à considérer." (KASSAI et al., 1970, p. 62)

On assiste actuellement à des tentatives d'application au système finnois de la "grammaire casuelle" américaine (Ch.J. FILLMORE, 1968, et J.M. ANDERSON, 1971). Mais la *Sijakielioppi* de P. SIIRO (1975) est à l'état expérimental et nécessite des ajustements encore plus considérables que ses aînées anglo-saxonnes : nous nous inspirerons occasionnellement de ses suggestions dans l'analyse du corpus. Au niveau de la caractérisation contrastive, nous nous soucions plus de faire ressortir les structures de surface que les structures profondes, et parmi elles celles qui paraissent pertinentes quant à leur probabilité de survie dans le donné interférentiel.

1.2.1.1. L'inventaire casuel

Parler de multiplicité casuelle du finnois par contraste avec le système lapon est au moins mathématiquement juste : le rapport est du simple au double, soit 14 cas pour SF et 7 pour L. Ce dernier chiffre n'est qu'une preuve supplémentaire de l'évolution rapide d'une langue à tradition orale - et aussi peu normalisée que l'est le lapon : pour le même dialecte, le lapon de montagne, K. NIELSEN énumérait, il y a de cela un demi-siècle, 8 cas, du fait de l'existence distincte au pluriel d'un cas Accusatif (en **-id**) et d'un cas Génitif (en **-i**) - les mêmes cas au singulier étant depuis longtemps confondus. Or, dans l'état de langue présentement considéré, Accusatif et Génitif pluriels ne forment plus qu'un cas unique. Sans doute la fusion a-t-elle été, dans la commune d'Utsjoki, facilitée par la parenté formelle (et génétique) entre cette désinence (en **-id**) et le Partitif pluriel du finnois. On note des emplois similaires de ces formes dans les deux langues[5] :

[5] Dans ce chapitre comme dans les suivants, le mot-à-mot intégral des exemples était - étant donné leur nombre - exclu : seuls seront explicités les exemples complexes (ORM divergent etc.).

Les exemples ci-dessous, collectés initialement pour un projet de *Manuel de lapon de montagne*, en collaboration avec J.L. MOREAU, ont trois sources :

- S. MIETTUNEN : *Abbes* (Abécédaire), Pieksämäki 1968, 160 p. (abréviation : SM).

- Samuli AIKIO et al. (éd.) : *Skabmatolak* (Anthologie bilingue de littérature lapone), Otava 1974 (abr. SK). Pour le détail des auteurs, se reporter *infra* à la Bibliographie générale; 4 des textes ont été publiés en français par

- l'Attribut du complément d'Objet

L. **âhte eäi kufihttarak leäm mâhkige pâhas olbmuid** (SK.231)

que verbe négatif fées été(part.passé) en rien mauvais(non fléchi) gens(accusatif-génitif pluriel)

"que les fées n'étaient aucunement des êtres mauvais"

SF. **että maahiset eivät olleet mitään pahoja ihmisiä**

que fées verbe négatif été(part.passé) en rien mauvais(partitif pluriel) gens(partitif plur.)

- l'Accusatif exclamatif

L. **Vuoi tuoid manaid** (SM.106)

Hélas ces enfants(accusatif-génitif plur.)

"Oh les pauvres enfants !"

SF. **Voi noita lapsia.**

Des deux côtés, les cas peuvent se regrouper en 3 classes principales : les cas dits *abstraits* ou *grammaticaux*, les cas *locaux* et les cas *modaux* - ce qui ne signifie pas qu'à chaque cas de L correspondent automatiquement 2 cas de SF. Les cartes sont en effet d'emblée brouillées par l'existence en SF d'une double opposition fondamentale :

- d'une part, pour le 1er groupe, une opposition (schématisée)
  Cas "Sujet-objet partiel" / Cas "Sujet-objet total"
  càd. Partitif / Nominatif, Accusatif
- d'autre part, pour le 2e groupe
  Cas (locaux) internes / Cas (locaux) externes.

Ces deux oppositions sont neutralisées en lapon : 1 seul cas sujet (le Nominatif), 1 seul cas objet (l'Accusatif). On entrevoit les confusions que les malheureux sujets parlants lapons vont commettre (ou, plus optimiste : la stratégie divergente qu'ils vont devoir adopter)

J.L. MOREAU (*EFO*, XIV, 1977 (paru en 1980)).
- une Nouvelle parue dans la revue *Sabmelaš* (abr. SB), 1943-44, p. 5-6 : "**Suoldnisâvu**" d'A.U. LUKKARI (voir Discours C du corpus SFL, et traduction de M.M.J. FERNANDEZ, 1978, p. 229-231).

L'orthographe lapone utilisée dans l'ensemble de ces textes est celle généralisée en Finlande, promue en 1934, puis modernisée en 1951, par la Lapin Sivistysseura (*cf.* Chap. 0, Note 4). L'orthographe des citations de la nouvelle a dû être légèrement modifiée, pour normalisation (ex. **lahkai**, au lieu de **lakkai**). Par contre, pour les exemples grammaticaux empruntés à K. NIELSEN (abr. KN), nous avons conservé l'orthographe d'origine, basée sur celle de FRIIS et utilisée pour les dialectes de Norvège (Karasjok-Kautokeino-Polmak). Soulignons qu'en dépit de l'adoption d'une orthographe unifiée (1978), la 2e édition de la grammaire et du dictionnaire de NIELSEN (1979a, 1979b) respecte aussi cette graphie.

Quant à la traduction finnoise, si celle de l'anthologie bilingue a pu, à quelques détails près, être utilisée, pour l'Abécédaire elle a dû être revue : une littéralité maximale était le *sine qua non* de la comparaison.

dans l'expression des fonctions grammaticales essentielles que sont le Sujet et l'Objet : le PARTITIF, cas-clef, cas-charnière du système grammatical finnois leur est inconnu. La distinction Cas *internes* / Cas *externes* est tout aussi étrangère au lapon (donc 1 seul *Directif*); qui plus est, les 2 cas locaux de SF indiquant l'origine et le lieu statique (Elatif / Inessif. doublés d'Ablatif / Adessif) sont recouverts par une seule forme, un *Locatif-séparatif* - dont NIELSEN distingue encore les emplois d'Inessif et d'Elatif. Autrement dit, la tripartition directionnelle, tarte à la crème des descriptions du finnois et du hongrois, se trouve réduite à néant (un "soufflet raté", pour prolonger l'image) dans la conscience du locuteur laponisant.

Les cas *modaux* ne sont guère mieux impartis dans l'usage lapon. La distinction si importante en SF, qui s'inscrit dans la lignée d'une logique directionnelle représentée essentiellement par les cas locaux, et veut qu'un état (ou une qualité) soit également noté en termes de "statique" ou "dynamique", est neutralisée : à l'Essif et au Translatif correspond le seul Essif du lapon. Cet appauvrissement sera perceptible à la fois dans le syntagme nominal et dans le syntagme verbal (rection prédicative).

Le Comitatif et l'Abessif relèvent à première vue d'une pratique identique dans les deux langues, mais leur extension est plus grande en lapon. L'Abessif finnois est moins "quotidien" : l'Abessif déverbatif s'est spécialisé dans certains emplois (tel le IIIe Infinitif, avec valeur d'infinitif négatif - ex. **olla polttamatta** 'être fumer-sans' càd. 'ne pas fumer'), dont des emplois pré- ou postpositionnels figés - ex. **sitä huolimatta** 'cela(partitif) se soucier-sans' càd. 'malgré cela'; l'Abessif dénominatif va se raréfiant (*cf.* A. PENTTILÄ, 1963, p. 435-436). Dans un contexte descriptif littéraire, la traduction SF. **Tuomi oli kuki-tta** de L. **Tuobma lei liđii-taga** (SK.241) 'Le chêne était fleurs-sans(abessif)' est certes concevable, mais le finnois parlé lui substitue plus volontiers une construction analytique : **ilman kukkia** 'sans(prép.) fleurs'. Quant au Comitatif finnois, son emploi ne correspond qu'à une infime partie de celui de son homologue lapon : en finnois, l'accompagnement (ex. **vaimo-i-neen** 'femme-i de pluriel-comitatif' càd. 'avec sa/ses femme(s)') peut s'étendre aux inanimés dans certains contextes (*cf.* PENTTILÄ, *ibid.*, p. 436-438), en lapon son usage ne connaît aucune limitation :

L. **Iððest son poahta navetist mielkeeäbbariin** (SM.41)
"Le matin elle revient de l'étable avec un seau de lait"
SF. **Aamulla hän tulee navetasta maitoämpärin kanssa** (postposition).

Pour les êtres animés, le Comitatif lapon est d'ailleurs souvent renforcé de l'adverbe **oktan** (peut-être sous l'influence du scandinave : **tillsammans med någon** est normal en suédois, alors que le finnois "**yhdessä jonkun kanssa**", "ensemble avec quelqu'un", serait abusif) :

L. **te kuddii Stuor-Antt-Anna keäðggi koahtai oktan tâinna sahpaniin** (SK.185)
alors porta Anna du Grand André pierre kota-dans(directif) ensemble cette souris-avec(comitatif)
"l'Anna au Grand André porta la pierre avec la souris dans la maison", traduit par
SF. **kantoi Iso Antin Anna kiven hiirineen kotaan**
porta Anna du Grand André pierre souris-avec(comit.) kota-dans(illatif)

et encore : **ǫvtâst āččiin** '(ensemble) avec papa' - Norvégien : **sammen med far** ; **ok'tan bārdniinis** 'avec son fils' - Norvégien : **sammen med sin sønn** (KN.345).

Autre illustration du synthétisme lapon, l'usage du Comitatif avec valeur d'inclusion ('y compris', 'lui aussi') qui se rendra souvent en SF par une coordination :

L. **Moai edniin rahkaðeimme piisi tola** (SM.121)
Nous(duel) maman-avec(comit.) nous fîmes âtre-dans(dir.) du feu
"Maman et moi nous fîmes du feu dans l'âtre"
SF. **Äiti ja minä ...**

Il est vrai que la langue parlée utilise **Minä äidin kanssa** (litt. "Moi maman-avec(postp.)"), et une construction synthétique non encore officiellement admise mais en expansion, "**kahvia kermalla**" (**-lla**, Adessif de moyen) 'du café à la crème'.

Mais le deuxième emploi du Comitatif lapon, de loin le plus étendu (instrumental = moyen, mesure, cause) correspond en gros à l'Adessif finnois (et à l'Instructif des expressions figées) :

L. **Piillain mii peässap joðanit kilist killai** (SM.84)
"En auto nous allons vite d'un village à l'autre"
SF. **Autolla pääsemme nopeasti kylästä kylään.**

Reste le Génitif qui, s'il n'est plus dans le dialecte qui nous concerne morphologiquement distinct de l'Accusatif, continue à fonctionner en tant que marque de la possessivation adnominale, tout comme en SF :

L. **Son muihttii ahči saniid** (SM.148)
"Elle se souvint des paroles du père" (ahči, gén. de **ahčči**)
SF. **Hän muisteli isän sanoja** (isä + -n de gén.)

L. **Loddii lavlum lei vaidom** (SK.241)
"Le chant des oiseaux s'était tu"
SF. **Lintujen laulu oli vaiennut.**

Fonction identique également pour le Sujet d'une semi-proposition - dont le prédicat est une forme nominale du verbe - ne représentant pas la même personne que le sujet du verbe fini :

- avec l'Abessif

L. **Dât dâgâi dâm mū dieðekaet'ta(i)** (KN.388)
Il a fait cela moi(génitif) savoir-sans(abessif)(+possess.)
"Il l'a fait sans que je le sache"
SF. **Hän teki sen minun tietämättä(ni)**

- avec une forme de simultanéité

. Gérondif I en lapon :

L. **Tak muihtalusak kirde fahkka su millii tuoi nieiddai halešteddiin** (SK.231)
Ces récits volaient soudain son esprit-vers ces jeunes filles(accusatif-génitif plur.) parlant(gérondif I)
"Ces récits lui revenaient soudain à l'esprit, tandis que ces jeunes filles bavardaient"

. Inessif du IIe Infinitif en finnois :

SF. (...) **noiden neitojen puhellessa.**

Le Génitif permet surtout de rappeler un trait typique des langues finno-ougriennes (et ouraliennes) : l'abondance des *syntagmes postpositionnels*. Etudiant "Le problème des postpositions en ouralien", A. SAUVAGEOT (1965b) oppose le groupe *SF & L* - dans lequel le premier terme des syntagmes postpositionnels est un terme marqué - aux langues dans lesquelles ce premier terme est non marqué (Nominatif singulier ou pluriel) : les langues *ougriennes* (hongrois, vogoul, ostiak) et une partie du groupe *finno-permien* (permien, tchérémisse). Le problème soulevé dans cet article est double : celui de la nature du syntagme, et celui de son rôle dans l'évolution de la langue, la perspective étant diachronique. Considérée par rapport à un état donné de langue (synchronique), la question s'éclaire d'un jour sensiblement différent. Si

> "Il n'y a pas de limite précise à tracer entre les syntagmes adnominaux dont le premier terme est au génitif et les syntagmes postpositionnels proprement dits. Ces derniers ne forment qu'une sous-classe des premiers." (p. 80)

comment expliquer que des syntagmes SF de statut identique - équivalents de syntagmes lapons à premier terme non marqué (ce qui est le propre des mots composés : nom d'Action au Nominatif + substantif) - réclament pour certains la marque du Génitif, pour certains la non-marque (marque Ø) ?

D'un côté, on a bien L. **oaððimvovnnak** (SM.84) - dormir(action)-wagons - SF. **makuuvaunuja** - coucher(subs.au nom.)-wagons - 'des wagons -lits', et L. **oaggumsâdji** (SK.241) - pêche-lieu - SF. **onkipaikka** 'lieu de pêche', mais de l'autre

L. **ledjem oahpatallam riggai eällimvuogi** (SK.343)
"je m'étais efforcé d'apprendre le mode de vie des riches"
(**eällim** 'vie', non fléchi) est rendu par
SF. **olin opetellut rikkaiden elämänmenon** (gén. de **elämä** 'vie')

et L. **Juo sin abesak pilkuðedje min eällimvugiid** (SK.343)
"Déjà leurs abécédaires moquaient nos façons de vivre"
par SF. **Jo heidän aapisensa pilkkasivat meidän elämäntapojamme.**

La présence du déterminant (possesseur) n'exerce ici aucune influence : il se trouve que le 'mode de vie' se dit en finnois "**elämäntapa**", sans variante non marquée possible (au contraire d'exemples cités par A. SAUVAGEOT : **kalaliima** 'colle de poisson' etc.). Faudra-t-il alors lui conférer un statut différent de celui du mot **elämäkerta** - vie-récit - 'biographie' ? Sinon, la règle énoncée ci-dessus devrait être élargie à l'ensemble des syntagmes adnominaux, sans "limite précise" avec les syntagmes postpositionnels proprement dits. Ainsi se trouverait supprimée la barrière que les fonctionalistes ont dressée entre *Syntagme* ("combinaison qui découle de la collocation d'éléments choisis indépendamment les uns des autres" - MARTINET, 1967, p. 9) et *Synthème* ("résultat d'un choix unique parmi les ressources de la langue" - *id.*, *ibid.*) et qui, d'un point de vue sémantique, semble tout-à-fait opératoire quant aux formations envisagées ici : **elämäntapa** et **elämäkerta**, qui n'ont pas le même statut sémantique que **elämän vuoksi** - de vie pour - 'du fait de la vie', sont bien des

> "unités linguistiques dont le comportement syntaxique est strictement identique à celui des monèmes avec lesquels ils commutent, mais qui peuvent être

conçus comme formés d'élements sémantiquement identifiables." (*ibid.*, p. 6)[6]

SAUVAGEOT invoque par ailleurs, pour expliquer que le lapon et le finnois aient pu employer en prépositions des mots jadis postposés (évolution qui est beaucoup plus lente dans les autres langues finno-ougriennes) la *possibilité de préposer* sans ambiguité du fait du *suffixe casuel*. Ceci ne rend pas compte de la complexité d'emploi des mots-outils en finnois, et ne nous avance guère quant à une schématisation contrastive. Si au

L. **Peäna poahta olbmo lusa** (SM.86)
"Le chien vient chez l'homme" correspond bien
SF. **Koira tulee ihmisen luo**[7],

les choses se compliquent avec un mot-outil tel **kâsku** 'au milieu de', qui en lapon est toujours préposition (le seul avec **eärreb** 'outre' à ne pas pouvoir se postposer), mais dont l'équivalent finnois utilise un double jeu postpositionnel / rectionnel :

L. **Kâsku muoratis tuoddar čuoǯǯui meähccekoahti** (SK.229)
"Au milieu d'une montagne sans arbres se dressait une kota forestière"
SF. **Keskellä puutonta tunturia** (prép. + partitif) ou, plus courant, **Puuttoman tunturin keskellä** (gén. + postpos.).

Encore le locuteur lapon a-t-il ici ses chances (à condition de ne pas mêler les deux rections), mais qu'il s'agisse d'un élément qui est en SF postposé *et* gouverne le Partitif, rien ne va plus :

L. **Son leä âiddo korgŋom ceäggo palga mielde** (SK.295)
"Il vient de grimper par un sentier abrupt"
SF. **Hän on juuri kavunnut jyrkkää polkua myöten.**

---

[6] M. ERDAL nous a convaincue que la notion à faire intervenir ici était plutôt celle de *référence* - définie comme "la relation que le locuteur établit entre un signifiant qu'il emploie dans un énoncé particulier, et un *référent* qui est concret ou abstrait, existant ou inexistant, possible ou même impossible" (ERDAL, 1980a). L'interprétation permettrait donc de rapprocher les syntagmes adnominaux L et SF du nom turc "caractérisé par le suffixe de génitif lorsqu'il est référentiel, par l'absence de marque lorsqu'il ne l'est pas" (*ibid.*).

[7] Une restriction toutefois : **lusa** fait partie de ces postpositions qui, même dans la langue parlée, ont une déclinaison possessive - alors que le finnois **luonani** ('chez-mon') est désuet. La différence est encore plus nette pour une postposition comme **palddast** qui a une déclinaison possessive complète (**palddastam, -ad, -is**, etc. 'à côté de moi, toi, lui') - d'où une tendance possessivante du locuteur lapon à prévoir - alors que SF, lorsqu'il évite la redondance, choisit le génitif du pronom personnel antéposé : oral **mun vieressä**. Certains résidus de la double possessivation subsistent d'ailleurs en SF parlé : ainsi, à la 2e personne, **sun vieressäs** (langue écrite, **sinun vieressäsi**).

Ceci nous ramène à la difficulté initiale de définition du *Cas*, exacerbée par la nature propre du lapon. Va-t-on classer comme *suffixe casuel* la postposition qui, faisant corps avec le mot qu'elle actualise, finit par s'agglutiner ?[8] On serait tenté par exemple d'ajouter à la liste des cas un prolatif en **-rai** :

L. **Kumppii luoddak tolvo jeăgelluoddarai luohkkai** (SK.259)
"Les traces des loups menaient le long de la piste de lichen jusqu'à la pente".
SF. (...) **jäkälänvedätystietä** (...).

La traduction SF révèle une propension analogue : le Partitif du mot **tie** 'route, voie', attesté par ailleurs comme substantif autonome, tend à se suffixer dans des fonctions de ce type.[9] Mais on trouve aussi une postposition indépendante pour le même champ sémantique :

L. **Vaððarai ledje kumppek mânnam Korsarâvddii** (SK.251)
"Par la clairière, les loups étaient allés jusqu'au bord du Korsa"
SF. **Jänkäaukiota pitkin** (...).

K. NIELSEN (1979a) se refuse à trancher la question et traite les syntagmes en **-rai** (abréviation de **rai'ge** 'trou, ouverture' - *cf.* SF. **reikä**) à la fois au chapitre des *Mots composés de deux substantifs* (334) et à celui du *Génitif local* (364). Le même exemple est produit aux deux endroits : **jọkkâ-raige** 'le long du fleuve' *ou* 'par voie fluviale'. Repris par K. BERGSLAND (1961), il figure sous la rubrique des *Mots déclinés employés comme postpositions* (123) : **jåkka-ráige**. Ce syntagme est ressenti comme d'autant plus homogène qu'il apparaît également accompagné d'autres monèmes directionnels : **keähcai vuolas johkaraigge** (SK.243) "il regarda vers l'aval, par-delà le fleuve", nuance qui n'est pas rendue par la traduction SF. **katseli jokea alas** ("il regarda le fleuve vers l'aval").

Une *agglutination progressive* (marquée dans la langue parlée par l'accentuation en un segment unique, dans la langue écrite par l'écriture en un seul mot) se manifeste dans un autre type de *circonstant local* : deux substantifs, le premier au Génitif, le deuxième à un cas local (Directif, ou Locatif-séparatif), en particulier avec les mots **râvda** '(re)bord' et **kaddi** 'rivage' :

---

[8] Sur la complémentarité des constructions synthétiques et analytiques dans la localisation spatiale lapone, voir R. BARTENS, 1978, p. 14 sqq.

[9] De même en scandinave : norv. **fjellveien**, suéd. **fjällvägen** etc. 'à travers la montagne, par voie de montagne'. *cf.* M.M.J. FERNANDEZ, 1978b, p. 20.

L. **čuoǯǯastii mielleråvdii** (SK.241)
"Il s'arrêta en bordure de la falaise"
SF. **törmän reunaan,**
et L. **Son vaʒʒii laddoškaddai** (SK.241)
"Il marcha jusqu'au bord de l'étang"
SF. **lammen rantaan.**

Parfois l'agglutination est si parfaite qu'elle provoque même une *réduction syllabique* : on trouve dans la langue courante la forme contracte **johkaddest** (SM.144) 'sur la rive du fleuve', pour **johka-kaddest.**

Les circonstants locaux n'ont d'ailleurs pas l'apanage de tels resserrements en lapon : un *syntagme* à fonction adverbiale, généralement orthographié en un seul mot, tel que **seämmalahkai** (SB.6) 'de la même manière' (**lahk-ai** Directif de **lahki** 'moyen, façon') équivaut en SF à deux unités distinctes : **samalla tavalla.**

On entrevoit la difficulté d'application au lapon de la distinction sus-mentionnée entre *Syntagme* ("colloquation d'éléments choisis indépendamment") et *Synthème* ("choix unique") :

> "Les éléments sémantiquement identifiables qui entrent dans la composition des synthèmes seront désignés comme des *monèmes conjoints*. Les signes minima qui ne font pas partie des synthèmes seront dits *monèmes libres*." (MARTINET, 1967, p. 14)

-rai, -kaddest, -lahkai etc. sont-ils *conjoints* ou *libres* ? En fait, le terme fléchi du syntagme, en voie de figement, est un révélateur du processus de synthématisation : peut-être pourrait-on envisager d'utiliser, pour ces éléments qui sont en train de perdre sous nos yeux leur indépendance, le terme d'*engagés* ?[10]

Le finnois (surtout parlé) manifeste une propension similaire à la réduction, pourtant il est provisoirement prémuni contre de tels

---

[10] MARTINET a bien prévu l'éventualité d'une distinction (pour lui non souhaitable), mais le terme de "thème" ne ferait qu'aggraver la confusion pour des langues en comportant dans leur système flexionnel (thèmes vocaliques et consonantiques en SF, thèmes pari- /imparisyllabiques, contractes, en L).

D'autres terminologies sont aussi mal adaptées à un état de langue non fixé : ainsi la "lexie", définie comme "située entre deux blancs" par B. POTTIER (1964) est inopérante en lapon - dans un même texte, **seämmalahkai** est orthographié, à 2 lignes d'intervalle, en 1 et 2 mots.

excès agglutinants grâce à l'une de ses caractéristiques essentielles : *l'accord* systématique.[11] Celui-ci sera envisagé en détail dans la deuxième partie de notre approche complémentaire (1.2.1.3.) : à défaut de coupure (artificielle) nette entre le plan de la morphologie casuelle et celui de la syntaxe du même système , nous aborderons au préalable la *morphologie fonctionnelle*, autrement dit le "double réseau de relations" dont parle J. PERROT dans l'article déjà cité :

> "d'une part le nom est le noyau d'un syntagme nominal dans lequel gravitent autour de lui des constituants spécifiques (...); d'autre part, le nom (...) entre comme constituant dans l'énoncé." (1970, p. 66)

Commençons par celle de ces relations qui est primordiale au niveau de l'énoncé, et voyons quels sont en finnois les cas-sujet, cas-objet, cas-attribut.

1.2.1.2. Les cas grammaticaux

Sujet, Objet et Attribut sont les fonctions essentielles des Constituants nominaux de la Phrase. Elles sont marquées morphologiquement en finnois par des paires de désinences casuelles qui sont pratiquement communes aux trois fonctions, l'opposition fondamentale se faisant donc entre *Nominatif* - *Accusatif* d'une part / *Partitif* de l'autre.

Le sujet

La marque du Sujet en finnois est réglée par 4 paramètres :

- la *transitivité* du *verbe* (donc une condition syntaxique qui a trait à la valence; le verbe **olla** (copule), suivi d'un attribut, se rattache à ce groupe)
- la *nature* du *verbe* : est-il ou non "existentiel" (condition sémantique)
- la *quantité* du *Sujet*, ou plus exactement l'une des composantes de son *"species"* - notion universelle quelque peu diffuse, mais primor-

---

[11] L'agglutination supposerait en effet un double processus de réduction : désuffixation du déterminant avant l'adjonction du déterminé. C'est ce que l'on observe déjà pour le Syntagme "Numéral + substantif" : la langue parlée ne se soucie plus de fléchir les premiers ordinaux dans un nombre complexe - ex. **kolmas kymmenes yhdentenä** 'le 31', litt. '3e-10e-1er', où seul '1er' est à l'essif.

diale en finnois et donc relativement bien cernée par les grammairiens finlandais. Nous y reviendrons à propos des *Phrases existentielles* (2.2.1.2.1.2.),et cette condition prendra tout son intérêt dans le cadre de la *Thématique* (3.1.6.2.1.).

- la *relation* du *Sujet* à la *Négation*.

Cette magnifique pyramide, hiérarchie dominée par le caractère grammatical du verbe, n'a pas sa place dans le paysage lapon. Le locuteur lapophone éprouvera donc probablement certaines difficultés à discerner les subtilités d'une démarche illocutive qui s'organise normalement en 4 phases, autant de prises de position. S'il ne respecte pas la succession des étapes à franchir, ou s'il les brûle, il risque de ne plus être capable de distinguer :

a) **Tunturissa on poro / poroja**

"Dans la montagne il y a un renne / des rennes" (nom./part.)

de b) **Poro on / Porot ovat tunturissa**

"Le renne est / Les rennes sont dans la montagne" (nom.sing. / plur.), où les grammairiens finlandais voient une opposition a) *Phrase existentielle* / b) *Phrase non-existentielle*, dite encore *Phrase locale* ou *"Phrase normale"*.[12]

Nous préférons pour notre part pour a) la simple dénomination de *Phrase de présentation* utilisée par Fred KARLSSON dans son excellent exposé des Structures du finnois (à l'usage des étudiants suédois)[13], ceci pour deux raisons :

- la nature "existentielle" des phrases en question est loin d'être établie (*cf.* 2.2.1.2.1.); on peut aussi bien les rapprocher des constructions possessives,

type **Aslakilla on moottorikelkka**

"Aslak a un skidoo"

- parler de "présentatif", c'est ouvrir la voie à une interprétation au plan du message : dans les phrases de ce type, c'est le substantif au cas local qui est donné (*Thème*), et la chose nouvelle qui

---

12 Voir à ce propos une Maîtrise très perspicace présentée à l'Université de Helsinki par M. SUNDMAN (1976).

13 *Finskans struktur* (1976). Ma dette envers cette étude fonctionaliste dépasse le cadre de la terminologie; plusieurs années de pratique de cette méthode (version polycopiée) ont permis d'en apprécier les vertus comparatives, quelque peu effacées par les impératifs pédagogiques dans la Grammaire à usage scandinave qui en est l'émanation (1978).

est introduite a position et fonction de *Rhème*.

L'objet

La marque de l'Objet en finnois pose tout d'abord un problème de terminologie : faut-il ou non s'en tenir aux dénominations traditionnelles d'*Accusatif 1* et d'*Accusatif 2* pour des cas qui ne sont qu'imparfaitement "rapports unissant un signifiant morphologique adnominal au signifié constitué par une catégorie logico-syntaxique" ? Jean-Luc MOREAU (1971), étudiant "La corrélation du sujet et de l'objet en finnois", répond par l'affirmative, après avoir conclu à l'adéquation de ces catégories en finnois. Optons pour le satisfecit, mais non sans scrupules et par pragmatisme.[14] Nous dirons donc que l'Objet (singulier) porte la marque de l'Accusatif 1 ou du Partitif dans les phrases où Sujet (au Nominatif) et Objet apparaissent en tant que catégories "pures" càd. les *Phrases prédicatives - actives - transitives*.

Le fonctionnement du cas-Objet est régi en finnois par 3 paramètres : la *négation*, l'*aspect*, la *quantité*. Le non-respect de ces règles entraîne l'enraiement du système : la hiérarchie doit être dominée par la *négation*, qui neutralise l'opposition résultatif / non résultatif; l'Objet est alors toujours au Partitif :

Hän ei saanut lohta
ei v. nég., loh-ta part.
"Il n'a pas attrapé *de / le* saumon".

Quant à la *quantité*, elle est subordonnée à l'*aspect* résultatif :

Ostin lakkaliköörin
"J'ai acheté *une / la* liqueur de moréales"
(likööri-n acc.1, quantité déf.)

---

[14] Malgré tout le respect que ne peuvent manquer d'inspirer deux traditions, l'une celle des grammairiens finlandais, l'autre, plus jeune, celle de l'enseignement du finnois à l'INALCO (Paris) - nous objecterons que :
1. L'équation 'Accusatif 2 - marque Ø' n'est pas particulièrement mnémotechnique.
2. Ne pas reconnaître l'identité formelle entre complément d'objet et compl. adnominal (génitif), c'est aussi oblitérer un universal : l'identité, dans de nombreuses langues - telles les langues slaves (sauf le bulgare), les samoyèdes nénets et selkoup, le turc, le balkai, le karatchai , le mordve etc. - entre la marque utilisée pour la relation prédicat-objet et celle de détermination. (Renseignement fourni par C. HAGEGE).

Ostin lakkalikööriä
"J'ai acheté *de la* liqueur de moréales"
(likööri-ä part., quantité indéf.).

Constatons encore une fois la position centripète du *Partitif* : le choix de l'Accusatif 1 lui est subordonné, puisque les deux phrases sus-citées ont une seule et même réplique négative :

En ostanut lakkalikööriä
"Je n'ai pas acheté *de / la* liqueur de moréales".

L'attribut

Autre illustration du régime partitival du finnois : si l'Attribut est un substantif, le *Partitif* s'approprie les noms de *matière* et les *pluriels* (donc critères : nature et nombre de l'attribut), laissant au Nominatif le soin de marquer les autres. Le *Partitif* se réserve aussi les adjectifs attributs de substantifs *divisibles* et *non déterminés* (critère : nature du substantif), les autres reviendront au Nominatif.[15]

1.2.1.3. L'accord

On peut, au risque d'être taxé de "psychologisme", appliquer à la relation finnois - lapon une remarque faite par SAPIR au sujet de la différence entre langues à *préfixes* et langues à *suffixes* :

> "il me semble qu'il y a une distinction psychologique assez considérable entre une langue qui détermine le statut de la racine avant de la nommer (...) et une langue qui commence un mot par son noyau exact et en définit ensuite le statut par des restrictions successives (...) L'esprit de la première méthode a quelque chose de graphique ou d'architectural, la seconde méthode élague après réflexion" (1953, p. 124, Note 2)

Mais, dira-t-on, le finnois et le lapon sont toutes deux des langues à suffixes ! Suffixation certes, mais chacune en fait un usage différent au sein de ses syntagmes. Si SF et L sont bien toutes

15 Pour une étude générale du statut du Partitif dans le système SF, voir N. DENISON (1957). Un complément essentiel à cette problématique vient - après le débat des années 50 (*cf.* Chap. 2, Note 14) - d'être fourni par J. TOIVAINEN (1980) : les enfants finnois commencent à utiliser le Partitif dans ses fonctions principales à un stade très précoce de leur développement linguistique (p. 128), avant même l'émergence de l'Accusatif singulier comme marqueur d'Objet total (p. 135).

deux des langues *barytones*, càd. procédant par séquences progressives - à l'opposé des langues oxytones qui, elles, procèdent par séquences anticipatrices, selon une distinction établie par Charles BALLY (1944 p. 202-281) - les interventions de l'élément syntaxique le plus chargé sémantiquement, la désinence casuelle, ne sont pas simultanées dans les deux langues. La flexion finnoise, élément tardif par rapport au seul substantif, donc au noyau du syntagme nominal, se manifeste en effet très tôt si l'on considère le syntagme nominal dans son ensemble, du fait de l'*accord* entre déterminant (adj. ou pron.) et déterminé. En lapon, la flexion ne se manifeste pas ou peu avant que soit posé le noyau : c'est un régime de *non-accord* (ou "congruence neutre", pour A. PENTTILÄ, 1963, §301) ou de *semi-accord*. Le phénomène est intéressant d'un point de vue historique, puisque les langues finnoises de la Baltique sont les seules à le présenter sous son aspect double d' accord numérique *et* casuel - ce qui laisse supposer une évolution inverse de celle des langues indo-européennes (peut-être sous leur influence) : absence d'accord -----→ accord. Du raisonnement de L. HAKULINEN, nous retiendrons surtout la conclusion, à des fins mnémotechniques :

> "kongruenssin ilmestyminen ims. kieliin on siis merkinnyt kehityksen ohjautumista niiden oman muoto-opillisen luonteen kannalta epäterveeseen suuntaan." (1968, p. 448)

- une évolution "malsaine" puisque cet accord total rend le syntagme nominal peu maniable (l'accord "passe" effectivement mieux dans une langue flexionnelle moins riche en suffixes et moins pauvre en morphèmes discontinus). Et de citer l'exemple du nombre ordinal utilisé pour la datation :

kolmantenakymmenentenäyhdentenä päivänä
troisième-*essif*-dixième-*essif*-premier-*essif* jour-*essif*
"le trente et un" !

Il est vrai que cette flexion congruente tend à se réduire dans la langue parlée (*cf. supra* Note 11). Un coup d'oeil rapide à deux textes en juxtalinéaire suffit pourtant à se convaincre de la souplesse relative du lapon :

L. peäivvalaš pârgguiðis siste
quotidien(non fléchi) travaux-ses dans(postpos.)
"dans ses activités quotidiennes", qui, malgré la construction synthétique (-ssa/-ssä inessif) du finnois devient
SF. jokapäiväisissä askareissaan (SK.234).

Autre exemple :

L. nana jienain

ferme(non fléchi) voix(instructif)

"d'une voix ferme", qui est traduit par

SF. järkkymättömällä äänellä

(adj. privatif : -tön, sur IIIe inf. de järkkyä 'branler, vaciller'; -llä, adessif)

Livrons-nous à un petit exercice, remplaçons l'adjectif finnois affecté d'un suffixe privatif ("inébranlable") par un synonyme bref (luja 'ferme'), il restera tout de même

SF. lujalla äänellä.

1.2.1.3.1. L'accord dans le syntagme nominal

Le lapon ignore tout accord de l'adjectif à l'intérieur du Syntagme nominal : l'adjectif *épithète* ne s'accorde ni en cas ni en nombre.

L. Juhan vaʒʒašii kuhkes lavkkiiguim ovddoskuvlui (SM.145)

J. marchait long(non fléchi) pas(instruct.plur.) vers l'avant

"Juhan allait de l'avant à longs pas"

SF. Juhani käveli pitkin askelin eteenpäin

long(instruct.plur.) pas(instruct.plur.)

Seul l'adjectif *attribut* du *sujet* s'accorde normalement en nombre et en cas (Nominatif) si le prédicat verbal est leät "être" ou orrut "sembler":

L. Vuoignam orui lossad (SK.233)

"Le souffle semblait lourd", mais

Nieidda vuovttak ledje vielgaðak tego pâlva (SM.151)

"Les cheveux de la jeune fille étaient blancs comme un nuage" (-ak pluriel).

Avec les autres verbes, dont le sémantisme implique une transformation (šaddat 'devenir'), l'attribut, étant à l'Essif, offre une marque unique de singulier/pluriel, qui correspondent aux deux Translatifs du finnois :

L. Eäna molsašii vielgaðin (SM.137)

"La terre est devenue blanche"

SF. valkoiseksi

(transl.sing. de valkoine-)

L. **Ijak šâddek kuhkkin** (SM.62)
"Les nuits deviennent longues"
SF. **pitkiksi**
(transl.plur.,-i, de **pitkä**).

De même pour l'attribut du *complément d'objet* :

L. **Tuoggarin mun tâm arviðimnai** (SM.147)
telle(transl.) je elle imaginais-en effet(particule encl.)
"C'est bien comme ça que je l'imaginais"
SF. **Tuollaiseksi**
(transl.sing.).

Cette différence transformative s'efface avec l'*apposition* : dans les deux langues, l'adjectif est à l'Essif,

L. **Tuhtavaǯǯan vulge kuossik ruoktot** (SM.113)
satisfait(essif) allèrent les invités à la maison
"Les invités rentrèrent chez eux contents"
SF. **Tyytyväisinä**
(essif plur.).

Est-ce à dire que dans tous les autres emplois les adjectifs lapons ont une seule et même forme ? La ligne de démarcation passe en fait ici entre la fonction *épithète* de l'adjectif, càd. l'adjectif en tant que partie intégrante du Syntagme nominal, et la fonction *prédicative* - celle-ci pouvant d'ailleurs être étendue au constituant -adjectif du Syntagme nominal, lorsque sa charge sémantique le distingue de la simple détermination (selon un mécanisme apparemment très subjectif).

Ce système original du lapon, dit de "déclinaison épithète de l'adjectif" (mais une déclinaison à un seul cas !), s'il peut être décisif de cerner diachroniquement son champ d'application - il est du reste abondamment décrit - ne nous intéresse que dans la mesure où il peut expliquer une incertitude frappante dans la "détermination" chez les locuteurs de SFL. Signalons simplement pour la plupart des adjectifs l'existence d'un jeu de formes *doubles* (épithète **stuorra** / attribut **stuoris** 'grand', **unna** / **unni** 'petit') qui, bien que l'on repère certaines séries, se distribuent selon des critères morphologiques peu conséquents. On a ainsi tantôt

ép. **-a** / attr. **-is**, ex. **tibma** / **timis** 'doux, mou'
ép. **-as** / attr. **-a**, ex. **pâhas** / **pâha** 'mauvais', tantôt
ép. **-is** / attr. **-as**, ex. **asetis** / **asetas** 'mince'.

Naturellement, ici aussi les flottements sont nombreux : des adjectifs usuels tels **puorre** 'bon' et **čabba** 'beau', qui pour la majorité des locuteurs (et des grammaires !) ne possèdent qu'*une* forme, manifestent parfois des velléités distinctives dans l'un ou l'autre sens (ép. **puori**, attr. **čabbis** attestés dans nos textes).

L'énoncé de finnois laponisant risque aussi ne pas respecter la règle d'accord du *participe présent* épithète. Encore ce participe est-il en lapon d'un emploi très limité; tous les participes présents relevés dans nos textes apparaissent dans un contexte littéraire descriptif, type :

L. **jâ suolnni čiŋak rišaiđedje kâhčči suoinni ovddast** (SK.237)

et rosée(gén.) perles(nom.) crissaient tombant(invar.) foin(gén.) devant

"et les perles de rosée crissaient devant le foin qui s'abattait"

SF. (...) **kaatuvan heinän edestä**

tombant(*gén.*) foin(gén.) .

Notons que seule la place du participe dénote sa fonction dans l'énoncé lapon. Même remarque pour :

L. **jâ keässeloddii lavlagak heärvvatik moriiđeäddji iđiđa** (SK.271)

et d'été-oiseaux(gén.plur.) chants(nom.) décoraient s'éveillant(invar.) matin(acc.)

"et les chants des oiseaux de l'été paraient le matin à son réveil"

SF. (...) **heräävää aamua**

s'éveillant(*partit.*) matin(partit.).

La souveraine indifférence du *participe passé* lapon pour le genre et le nombre du sujet pourrait par contre avoir des conséquences fâcheuses en SF, puisqu'il sert dans les deux langues à former :

- les temps *composés* du passé

L. **Vâhkku leäi mânnam** (SK.273)

"Une semaine s'était écoulée"

SF. **Viikko oli mennyt**

(-nyt part.pas.sing.)

et L. **Olbmok leäk rahkađallam stuorra rakeähtaid** (SM.85)

"Les hommes ont construit de grandes fusées"

SF. **Ihmiset ovat rakentaneet suuria raketteja**

(-neet part.pas.plur.)

- le prétérit *négatif*

L. **Muhto Junna ii pâllam tâinna** (SK.311)

mais J. v.nég.3e pers.sing. craint eux(acc.)

"Mais Junna ne les craignait pas"

SF. **Mutta Junni ei niitä säikkynyt**

mais J. v.nég.3e pers.sing. eux(partit.) craint(sing.)

et L. **Eäi leäm leäihkapardnaǯak tuok staluk !** (SK.311)

v.nég.3e pers. plur. été(part.pas.) de jeu-enfants(nom.) ces stallos(nom.)

"Ce n'étaient pas des plaisantins, ces stallos !"

SF. **Eivät olleet nuo staalot leikkipoikasia !**

v.nég.3e pers.plur. été(part.pas.*plur.*) ces stallos(nom.) de jeu-enfants(partit.)

Mais le choc de l'interférence est amorti du fait que le participe passé *singulier* tend actuellement à s'imposer dans le finnois parlé (**ne on tullu** "ils sont venus"). Il ne restera bientôt plus que la fonction adjectivale du participe (*épithète*) pour témoigner de ce désaccord :

L. **Te poraimek pâssom čuovǯǯa** (SM.122)

"Ensuite nous avons mangé du lavaret frit"

SF. **paistettua siikaa**

(partit.sing.)

et L. **Juoksa ruvveðii kârram čaʒekiiddes** (SK.237)

"Juoksa fripa ses chaussures durcies"

SF. **kovettuneita kenkiään.**

(partit.*plur.*)

Quant à la proposition participiale d'*antériorité*, très peu attestée dans la langue parlée, elle pourra à l'occasion provoquer une confusion (le participe L restant invariable, alors qu'en SF il est au Génitif :[16]

[16] Le locuteur lapon sera d'autant moins tenté d'avoir recours à la complétive de simultanéité qu'elle fait appel à une forme propre au lapon (et invariable), le Gérondif II, et non au Participe présent comme en finnois :

L. **Son kulai olbmuid poahtemin** (SK.229)

'Il entendit des gens venir'

SF. **Hän kuuli ihmisiä tulevan.**

Quant aux adjectifs et participes substantivés - qui se déclinent comme la forme adjectivale correspondante - ils sont rares en lapon car très conditionnés (seuls les adjectifs possédant une forme spéciale d'attribut etc.).

L. **tovddai poahtam ieǯas pâhas mailbmai** (SK.235)
"elle sentit qu'elle était venue dans un monde mauvais"
SF. **tulleensa pahaan maailmaan**
(*gén.* du part.pas.sing. **tul-lut** + poss.3e pers.)

Les pronoms *personnels*, *relatifs* et *interrogatifs* du lapon (notons que ces derniers font dans l'ensemble double emploi - **-kii**, **-mii** 'qui, qui ?', **kuhte** 'lequel, lequel ?', **koabba** 'lequel des deux, lequel des deux ?' - et que la distinction animé/non animé y est moins nette qu'en SF) sont plus dociles : ils s'accordent avec le substantif, hormis le plus usité d'entre eux, le pronom démonstratif **tat** 'celui-ci', qui ne connaît qu'une déclinaison défective et donc un régime de semi-accord - forme unique **tam** aux Génitif/Illatif/Locatif singuliers, mais une autre forme, **tâinna**, pour le Comitatif,
ex. **tâinna puoðuin** (SK.305)
"avec ce barrage à poissons".

Les *noms de nombre* constitueraient un chapitre en soi, retenons-en la différence la plus significative : en finnois, le Partitif fonctionne comme un mécanisme général de quantification, qui équivaut à l'accord sémantico-syntaxique du français, par exemple **yksi talo** / **kaksi taloa** 'une maison / deux maisons', **lasi maitoa** 'un verre de lait', **kilo perunoita** 'un kilo de pommes de terre', **annos jäätelöä** 'une part de glace', **paljon juotavaa** 'beaucoup à boire'. La catégorie ainsi posée par le finnois n'est pas inexistante en lapon : si le Verbe est normalement au pluriel, le Substantif, lui, au-delà de 2, se maintient au singulier. Le locuteur lapon devrait donc effectuer aisément la transposition. Il reste que la distinction opérée par SF (à l'écrit) entre

N. de nombre - V. sing. / N. de nombre - V. plur., pour marquer l'opposition *"species fini / species non fini"* du Nom est neutralisée en L : impossible d'opposer comme en SF

Kaksi uutta oppilasta on kirjoittautunut
"Deux nouveaux élèves se sont inscrits"
et **Kaksi uutta oppilasta ovat kirjoittautuneet**
"*Les* deux nouveaux élèves se sont inscrits".

Mais cette distinction est en finnois même rendue, dans la langue parlée, par d'autres procédés énonciatifs (la déixis).

1.2.1.3.2. L'accord dans le syntagme verbal

Hormis quelques cas particuliers du type précédent (et certains présentatifs "existentiels"), l'accord du prédicat avec son sujet joue dans les deux langues et ne provoquera pas de conflit; SF et L utilisent pour marquer le verbe fini des morphèmes "porte-manteaux", càd. dans lesquels on ne peut séparer la forme personnelle de la forme numérale. Quant aux Phrases existentielles, il sera intéressant de voir si la distinction établie par le finnois dans le rapport tripartique entre Sujet et Prédicat

Nombre / Cas du Sujet // Nombre du Prédicat

est pertinente pour le locuteur lapon :

- **Vanhainkodissa on saamelaiset potilaat**
  "L'hospice a des malades lapons"
- **Vanhainkodissa on saamelaisia potilaita**
  "A l'hospice, il y a des malades lapons"
- **Vanhainkodissa ovat saamelaiset potilaat**
  "C'est à l'hospice que se trouvent les malades lapons".

Mais il est un autre aspect de l'accord verbal que nous aimerions évoquer ici, bien que l'on préfère généralement traiter ce problème sous la rubrique restrictive de "*Rection* verbale". Ce n'est un secret pour personne, le locuteur fennophone, par ailleurs assez peu enclin à appuyer son discours de procédés paralinguistiques tels que la gesticulation (caractéristique de peuplades plus méridionales) prend la liberté d'opérer un découpage de l'espace tous azimuts. La démarche n'est certes pas aussi ferme - ou conséquente - que celle du hongrois qui prend, lui, la précaution d'annoncer par un préverbe le prolongement local du procès (*cf.* KASSAI, 1974, chap. V; PERROT, 1967), mais elle ressortit à une même préhension non-statique de l'environnement. Considérer cette *logique directionnelle* comme une variante de l'Accord se justifie aussi du fait que ces deux phénomènes se situent à l'intersection des plans syntaxique et morphologique : la flexion *locale* - c'est d'elle qu'il s'agit essentiellement - n'est pas destinée uniquement à préciser le lieu objectif de l'action, mais à conférer au procès une dimension (parfois arbitraire) susceptible d'éclairer l'allocutaire sur la nature de l'action et donc sur le sémantisme du verbe. Autre argument en faveur du rattachement de ce phénomène à l'Accord : le lapon, qui se montre moins préoccupé d'identifier ses compagnies par le port obligatoire de l'uniforme, néglige également de jalonner le parcours une fois la destination fixée.

Certes il arrive que le lapon utilise un cas local dynamique là où le finnois se satisfait d'un cas grammatical, en particulier avec les verbes de perception :

L. **alggii keähččat tâidda airruiðii** (SK.205)
(directif)

"se mit à examiner les rames"

SF. **alkoi katsoa niitä airoja**
(partitif)

ou L. **Son vakšui Šerreskuihkii** (SK.237)

"Il scruta le Torrent Clair"

SF. **Hän tarkkaili Kirkaskoskea** .

Mais c'est une occurrence marginale. Le plus souvent, le désir ostentateur du finnois dans l'indication du procès se heurte à l'impassibilité du lapon. N'est-il pas déjà significatif que l'on ne puisse pas séparer la localisation statique et l'efférence ? - ce qui supprime pour le locuteur la possibilité de traduire la perte ou la disparition par un cas séparatif :

SF. **Pihlajista olivat kukat kadonneet** (SK.240)

"(Hors) des sorbiers les fleurs avaient disparu"

L. **Skaviin (...)**

"Dans les sorbiers / Hors des sorbiers"

Cette différence d'attitude - engagement finnois / neutralité lapone - prend du relief si le procès est une prédication au second degré : prédicat verbal fini suivi d'une forme verbale non finie, càd. en gros les emplois du plus mouvant des "Infinitifs" finnois, le IIIe. Le lapon réussit en effet à établir une distinction entre

a) processus *continuatif*, donc statique, le Gérondif II, sorte de forme progressive qui recouvre aussi, après un verbe de "passage" (L. **fidnat** = SF. **käydä**) les emplois de l'Inessif SF :

L. **Jâ parrahin leä vuojatak šâddamin** (SK.301)

et juste en ce moment est piquets avant de barrage en train de naître(gér.II)

"Et en ce moment-même se constitue l'avant du barrage"

SF. **(...)** **on syntymässä**
(inessif du IIIe inf.)

et L. **Leäi Sammol finaðam poastatalust kulaskuddamen sagaid** (SK.269)

était S. passé bureau de poste-dans(iness.) pour se renseigner(gér.II) nouvelles(acc.)

"Sammol était passé à la poste s'informer des nouvelles"

SF. **Oli Samuli käväissyt postitalolla sanomia tiedustelemassa**

était S. passé bureau de poste-à(adess.) nouvelles(part.) pour se renseigner(iness. du IIIe inf.) .

b) processus *terminatif* (verbes 'cesser', 's'arrêter de'), le cas Locatif-séparatif du nom d'Action - équivalent approximatif du IVe Infinitif finnois (càd. un nom verbal, ex. **ymmärtä-minen** 'compréhension', sur **ymmärtä-** 'comprendre'), mais aussi de certains emplois du IIIe :

L. **Son ii aiggo kâl heäihtit iskamist** (SK.299)

il v.nég.3e pers.sing. veut certes cesser d'essayer (locat.sépar. du nom d'action),

traduit par

SF. **Hän ei aio lopettaa yrittämistä** (SK.298)
finir essayer(partit. du IVe inf.)

mais **lakata yrittämästä**
cesser d'essayer(élatif du IIIe inf.)

serait également possible.

Or le procès directionnel au second degré, dont SF fait un usage extensif, est totalement dépourvu de moyen d'expression en lapon : il se confond avec l'Infinitif de base (le "Ier" du finnois, le seul du lapon, langue pour laquelle la terminologie est relativement fonctionnelle), càd. le degré Ø des formes verbales non-finies. Envolée donc la faculté du finnois d'exprimer par l'Illatif verbal

a) le *début du procès* :

SF. **olivat ruvenneet isottelemaan** (SK.310)

"avaient commencé à faire les malins"

L. **ledje algam âlmmastallat**

(encore que l'existence parallèle de la construction SF. **alkaa** + Ier Inf. prouve que cette nécessité n'en est pas une - mais on observe la progression actuelle du IIIe Inf., *cf.* 2.2.2.3.).

b) la *destination du mouvement* :

SF. **Lähdimme laskemaan verkkoja** (SM.122)

"Nous sommes partis poser des filets"

L. **Moai vulggiime suohpput firbmiid**

SF. meni tekemään petäjään reiän (SK.202)
"il alla faire un trou dans le pin"
L. mânai peäʒi raigat

et SF. hyppäsi katsomaan (SK.230)
"sauta pour regarder"
L. njuihkii keähččat

c) la *finalité de l'entreprise* :

SF. joilla pääsemme sytyttämään tulen (SK.204)
"avec lesquels nous pourrons allumer un feu"
L. mâinna pesse tola pidjat

SF. saisi staalon suuttumaan (SK.312)
"qu'il amenât le stallo à se mettre en colère"
L. fidnešii stalu suhttat

SF. pyytänyt häntä tekemään (SK.316)
"lui (a) demandé de faire"
L. pivdam su pârgat

et SF. kutsuivat minutkin palvelemaan (SK.343)
"m'invitaient moi aussi à servir"
L. kohččo muge palvalit .[17]

L'effet produit par le lapon en lecture juxtalinéaire est moins celui d'un statisme déroutant que celui d'un inquiétant *agrammatisme* : nous disons bien "aller chercher", "venir voir", mais "sauter regarder", "ramper trouver", "inviter servir" ?!? Avant de taxer de "télégraphisme" nos informateurs, il n'est pas inutile de garder en mémoire les origines de cet asyndétisme récurrent.[18]

---

[17] Le lapon dispose aussi d'un procédé distinctif - qui équivaut alors à la finalité "marquée" du finnois, dite "forme longue du Ier Infinitif" (translatif), et au monème discontinu du français "venir pour chercher" : le Génitif du Nom d'action + 1 postposition.
L. poðii jeärrat (SK.317), SF. tuli kysymään 'vint demander'
≠ L. leä poahtimin minister juohkim varas eädnamiid
(est-venir+gérond.-ministre-partage(n.d'action)-pour(postp.)-terres)
'un ministre va venir pour partager les terres'

[18] Mais peut-être s'agit-il d'une vision futuriste : combien de Helsinkiens s'insurgent-ils encore contre une invite formulée "Tuu kattoo !" 'Viens voir !' - formes réduites de tule (impér.) et katsomaan (illatif du IIIe inf.) ?

L'*Accord systématique* du finnois - cas, nombre, possessif pour le Syntagme nominal; personne, nombre, direction pour le Syntagme verbal - qui pourrait faire figure pour un oeil (une oreille) peu averti de redondance superflue, s'avère au cours de l'analyse essentiellement significatif. Les mécanismes propres au finnois tendent tous vers une structuration conséquente de la langue, donc vers une *cohésion interne*. Aux propriétés phonologiques - harmonie vocalique, accent sur la première syllabe, combinaisons fixes de consonnes médianes - qui assurent l'homogénéité du mot, correspondent des homologues syntaxiques : les désinences personnelles, numériques et casuelles redondantes. Mais pourquoi un tel souci de cohésion, sinon pour faciliter le *décodage* dans le processus de communication ? La prétendue "économie" des marques n'est donc valable que dans le cadre de l'énoncé; au plan du message, la générosité distributive manifestée en finnois par l'Accord est au contraire un facteur constructif.

Point n'est besoin d'une grande perspicacité pour pressentir que les notions de "species", de défini/indéfini ou de connu/nouveau, de cohésion, qui seront au centre de l'idée de *message*, ne resteront pas le privilège exclusif du finnois : le lapon a ses moyens propres pour les exprimer. Avec la solidarité syntagmatique, on glisse en effet insensiblement de la syntaxe de la langue à celle du *Discours*, à celle de la communication *en situation*; il est probable que le lapon compense ce manque flexionnel (inconscient !) par d'autres procédés, ceux que nous allons envisager sous l'appellation un peu vague de "spécification", dans l'espoir de parvenir à aiguiser notre scalpel au fil de l'exemplification.

1.2.2. Multiplicité spécificatrice du lapon

Bien que notre propos ne soit pas ici de passer au plan proprement sémantique du message, qui accompagnera l'analyse du corpus enregistré, nous nous devons d'exposer un trait frappant du lapon : l'énoncé est caractérisé par une sorte de *concrétisme*, un *ancrage* plus solide dans la situation que ce n'est le cas en finnois. Comment cela est-il possible, alors que précisément le système des cas dits "concrets" est moins développé en lapon[19], et que les phénomènes d'accord

[19] Ainsi un Finnois s'informe auprès d'un collègue de ses activités de traducteur : "Oletteko vielä Kiven kimpussa ?" 'Etes-vous-toujours-de Kivi-dans la prise ?' (càd. 'aux prises avec K.'); et il annonce éploré "Meiltä on sisko kuollut.", litt. 'De nous(abl.)-est-soeur-morte', càd. 'Nous avons perdu une soeur'.

redondant y sont plus discrets ? Grâce à un certain nombre d'éléments que, dans un premier stade, on qualifierait volontiers d'*actualisateurs*. Mais ce terme a connu des fortunes diverses, et malgré les efforts de clarification d'A. MARTINET et de ses disciples, il recouvre un ensemble de notions assez disparates - sans doute les langues sur lesquelles l'Ecole fonctionaliste française a travaillé jusqu'ici ne nécessitent-elles pas un traitement privilégié du terme :

- "Dans beaucoup de langues, le fait qu'un monème s'emploie dans une situation bien définie (...) ne suffit pas à concrétiser suffisamment une des virtualités sémantiques que comporte sa signification pour en faire un énoncé linguistiquement satisfaisant : (...) il faut l'ancrer dans la réalité en marquant l'existence effective (...) l'existence éventuelle (...) , voire l'inexistence (...). Il convient (...) d'actualiser le monème." (*Les Eléments*, 1960, §4-25)
- "Supposons que l'expérience qui doit être communiquée puisse être rendue en français au moyen de "hier, il y avait une manifestation dans la rue". L'un des éléments de l'analyse française est le monème "manifestation" (...). Le français, comme beaucoup d'autres langues, a besoin d'un actualisateur ("il y avait") (...) Ce monème n'ajoute bien entendu rien au sens d'un énoncé comme celui-ci." (*Langue et fonction*, 1969, p. 63-64)
- "Lorsque /le prédicat/ est composé de deux termes comme "elle-entre", on distingue le prédicat proprement dit ("entre"), et un segment dont la fonction est d'actualiser ce prédicat (...) un ACTUALISATEUR. Entre un actualisateur et un prédicat verbal, l'implication syntaxique est *réciproque*, car ils sont indispensables l'un à l'autre : *elle* ←——→ *entre*." (C. BUREAU, 1976, p. 60-61)

On pourrait estimer que la situation se présente différemment dans les langues *finno-ougriennes*, puisqu'aucun des éléments (article, pronom personnel) donnés en exemples par les fonctionalistes français ne s'avère en principe (à l'écrit) indispensable. Mais la divergence fondamentale entre l'école martinetienne et nous porte précisément sur le rôle attribué à la *situation*.

Poursuivant sa pensée, MARTINET définit en effet (oralement, séminaire de l'E.P.H.E., 16.12.77) l'actualisateur comme "élément qui dans l'énoncé *hors situation* accompagne nécessairement le prédicat." L'actualisateur d'un élément verbal est le sujet; l'actualisateur d'un élément non verbal peut être un élément de type existentiel ("Il y a Pierre"), démonstratif ("C'est Pierre"), présentatif ("Voici Pierre"). Par contre,

> "Dans l'énoncé *en situation*, ce sont des facteurs extralinguistiques qui vont actualiser les fonctions du prédicat : ex. - M. le professeur !"

Cette opposition *hors situation* / *en situation* n'est-elle pas paradoxale dans une perspective de linguistique *fonctionnelle* - perspective dans laquelle nous nous plaçons résolument s'il s'agit d'étudier "les langues comme instruments de communication" (voir définition de la Langue dans *Les Eléments*, 1960, §1-14) - ? Aucun donné linguistique ne fournira de preuve à l'appui de la "nécessité" d'une représentation pronominale auprès du prédicat : le sujet est tout bonnement un élément formel indissociable du prédicat dans la prédication indicative - mais quels seraient les éléments "extralinguistiques" susceptibles de justifier "en situation" l'omission de 'elle' devant le prédicat 'entre' par exemple (sans le performer en impératif) ? Quant à l'actualisation procurée par 'il y a' et 'c'est' *hors situation* , elle est aussi opératoire que la grammaticalité des "colourless green ideas" de CHOMSKY : la signifiance de ces tours - présentatifs, mais qui peuvent aussi être actualisés en "insistants" (*cf.* l'Emphase, 3.1.3.) - ne peut être actualisée, en axiologie, que par la corrélation de la situation.

Nous préférerons un autre terme qui, traduisant l'anglais *"shifter"* emprunté par JAKOBSON à JESPERSEN ("une classe de mots (...) dont le sens varie avec la situation") est plus opératoire car moins encombré de charges sémantiques successives :

> "Tout code linguistique contient une classe spéciale d'unités grammaticales qu'on peut appeler les embrayeurs : la signification générale d'un embrayeur ne peut être définie en dehors d'une référence au message." (JAKOBSON, 1963, p. 178)

Quant à la nature sémiologique de ces *embrayeurs*,

> "un symbole (...) est associé à l'objet représenté par une règle conventionnelle, tandis qu'un index (...) est dans une relation existentielle avec l'objet qu'il représente. Les embrayeurs combinent les deux fonctions et appartiennent ainsi à la classe des symboles-index." (*ibid.*, p. 179)

Ce terme présente à nos yeux le double intérêt d'introduire dans le concept saussurien de Langue la notion de dynamisme qui s'attache au procès - dont l'aboutissant est le message - et d'établir une relation (indicielle) entre les unités du code et les conditions du discours.

Pour le lapon, nous considérerons successivement trois types d'embrayeurs :

- les *déictiques* (autonomes; pronominaux ou adverbiaux)
- les *particules* (surtout suffixées)
- les *désinences de dérivation*, en particulier celles des verbes déverbatifs.

1.2.2.1. Les déictiques

Nous regroupons sous une seule et même rubrique les deux classes de mots que BENVENISTE traite, pour en étudier la hiérarchie, séparément (1966, chap. XX et XXI) : les pronoms personnels, qui sont caractéristiques des "instances du discours", et les "indicateurs de la déixis"

> "qui organisent les relations spatiales et temporelles autour du "sujet" pris comme point de repère (...). Ils ont en commun ce trait de se définir seulement par rapport à l'instance de discours où ils sont produits, c'est-à-dire sous la dépendance du *je* qui s'énonce." (chap. XXI, p. 262)

Dans l'ensemble, le fonctionnement des *pronoms personnels* est le même en lapon et en finnois[20] : le pronom est officiellement facultatif, logiquement superflu puisque la personne est déjà indiquée par le morphème flexionnel du verbe; cependant, le lapon quotidien en fait une consommation encore plus grande que le finnois parlé[21]. Dans un conte populaire (oral) par exemple, les réponses du Garçon au Géant commencent toutes par Mun keähčam "je regarde" que le finnois, plus laconique, rend par Katson (SK.202, 204), et le Géant congédie finalement son valet par ces mots :

Mun im fuola tust reäŋgan, ton oaǯǯok mânnat eret (SK.207)
"Je ne te veux plus comme valet, tu peux t'en aller" ;

dans la traduction finnoise, les deux interlocuteurs sont moins "indexés" : En huoli sinusta rengiksi, saat mennä.

Pour le *possessif*, l'usage lapon courant correspond aussi à celui du finnois parlé (ou, historiquement, à celui du norvégien), mais, pour souligner la possession *réfléchie*, le suffixe possessif se substitue au génitif du pronom personnel antéposé. Les morphèmes possessifs sont très nombreux - virtuellement 18. On tient compte de la personne du possesseur, du cas du possédé, et des deux nombres - le

---

20 Nous laisserons de côté le problème du *duel* lapon : on peut le voir comme une spécification supplémentaire, mais il fait appel surtout à la notion de *cryptotype* (WHORF), et en tant que tel intéresse plus le découpage lexical que le fonctionnement syntaxique.

21 Ce qui n'est pas peu dire : l'interrogation Milloin tulet ? - m.à m. 'Quand-viens(v.2e pers.)' - ne s'entend guère que dans la bouche d'un lecteur (à haute voix) de grammaire : dans la vie, on intercalle entre l'adv. interrogatif - plutôt koska - et le prédicat les pronoms sä ou sie, variantes dialectales de sinä 'tu'.

substantif indique le nombre du possédé, le suffixe le nombre du possesseur, ex. :

> **vielja-i-neäme / vielja-i-neäme-k leä stuorra eällu**
> "nos deux frères / plusieurs de nos frères ont un grand troupeau" .

Le procédé le plus actualisant est la possessivation suffixale d'apostrophe, à forte charge affective, beaucoup plus répandue qu'en finnois :

> L. **iigo nu, eämiðam** ? (SK.305)
> "pas vrai, ma (petite) femme ?"
>
> SF. **vaimokulta**
> ("femme chérie") .

Les *démonstratifs* sont nombreux et très nuancés : alors que le finnois oppose simplement **tämä** 'celui-ci' à **tuo** 'celui-là' - lapon **tam / tât**, ce dernier recouvrant aussi le finnois **se** 'ce' dans ses emplois de pronom personnel (càd. le neutre de l'écrit, le masculin / féminin de l'oral) - le lapon perçoit aussi un **tiet** 'là-bas près de l'allocuteur, près de toi', un **tuot** 'là-bas plus loin' et un **tot** 'là-bas très loin'. Et pour affirmer son désir d'éviter tout malentendu, le locuteur peut encore ajouter un suffixe localisateur, précis au singulier - **tasanaga** 'juste à cet endroit' - plus vague au pluriel : **tâinnanâga** 'là-bas quelque part, dans cette région'.

Enfin, par dérivation, on forme sur les pronoms

- des *adverbes* :

> **tat** > **ta, tabbe, taggo** 'ici, par ici, à cet endroit-ci'
> **tât** > **tâggo** 'à cet endroit-là'
> **tiet** > **tie, tiebbe, tieggo** 'là-bas (près de toi), à cet endroit-là (qui est près de toi)'
> **tuot** > **tuo, tuobbe, tuoggo** 'là-bas, par là-bas'
> **tot** > **to, tobbe, toggo** 'là-bas au loin, à cet endroit (lointain)'

- et des *adjectifs* :

> **tat** > **taggar, taggaraš** 'tel, comme ceci'
> **tât** > **tâggar, tâggaraš** 'tel, comme cela'
> **tiet** > **tieggar, tieggaraš** 'tel (comme toi, ou comme tu en as, ou tel que tu estimes ce lieu ou cette chose)'
> **tuot** > **tuoggar, tuoggaraš** 'tel, comme celui-là'
> **tot** > **toggar, toggaraš** 'tel, comme celui-là là-bas (loin)'.

Ajoutons que les indéfinis sont en nombre infini, et que les adverbes de lieu peuvent être dérivés de pratiquement n'importe quel adjectif - et déclinés comparativement : 'ici un peu plus en avant', 'là beaucoup plus au fond' etc. (*cf.* T. MAGGA, 1974, p. 53 sqq.)

1.2.2.2. Les particules

En lapon, la tête de syntagme, qu'elle soit nominale ou verbale, figure rarement à l'état nu : elle est encadrée à gauche par un *déictique*, à droite par une *particule enclitique*.

Pour celles de ces *particules* qui sont les plus promptes à se souder au mot, une correspondance sémantico-fonctionnelle s'établit aisément avec le finnois : **-go** pour l'interrogation (SF. **-kO**, pas d' harmonie vocalique en lapon), **-ba** et **-son** introduisant des modalités - atténuation ou renforcement selon le contexte - comme **-pA** et **-hAn** en SF, **-ge** pour la coordination positive *et* négative (rappelons que SF distingue entre **-kin** et **-kAAn**). Mais chacune d'elles est susceptible d'un faisceau de gradations qui échappent au finnois, ex. à côté de **-ba** : **-bai**, **-be**, **bât**; par ailleurs **-nai** et **-ges** très proches de **-ge**.

Bon nombre de nuances sont en outre totalement inconnues du finnois :

- **mak**, forme tronquée de l'adverbe **mâhka** = SF. **muka**, qui suggère le résultat incertain d'une exhortation,

L. **Vuolggemak jeärrat !**

"Va donc demander !", se rendra approximativement par

SF. **Lähdepäs kysymään !**

- **mes** , qui marque une découverte - concrète ou abstraite - peut se rendre (imparfaitement) par le **-hAn** polyvalent du finnois, ex.

L. **Nu tât mes leäige !**

ainsi cela effectivement était-aussi

SF. **Niinhän se olikin !**

lorque l'on s'aperçoit du bien-fondé des dires de l'interlocuteur.

Il faut ajouter aux particules proprement dites les *adverbes de temps* et d'*appréciation* qui, s'ils semblent stabilisés en tant qu'éléments autonomes dans la langue écrite, constituent avec le mot qui les précèdent une unité accentuelle. Les plus courants sont le couple **tal / tâl** 'maintenant / ensuite, alors', et **kâl(e)** 'certes, sûrement'.

Les adverbes **âiddo** 'justement' et **âihtto** 'alors, après', à emplacement et accentuation variables, enfin, se rattachent à cette classe de mots en ce qu'ils greffent sur les constituants de l'énoncé un commentaire discret du locuteur dont le finnois ne reflète l'automatisme qu'avec maladresse :

L. Mun pâllem tâm jâ nu tât aihtto mânaige

"C'est ce que je craignais et voilà c'est bien aussi ce qui est arrivé après" (T. MAGGA, *ibid.*, p. 99)

SF. Pelkäsin sitä ja niin siinä sitten kävikin

Parfois le finnois aura recours à un procédé lexical (auxiliaire)

L. Keäk tâl âiddo leä ?

"Qui-alors-justement-sont-elles ?", traduit par

SF. Ketähän ne voivat olla ? (SK.231)

"Qui peuvent-elles bien être ?",

parfois il se contentera d'un éclairage moins dispendieux :

L. Te leä vissage kâle te kufihttar nieiddak
"Alors-ce sont-sûrement+aussi-certes-alors-des filles-des esprits de la terre"

SF. Ne ovatkin varmasti maahisneitoja (SK.230)
"Ce sont en effet sûrement des filles des esprits de la terre"

ou L. Ante tal leä vissage mânnam
"André-maintenant-est-sûrement+aussi-allé"

SF. Antti on varmaan mennyt (SK.237)
"André est sûrement allé"

ou L. Seäðasii tât kâle fidnat oaggosteämenge
"Il faudrait-cela-certainement-aller-pêcher+aussi"

SF. Pitäisipä käydä onkimassa (SK.237)
"Il faudrait bien aller pêcher" .

1.2.2.3. La dérivation

Nous considérerons comme procédé ultime d'embrayage ce qui est parfois présenté sous la rubrique "*Formation* des mots", càd. un chapitre intermédiaire entre la Morphologie et la Syntaxe. Ce choix est assurément discutable, mais le fait que le suffixe de dérivation n' ait pas d'existence physique autonome est un obstacle de forme plus que de fond : pour ce qui est de la valeur, '-oter' par exemple (*cf.* 'pluvioter') ne nous paraît pas mieux loti que 'il, elle'; par contre, dans une langue où ces suffixes sont disposés en assortiment varié et cohérent, ils ressortissent à une démarche comparable à celle de la déixis. Nous accepterions à la rigueur de les hiérarchiser en "plus" ou "moins" embrayants.

La partie réservée à la *Synthématique* - pour emprunter la terminologie fonctionaliste - représente dans les grammaires lapones un pourcentage beaucoup plus élevé que pour les autres langues : 1/4 environ de l'ensemble, ceci aussi bien dans les ouvrages fondamentaux que dans les manuels épitomés (NIELSEN, 1979a, p. 193-299; BERGSLAND, 1961, p. 76-95). Pour les seuls *verbes dérivés*, NIELSEN indique ainsi 13 classes principales - dont certaines se subdivisent en 8 sous-classes : les verbes causatifs, subitifs, essifs, translatifs passifs et translatifs impersonnels, réfléchis, réciproques, fréquentatifs, diminutifs, momentanés-subitifs, inchoatifs, désidératifs, censitifs, onomatopéiques et descriptifs. La grande originalité du lapon réside dans la *combinatoire* illimitée de ces suffixes ou séries de suffixes (à une catégorie sémantique correspondent en moyenne une dizaine de suffixes différents). Le finnois, lui, est théoriquement moins souple, pratiquement plus modeste.

Ici aussi, nous exemplifierons les divergences par l'analyse *contrastive* : la collecte a cette fois été pratiquée au sein d'un seul et même texte, choisi pour son caractère narratif et descriptif, ~~le~~ *Reäťkanjar-Juoksa* ("Juoksa du Cap du Genévrier") de H.A.GUTTORM (SK, p. 237-243).

Nous laisserons de côté le problème de la *dérivation nominale* - tout aussi complexe mais plus nettement lexicale qu'embrayante, ex. (p. 241) deux noms déverbatifs intraduisibles en SF, **čuohpatak** 'endroit où l'on a coupé de l'herbe ou des arbres', **faškastagak** 'petits brins que l'on fait tomber du carex à chaussures en frappant la gerbe contre un arbre ou contre une pierre' - pour concentrer notre observation sur les *verbes dérivés* : 75 dans un texte de 134 lignes.

Ecartons aussi d'emblée les dérivés verbaux *dénominatifs*, pour lesquels la correspondance s'établit aisément terme à terme : L. **laddjet** 'faucher' = SF. **niittää**; **tahtut** 'vouloir' = **tahtoa** etc.

Il en va de même des *déverbatifs* à sens *passif*, pour lesquels le suffixe **-o/-u** du lapon équivaut à **-U** du finnois : L. **oidnot** 'se voir', passif de **oaidnit**, = SF. **näkyä** (de **nähdä**); **sorrut** 's'emmêler', de **sorrat**, = **sekaantua** (de **sekoittaa**); **kullot** 's'entendre', de **kullat**, = **kuulua** (de **kuulla**).

La classe des verbes *causatifs* a également une représentation quasi identique dans les deux langues (suffixe **-tit** lapon = **-taa** finnois) : L. **kirdditit** 'faire voler', de **kirdit**, = **lennättää**, de **lentää** ; **čuojatit** 'pioupiouter' = **piipittää**; **kuoskatit** 'toucher', de **kuoskat**,

= **koskettaa**, de **koskea**. On relève un seul cas de traduction par variante lexicale : **riegaðahttit** 'faire naître, provoquer', de **riegaðit** 'naître', traduit ici par SF. **nostaa** 'soulever, provoquer (des vagues)' - encore que le factitif correspondant **nostattaa** puisse sembler plus normal.

Pour les dérivés *fréquentatifs-continuatifs*, qui sont de loin les plus nombreux dans un contexte descriptif, le pourcentage de déviance est plus élevé.

Dans le meilleur des cas, le suffixe **-dit/-ðit** pourra être rendu par **-ellA** en SF :

. **sugaðit**, de **suhkat** 'ramer', = **soudella**, de **soutaa** ;

. **ruvviðit**, de **ruvvet** 'frotter, gratter', = **rutistella**, de **rutistaa** ;

. **kalggaðit**, de **kalgat** 'démêler', = **selvitellä**, de **selvittää** ;

. **njuihkoðit**, de **njuihkut** 'sauter', = **hypellä**, de **hyppiä** ;

. **puðaldit** 's'occuper à' = **puuhailla** .

Remarquons au passage que la recherche de l'équivalence ne va pas sans acrobaties savantes de la part du finnois :

. **čuǯǯoðit** 'se (main)tenir debout', de **čuoǯǯut**, est rendu par **seisoskella**, de **seisoa** ;

. **keäʒaðit**, continuatif-réfléchi de **keähcat**, càd. "mettre sa ceinture et en même temps arranger comme il faut les plis de sa veste" est rendu par SF. **vyöttäytyä** 'se ceinturer', bien que cette notion soit, hors du contexte culturel (vestimentaire) lapon, bien factice.

Mais le traducteur finnois devra parfois, pour rendre la nuance du *continuatif* lapon, avoir recours à un appui lexical :

. **oggoðit**, de **oaggut** 'pêcher à la ligne', devient ainsi **olla ongella**, verbe 'être' + substantif au cas local (ici externe comme dans **olla matkalla** 'être en voyage', mais on a aussi **olla lähdössä** 'être sur le départ, être en partance pour', avec l'inessif - **olla ongessa** aurait le sens concret de 'être dans la ligne (de pêche)'), sorte de forme progressive ;

. **luoihtalit**, de **luoihtit** 'laisser aller', fait intervenir un verbe fréquentatif suivi d'une rallonge lexicale : **heitellä menemään** 'jeter plusieurs fois pour faire partir' ;

. quant à **kuovlaðit**, de **kuovlat** 'regarder', et **pivdduldit**, de **pivdit** 'demander', ils ont droit à de véritables substituts sémantiques, respectivement **pilkistää** 'faire saillie, percer', et **kerjätä** 'mendier', raffinement stylistique justifiable par l'usage lexical - càd. la relative incompatibilité, en SF, de **katsella** avec un inanimé (ici, une pierre qui est à fleur d'eau), et de **pyydellä** avec un non-humain (ici, des sternes).

Parfois, le traducteur sera forcé de renoncer à la nuance de *répétition* : **suiloðit**, de **suoilut** 'se balancer', est rendu par le simple **keinua**; **keäradit**, de **keärrat** 'battre contre le rivage', par **painaa** 'appuyer'.

Les *diminutifs*, eux, restent le plus souvent créditeurs :

. si **porggistit**, de **porggit** 'fumer', peut être rendu par **höyrähdellä** 'dégager de temps en temps de la vapeur, fumoter', et **oaggostit**, de **oaggut**, par **onkaista** (ou encore **olla vähän ongella** "être un peu à la pêche à la ligne"),

. **keähččalastit** de **keähččalit** 'essayer', **kârralit** de **kârrat** 'durcir', et **vaʒʒilit** de **vaʒʒit** 'marcher', devront se contenter respectivement des fondamentaux finnois **yrittää**, **kovettua**, et **lähteä** (p. 237, 239).

Les *momentanés* et *subitifs* - sémantiquement très proches - ne sont guère plus favorisés :

. pour les premiers, au suffixe **-tit** lapon équivaut rarement le **-htAA** du finnois - une seule occurrence, **ponkkitit** 'faire un bruit sourd', traduit par **jysähtää** ;

. le suffixe **-lit** des seconds est parfois imparfaitement rendu par **-ellA** (polyvalent) du finnois - **meällulit** 'se mettre à godiller', traduit par **soudella** (plutôt perçu comme diminutif).

Le plus souvent, la précision sera assurée par une expansion lexicale - localisation, nominale ou adverbiale, ou auxiliaire inchoatif :

. **javkkitit** 'disparaître soudainement' est traduit par **pujahtaa piiloon** 'filer dans une cachette' ;

. **jorgalit** 'tourner brusquement' par **pyörtää ympäri** 'faire demi-tour' ;

. **suhkalit** par **alkaa soutaa** ou **ryhtyä soutamaan** 'commencer / se mettre à ramer' .

Mais **njahkalit** 'ramper une fois', de **njahkat**, et **hoigaðit** 'pousser une fois', de **hoigat**, seront rendus simplement par **kontata** et **työntää**.

Les mêmes tours inchoatifs, avec auxiliarisation du début du procès, interviendront enfin systématiquement pour rendre compte de la classe morpho-sémantique des *verbes inchoatifs* lapons, marquée par le suffixe -koahtit / -goahtit qui est adaptable à la majorité des radicaux verbaux - alors que le -htAA finnois est assez peu maniable :

L. luoihtigoðii harretuorggu čahcai

"se mit à laisser glisser la ligne à ombres (poissons) dans l'eau" - de luoihtit 'jeter' -

SF. rupesi laskemaan harrisiimaa veteen (SK.238)

et L. Suoidni lei juo koldnakoahtam

"L'herbe avait commencé à se dessécher" - de koldnat -

SF. Ruoho oli alkanut lakastua (SK.240) .

La relative "indigence" finnoise dans le domaine est surtout mise en évidence par l' *épreuve du combiné* de deux ou trois modalités lapones; le finnois devra généralement les sacrifier pour la plupart, sinon toutes :

a) du *fréquentatif-inchoatif*, seul le premier sera suffixé, le deuxième étant auxiliarisé,

L. Peäivvaš juo kuovllaðiškoðii

"Le soleil commençait déjà à montrer son nez" - de kuovlat 'lorgner' -

SF. Päivä jo alkoi kurkistaa (SK.236)

et L. mâk kirddašiškohte Juovssa fâdnas pirra

"qui commencèrent à voleter autour de la barque de Juoksa" - kirddašišgoahtit, inchoatif de kirddašit, lui-même diminutif-fréquentatif de kirdit 'voler' -

SF. jotka alkoivat lennellä ... (SK.238)

b) des deux notions indiquées par le lapon, c'est la plus naturelle au finnois qui est conservée, ce qui explique l'effacement général du *diminutif* en dérivation composite,

- diminutif-momentané > momentané seul

čuoǯǯastit > pysähtyä 's'arrêter'

- diminutif-continuatif > procès ponctuel à objet partiel (Partitif)

vavjjasit 'critiquer continuellement' > havaita vikoja 'découvrir des défauts'

- continuatif-réciproque > continuatif seul

čurvvoðit 's'entre-appeler' > huudella .

Le finnois, réputé "spécifiant" chez les linguistes indo-européanisants, s'essoufle rapidement à emboîter le pas au lapon pressé de nuancer et de circonstancier[22]. Livrons pour preuve ultime deux dérivations en palier du verbe koargŋut 'godiller, avancer à la perche' : l'inchoatif - prétérit -

L. koargŋugoðii, est rendu par
SF. alkoi sauvoa,

mais deux lignes plus loin le traducteur, soucieux de préserver le caractère continuatif de

L. koargŋoðit, fait appel à un autre lexème
SF. työnnellä (SK.243), de työntää 'pousser',

qui serait inutilisable dans un contexte moins transparent.

Ce besoin d'actualisation, plus marqué chez le locuteur lapon que chez le fennophone natif, est naturellement à mettre en rapport avec le statut respectif des deux langues. Pour aussi désireux que soient les traducteurs de l'anthologie *Skabmatolak - Tulia kaamoksessa* de rendre toutes les nuances du texte d'origine - et malgré la méfiance avec laquelle les praticiens de la contrastivité abordent généralement les traductions, celles-ci doivent être reconnues hors de tout soupçon, puisqu'elles sont l'oeuvre d'un collectif mixte, dont une majorité de bilingues authentiques - ils ne peuvent que manier un instrument graduellement *codifié* par la (jeune) pratique littéraire. Le lapon, lui, dispose d'un arsenal linguistique développé dans le cadre de *la communication orale* et non encore fixé - càd. en fait d'un point de vue discursif "perturbé" - par les lois de l'écrit.

1.3. POUR UNE TYPOLOGIE CONTRASTIVE LANGUE ÉCRITE / LANGUE PARLÉE

La langue parlée est le parent pauvre de la recherche en linguistique. Cinquante ans après les débuts de la Grande Réforme du siècle en matière d'étude de langage, on se tourne en vain vers les représentants des Ecoles les plus diverses pour trouver, dans l'observation de situations effectives de communication, confirmation ou infirmation des théories sur le langage élaborées par les détracteurs

---

[22] Autrement dit, l'un des universaux en contexte de plurilinguisme pourrait se formuler : "On a souvent besoin d'un moins spécifiant que chez soi." Le reproche de pauvreté émis par les travailleurs immigrés finlandais découvrant le suédois s'entend aussi chez les vieux Lapons commentant les ressources du finnois ...

de l'empirisme. Et cela bien qu'un consensus se soit fait - hors des cercles générativistes s'entend - sur l'urgence d'un bouleversement des habitudes, et cela malgré les déclarations généreuses des pédagogues partisans de la pluridisciplinarité, malgré la reconnaissance unanime d'une situation fondamentalement différente de communication entre *discours spontané* et *texte rédigé pour être lu*.

Français et finnois sont logés ici à la même enseigne : bien que là-bas aussi les choses commencent à changer, passé le cap de la mise au point terminologique[23], on attend toujours la publication de travaux conséquents sur le finnois parlé, qui ne soient pas le seul fait d'acousticiens-phonéticiens. Pour traiter le message, on ébauche bien certaines théories, on en adopte et adapte d'autres, telle celle de la Perspective Fonctionnelle de la Phrase (Ecole de Prague, *cf.* 3.1), mais le corpus auquel elles sont alors appliquées est invariablement de la langue écrite[24]. D'un autre côté, la stylistique traditionnelle étend ses tentacules vers la langue "ordinaire", et la soumet à des méthodes qui ont fait leurs preuves. On ne peut que souhaiter la convergence des deux démarches, et l'édification d'une méthode rigoureuse d'analyse du *message*, pour traiter des énoncés susceptibles de comporter effectivement un message à décoder.

L'idéal serait sans doute d'étudier la langue parlée en tant que système autonome, et d'en dégager les mécanismes spécifiques, mais les opérations "table rase" ont ceci de commun avec les révolutions qu'elles ne peuvent s'accomplir profitablement sans le soutènement d'une idéologie solide, autrement dit d'une méthode pré-existante. Là encore, la *contrastivité* aura son mot à dire - jusqu'à nouvel ordre (l'Ordre du discours). Nous commencerons donc par quelques remarques sur *la langue parlée*, exemplifiées par des citations em-

---

23 Voir O. IKOLA (1972). Il n'est certes pas superflu de distinguer la langue parlée quotidienne en situation spontanée d'un discours "parlé" après préparation ("puhuttu kieli"), mais le terme finnois puhekieli a sur le français "langue orale" l'avantage de souligner l'aspect communicatif; afin de ne pas privilégier la physiologie, nous emploierons "parlée" pour la langue, réservant "oral" à la situation et au contexte.

24 Voir par exemple les travaux présentés lors du "Symposium sur l'Ordre des mots", tenu à Turku en 1976 (N.E. ENKVIST & V. KOHONEN (éd.)); le seul qui ait ce scrupule, E. HOLMAN, reconnaît ses exemples "bellestrically stylised dialogues serving as a basis, admittedly inadequate" (p. 126).

pruntées aux moins contestables de nos informateurs fennophones - compétence native de finnois quasi-standard - càd. A et K, et partiellement inspirées par l'expérience contrastive de P. SAUKKONEN. Les résultats de ce test - le seul dans son genre à notre connaissance pour le finnois - organisé à l'Université de Kuopio en 1964, et qui consistait à faire reproduire par des étudiants, d'abord oralement (sur magnétophone) puis par écrit le contenu d'anecdotes préalablement lues devant le groupe, sont publiées dans un ouvrage collectif consacré à *l'Information*[25].

1.3.1. Un analytisme tactique

La langue parlée a, comme la langue écrite, le souci de l'efficacité, mais elle organise sa distribution du message en fonction d' une situation et donc de moyens totalement différents : le caractère le plus frappant de la langue parlée est son ampleur, sa *prolixité*. Elle est donc plus *analytique* que la langue écrite. Le locuteur, pour assurer l'acheminement de son information, et en garantir un juste décodage, se livre à une véritable *préparation psychologique* de l'auditeur, préparation qui consiste à faire jouer deux procédés en apparence contradictoires mais fonctionnellement complémentaires. L'un consiste à *diluer* l'information pour retarder la divulgation de ce qui est nouveau dans le discours, l'autre consistera à *mettre en valeur* cet élément nouveau aux dépens de son entourage.

Le premier procédé implique la substitution de rallonges composites à tous les constituants qui, à l'écrit, pourraient être soupçonnés de synthétisme[26].

---

[25] "Kokeellisia havaintoja", *in* E. VIERIKKO (éd.), 1972, p. 13-32. Les différences enregistrées entre styles "écrit" et "oral" sont conditionnées par le stimulus choisi : il s'agit de la réflection des structures d'un texte (entendu) par deux variantes d'un autre texte (dit, puis rédigé). Mais le test par images - utilisé pour moitié dans le cas de notre informateur G - présente d'autres inconvénients : apport lexical probant, mais structures peu imaginatives. Le Projet sur le Finnois parlé (*cf.* notre Avant-propos) a fait depuis 1975 quelques timides tentatives de diversification des procédés.

[26] Convenons de commencer tous les énoncés par une majuscule : il est bien entendu qu'ils sont tous pris dans leur contexte (qu'un coup d'oeil au corpus suffit à rétablir).

a) Les grandes absentes sont les *semi-propositions*[27] :

ENONCES ORAUX	(RE)ECRITURE
. Kun äiti eksy mettään (A.1)----------→ quand mère s'égara forêt-dans	äidin eksyttyä mère(gén.) égarée(part.pas. pas.-partit.)
"Après que maman se fut perdue dans la forêt"	
. Kun minä varttuin siinä (A.12)--------→ comme je grandissais là	varttuessani grandissant(IIe inf.)-dans (iness.)-mon(suff.poss.)
"En grandissant"	
. että nyt minä olen päättänyt ---------→ että minä menen (A.12) que maintenant je ai décidé que je vais	(sanoin) päättäneeni mennä (j'ai dit) décidé(part.pas. -gén.)-mon(poss.) aller ou (ilmoitin) päätökseni mennä (j'ai annoncé) décision-ma aller
"(j'ai dit) que j'avais décidé que j'irais"	

b) Les *constructions adnominales* sont évitées :

. (oli hyvä asia) ku Tuomiokapituli ---→ anto sen rahan (A.6)	Tuomiokapitulin rahan antaminen de Chapitre(gén.) d'argent don(n.verbal)
"(une bonne chose) quand le Chapitre a donné l'argent"	
. (se riippu) siitä kuinka paljon -----→ niitä oppilaita oli (A.7) de cela(élat.) comment beaucoup ces élèves(part.) était	oppilaiden lukumäärästä des élèves(gén.) du nombre (élat.)
"(cela dépendait) combien il y avait d'élèves"	
. sen takia että matkustajat saavat ---→ yöpyä jos on semmonen pitkä matka ja väsynyt (A.10)	väsyneiden matkustajien yöpimistä varten des fatigués voyageurs(gén.) passage de nuit(n.verbal) pour(postp.)
"pour que les voyageurs puissent (y) passer la nuit s'ils ont un long voyage et qu'ils sont fatigués"	
. Mutta siinä oli niin pientä se aika --→ .. lyhyt aika että ei voinut (A.14)	niin lyhyessä ajassa ei voinut si court temps-dans v.nég. pu
"Mais il y avait si peu de temps .. un temps si court qu'on ne pouvait pas"	

---

[27] On remarquera que le passage oral-écrit et le rôle joué par les "semi-propositions" illustrent à merveille les rapports entre sémantique et logique, et le fait que "le nom n'est au fond qu'une proposition intégrée" (POTTIER, 1976, p. 6).

c) Cette entreprise de grand délayage provoque aussi des *dislocations* plus subtiles :

. **Ne oli pitkät matkat / ei** ---------→ **lapset olis jaksaneet käyä joka päivä** (A.8)	**Eivät lapset olisi jaksaneet käydä joka päivä niin pitkiä matkoja**
"Les distances étaient longues, les enfants n'auraient pas pu les parcourir tous les jours"	"Les enfants n'auraient pas pu parcourir chaque jour d'aussi longues distances"
. **Ensimmäinen poro oli Kaunis**--------→ **sarvi / se oli iso poro**	**Ensimmäinen oli iso poro, Kaunissarvi**
"Le premier renne était Belle Corne, c'était un grand renne"	"Le premier était un grand renne, Belle Corne"
. **Ja siitä tuli hyvä kunnon**---------→ **poika / ja ahkera oli** (A.17)	**Ja hänestä tuli hyvä ja ahkera kunnon poika**
"Et c'est devenu un bon petit gars, et il était vaillant"	"Et il devint un bon et vaillant garçon"
. **Isä ja äiti olivat täällä /**--------→ **ja tämä T.I. hän oli täällä hänkin** (A.23)	**Lapsena T.I. oli täällä vanhempiensa kanssa**
"Le père et la mère étaient là, et lui le T.I. il était là aussi enfant"	"Enfant, T.I. était là avec ses parents"

d) A ces fins de dispersion, la langue parlée s'est appropriée un certain nombre de mots *indéfinis*, à valeur sémantique faible :

ex. l'adjectif **semmonen** 'un tel, une sorte de, un comme ça'

. **Oli semmonen pulkka** (A.3)
"Il y avait comme ça un traîneau"

. **Me tarttisimme semmosen katekeetan** (A.12)
"Nous aurions besoin comme ça d'une catéchiste"

. **Se oli semmonen sylivauva** (A.17)
"C'était une sorte de gros bébé"

. **aamuiltarukouksen ja semmosta** (A.4)
"la prière du matin et du soir et ainsi de suite"

e) Caractéristiques du même procédé, les termes et expressions *modérateurs*, qui atténuent l'affirmation après l'avoir posée - ou, linéairement, avant :

. **Saame on joutunu vähän niin ku** (A.3)
"La Laponie s'est retrouvée un peu comme (inférieure)"

. **Nehän kaikki vähän niin halveeras Saamea** (A.3)
"Eh oui tout le monde la méprisait un peu, la Laponie"

. **Se Inarin kieli on vähän toisenlainen** (A.20)
"La langue d'Inari est quelque peu assez différente"

. **enemmän kohta kun ruotsalaisia** (K.8)
"plus presque que de Suédois"

. **pari kaks päivää** (K.9)
"quelques deux ou trois jours"

. **mel(e)ko paljon** (K.9)
"assez beaucoup"

. **johtajana tai jotain** (K.11)
"directeur ou quelque chose"

Mais, par compensation, la langue parlée a des besoins encore plus grands que la langue écrite en moyens de liaison : les constructions asyndétiques y sont très rares.

1.3.2. L'enchaînement dans la discontinuité

L'enchaînement des séquences entre elles est assuré par les *conjonctions* :

- les plus fréquentes sont **ja** et **että**, dont la différence de principe (à l'écrit) s'efface dans la langue parlée, de même que s' atténue en règle générale l'opposition coordonnée / subordonnée - la chronologie du déroulement linéaire tient lieu de subordonnant.

- à ces deux-là il faut ajouter la conjonction **kun** qui, confondue avec **kuin**, introduit les circonstances (temps, cause, comparaison) qui échappent à **että** (conséquence, finalité).

Un rapide survol du corpus suffit à se convaincre de l'importance de ces connecteurs pour l'organisation du discours : un mot sur dix en moyenne est une conjonction. Le trait essentiel dans cet état de langue est leur fonction *ambiguë*, qui est à la fois de dispersion et de regroupement : si elles assurent le relais d'un énoncé à l'autre, elles servent aussi à clôturer momentanément l'assertion, sans être toujours suivies d'une unité contiguë.

Ainsi les énumérations qui sont agencées par **ja** s'achèvent presque immanquablement sur ce connecteur :

nuottikorva hyvä ja ääni vielä .... ja ääni myöski ja (A.12)
"une bonne oreille et une voix en plus .... et une voix aussi et."

oli aina seurat ja .... Pyhäkirkko ja (A.21)
"il y avait toujours les réunions paroissiales et .... les offices dominicaux et."

Että finit souvent aussi par avoir le dernier mot :

Ne säälittelee että Lapin raukoilla rajoilla että ....(A.3)
"Ils s'apitoient que ces malheureuses régions de Laponie que oui ..."

Ici encore, la diachronie pourrait nous apporter ses lumières : les conjonctions sont à l'origine des *adverbes* à radical *pronominal*.

- **ku(i)n** est en fait l'instructif du thème pronominal **ku-**, il avait donc le sens actuel de **kuinka** ou de **miten** 'de quelle façon, comment ?'

- **että** s'est formé sur le thème **e-** , dont la signification était probablement celle d'un déictique de 1ère personne (= **tämä** 'celui-ci'). La phrase

. **Hän sanoi että** a donc originellement le sens de

. **Hän sanoi näin**

"Il a dit ainsi" (*cf.* L. HAKULINEN, 1968, p. 63-64).

En conséquence, la manifestation la plus originale et la plus édifiante quant à l'opposition écrit / oral est la transmission des paroles d'autrui, qui en finnois n'est jamais - ou rarement - du style "direct" ou "indirect" mais une *forme mixte* :

. **Hän juoksi sanomaan että "voi tulethan"** (A.6)

"Elle a couru (me) dire que 'mais viens donc'"

. **Se itki että "täti taas lähtee". Mä lohuti että "ensi vuonna taas tulen."** (A.17)

"Il a pleuré que 'la dame qui s'en repart'. Je (l') ai consolé que 'l'an prochain je reviens'." .

Il s'ensuit un passage rapide de l'un à l'autre des sujets en présence - rapporteur / rapporté - qui est parfois créateur de situations confuses, étrangères à la langue écrite, que seuls les repères propres en exclusivité à la langue parlée - *intonation*, *rythme* - permettent de débrouiller, ex.

. **Se meidän opettaja sanoi että "hän on sinua kuule kuunnellu"** (A.12)

"Notre professeur a dit que 'il t'a écouté tu sais'."

Le pronom **hän**, qui renvoie à **opettaja**, et dont les paroles sont rapportées, est pourtant exprimé - au coeur de la citation - par une 3e personne !

C'est également *la prosodie* qui sera le critère décisif dans l'interprétation des *adverbes* polyvalents.

Si nous nous limitons au seul exemple de **niin** 'ainsi, tellement' abondamment représenté dans le discours de l'informateur A (une trentaine d'occurrences pour 4 pages), comment analyser correctement sur le papier les deux rôles distincts de cet adverbe dans la séquence

aletaan takomaan lapsen päähän niin ei / se oppi on niin hidasta että (A.3)
on se met à marteler de l'enfant la tête niin non / l'apprentissage est niin lent que
?

La transcription linéaire de cet énoncé incomplet ne nous livre aucun élément d'interprétation; seule la connaissance de la courbe intonative permet d'élucider la question. La réalisation acoustique de l'énoncé révèle que le premier de ces niin se situe au sommet de la partie ascendante de la courbe, alors que le second occupe une place médiane - accentuée - dans la partie descendante. Nous voilà donc en mesure de déterminer les statuts respectifs de ces deux mots :

- pour le premier, il s'agit d'un élément de *liaison* ('eh bien') dont le statut est comparable à celui des connecteurs
- quant au deuxième, c'est un simple adverbe d'*intensité*, avec incidence à l'adjectif contigu.

Une stylistique comparée langue parlée / langue écrite qui se limiterait à l'observation de discours textualisés se condamnerait par là-même à une totale impuissance en matière de décodage du message. L'étude contrastive permet de pressentir les problèmes et de prévoir une classification innovatrice des structures, mais on ne saurait sur ses bases trancher dans les cas litigieux - càd. la grande majorité des énoncés ! Notre analyse du corpus va donc consister d'abord en une description des *mécanismes grammaticaux* du finnois revus et corrigés par les Sames , mais seule *l'analyse thématique* prétendra à une préhension lucide de la *réalité communicative* sous-jacente.

*

2. ANALYSE MORPHOSYNTAXIQUE DU FINNOIS LAPONISANT

2.1. LES UNITÉS DE PREMIÈRE AUDITION

2.1.1. Aperçu phonologique[1]

Le *rythme* du lapon est en moyenne plus lent - exemples types, les locuteurs D, H - que celui du finnois standard (Häme mis à part!), son *intonation* est réputée plus "chantante" - encore que ce qualificatif n'ait aucune valeur objective[2]. L'échelle d'extension de la voix est plus vaste qu'elle ne l'est habituellement chez les locuteurs finnois, provoquant des effets de "discordance" : de nombreux exemples de ces déraillements momentanés dus à une montée excessive de la voix peuvent être relevés chez les locuteurs G et I. Les touristes finnois commentent que leurs hôtes lapons ("même les jeunes") "parlent pour les sourds", ou "manifestent un enthousiasme démesuré" : la fréquence du fondamental est mal contrôlée.

---

1 Convaincue que "c'est la phonétique fonctionnelle qui doit servir de fondement à la phonétique expérimentale" et aussi que le "va-et-vient" entre analyse phonologique et analyse instrumentale préconisé par F. CARTON (1974, p. 10) est indispensable, nous nous limitons, pour des raisons évidentes, à la première phase de la démarche : jusqu'à nouvel ordre, le *discours spontané* échappe aux instruments.

2 L'exemple classique, dans cette aire géographique, est celui des *deux suédois* parlés de part et d'autre du Golfe de Botnie : les locuteurs du **rikssvenska** de Suède - pourvu de 2 accents, l'un d'intensité ("grave"), l'autre musical ("aigu") - et du **finlandssvenska** de Finlande - accentué sur la 1ère syllabe avec d'autant plus de régularité que, comme le finnois, il est dépourvu de *ton* - continueront sans doute longtemps à se taxer mutuellement de "raconteurs de chansons".

2.1.1.1. Le matériel vocalique

Dans l'ensemble, l'*articulation* de SFL est moins claire que celle de SF - phénomène compensé par une énergie expressive plus marquée : variation de l'échelle, forte accentuation des syllabes focalisées, appui constant de moyens paralinguistiques (hochements de tête et balancements du tronc chez A, martèlements énumératifs chez B, E, G). Cette diction confuse a des raisons

- *physiologiques*, une mauvaise dentition due à l'environnement - carence alimentaire[3] -

- *linguistiques* : le système vocalique de L (dialecte d'Utsjoki) ne comprend que 6 voyelles[4] - **a â e i o u** - pour 8 en SF. L'opposition palatal / vélaire des voyelles arrondies de SF se trouve neutralisée en SFL : le /u/ et le /o/ lapons sont intermédiaires entre /y//ö/ et /u//o/ de SF[5].

Cette *neutralisation* est très nette dans le cas des diphtongues : la plus fréquente des diphtongues croissantes du lapon, /uo/, est plus proche de [wø] que du [uo] finnois - ex. **suoldni** (C) 'brume' - d'où une tendance générale à l'utiliser dans les termes courants, **suomi** [ø], **huomata** (C.11) etc. L'assimilation est indéniable lorsque le mot apparaît, en contexte bilingue, après le mot lapon de même radical, ex. **vuolla** (C.4) 'sculpter du bois'.

La tendance peut se manifester aussi dans d'autres combinaisons, telle la diphtongue /oi/ : **vaivaiskoivuja** [ø] (C.18) 'bouleaux nains'.

Quant au /y/ finnois, s'il est réalisé correctement par les locuteurs A B C D, chez E et dans le groupe II il est souvent assimilé au

[3] *Une* anecdote ethnolinguistiquement édifiante. Dîner *post pescatum* dans la grande salle; à la suite d'un commentaire sur la nocivité du sucre, une adolescente me demande : **Onks sulla omat hampaat** ? ("Ce sont tes vraies dents ?") Etonnée, je m'aperçois que j'étais la seule des moins de 30 ans à ne pas porter de prothèse..

[4] Les 6 voyelles des dialectes de montagne de *l'Est* peuvent être, en termes artilatoires, définies comme suit :

/i/ haute, vélaire, non arrondie. /e/ médiane, vélaire, non arrondie.
/a/ basse, vélaire, non arrondie. /â/ basse, palatale, non arrondie.
/o/ médiane, palatale, arrondie. /u/ haute, palatale, arrondie.

Le nombre de phonèmes vocaliques est réduit à 5 dans les dialectes de montagne de *l'Ouest* (Kautokeino) : 1 seul /a/. *cf*. T. MAGGA, 1976, p. 53.

[5] Pour suivre jusqu'au bout le raisonnement judicieux de J.P. GOUDAILLIER (1979, p. 95 sqq.), et puisque nous nous situons au niveau de Phonologie 1, nous devrions de fait noter les "unités minimales distinctives" par /( )/.

/i/ : **hivä** (I.3) 'bon', **immärtää** (I.6) 'comprendre'. Les séquences /yi/ et /yy/ se trouvent ainsi réduites à /i/ :

dans **säästi meille paljon vaatteita** (E.10)

"beaucoup de vêtements nous ont été épargnés", la confusion de Voix - **säästi** 'a épargné', de **säästä-ä**, pour **säästyi** 'a été épargné' (de **säästy-ä**) - s'explique par cette neutralisation phonologique. De même **täyti** (I.2) - qui pourrait être éventuellement en SFL le prétérit de **täyttää** 'remplir' (au lieu de **täytti**) - est à identifier comme le présent de l'impersonnel **täytyä** : **täytyy** 'il faut'. Aussi l'étrange formulation

Minun äiti oli Norjassa syntis (E.8) - qui évoque le mot **synti** 'péché' ("Ma mère était en Norvège dans le péché" ...?) doit-elle s'interpréter :

Minun äiti oli Norjasta syntyisin
ma mère était de Norvège(élat.) originaire(adv., ancien instructif, sur **synty** 'naissance')

"Ma mère était native de Norvège"

- le locuteur E a en effet, comme le locuteur B au débit très rapide, tendance à laisser tomber les syllabes finales.

Autre neutralisation partielle, celle des voyelles /a/ et /ä/ du finnois : la distribution n'est pas identique en lapon, le **â**[6] étant intermédiaire entre /a/ et /ä/, tandis que le **a** est plus proche du /a/ palatal long du suédois - *cf.* **bara** 'seulement' [ba:rɑ]. Le locuteur C prononce ainsi **halla** 'brume' presque "**hälla**" - réalisation apparentée à celle du locuteur français finnisant, dont le **a** est généralement plus proche du **ä** qu'il ne devrait l'être en finnois (*cf.* V. VIHANTA, 1978, p. 113).

Cette différence de répartition du matériel vocalique dans les deux langues explique l'absence de *l'harmonie vocalique* en lapon. Son absence ne constitue pourtant pas pour le décodeur de SFL une gêne

---

[6] Ainsi noté dans la graphie *finlandaise* en 1ère syllabe seulement, du fait de sa grande occurrence, mais on le trouve aussi dans la 2e et même dans la 3e syllabes : **peänkâ** 'banc', **luoihtilâm** 'je relâche'. La graphie *scandinave* note l'opposition en sens inverse :

váz'zit 'marcher' en Suède = **vazzit** en Finlande,
mannat 'aller' = **mânnat** ; ce choix est respecté par les réformateurs de *l'Orthographe commune* (*cf.* Sâmi Giellalâvdegoddi, 1978).

(faible degré fonctionnel du phénomène ?), sa manifestation parlée la plus récurrente étant ici doublement neutralisée, puisque la particule négative **-kaan/-kään** est confondue avec son homologue positif **-kin** (= un **-ge** unique en lapon) :

en immärrä kuitenki (I.14)
"je ne comprends pas cependant",

pour en ymmärrä kuitenkaan
" - de toute façon pas" .

Si l'opposition fondamentale entre *voyelles brèves* et *voyelles longues* du finnois est dans l'ensemble respectée en SFL - à une nuance près, puisqu'aux brèves s'opposent des "semi-longues" (il n'existe pas de monophtongues longues en lapon) qui s'allongent jusqu'à la normale SF lorsqu'il y a ambiguité, dans les répétitions et les corrections spontanées - elle est abandonnée dès qu'elle cesse d'être, du fait de l'environnement lexical ou syntaxique, fonctionnelle : illatifs **viilekkesen** (C.11) 'dans la gibecière' et **konesen** (G.1) 'dans l'appareil' (pour **konee-seen**); partitif **paikka** (C.11), formellement identique au nominatif (mais identifié grâce à son encadrement : **tommosta paikka hakee** 'tel(partit.)-endroit-recherche'); forme familière du démonstratif - après chute de la nasale entre voyelles homorganiques ou identiques - **tä**, = **tää** en SF standard parlé, pour **tämä**.

C'est entre *monophtongues* et *diphtongues/triphtongues* que s'instaure en lapon une opposition essentielle, avec apparition d'un phénomène qui fait pendant à l'harmonie vocalique finnoise : la correspondance systématique entre certaines diphtongues croissantes et leur résidu vocalique, après réduction sous l'influence d'une voyelle de deuxième syllabe[7].

La réalisation des *diphtongues* en SFL pose quelques problèmes d'interprétation sinon de décodage. Dans l'ensemble, on note les mêmes divergences par rapport à la morphologie de la langue écrite que dans les variantes principales de finnois parlé : les diphtongues tendent

---

[7] Chute de la 2e composante sous certaines conditions - **e**, **ii** ou **o** en 2e syllabe, ou bien **ui** précédé d'un groupe consonantique fort :
eä > e eällit - elle 'vivre - vivaient'
ie > i kiella - killii 'langue - à la langue(direct.)'
oa > o poallu - pollui 'bouton - au bouton'
uo > u puollit - pulle 's'en retourne - s'en retournaient'.

à se fermer en position finale, et donc à devenir des monophtongues longues. Ainsi **ea** se prononce [ia] comme dans les dialectes d'Ostrobotnie, ex. **vaikia** (A.11) 'difficile', **notkia** (A.16) 'souple', **lukia** (H) 'lire'. On peut aussi avoir l'assimilation régressive **ea** > **ee** : l'infinitif **lukee** (G.21, I.2) est alors confondu avec la 3e personne du présent singulier (attestée chez les mêmes locuteurs). Par ailleurs, **ia** se prononce [ii] - *cf.* les partitifs **kaikki(i)** (E.5) 'tous', **tulkkii** (G.7) 'interprète', **lappii** (G.29) 'lapon' - ce qui est un phénomène courant en finnois parlé standard.

Si **eä** se prononce normalement [ii] en finale chez le locuteur A - infinitif **itkii** (A.17) 'pleurer' - il connaît aussi deux autres réalisations en SFL : [ie] en position intermédiaire (**hirviesti** 'terriblement') et [iä] en finale (**lähtiä** (A.15) 'partir'). Cette deuxième variante (double) est probablement à mettre en rapport avec la contiguité de deux des triphtongues croissantes du lapon (*cf.* T. MAGGA, 1974, p. 2) : dans le parler d'Utsjoki, il n'est pas toujours aisé de distinguer le **ie** de **nie** 'ainsi' du **eä** de **leät** 'être'.

Notons enfin, comme en SF standard, la tendance à diphtonguer une séquence de deux voyelles : **a+e** [ai], ex. **huutain** (C.16) 'en criant'. Une telle séquence est du reste souvent évitée - comme dans le centre et le Nord de l'Ostrobotnie (*cf.* RAPOLA, 1969, p. 129) - par l'insertion de la semi-voyelle /j/ : **haetaan** 'on va chercher' prononcé ['a^jeta:n] (H.18), et **lujen** (I.2) 'je lis' pour **luen**.

2.1.1.2. Le matériel consonantique

Le système consonantique du lapon est plus riche que celui du finnois : un alphabet aussi simplifié que celui adopté en Finlande a recours à une dizaine de signes diacritiques et phonétiques, dont l'Orthographe commune, malgré un effort important de rationalisation en vue de la dactylographie des textes (le signe /ˇ/ est remplacé par l'accent /ˊ/, ex. **imaś** 'étonnant', le graphème **z** se substitue au /ʒ/ traditionnel, ex. **oaźźut** = **oaǯǯut** 'recevoir'), doit conserver un bon nombre (ð, g, ŋ etc.). Le processus de standardisation se heurte d'ailleurs à la résistance des dialectes (*cf.* M.M.J. FERNANDEZ, 1982b).

Si les deux langues ont en commun le phénomène dit d'*alternance consonantique*, l'alternance est beaucoup plus complexe côté lapon; ses deux ordres (quantitatif et qualitatif) peuvent en effet jouer conjointement au sein d'un même radical - on parle alors de degrés super fort, fort, et faible,

ex. **poahtti** 'venez !' (duel) - **poahtit** 'venir' - **poaðe** 'viens !'. Par ailleurs, la quasi-totalité des consonnes est concernée par ce phénomène, ce qui est loin d'être le cas en finnois[8].

Nous ne retiendrons ici que les divergences récurrentes dans notre corpus, pouvant être mises au compte d'une interférence. Il s'agit principalement du *degré faible des occlusives* /t/ et /k/ : la tendance précédemment signalée qu'a le finnois du Nord à remplacer /d/ par /Ø/ en syllabe fermée (*cf. supra* 0.5.) est généralement contrée par l'absence d'alternance. Le lapon n'affaiblit pas par alternance des consonnes simples mais des groupes consonantiques : ainsi **ht** > **ð** dans **koahti:koaði** 'tente, kota'. Chaque fois qu'au -t- finnois devrait correspondre un -d- de degré faible, le -t- est maintenu en SFL : **ei löyty** (B.2) 'on ne le trouve pas', **lapsuutesta asti** (B.30) 'depuis l'enfance', **pyytämme** (C.17) 'nous demandons', **ei se pitä** (C. 19) 'il ne doit pas', **enkä tietä** (E.5) 'et je ne sais pas', **paitan lähetti** (E.10) 'une chemise ils ont envoyé', **näille kahtelle pojalle** (G.6) 'à ces deux garçons', **minä kutoin** (H.8) 'je tricotais', **kotin nimi** (I.12) 'le nom de la maison' etc.

Le -t- est aussi parfois maintenu en SFL dans les groupes -rt- et -nt- : **Ei isä kerto** (E.8) 'Papa, il ne raconte pas', **suvanton ranta** (C.11) 'la rive du gué'; la connaissance de l'alternance, attestée quelques lignes plus loin chez les deux locuteurs - **kun kerroin** (E.8) 'quand j'ai raconté', **tyynelle suvannolle** (C.12) 'sur le paisible cours d'eau' - est probablement entravée ici par la pratique lapone, qui va à contre-courant. En lapon, lorsqu' un groupe de consonnes est formé de **d r l m n ŋ** (ou des semi-voyelles **j v**) et d'une occlusive ou d'une affriquée, la deuxième composante est, au degré "faible", géminée, ex. **parti:partti** 'accident, bévue'. Cette règle, s'appliquant aussi aux groupes dont -k- est la deuxième composante (ex. **peäŋka:**

---

8 Avec le temps et la réflexion, cette distinction entre 3 degrés, rapprochée par les lapologues du cas de l'*estonien*, et répercutée d'un traité de phonologie à l'autre, nous laisse sceptique : la solution proposée par T. MAGGA (1976, p. 154) de ne distinguer au niveau phonologique que *2 quantités* - avec pour chacune des variations de durée - paraît mieux rendre compte du fonctionnement actuel de la langue.

peäŋkka 'banc') explique la non-alternance de **Pulmankissa** (G.1) 'à Polmak' (village-frontière, du côté norvégien) - la forme finnoise normale est **Pulmanki:Pulmangin**, càd. **/pulmaŋki:pulmaŋŋin/**.

La "perturbation générale du consonantisme" énoncée plus haut (0.5) comme caractéristique du finnois du Nord appelle quelques précisions : à côté de la gémination abusive des formes verbales (3e personne du singulier), on trouve une réduction des géminées dans les vocables d'usage courant - ainsi le mot-outil **taika** 'ou', qui introduit la plupart des alternatives chez C, auquel s'oppose le lexème **paikka** (C.11) 'lieu'. De même un adverbe fréquent tel que **enää** 'ne... plus', qui se présente souvent, par une sorte de métathèse, sous la forme **ennä**, peut figurer chez le même locuteur (G) comme **enä**. Il semble donc que l'on ait affaire à une règle de type identique à celle qui - en dépit des affirmations des grammaires traditionnelles - régit l'accentuation finnoise : en dehors des cas d'ambiguité sémantique, le redoublement de la consonne est - comme l'accent sur la première syllabe - une *virtualité*, une possibilité à laquelle le locuteur choisit ou non d'avoir recours à des fins "expressives" (càd. informatives). Ce postulat est vérifié par l'emploi, à une séquence d'intervalle, des variantes **se OSSA** 'Ah il sait !' (redoublement lié à une forte accentuation) et **kun se osa** (E.5) 'comme il sait' (=**osaa**) chez le locuteur E. [9]

Signalons pour finir en SFL un "bruit" proportionnellement marginal mais troublant pour l'oreille finnoise : il s'agit de la non-sonorisation de la voyelle, transcrite par **-h-**, qui se produit en lapon devant les occlusives sourdes - ex. **pahppa** 'pasteur' = SF. **pappi** , **oahpatit** 'enseigner' = SF. **opettaa**. La majorité des informateurs prononce ainsi "**paihk(k)a**" 'lieu' (lapon **paihki**), introduisant devant l'occlusive une aspiration diamétralement opposée à celle que post-

[9] Ajoutons que, outre les réductions évoquées ci-dessus, certains phénomènes sont le fait du finnois *parlé standard* aussi bien, en particulier :
- la *chute* des consonnes finales, ex. **en lukennu** (A.2) 'je n'ai pas lu' (pour **lukennut**), de voyelles fermées tel le **-i** du prétérit et des noms de nombre, ex. **sano yks pikku poika** (A.17) 'disait un petit garçon' (pour **sanoi yksi** ...).
- des *contractions* familières, ex. **me tarttisimme** (A.12) 'nous aurions besoin' (pour **tarvits-isi-mme**, sur **tarvit-a** 'avoir besoin', lui-même *verbum contractum*). Dans la langue parlée de Helsinki, le paradigme entier de certains

pose pour sa part l'informateur suécophone (et qui s'entend aussi chez certains finnophones du Nord). M prononce "tarkhoitan" 'je veux dire', et focalise peut-être involontairement l'adverbe de réciprocité en le truffant d'aspirations (M.2) :

> ne puhuvat aina saamea KHESKENÄÄN (...) KHESKENÄÄN tietenkin "ils parlent toujours le lapon ENTRE EUX (...) ENTRE EUX bien sûr".

2.1.2. Particularités du lexique

2.1.2.1. Les régionalismes

Nous en distinguerons de deux sortes :

- ceux - termes, expressions, ou désignations topographiques - qui sont communs à l'ensemble des locuteurs de cette *aire géographique*
- ceux qui sont propres à la *communauté lapophone*.

2.1.2.1.1. Traits dialectaux

Quelques tournures, qualifiées de "familières" par le *Nykysuomen Sanakirja* (*NS*, 1973) et très usitées en SFL, semblent assez révélatrices du finnois du Nord :

- ne solkkaavat (B.23). Le verbe solkata, qui désigne le fait de 'parler incorrectement' une langue, trouve son plein emploi ici - le locuteur B critique les parents lapons qui transmettent à leurs enfants une langue mixte, impure - mais il est moins chargé sémantiquement dans le dialecte du Nord : il peut avoir une valeur générique (*cf.* suédois snacka, péjoratif, vs. norvégien snakke 'parler').

---

verbes courants - tels olla 'être', tulla 'venir', mennä 'aller' - se trouve ainsi transformé, par ex. le présent de olla (*cf.* O. NUUTINEN, 1978, p. 25-26)

SF. *non normatif*		SF. *normatif*
mä oon	pour	minä olen
sä oot		sinä olet
se on		hän on
me ollaan		me olemme
te ootte		te olette
ne on		he ovat

Chez nos informateurs, seul le plus jeune fait un usage systématique de ces formes, ex. ootsä kuunnellu (K.3) 'tu (l')as écouté' (pour olet sinä kuunnellut). Mais la combinaison des formes réduites et des formes normatives est possible : minä oon aatellu (D.6) 'j'ai pensé', kun sinä oot valttanu (D.7) 'quand tu auras passé l'enduit'.

- **yhtelaaki** (D.5), du scandinave **slag** 'coup, fois', est l'équivalent de l'expression temporelle **yhden kerran** 'une fois' en SF standard (**kertalaakilla** 'd'un seul coup', existe aussi en helsinkien familier).

- **veikkoset**(G.2) pluriel d'un mot 'frère' (plus usuel : **veli**), renforce l'exclamation. Le *NS* lui attribue le sens de **toki** 'c'est vrai', **kaikin mokomin** 'véritablement, absolument'.

- **en hoksannu** (I.7) 'je n'ai pas pensé à (faire)'. **Hoksata** est une variante de **huomata** 'remarquer'.

Pour ce qui est des emprunts directs au *norvégien*, **søster Marja** (I.12), dans la bouche d'un locuteur ayant d'ailleurs résidé en Norvège, en est la seule occurrence - ce qui confirme, si besoin était, l'influence quasiment nulle de cette langue. La fonction sociale dénotée par ce terme - càd. celle d'infirmière ou d'assistante paroisiale - se rend habituellement par l'équivalent SF **sisar** 'soeur'.

Autre régionalisme extérieur à la communauté lapone, le *paysage* assurera la transition : on ne s'étonnera pas de trouver de nombreux et paisibles **suvanto** (thème général du discours C), **järvi** 'lac', **lompolo** 'étang', qui contrastent avec **koski** 'torrent' et **köngäs** 'cascade abrupte' (déformé par I en "**kenkä**" 'chaussure', voir ci-dessous "Les avatars ...").

2.1.2.1.2. Les signifiés ethnoculturels

2.1.2.1.2.1. L'identité ethnique

Man gudnis anange dološ Sámi
Mot sáttašiige eallit logituhat jagi
atte ii livče vuoigatvuotta
goččodit Sámi Sábmin
atte ii livče vuoigatvuotta Sábmai
leakkit Sábmi
(Aillohaš)

Comme je te révère ô Laponie d'antan
Et comment vivre dix mille ans
sans avoir le droit d'appeler
Samie le pays des Sames
sans avoir le droit Same
de porter le nom de Same

Les termes les plus usités sont, cela va de soi, **Saamelainen** et

lappalainen; la question de la distribution des deux termes, élément sémiologique déterminant dans la lutte contre l'acculturation menée par les panlapons, ne peut être ici que survolée. Malgré les exhortations des intellectuels de la jeune génération, le terme de **lappalainen** reste, chez nos informateurs, le plus naturel et le plus spontané[10]. La seule distinction ressentie comme pertinente porte sur *l'ethnie*, état de choses qui est reflété par le discours A : l'ancienne catéchiste parle de **Saamea** (la Laponie, personnifiée) mais de **lapin kieltä** (la langue lapone), après **Lapin raukoilla rajoilla** (A.3) 'aux malheureuses frontières de la Laponie'.

Les deux pôles extrêmes sont représentés par la pratique de B et celle de M.

M, qui se caractérise par une démarche discursive volontiers didactique, voire pédante, s'en tient à l'usage traditionnel de **lapin kieltä** et de **lappalaiset**, ne corrigeant qu'une seule fois pour désambiguër - en réponse à une question qui contenait le terme neuf :

> **Pohjoiskalotin alueilla (...) on kyllä lappalaisia eli saamelaisia** (M.2)
>
> "dans les contrées de la calotte glaciaire () il y a certes beaucoup de Lapons dits encore Sames" .

A l'opposé, le texte B, sous le prétexte d'exposer les conditions respectives d'acquisition des deux langues, est un discours sur la *valeur de symbole* qui s'attache, pour la préservation de l'identité ethnique, à une *langue minoritaire*. Il utilise avec une infaillible conséquence les nombreuses gloses disponibles sur le radical **saami-**. Cet usage systématique du terme spécifique de nationalité est sous-tendu par un engagement idéologique clairement explicité (B.25) :

> **Ne sanoo sillä ə että sillä ei ole minkään merkitystä / mutta minä olen päinvastoin siinä mielessä että siinä on niin suuri merkitys tuota .... kulttuurisuhteen. Jos saamen kielen pitä häviämän / sitten hävii koko Lappi ja saamen heimo / ja kaikki ne elintavat ja sen kultturi. Joo / se on kieli joka / kieli se on joka pysyttää sen kulttuuri.**

---

[10] Témoignage personnel : alors que dans le Sud (Helsinki) on m'avait inculqué que le seul terme recevable était **saamelainen**, en 1975-77 mes hôtes et collègues de plus de 60 ans (village / hospice) déployaient visiblement des merveilles de patience pour ne pas me reprendre ... jusqu'au jour où je décidai de suivre leur exemple (→ **lappalainen**).

Aujourd'hui (1981), l'usage de **saamelainen** s'est étendu à l'ensemble des générations, sous l'effet des mass media.

"Ils disent que ə qu'elle [la langue same] n'a aucune importance, mais moi je suis au contraire d'avis qu'elle a une importance considérable enfin .... pour la culture. Si la langue same est amenée à disparaître, alors c'est la Laponie tout entière, avec l'ethnie same, et son mode de vie et sa culture, qui disparaîtront. Oh oui, c'est la langue, c'est la langue, oui, qui préserve sa culture" .

On pourrait de fait tirer, des improvisations multiples sur la racine ethnique dans ce discours, un *exercice sur la formation des mots* en finnois : le paradigme est aisément reconstituable.

Sur le *substantif*,

	saame-a (7 occurrences)	'le same'	(partit.)
(décl.)	saame-ksi (3 -)	'en same'	(transl.)

formation par *composition* dénominale + déclinaison,

saamen kiel-i (2)	'la langue same'	(gén.+nom.)
- kiel-tä (15)		(partit.)
- kiele-n (7)		(gén.-acc.)
- kiele-llä (3)		(adess.)

puis, après *dérivation adjectivale*,

saamen-kiel-inen(1) 'de langue same'

autre *composition*,

	- kiel-is-tä kirjallisuut-ta (1)	'la littérature de langue same'	(partit.)
(décl.)	- kiel-is-een kirjallisuut-een (1)	'à - '	(illat.)
	- kiel-is-iä kirjaim-ia (1)	'des lettres de langue same'	(partit.)
	- - sano-ja (1)	'des mots de langue same'	(partit.)
	- - sanasto-ja (1)	'des vocabulaires de langue same'	(partit.)

Une autre famille se développe parallèlement, à partir du nom *dérivé*

saame-lainen
saame-lais-ia (1) 'des Sames' (partit.)

par *composition* : adjectif > préfixe, + substantif,

saame-lais-aluee-lle (1)	'à l'aire same'	(allat.)
saame-lais-vanhemmat (1)	'les parents sames'	(nom.-acc.)

et même une formation dans laquelle le substantif 'same' devient le déterminé, précédé d'un autre substantif-préfixe (*composition*),

kanta-saame-lainen (1) 'le same de souche, le pur same' (nom.)

Par comparaison, le clan des lapin... fait piètre figure : 5 timides apparitions, dont l'une immédiatement démentie,

Lappi, lapin kieltä, lapin kielen, lapinkielistä sanaa,

lapin .. saamen kielen opetus 'l'enseignement du lap .. same'.

La position du locuteur est en outre affermie par l'introduction d'un troisième terme, d'emprunt celui-là : le **Sabmelaš** lapon. Sa première occurrence adjectivale se produit en corrélation avec la mention de la revue du même nom, organe de la **Lapin Sivistysseura** (Société pour la Civilisation lapone) : **Sabmelaš-nuoret** 'les jeunes Sames', mais il survient la deuxième fois en épilogue d'un véhément réquisitoire :

> **Siinä tehtään suuri .... vääryyttä ja virhettä lasten suhteen ja yleensä Sabmelaš-kulttuuria kohtaan** (B.23)
> "[en refusant d'apprendre le same aux enfants] on commet une grande .... injustice et une erreur envers les enfants et envers l'ensemble de la culture **Sabmelaš**.

Il est évident que ce terme n'est pas introduit au hasard : moins inamical que le **lapp-** longtemps imposé par la tradition majoritaire - tant finnoise que scandinave[11] - et moins artificiel que le **saamelainen** promu par la jeune classe politique, il a une toute autre valeur sémiologique. Sa charge émotionnelle est d'ailleurs soulignée par des moyens paralinguistiques : un tremblement de la voix qui traduit l'admiration (1ère occurrence) ou l'indignation (2e occurrence) se superpose à la rupture rythmique provoquée par l'intrusion d'un terme étranger.[12]

A la *samité* se rattachent un certain nombre de *fonctions sociales*, exercées dans le cadre de l'église ou de l'éducation nationale. Les termes ayant trait à la religion figurent parmi les éléments moteurs des discours G et I : prédicateurs d'Etat - **pappi** (A., G.) 'pasteur' - ou de secte - **maallikkosaarnaja** (G.1), l'austère laestadianisme[13] étant encore très implanté dans les paroisses d'Utsjoki

---

[11] Etymologiquement, le vieux suédois **lapper** serait la traduction d'un nom de peuplade lapone **vuowjoš** - à rapprocher de celui des votes - qui signifiait 'morceau de tissu' (*cf. Suomen kielen etymologinen sanakirja*, II, 1958, p. 277), ce qui est effectivement le sens du nom commun **lapp** en suédois moderne.

[12] Cet emploi de **Sabmelaš** a été noté par ailleurs - hors corpus - chez les autodidactes (passivement) nationalistes de l'ancienne génération.

[13] Sur cette secte d'inspiration piétiste, fondée par Lars Levi Laestadius (1800-1861), voir C. MERIOT, 1980, p. 295 sqq.

et d'Inari; cantiques - du matin **aamuvirsiä**, du soir **iltavirsiä** (I.2). E fait allusion à son père "gardien d'église" : **kirkkovaärti**, du scandinave **värd**; dans le reste de la Finlande, on parle plutôt de **suntio** 'bedeau' ou de **lukkari** 'sacristain'. Le **tulkki** (G.7) 'interprète', auquel se réfère une partie du dialogue avec G, serait incompréhensible hors de ce contexte culturel : la paroisse d'Utsjoki est la seule de Finlande à posséder pour ses services religieux - l'office étant dit en finnois par le pasteur, fonctionnaire d'Etat - un interprète lapon attitré. (*voir photog.*)

Autre fonction sociale de premier rang : celle d'enseignant - **opettaja** - avec une mention historique particulière pour l'ancienne *école itinérante* (terme utilisé en parallèle à celui d'"école nomade")[14]. Le rôle du **katekeetta** est le thème général du discours de A, elle-même retraitée de ces fonctions. Une sommaire définition de cette étape de l'instruction publique est par ailleurs fournie par B, qui omet rarement de faciliter le décodage de l'enquêteur :

> **Se oli kiertokoulu, sellainen niin kun sanotaan .... niitä katekeettakouluja. Niin kun sanottiin katekeettakouluksi. Kun niitä oli katekeettoja.** (B.7)
>
> "C'était une école itinérante, une de ces écoles comme on dit .... des écoles de catéchistes. Comme on disait "école de catéchistes". Puisqu'il y en avait, des catéchistes."

Puisqu'elle était catéchiste, le locuteur A a été étroitement mêlée à la vie des paroisses d'Inari et d'Utsjoki : elle fait allusion à la hiérarchie cléricale - le chapitre **Tuomiokapituli** (A.6), le pasteur **kirkkoherra** (A.12) et son supérieur, le doyen **rovasti** (A.22), le chantre **kanttori** (A.14) -, aux réunions paroissiales **seurat** (A.21) et aux grands offices **Pyhäkirkko** (A.21).

Que le vocabulaire religieux ait déteint sur la pratique langagière courante, c'est ce que suggère l'emploi que font G et I du vocable **veisata** : chez le fennophone moyen, ce verbe désigne le fait d'"entonner des cantiques ou des psaumes". Chez nos deux informateurs, il peut avoir ce sens, mais il concurrence secondairement le générique **laulaa** 'chanter' et même le spécifique **joikata** 'joïker' - tandis

---

[14] Sur l'évolution historique du système scolaire lapon dans les différents Pays Nordiques, voir M.M.J. FERNANDEZ, 1976b, p. 7-8.

que le substantif **joiku** 'mélopée same' concurrence pour sa part chez G le générique **runo** 'poème' (lui-même il est vrai étymologiquement magico-religieux chez les Anciens Scandinaves : voir traités de runologie). Cette extension du champ sémantique de **veisata** est d'ailleurs attestée couramment dans la conversation[15].

2.1.2.1.2.2. Une civilisation de l'oralité

Nous aimerions attirer l'attention du lecteur sur deux autres emplois de verbes qui, bien que sémantiquement neutres en finnois standard, sont ici pesamment chargés par le *contexte ethno-culturel* : les verbes **lukea** 'lire' et **sanoa** 'dire'.

Si les développements complaisants du locuteur A sur le rôle joué par *la lecture* dans l'enseignement (A.19, par ex.) ne font que parer les bottes allongées par l'intervieweur, il n'échappe pas en revanche combien ce procès, **LUKEMINEN**, acquiert d'importance dans le parler des autodidactes :

- I affirme la nécessité de la lecture (fût-ce celle de la Bible) "pour les vieillards",

> **Niinhän se täyti vanha ihminen lukee.** (I.2)
> "Ah oui, il faut qu'il lise, le vieillard."

- B souligne le rôle fondamental de la lecture dans l'*acquisittion* de la langue, et donc de la *culture*, pour pallier une instruction déficiente,

> **Se oli aika VÄHÄN kyllä, mutta - ja sitten tuota kova omaharjoitus oli siinä mukana että sitä luettiin ja kun tuli niin paljon lukuharjoituksia se kiinnosti tuo lukeminen ja sen kautta sitten tuli sitten kielitaito ja lukutaito myöskin lisääntyi.** (B.8)
> "C'était assez PEU [2-3 semaines par an d'école itinérante] oui, mais - et puis il y avait, enfin, l'effort personnel qui jouait càd. qu'on lisait et quand on s'était bien entraîné eh bien elle intéressait cette lecture et par son intermédiaire venait ensuite le savoir-parler et puis le savoir-lire se développait aussi."

---

15 Notamment dans un enregistrement, non intégré au corpus, au cours duquel l'informateur, prié de commenter et d'illustrer musicalement la tradition du *chant lapon*, ne prononçait pas une seule fois le mot **laulaa**, parlait plus souvent de **veisata** que de **joikata**. Le caractère récent du transfert sémantique nous est confirmé par la concordance de W. VEENKER (1975, p. 204-206) qui, pour 28 occurrences lapones du concept 'chanter', note 1 seul **vĕä·jsiĕďèʰ** relevé chez E. LAGERCRANTZ (1939), avec le sens de 'kirchenlieder singen'.

Le fait de lire (tuo lukeminen 'cette lecture') est ici personnalisé, une sorte de pouvoir surnaturel lui est conféré. Cette importance *magique* du concept de lecture, la lecture en tant qu'instrument de préhension culturelle et d'intégration sociale - rien de comparable avec sa fonction dans un pays à tradition scripturale pluriséculaire - reçoit chez le locuteur G une illustration inattendue. Prié de "lire" des extraits d'Abécédaire, G se livre d'abord à moults commentaires et rappels de situations analogues (càd. de chant ou d'enregistrement), sorte de danse des sept voiles autour du rite de la lecture, danse scandée par des déclarations équivoques dont la négativité (refus) va aller décroissant, ainsi

> Minä olisin lukennut (...) mutta en muista hyin kun ei ole ennä se kirja. (G.4)
> "J'aurais bien lu () mais je ne m'en souviens pas bien puisque je n'ai plus le livre."

L'équivoque sera dissipée graduellement, après un passage divertissant, tandis que le locuteur feuillette nerveusement l'abécédaire en hochant la tête :

> Minä olen lukennu monta kertaa varmasti läpi tämän, mutta ne on UNHOITUNU. Minä luulin että minä muutan paikan muistan mutta EN muista. HELPO olis lukea kun muistaisin mutta en muista enä. Se olis PALJON helpompi lukee silloin niin eikä tähän tarvitsis se, ei piäis tuohon puhhu niin että että kaks kertaa kertoman missään. EI. Se jatkais siitä puheesta .... mutta kun minä en enä muista. Se pitää olla kyllä tuttu se tämä luku .... kun lukee .... että muistaa selväst. (G.21)
> "Je l'ai lu bien des fois d'un bout à l'autre, pour sûr, mais tout est OUBLIE. Je croyais me souvenir de quelques passages mais NON je ne m'en souviens pas. Ah ce serait FACILE de lire si je me rappelais mais je ne me rappelle plus. Ah oui ce serait BEAUCOUP plus facile de lire et y aurait pas besoin, y aurait pas à parler deux fois là-dedans en racontant par moments deux fois la même chose. Ah NON. Ça continuerait avec le discours .... mais voilà je ne me souviens plus. Ah oui il faut qu'elle soit connue la lecture .... quand on lit .... qu'on l'ait bien en mémoire."

Ce n'est qu'une fois le procès de lecture bien engagé que sera explicitée clairement la réticence initiale due à une assimilation *lecture -mémoire* :

> Niin se pittää joka tuohon aikoo puhua ja veisaa tuohon .... se pitää olla selvä sanat ja eikä .... eikä kertoa aina joka .... kaks sanaa joka .... enne kun lukee. Se lisää aikaa .. turha aikaa niin paljon se, mutta minä kun en muista enä. Silloinhän minä kyllä muistin nämä, minähän kyllä luin MONTA kertaa läpi tämä. (G.23)

> "Eh oui c'est ce qu'il lui faut à celui qui a l'intention de parler et de chanter là-dedans .... il lui faut les mots tout prêts et non pas .... non pas qu'il raconte chaque .... deux mots pour chaque .... avant de lire. Ça fait perdre du temps .. gaspiller beaucoup de temps, mais voilà moi je ne me rappelle plus. Autrefois oui j'avais tout ça en mémoire, ah je l'ai lu BIEN des fois d'un bout à l'autre."

L'observateur étranger doit dépasser le stade critique de l'amusement pour apprécier les valeurs culturelles sous-jacentes à cette apparente naïveté qui veut que la lecture soit conditionnée par une connaissance préalable du *contenu* du texte - et non pas seulement de sa forme, bien que G, pratiquante assidue des traductions norvégeo-lapones de la Bible, se plaigne par ailleurs de sa non-familiarité avec l'orthographe finlandaise de l'abécédaire.

La méfiance de l'informateur repose donc ici sur un malentendu culturel : la lecture n'est pas conçue comme seul moyen d'*acquisition* mais aussi de *mémorisation* des connaissances. Cet instrument individuel de déchiffrage du texte (écrit), importé par les représentants d'un autre type de culture, a pris dans l'esprit des vieux Lapons le relais de l'activité collective de répétition et de transmission (littérature orale).

L'*oralité* du contexte culturel est omniprésente, marquée par l'usage multiple qui est fait des verbes **puhua** 'parler' et **sanoa** 'dire'. Il ne se passe pas d'instant sans que l'on ait du discours dans le discours, des paroles rapportées et commentées par l'informateur. Les personnes dont on rapporte les paroles constituent autant d'autorités justificatrices : elles témoignent, par discours interposé, de l'*authenticité* des évènements ou des sentiments évoqués. Ainsi l'invite de la Maiju (A.6), les compliments de l'instituteur (A.12), les lamentations du petit garçon (A.17) attestent la considération et l'affection dont était entourée la catéchiste; les exhortations de B aux parents lapons (B.26) prouvent son patriotisme same; les offres du médecin (E.9) et des voisins (E.10) confirment le jugement généreux porté sur eux par E, etc ... Il arrive aussi que les autorités illocutionnaires soient naturellement confondues avec les supérieurs hiérarchiques : pour I, les encouragements du médecin-chef de l'hôpital départemental de Rovaniemi (I.4) garantissent le caractère non-contagieux de son eczéma, les promesses de la Directrice de l'hospice tiennent lieu de réservation (I.16). Sans doute cette identification *locuteur*(absent)-*autorité* est-elle un universal des situations de communication - à l'état brut chez les gens simples, à peine masquée dans un style plus élaboré (voir le "de source autorisée on apprend" des journalistes) - mais elle est ici indissociable de la primauté accordée à l'oral.

De cette *créance* absolue de la *parole*, c'est encore G qui nous fournit les illustrations les plus saisissantes : à la question

- **Onko tämä salmi olemassa ?**

"Est-ce que ce détroit existe ?", G répond sans hésitation

- **Niinhän ne sanoo niin Inarilaiset. Siellä on vieläkin se nimi Siggan itkusalmi.** (G.20)

"Oui, c'est ce qu'ils disent, les gens d'Inari. Là-bas, ils ont encore le nom de 'Détroit des larmes de Sigga'."

La formulation insolite, qui consiste à n'énoncer l'existence réelle de ce détroit - dont on vient de lire la légende - qu'après s'être référé à ce que *disent* les gens de la région, met en lumière l'importance magique du dire, de l'appellation. L'existence de *la dénomination* est garante de *l'existence* tout court[16].

Que peut-il résulter de la combinaison du *dire* et du *lire* dans le découpage conceptuel du monde ? Interrogé sur l'identité d'un certain "S.P." mentionné dans l'introduction à l'Abécédaire (G.35), G se livre à des suppositions, se remémorant d'anciennes rencontres etc., mais la clef de l'énigme nous sera remise avec une autre citation extraite de cette même introduction :

" **... mainehikas Lapin kielen tutkijamme S.P.**"
- **Se oli Lapin kielen tutkija tämä S.P. !** (G.37)

" ... notre célèbre lapologue S.P."
- C'était un lapologue, ce S.P. !

Il est remarquable que la précision n'apporte que du vague (tous les autres personnages cités étaient également des lapologues !) mais, s'agissant de paroles-rapportées-et-écrites, devient vérité indiscutable : ton catégorique et point final[17].

---

[16] Sur le pouvoir créateur du *dire*, voir aussi A. SAUVAGEOT, 1961, p. 153 sqq., et les poèmes de la *Kanteletar* - trad. J.L. MOREAU, Paris, P.J. Oswald, 1972 - par ex. "Lorsque j'entonne mes chansons" (I, 10).

[17] L'usage qui est fait de **kirjakieli** (G.29) 'langue écrite' pour affirmer la supériorité du dialecte de montagne d'Utsjoki sur celui de Karasjok (Norvège) est apparenté à cette conception : sans doute G n'est-il pas le seul locuteur au monde à croire que sa langue est la seule bonne, mais la référence à un modèle écrit, dans ce contexte particulier, laisse perplexe.

Nous n'omettrons pas de mentionner au passage les attributs lexicaux du *"folklore"* lapon, bien connus des ethnologues : un **poro** 'renne' tirant son **pulkka** 'traîneau' (A.9, H.8) jusqu'au **autiotupa** 'refuge' (A.10), avant d'être remplacé par le **moottorikelkka** 'skidoo, scooter des neiges', dont l'apparition et l'importance économique sont relatées par E (.8) et H (.31). Dans leurs déplacements, les femmes se munissent du **komsio** 'berceau portatif' (H.14), les hommes de grands couteaux fabriqués par le **leukumestari** (E.17), concurrent de l'aiguiseur de **puukko** finnois (I (.12) cite la marque **Martinin veittet**). La pêche - **käpy** (C.4), habituellement 'pomme de pin', sert ici à tisser le filet - et la chasse - **riekko** (B.16) 'lagopède', **koskelo** (C.12) 'harle', **kaakkuri** (C.16) 'plongeon catmarin', **kuikka** (C.16) 'plongeon arctique' - sont en principe réservées aux hommes, mais la femme assiste son époux, en particulier au moment du vêlage - **vasutusaika** (H.32) - et du marquage - **merkata** (H.33) 'marquer' - des rennes. Le locuteur D nous livre enfin un texte technique qui a trait à des activités partagées par les Sames avec les Finnois de la région : la construction d'une barque (**vene**), qui nécessite la soudure (verbe **hitsata**) de fer plat (**lattarauta**) pour les tolets (**hankaimia**). L'embarcation sera ensuite recouverte d'un enduit incolore dénommé **valtti**, du nom d'une marque[18] .

Mais de ce *contexte ethnolinguistique*, c'est avant tout l'unicité de l'ethnie lapone en matière d'oralité que l'on retiendra : la civilisation same, actuellement en voie de profonde mutation, était, jusqu'à une époque récente, la seule dans cette aire géographique et l'une des seules à l'échelle de l'Europe à avoir préservé le caractère non-scriptural de ses traditions. Les fonctions de *la parole proférée* dégagées ci-dessus - mémorisation, importance sociologique, psychologique et étique - permettent de définir *l'Oralité*, positivement, comme *une technique et une psychologie de la communication*, et non comme une absence d'écriture. L'absence des intermédiaires écrits, la nécessité des relations concrètes entre individus, confèrent à la communication dans une telle communauté un caractère exceptionnel d'*authenticité* - valeur sûre de l'ethnolinguistique.

---

[18] Comme notre "frigidaire". Cet usage lexical, répandu dans la région, était ignoré de certains des Helsinkiens interrogés.

2.1.2.2. Les avatars de la synthématique

Le lapon dispose, nous l'avons vu, d'une batterie complète de suffixes de dérivation : rien d'étonnant donc à ce que SFL, dans le flot du discours, *dérive* sans vergogne. Dans la mesure où les données sont morphologiquement correctes, il est imprudent de les condamner : leur opportunité risquerait d'être immédiatement prise en charge par le locuteur fennophone soucieux de protéger la sacro-sainte créativité de sa langue.

Gageons toutefois que le verbe **kysellä** (C.9, E.6) par exemple, dérivé fréquentatif de **kysyä** 'demander', aurait moins de chances d'apparaître - hors d'un contexte d'investigation - dans des discours d'autre origine; sa nature d'interférence est attestée lors de la première occurrence par le terme lapon qu'il est censé traduire : le lapon a **jeärralit** dérivé de **jeärrat**. Une tentative identique se heurte chez le même informateur à un écueil sémantique : sous le coup de la surprise, Sammeli, l'un des protagonistes de la nouvelle, "**ei saanut ääntä (...) ei pystynyt ääntämään**" (C.15), "ne trouvait pas de voix (...) n'arrivait pas à crier"; le deuxième énoncé est de trop, car ce qu'il ne parvenait pas à émettre était un 'cri inarticulé' (**ääni**) et non un 'son/phonème' (**äänne**) - or le verbe **ääntää** signifie habituellement 'prononcer'.[19]

Le suffixe diminutif, très productif en lapon, joue des tours aux locuteurs A et B : difficile de concevoir une **pirtti-nen** 'maisonnette' qualifiée de **iso** 'grande' (A.6); quant au pupitre improvisé, **lauta-nen**, avant de chavirer dans l'anecdote contée par B (.11), il produit un effet de comique involontaire : cette glose n'est plus perçue comme une 'planchette' (sur **lauta**), mais fixée dans le sens d''assiette'. Inversement, le suffixe collectif **-sto**, produit à mauvais escient, dispense une munificence superflue (relation tout-partie) : ce ne sont pas des "vieux *vocabulaires* de langue same" - **vanhoja saamenkielisiä sanastoja** (B.30) - mais des vieux "*mots*" (**sanoja**) que peut se targuer le locuteur "pur same".

---

[19] Inversement, et malgré sa connaissance du substantif **vastustuskyky** 'force de résistance', le locuteur G fait un usage erroné du verbe simple **vastata** 'répondre' - **Eipä poro vasta mitä** (G.17) "Le renne ne se défend pas" - là où il devrait employer le dérivé causatif **vastustaa**.

Le gauchissement occasionné par l'emploi du substantif **erotus** pour **ero** est plus subtil :

> **Mutta vähäsen on noilla erotus** (G.29)
> "Mais ils en ont quelque peu, de différence".

Les deux substantifs ne représentent pas par rapport au radical verbal **ero-** 'séparer' deux opérations, l'une concrète l'autre abstraite, mais deux degrés différents de ces catégories logiques. Dérivé en -us du verbe factitif **ero-ttaa**, **erotus** désigne une distinction, ou une différenciation, donc le processus même qui permet de discerner ou de poser **ero** : il est incompatible avec la construction possessive. Son apparition dans le discours est néanmoins facteur pour l'auditeur fennophone d'un divertissement gratuit lié à la consituation : **erotus** a accessoirement une valeur concrète de 'division', vulgarisée par le substantif composé **poronerotus** 'la séparation des rennes', pratique saisonnière (automne, printemps) de la renniculture[20].

Les dérivés *adjectivaux* pèchent généralement non par leur suffixation erronée, mais par le choix inadéquat du *radical* sur lequel se greffer : parler leur langue maternelle aux enfants n'est pas une chose particulièrement "étonnante" - **suuri merki-llinen asia** (B.23) mais 'importante' (donc : **merkitykse-llinen**); la visite d'un enquêteur étranger n'est ni **oppi-va** ni **oppi-vaista** (E.3) - càd. 'qui apprend vite' - mais **opetta-vaista** 'instructif' - sur le causatif **opettaa** -. Le barbarisme obstiné de **ilo-llinen** (I.3, I.6) pour **ilo-inen** 'joyeux' est une interférence transparente : le lapon a **ilo-laš**, dont l'antonyme est **moras-laš** (= SF. **murhee-llinen**); celui de ***miehe-vä** (A.17) pour **miehe-käs** est moins clair.[21]

L'inutile complication de ***vara-kk-ai-suus** (E.8) pour **vara-kkuus** 'aisance', sur **vara-kas** 'aisé', trahit de même une maîtrise imparfaite du système.

---

[20] Les locuteurs lapons utilisent aussi fréquemment le terme marqué **poro-n**(gén.)-**erotus** que le non marqué **poroerotus**, plus usité des Finnois du Sud - ce qui fournit un élément supplémentaire à verser au dossier du *référentiel* (*cf.* Chap. I, Note 6), proche de l'"actuel" de BALLY, par opposition au "virtuel". En contexte de renniculture, l'individualisation du terme 'renne' est un phénomène normal d'énonciation.

[21] On note aussi l'étrange emploi du comparatif dans **erilaisempi sananmuoto kun meiän** (G.29) "une forme de mot *plus différente* que la nôtre", pour qualifier la langue (lapon de montagne) de Karasjok, alors que "la nôtre" constitue précisément la référence correcte.

Les *adverbes* aussi sont parfois victimes de mauvais traitements dus à de louables intentions : jusqu'à nouvel ordre (néologismes ?), une langue ne peut pas être enseignée *kouluisesti 'scolairement' (B.19), ni un bon conteur s'exprimer *miettivästi 'pensivement' (E.5) - mais plutôt harkitusti 'avec discernement'.

Il peut arriver que les règles (parler de "pratiques" serait plus juste) de la *composition* soient à leur tour bafouées : la 'langue écrite' se dit kirjakieli sans génitivation - et non *kirjankieli (G.29), les 'cantiques du soir' portent le nom de iltavirsiä - et non *illavirsiä (I.2), compromis entre une première composante à marque Ø, ilta, et une forme génitivée (degré faible illa-n); le médecin-chef de Rovaniemi n'est pas syntagmatiquement unique : Rovanieme-n ylilääkääri - et non Roaniemiylilääkäri (I.4). Un gynécologue n'est pas médecin de 'maladie féminine' - *naistautin (E.9) - mais des 'maladies de femmes' (nais-ten taut-ien). Signalons à ce propos les embûches dressées par la terminologie clinique, surtout d'origine étrangère : tuhkarokko 'la rougeole' est défiguré par des retouches malencontreuses - *tuhku .. tuhkarukko (H.17) -; hemoglobiini, outre les problèmes communs aux fennophones moyens (g > [k], b > [p]), s'enlise prématurément - hemoklopi (E.9); *veriote (I.4) - litt. "sang-prise", structure équivalant à notre 'prise de sang' - supplante l'habituel verikoe ("sang-test").

Autre déformation, génératrice de rires (en cascade), celle qui confond kenkä 'chaussure' et köngäs 'chute d'eau abrupte' : "à la hauteur de la Cascade Inférieure (toponyme)" devient "à la hauteur de la chaussure .. de la Chaussure du Bas" - sen kengän .. sen Alakengän kohalla (I.8).

2.1.2.3. Idiolectes agrammatiques . . .

Le finnois parlé par les Lapons bilingues présente à première vue les principaux "Caractères linguistiques de l'agrammatisme" définis par Georges MOUNIN (1967, p. 15-26), à la suite d'autres linguistes - dont Jean DUBOIS - et de psychologues - COHEN & HECAEN - sur les critères suivants :

1) l'absence de mots-outils dans le discours

2) la réduction de la phrase aux lexèmes (utilisation préférentielle des substantifs)

3) l'emploi des verbes à l'infinitif

4) le manque des accords

5) le style télégraphique

6) la survivance des stéréotypes.

Nous aimerions subordonner la reprise point par point de ces différents critères à une remarque d'ordre général : bien que les traitements - qu'ils soient cliniques ou linguistiques - de cette manifestation particulière de l'aphasie connue sous le nom d'*agrammatisme*[22] s'appliquent par définition à une forme de langue *parlée*, les références sont ici aussi très largement empruntées à la réglementation de l'écrit. Ceci est particulièrement net pour le point 1) - et de même pour 5) qui est une manière de résumé - formulé par ailleurs ainsi par R. JAKOBSON :

> "Les mots dotés de fonctions grammaticales, tels que les conjonctions, prépositions, pronoms et articles, disparaissent en premier lieu." (1963, Chap. 2, "Deux aspects du langage et deux types d'aphasie", p. 57)

Mis à part le fait que la portée de cette assertion est limitée par la nature *synthétique* du finnois - peu de prépositions, remplacées par la flexion casuelle; pas de pronoms(personnels)-sujets ni d'articles, auxquels se substituent des procédés syntaxiques tels que l'ordre des mots (à l'écrit du moins - renversement de la tendance à l'oral) - le rôle joué par les éléments de liaison que sont les conjonctions est grandement assumé par les facteurs *prosodiques* : nous montrerons au Chapitre III (3.2.2.2.) comment la variation du schéma intonatif suffit à transformer un Rhème phrastique en Thème discursif. L'absence totale de liaison de l'un ou l'autre type est extrêmement rare dans notre corpus, même dans le Groupe II, ex. :

> - **No oltiin siinä niin kauan / / nähtiin () paraneeko** (H.17)
> "[Mais si vous étiez malades ?] - Boh, on restait là assez longtemps / / on voyait () si on guérissait."

La conjonction /**että**/ suffirait à valider la construction, faisant de la deuxième proposition une finale ou une consécutive ("pour voir si").

---

22 Terme auquel celui d'"ataxie", proposé par COHEN-HECAEN (*Journal de Psychologie*, 1965:3) n'a pas réussi à se substituer.

- **Ei kattele mihinkään / maahanpäin / ei tule koskaankin tuttu** (I.2)
"On regarde nulle part / vers le sol / on fait jamais connaissance"

Dans la logique de la discussion - comment rompre l'isolement à l'hospice ? - un subordonnant conditionnel **jos** 'si' serait le bienvenu.

Encore ne faut-il pas perdre de vue qu'une analyse instrumentale de ces énoncés - choisis pour leur intonation plate - décélerait peut-être une variation intonative (subordonnante) : mais quelle fonction communicative, si elle n'est pas perceptible pour l'auditeur ??!

Le type de constructions agrammaticales par asyndétisme le plus intéressant, car spécifique du finnois, nous paraît être celui constitué par les paroles rapportées au *style direct* ; cette observation peut sembler paradoxale au lecteur francophone : c'est qu'en finnois - comme dans les langues finno-ougriennes en général (voir IKOLA, 1960, KASSAI, 1974, Chap. VI) - prévaut normalement le *style mixte*, ex. **Hän sanoi minulle että "tule!"**, "Il m'a dit que 'viens!'", d'ailleurs représenté dans notre corpus chez la plupart des locuteurs. Le locuteur G cependant se complaît dans un style direct perçu comme agrammatique par l'auditeur finnois :

- **Minä sanoin "tähän minä en veisaa"** (G.5)
"J'ai dit 'là-dedans j'y chanterai pas'".

Pour peu qu'il y ait collision entre plusieurs *dire*, l'absence de connecteur entrave le décodage :

- **Hän sanoi itse minä sanon "ei se silloin tarvite"** (G.7)[23]
"Elle a dit elle-même,que je dis,'y en a pas besoin alors'".

Emise à un rythme précipité sans sommets accentuels perceptibles, cette déclaration est partiellement élucidée par la séquence immédiate, **kun sinä osaat suomea** "puisque tu sais le finnois" : l'apparition du pronom allocutif *tu* indique que les paroles précédentes s'adressaient à un locuteur d'abord introduit en tant que (*il*)/*elle*.

---

[23] **Minä sanon** (litt. "moi je dis", = F. parlé "enfin", "machin"), énoncé désémantisé inséré entre le Thème et le Rhème, est en fait ce que dans nos travaux **récents** (M.M.J. FERNANDEZ 1980b, 1982d) nous dénommons Particule Enonciative (PEN) - voir aussi *infra* "Les procédés morphologiques de thématisation" (3.1.7.).

Le style direct peut entraîner une réalisation doublement agrammatique, celle énoncée comme critère 2) : sont supprimés non seulement les conjonctions, mais aussi le *verbum dicendi*. Le locuteur E, friand de dialogues aux 2e et 3e degrés, les plaque ainsi souvent à l'improviste, avec un effet de "petit nègre" :

- Minä sille joka minua haastatteli minä "Norjan kuninkaan kivi" (E.5)

"Moi à celui qui m'interviewait moi "la pierre du roi de Norvège"

Formellement, seule la reprise du pronom sujet signale ici la citation.

- Minä joskus "kun sinä isä olisit sanonut" (E.10)

"Moi quelquefois 'si toi papa tu avais dit'"

L'*intonation* plate du sujet déclaratif est suivie d'un schéma binaire (montant / descendant = Thème / Rhème), mais le rythme heurté du propos compromet cet effet de construction[24].

- Niin illalla tuli "Maarit kokoa nyt kaikki likaisvaateet"

"Et le soir on est venu 'Maarit rassemble donc le linge sale'"

L'invite est à attribuer à une voisine, actant du verbe de mouvement - sujet non exprimé mais suggéré par le contexte, un discours sur les voisins.

Le flux du souvenir charrie ainsi parfois des citations sans préavis : à l'auditeur de les capter au passage !

- Ei ottanut suuhun mitään. Miltä se maistui ? Ei maistunu mitään. (H.17)

"Ils n'absorbaient rien. De quoi ça avait goût ? Ça n'avait goût de rien."

A la lueur du précédent contextuel - [les enfants avaient la rougeole] - on devine qu'il s'agit d'un dialogue entre mère et enfants.

Un autre groupe de propositions dépourvues de prédicat verbal, bien attesté dans diverses langues - en indo-européen, mais aussi en hongrois moderne - est celui des *Phrases nominales* sans copule. Cet

[24] Ce rôle de *validation* de suites asyntaxiques par l'intonation - voir notamment C. HAGEGE, 1978b, p. 11-14 - sera étudié plus longuement avec "L'hégémonie du donné prosodique" (3.1.5.).

usage est fréquent dans un contexte de *réponse* : l'interpelé va au plus pressé.

- Ja tosiaan niin .... poroja hoitavaa. (H.7)
"Et puis en fait .... des rennes à soigner."

Le participe présent à valeur gérondive (forme passive correcte : hoidettava-na, essif) devrait être relié au sujet par oli.

De même dans l'*expansion explicative* d'une réponse :

- [Oli yks naapuri] kaks kilometriä .... väli. (H.19)
"[On avait un voisin] deux kilomètres .... d'intervalle."

La suppression du *verbe d'existence* (sens plein) est à la limite de l'acceptable :

- Ei Utsjoen kunnassa ihminen jota minä en tunne. (G.8)
"Pas dans la commune d'Utsjoki une seule personne que je ne connaisse."

Mais le seuil de tolérance de cette construction est relevé en lapon et en finnois par la nature spécifique de la *négation* : le *verbe négatif* est à lui seul un support suffisant de prédication. Nous verrions dans l'assertion négative

- En minä yhtään siinä (E.10)
"Moi pas du tout alors",

insérée entre deux phrases du récit, une occurrence comparable, bien que le sémantisme du verbe occulté reste hypothétique ("je n'ai eu aucun souci, aucune crainte etc.").

La suppression du prédicat verbal s'explique aisément dans un troisième type de construction : celle où la *direction du procès* est indiquée par un circonstant marqué (mouvement), ex.

- Mikset sä kirkkoon ? (G.7)
pourquoitupas(forme contracte, miksi+v.nég.2e pers.sing.)
tu église-à(illat.)

"Pourquoi tu [vas] pas à l'église ?"

Ce raccourci, fermé aux langues fusionnant locatif et directif - tel le français - est emprunté communément par les scandinaves : *cf.* suédois "Vart ska du ? - Jag ska hem."[25]

---

[25] Il est vrai que le verbe gå a laissé en faction un auxiliaire habilité à marquer (entre autres) le futur.

Les points 3) et 4) traduisent en réalité un seul et même processus : *l'abolition de la flexion*. R. JAKOBSON les associe en ces termes :

> "ainsi apparaissent des catégories non-marquées telles que l'infinitif en lieu et place des diverses formes verbales conjuguées, et dans les langues à déclinaison le nominatif à la place de tous les cas obliques. Ces défauts sont dus en partie à l'élimination de la rection et de l'accord et en partie à la disparition de l'aptitude à décomposer les mots en thème et désinence." (*ibid.* p. 58)

Les phénomènes de Rection verbale et de non-Accord attribuables à la parcimonie casuelle du lapon seront traités séparément (2.2.2. et 2.2.4.). Signalons simplement quelques occurrences particulières d' *infinitif I* :

- **Jos niitä lisätä niitä tuntia** (B.20)
  "Si on les augmente ces heures" (pour **tunteja**)

La forme correcte serait le passif **lisätään**; la confusion doit être due à l'emploi - plus étendu en L et donc en SFL (voir 2.2.1.1.3.) d'une 3e personne (singulier) à valeur indéfinie, parfois morphologiquement indistincte de l'Infinitif I - ex. **auttaa** 'aider, il/on aide'.

- **Älä nyt sinutella** ! (E.15)
  "Mais ne tutoie pas !"

La forme du thème vocalique **sinuttele** est assimilée à celle - très proche - de l'Infinitif.

- **Ja semmonen Lapin piisi sinne / laitaa tulen.** (H.15)
  "Et une de ces cheminées lapones là(mouv.) / allumer du feu."

L'Infinitif asyndétique, qui, sémantiquement, équivaut ici à une proposition finale, s'explique par la valeur cataphorique de l'adverbe, substitut d'un relatif - *cf.* F. "une cheminée où allumer du feu".

Quant aux désinences casuelles omises, elles sont - épithètes et démonstratifs mis à part - l'exception :

- **ylhäällä Utsjoki** (H.11)
  "en amont de l'Utsjoki",

pour **Utsjoen yläpäässä**.

- **se seitsemän tähti** (H.15)
  "l'étoile sept",

il s'agit de la Grande Ourse, figure "à sept étoiles" - **seitsemäntähtinen**.

Le style dit *"télégraphique"*, censé qualifier des séquences longues à flexions et connexions réduites, n'est guère mieux représenté dans notre corpus, si l'on excepte :

. les expressions spatio-temporelles alourdies par auto-corrections ou répétitions, type

- Kohta kaks vuotta eipä kaks vuotta ei vuotta vaan kaks viikkoa mutta kaks viikkoa (I.5)

"Bientôt deux ans, ah pas deux ans pas ans mais semaines deux semaines"

. les indications "scéniques" énumératives, telle

- Iso kone. Täynnä kone siellä sen .... sen verstaassa. Niin isoja puukkoja ja pieniä ja .... (I.12)

"Une grande machine. Une machine complète là-bas dans le .... l'atelier. Des couteaux très grands et puis des petits et puis ...."

La qualification hâtive de "télégraphique" nous semble peu pertinente en-dehors d'un contexte écrit. Qui ?? refuserait le statut de *message construit* à des interrogations telles que

- [Mikä ?] Mies ? (...) Tulee se ? Tuli jo ? (I.11)

"[Quoi ?] Un homme ? () Il arrive ? Il est arrivé ?"

(Matière à réflexion sur la soi-disant non-fonctionalité interrogative de l'intonation en finnois : il n'y a pas ici l'ombre d'une particule.)

En fait de notion centralisatrice, nous préférerons pour notre part au "télégraphisme" - critère syntagmatique qui sème la confusion en chapeautant d'une rubrique informative les éléments syntaxiques répertoriés - *la méconnaissance des classes de mots* - critère paradigmatique donc :

a) dans nos énoncés de SFL, cette collaboration de classes s'institue souvent entre *adjectif* et adverbe au détriment de ce dernier,

- Virtaa kyllä mutta hyvin laiska (C.2)
"Il coule, oui, mais très paresseus*ement*" càd. laiska-sti.

- Mekin saimme monta me saimme monta sinulla kuulla (E.4)
"Nous aussi nous avons beaucoup nous avons beaucoup appris de toi", càd. paljon (adv.) ou monta asiaa ("b. de choses").

- Ne on niin pärjännyt () niin hyvin / enempi kun minä ajattelinkaan (E.10)
"Ils se sont tellement débrouillés () tellement bien / plus que j'aurais pensé", pour enemmän, ou 'mieux' paremmin.

De même : Se menee enempi (I.15), "Ça fait plus".

b) plus rarement, *l'adverbe* peut à son tour usurper la place d'un substantif,

- **Minun lapsuuteni kotona oli** ... (E.12)
"Dans ma maison d'enfance c'était ..."

kotona 'chez moi, toi, lui etc.' est incompatible avec une détermination (antéposée) autre que le possessif - **minun kotonani** 'chez moi' - : il faut **kodi-ssa(ni)**, Inessif.

c) Cet involontaire décloisonnement affecte également des classes plus discrètes :

. celle des *animés / non-animés*, ex.

- **ei mitään mitään ollut** (B.13)
"non aucun aucun" - 'rien' pour 'personne' (**ketään**)

- **jotain otus on** (C.11)
"il y a quelque bête", au lieu de **joku otus**;

. celle des *dénombrables / non-dénombrables*,

- **kaikki tämä ympäristö** (E.10)
"tout cet environnement", pour **koko** 'tout entier'[26].

Quant au critère 6) - que MOUNIN reconnaît d'ailleurs sujet à caution - il est par rapport aux locuteurs de SFL proprement irrecevable. De l'assemblage hétéroclite de notions susceptibles d'être mises au rebut des "clichés" ("phrases toutes faites", "formules automatiques" - article cité, p. 23-24), qu'il nous suffise de mentionner les "stéréotypes de remplissage sans valeur particulière". Sans autre valeur particulière en effet que de préparer l'auditeur à la réception du noyau essentiel de l'information, sans autre fonction particulière autrement dit que d'articuler le message ! C'est ce que nous montrerons au Chapitre III ("Transition").

Nous compléterons entretemps ce tableau des impressions générales par des éléments rédempteurs : l'esprit grammaticalement rebelle de cette langue est compensé par son caractère *lucide* et *novateur*.

---

[26] Remarquons que cet usage, déconseillé à l'écrit, est courant en SF parlé standard. A l'origine, les deux totalitifs ne se distinguent d'ailleurs - dans la langue d'AGRICOLA par ex. - que par l'accord du premier, le non accord du second (*cf.* M. SUOJANEN, 1977, p. 139).

2.1.2.4. . . . et créativité du langage

Pour éviter de gloser à l'infini sur un sujet inépuisable, nous nous attacherons à rendre perceptibles, par un nombre réduit d'exemples, deux aspects de cette créativité :

a) l'*adéquation* du matériel *lexical* - voire grammatical - utilisé.

b) les effets produits par un *maniement individualisé* de ce même matériel.

a) Chacun des informateurs fait preuve à différents stades de son discours d'une *connaissance*, ou à défaut d'une *curiosité* (mais les deux choses ne sont-elles pas liées ?), du vocabulaire qui dépasse de loin ce que l'on se croirait en droit d'attendre d'un tel milieu socio-culturel.

- Le locuteur B substitue spontanément le mot savant d'**ortografia** (B.16) à celui plus banal proposé par l'enquêteur (**kirjoitustapa** litt. 'façon d'écrire'), il combine habilement les paires minimales, opposant . **sisälukeminen / ulkolukeman** (B.6) - la "lecture cursive" au "fait de lire pour mémoriser" : SF parle de lecture "intérieure / extérieure", l'extérieure pouvant correspondre à notre "par coeur", ce qui est généralement le cas en SF standard -

. **supisuomalainen / kantasaamelainen** (B.30) - le "Finnois cent pour cent" au "Lapon de souche", ou "Finnois pur sang" / "pur Same".

- Le sens des subtilités de la langue que révèle la recherche terminologique dans la traduction de C est digne du latiniste le plus distingué, on en jugera par :

. **sillä rikkimenneellä .. särkyneellä veneellä (...) rikkinäisellä veneellä** (C.17)
"dans l'embarcation abîmée .. cassée () dans l'embarcation endommagée".

L'ignorance d'un vocable *savant* est ressentie comme une lacune à laquelle il faut remédier au plus vite.

Voyons avec quelle énergie le locuteur G réagit contre l'effet de surprise provoqué par une remarque sur l'abécédaire qui est

"**loppuunmyyty**" (G.10)
fin-dans(illat.) vendu, càd.
"épuisé (en librairie)".

Passé le cap de la méprise initiale ("je ne crois pas qu'il ait quitté la commune"), aux explications embarrassées de l'enquêteur ("on ne peut plus l'acheter") font écho celles de l'informateur, qui s'efforce de saisir :

> Se on lopussa niin kun tässä on siinä kaikki. Ja sitä ei ennä kyllä voi ... (G.11)
>
> "C'est terminé autrement dit tout est là. Et voilà on ne peut plus le ..."

Et les recherches ne seront officiellement abandonnées - au-delà d'autres digressions - qu'une fois le maximum de précision atteint dans la paraphrase :

> Sinä et saa tämmöstä täällä ostaa Lapissa ennä kun tämä on viimeinen. Kun ei tule ennä kun tätä ei tee kukkaan. (G.12)
>
> "Tu ne peux plus en acheter des comme ça ici en Laponie plus maintenant puisque celui-là c'est le dernier. Puisqu'il n'y en aura pas d'autres puisque plus personne n'en fait."

C'est pourtant dans le vocabulaire du *quotidien* que puisent nos informateurs pour obtenir la plus grande *efficacité* - une efficacité non dépourvue d'*humour*.

- Concluant avec mépris sur la langue que des parents sames indignes font ingurgiter à leur progéniture - un lapon truffé d'emprunts finnois et norvégiens - B la qualifie de

> soppakieltä (B.26)
>
> "langue-soupe, pot-pourri".

- Apostrophant avec ironie un fils "fana du magnéto", G s'écrie

> Auka se nyt se meiän lintu ! (G.3)
>
> "Qu'est-ce que t'attends pour l'ouvrir, notre oiseau !"

Ce n'est d'ailleurs pas là le seul indice d'*animisme* : voir les "lunettes qui commencent à vieillir" (G.22) et, glosant le conte du "Bouc de la grand-mère" qui a été dévoré par le loup (version arctique de la chèvre de Monsieur Seguin) :

> Ja tuo se jätti .... perintönä mumulle sarvet ja sorkat. (G.17)
>
> "Et celui-là .... il les lui a laissés *en héritage* à la grand-mère les cornes et les sabots."

b) Aux antipodes d'un langage stéréotypé, on remarquera l'appropriation de la formule automatique par excellence, du *proverbe*.

D transforme l'adage "Ei sikaa säkissä" ("Pas de cochon dans le sac") qui scelle habituellement une vente honnête,

en parempi () että ei kissaa säkissä (D.7)

> "mieux vaut () qu'il n'y ait pas de *chat* dans le sac".

Surmontant en outre le handicap d'une *localisation* maternelle relativement indigente - bi- et non tripartite comme en SF - nos informateurs confèrent à leurs propos les plus abstraits une vie et un mouvement des plus *concrets*, grâce à l'exploitation exhaustive des ressources casuelles.

- Pour B, les enfants sames ne maîtriseront jamais parfaitement leur langue maternelle s'ils l'apprennent

koulupenkistä vasta (B.23)
école-banc-hors de(élat.) seulement

" seulement à partir du banc de l'école".

Si l'on remplace l'efférence visuelle de l'élatif par le cas local *externe* normalement employé en SF - koulupenkillä "sur le banc de l' école" (comme certains fennophones natifs nous l'ont, un peu vite, suggéré) - la force de l'image se dilue instantanément.

- Voyons comment l'enthousiasme laudatif de E campe en 1 temps et 1 mouvement la démarche "pénétrante" de l'enquêteur étranger :

eteenpäin pyrkijä (E.3)
adverbe directionnel + nom d'agent formé sur le verbe 'aspirer à, s'efforcer de', càd.

"un qui va de l'avant"

(et tant pis si cela sent quelque peu son arriviste !)

- G justifie ainsi sa remarquable connaissance du finnois écrit:

Olen lukennu kaikki suomen kirjat tyhjiin (G.27)
j'ai lu tous finnois-de(gén.) livres vides-à(ill.plur.)

"J'ai lu tous les livres finnois jusqu'à les *vider*",

à côté d'autres caractérisations lexicalement justes, ex.

hyvä muisti ja huomiokyky

"une bonne mémoire et le sens de l'observation".

L'exemple le plus frappant n'est-il pas le balancement obtenu par la juxtaposition de deux *mouvements inverses* ? Ex., l'achat du skidoo nécessitait une aide financière extérieure, car

justiin tulossa ja jo umpeen menossa se maksuaika (E.8)
juste arrivée-dans(iness.) et déjà fermeture-dans(illat.) départ-dans(iness.) ce paiement-temps

"il approchait et il allait déjà arriver à expiration le délai de paiement";

la brusque volte-face imposée au sens du déroulement du procès tout juste engagé est génératrice d'une impression d'échéance implacable : "à peine arrivé, il partait déjà à expiration."

Il n'est pas jusqu'à une localisation divergente - contact moins étroit - qui ne contribue à la puissance évocatrice de la parole :

Sammuli joka on valmiina veneen pohjan päällä (C.12)
"Sammuli qui est prêt *sur* le fond du bateau";

itse kaatui veneen pohjan päälle (C.13)
"il est tombé lui-même *sur* le fond du bateau".

Les cas locaux usuels du finnois standard sont à côté beaucoup plus ternes : veneen pohjalla / pohjalle, "au fond du bateau", ne font que subir le procès, alors que le circonstant mal formé de SFL se voit conférer par ce découpage inhabituel de l'espace un certain degré de participation au procès.

Dans quelle mesure ces notations intuitives, destinées à nous familiariser avec un état de langue *étranger* à plusieurs titres, vont-elles être corroborées par un examen approfondi de la machinerie syntaxique qui les suscite ? Nous ne le saurons qu'en nous attaquant à la mise en pièces systématique des rouages.

2.2. LES CONSTITUANTS IMMÉDIATS

Pour une description fonctionnelle des cas dans cette variante de finnois qu'est SFL, c'est l'analyse en Constituants immédiats, principe élémentaire et déjà classicisé de la linguistique structuraliste, qui s'avère la plus simplement opératoire. Nous considérerons donc - comme par ex. J. DUBOIS, 1967, p. 17-18 - que la Phrase minimale est constituée : d'un *Syntagme Nominal sujet*, et d'un *Syntagme Verbal* comprenant le Verbe et ses expansions - pouvant être classées en éléments prédicatifs, compléments directs et "indirects" - dans ce dernier cas, nous parlerons pour le finnois de Rection localisante.

Le fait de détacher nettement le Sujet alors que l'Objet est, lui, rejeté dans le groupe-Verbe, a l'avantage de préparer une étude thématique dont l'une des grandes inconnues sera l'éventualité d'une correspondance terme à terme entre les deux couples de catégories primaires : catégories *grammaticales* (Sujet-Prédicat) et catégories *informatives* (Thème-Rhème). Par ailleurs, la transitivité du Verbe finnois recouvre, du fait de la multiplicité casuelle, une complexité de phénomènes que nous nous imposerons d'analyser uniquement dans la limite de l'observation directe du corpus.

Mais une fois posée cette dichotomie, toutes les difficultés n'en sont pas aplanies pour autant : que deviendront les groupes nominaux qui, du fait de la nature - syntaxique ou sémantique - du verbe sont, dans les deux langues en contact, dans des rapports de force inverses - dominants / dominés ? C'est le cas du groupe nominal accompagnant en finnois une forme verbale impersonnelle - ou unipersonnelle - telle que le "Passif", le 3e personne "générique" : là où SF voit un Objet, L voit un Sujet. D'un point de vue strictement normatif, le SN apparaissant alors en SFL devrait être traité comme un Objet mal construit : pourtant pour le locuteur, c'est bien un Sujet !

La classification retenue est le résultat d'un compromis : étant donné que l'ensemble du Chapitre II est une manière de concession aux tenants de la réglementation officielle, nous prendrons la liberté de présenter sous la rubrique *"SN Sujet"* ceux que par précaution nous nommerons *"Actants* (au sens de Tesnière) *permutables"*. Le Syntagme verbal aura donc toute faculté de regrouper les SN qui, bien que différemment régis, n'ont caractère de Sujets dans aucune des 2 (+ 1, SFL) langues considérées. Nous rattacherons à ces Actants un autre groupe nominal problématique, celui qui, marqué d'un cas grammatical, se place - dans des conditions normales d'accentuation - après le verbe dans les Phrases dites "Existentielles"; ce SN, traditionnellement décrit comme Sujet, se comporte souvent comme un Objet - comportement qui n'est pas entièrement assimilé par les locuteurs de SFL.

Nous ferons précéder le traitement des Actants d'une observation justifiée par l'*oralité* du contexte : l'apparition d'un Sujet - facultatif ou interdit - ignoré de la langue écrite.

2.2.1. Le syntagme nominal sujet

2.2.1.1. Le sujet formel

Le finnois normatif (écrit) n'exprime *pas* toujours un *Sujet* devant son verbe fini (*cf.* IKOLA, 1971, p. 173) :

- il n'y a jamais de Sujet si le prédicat est un *Passif*, ex. Sitten laule-ttiin "Ensuite on a chanté, il y a eu des chansons";

- la 3e personne de n'importe quel verbe peut être utilisée sans Sujet, avec une valeur *générique*, ex. Tähän sääntöön ei voi luottaa "On ne peut se fier à cette règle";

- le Sujet n'est pas exprimé - du moins comme élément autonome dominant - avec un verbe de *sensation* (souvent à suffixe causatif) ou indiquant un phénomène *météorologique*, ex. **Minua väsyttää** "Je suis fatigué", **Päätäni särkee** "J'ai mal à la tête", **Purjeissa tuulee** "Il y a du vent dans les voiles";

- lorsque le verbe est à la *1ère* ou *2e* personne - donc marqué par un suffixe distinctif - le *pronom personnel* n'est pas indispensable, à moins d'emphase, ex. **Lähdet kohta** "Tu pars bientôt", **Sinä vastasit** "C'est *toi* qui as répondu";

- le Sujet d'une proposition *coordonnée* n'a pas besoin d'être répété s'il figure dans la proposition précédente - comme en français.

Il ressort des exemples ci-dessus que parallèlement il existe en finnois une tendance générale à éviter de placer le verbe en tête de phrase : dans une phrase déclarative thématiquement neutre, le *verbe* en position *initiale* suggère un contexte d'argumentation, ex.

Laihtuu jaloittelemalla
"[Mais si] on maigrit en faisant du footing !"

Cependant, à l'écrit, une phrase de type météorologique est tout-à-fait concevable sans circonstant - donc **Satoi kovasti** "Il a beaucoup plu" - de même qu'une 1ère ou 2e personne verbale à l'initiale; ces dérogations sont contestées par l'usage *parlé*, qui s'empresse d'installer au premier rang un pronom personnel. La déclaration **Rakastan sinua** (litt. "T'aime") prendra ainsi à l'oral la forme solennelle de **Minä rakastan sinua**, ou, plus courante, de **Mä tykkään susta** - pron. personnels contractes et v. familier, sur le suédois **tycka** 'aimer bien'.

D'autres constructions, plus complexes, développent à l'oral un pronom Sujet qui est dénoncé par les grammaires : c'est le cas notamment des infinitifs/propositions-sujets qui, normalement, en se "postposant" (perspective générativiste), ne laissent aucune trace devant le verbe, ex.

Oli hauskaa kuulla että viihdyit
litt. "Etait agréable d'apprendre que tu t'(y) es plu".

Qu'en est-il en SFL ? Il apparaît que nos informateurs généralisent cet usage d'un pronom démonstratif-Sujet, au point de franchir la limite de la correction orale, selon une gradation que suggérera l'ordre de présentation des exemples. Le discours SFL est dominé par une pléthore de **SE** : mis à part le démonstratif périphérique (intérieur au syntagme nominal : il en sera question à propos de l'Accord - 2.2.4.1.) et le substitut du pronom personnel (traité avec le Verbe : 2.2.4.2.), nous envisagerons successivement le Sujet formel des présentatifs, des constructions infinitives et génériques. Il faudra réserver une place aux types intermédiaires, qui témoignent de la communicabilité entre ces catégories préétablies, et enfin à un type apparemment irréductible aux autres, symbole de la fonction de Thème.

2.2.1.1.1. Les présentatifs

L'unité minimale utilisant indûment un pronom Sujet "explétif" en SFL est la réponse (ou reprise) :

adverbe de manière (catégorisant) + *copule*.

SF peut répondre affirmativement par **Niin** 'ainsi, oui' - qui remplit à l'oral, aux côtés du négligé **Joo**, les fonctions du solennel **Kyllä** 'oui, certes' -, **Niin on** (litt. "ainsi est").

SFL, lui, préfère **Joo, niin se on** (E.5), **Niin, niin se on** (B.30). Cette pratique tendrait à invalider la suggestion faite par P. SIRO (d'ailleurs très prudente, *cf.* 1964, 1.227) de traiter ces adverbes comme Sujets. Outre que **Niin** ne répond pas à la question "Qui ?", pourquoi le locuteur éprouverait-il le besoin d'avancer deux Sujets en contiguité ?

Ce pronom **SE** sert à former un *support présentatif* comparable au tour insistant français "c'est ... qui/que" - ancien "gallicisme" de la stylistique latine. L'exploitation de ce procédé syntaxique de prédication permettra de construire certains types de messages allant de la réponse affirmative

. **Se oli kyllä suomenkielinen opettaja** (B.4)
"Oui, c'était un enseignant de langue finnoise"

à la *mise en valeur*

- par subordination relative
  . **Se oli pariskunta joka piti kiertokoulua** (B.5)
  "C'était un couple, qui faisait la classe itinérante"
- par préjection du substantif-Sujet (double emphase)
  . **Siis / minun isäni se oli joka osasi** (B.14)
  càd., mon père c'était qui savait.

On note aussi la mise en relief de l'*essif d'identification* par rejet du sujet - nous parlerons de *Rappel*, 3.1.4.-, ex.

. Se oli koulukielenä suomen kieli (B.5)
c'était comme langue scolaire le finnois.

Les adverbes sus-mentionnés - ou leurs équivalents lexicaux, ex. Se on sillä lailla että "C'est de cette façon que ..." - collaborent avec ce tour pour dresser une *plate-forme présentative* caractéristique de la *langue parlée*. Les subordonnants impliqués - à pure valeur informative - sont alors les conjonctions

- finale/consécutive että :
  . Se on niin että ei tarvitse (E.8)
  "C'est comme ça qu'il n'y a pas besoin de ..."
  . Se oli niin että ensin minä puhuin (A.18)
  "C'était comme ça que d'abord j'ai parlé"
- temporelle/comparative - par fusionnement avec kuin - kun :
  . Se oli niin kun rinakkain kulkivat ne (A.18)
  "C'était comme ça qu'elles marchaient de front".

Niin kun semble être une sorte de formule transitoire entre että (+ ind.) déclaratif et une comparaison véritable marquée par l'adjonction du conditionnel - plus rare à l'oral, ex.

. Se oli niin kun tänä iltana olisi että koulu loppui / huomiseksi pantiin läksy () sen piti osata () aamulla (B.6)
"C'était {comme ça / comme si} que ce soir l'école serait terminée, on avait donné une leçon pour le lendemain () il fallait la savoir () le matin".

Cette construction complexe nous amène à aborder celles dans lesquelles, avec un glissement lexical - l'adverbe sémantiquement vide est remplacé par un adjectif d'appréciation - la subordonnée (disons "infinitive", terme gréco-latin global) acquiert un statut syntaxique plus net.

2.2.1.1.2. Les infinitives

Il s'agit d'une construction considérée par la grammaire générative-transformationnelle comme le résultat d'une règle tardive de "déplacement vers la droite" ("right-movement"); nous venons de constater que cette transformation ne laisse aucune trace de Sujet préverbal en SF normatif, mais que l'*oral* développe dans certaines conditions un *Sujet formel*. Ce Sujet est de règle en SFL :

. Se on mahdoton opettaa (A.3)
"C'est impossible d'enseigner"

. Se on melko parempi että ne oppivat (B.25)
"Il vaut presque mieux qu'ils apprennent"
. Se on hyvä että mekin ... (E.4)
"C'est bien que nous aussi ..."

La régularité du procédé dénote bien un besoin d'élément non verbal à l'initiale; voir aussi l'auto-correction :

. Helpo olis lukee (...) se olis paljon helpompi lukee (G.21)
facile serait (de) lire () ce serait beaucoup plus facile (de) lire .

Cette construction est d'autant moins négligeable que l'on peut remarquer à son propos - et par rapport à l'écrit - la concurrence entre des procédés analogues pour la production d'effets informatifs différents. Prenons par ex. l'énoncé

. Se on niin huonoa sitten että jotkut eivät osaa (B.26)
"C'est très mauvais alors que certains ne sachent pas";

à l'écrit, une chaîne - suite de propositions - identique pourrait s'interpréter, avec un sujet anaphorique, comme

"C'est si mauvais que certains ne savent pas" (consécutive), mais la réalisation prosodique est distinctive.

L'automatisme de cet usage en SFL a son origine directe dans la syntaxe *lapone* : des occurrences similaires ont été relevées (Raija BARTENS, 1972, p. 23-24) dans les lapons d'Inari, de la mer (norvégien) et de Luleå (Suède), où l'infinitive est annoncée par le *démonstratif* - respectivement tot - dât - tat. Citons deux exemples empruntés au dialecte d'Inari proche - géographiquement et lexicalement - de celui d'Utsjoki :

. Tot ij laeh pyeri kuo tääbbin lii
"Ce n'est pas bon qu'il soit là" (trad. SF. Ei ole hyvä)
. Tot lii vaahag ko Sabmelaš-loosta oajvitoimattijjee ij määti anarsämikiela
"C'est dommage que le rédacteur principal du journal *Sabmelaš* ne sache pas le lapon d'Inari" .

Lorsque l'élément prédicatif signifiant est un *substantif*, la nature de la relation impliquée n'est toutefois plus aussi évidente : va-t-on interpréter

. Kyllä se oli hyvä asia ku Tuomiokapituli anto sen rahan (A.6)

a) "Ah oui ça a été une bonne chose *que* le Chapitre accorde cette subvention" ou b) "Ah oui ça a été une bonne chose *quand* le Chapitre a accordé ..."

auquel cas l'information ne porterait plus sur la subvention accordée mais sur la satisfaction procurée par cette largesse - ?

Plus le substantif est lourd (déterminé), moins la frontière est nette entre tours *complétif* et *présentatif* :

. Eihän se ole ihmisen oma syy kun köyhyys on (E.8)

"Enfin ce n'est pas la faute des gens qu'ils soient pauvres".

Avec le greffon subséquent, et la conjonction jos 'si' - moins neutre que kun - la balance semble pencher en faveur du *présentatif* :

. - miksei voi olla sekin ihmisen oma syy jos ei viitsi

"pourquoi aussi ça pourrait pas être la faute des gens s'ils se donnent pas la peine ..."

Sans doute touche-t-on là à des contraintes lexicales, qu'il reste à étudier dans le cadre de la syntaxe de la langue parlée.

La commutation enfin du prédicat/copule (+ Nom) avec un élément plein de la classe verbale rend la construction incontestablement agrammaticale : deux exemples nous en sont fournis par le discours C.

.*Se voi panna kyllä "murkusuvanto" (C.10)

"On peut mettre, oui, 'gué des brumes'"

.*Se pitää osata sitä käyttää (C.14)

"Il faut savoir l'utiliser" .

Les deux modalités d'auxiliarisation se trouvent être celles, très proches, de *pouvoir* et *devoir* que nous traiterons dans les constructions nécessives, mais la traduction de ces énoncés met en valeur un second trait sémantico-syntaxique, celui du générique.

2.2.1.1.3. Les génériques

La valeur générique du Passif finnois, mal connue du locuteur same, est maniée avec prudence en SFL.

Le *Passif lapon*, pluripersonnel, se forme sur n'importe quel verbe transitif et s'accompagne d'un Sujet au Nominatif : son emploi unipersonnel (3e personne du singulier) avec agent anonyme est l' exception - 2 exemples relevés en lapon de Luleå par R. BARTENS, *op. cité*, p. 23. Ceci explique la préférence accordée par la majorité des informateurs à son concurrent générique, la 3e personne active : aucune trace de passif chez E, G ou I.

L'emploi du Passif est d'ailleurs compliqué en *finnois moderne* par la tendance à une personnalisation avec valeur de *collectif* incluant le locuteur - *cf.* français "on" = nous. Ces deux valeurs se rencontrent chez B, C, et H, assorties d'une troisième (erronée), calque de la pratique lapone. A côté de la valeur nouvelle "nous", on trouve bien l'emploi traditionnel de "on"; mais, une fois sur deux, l'objet auquel a incidence le procès est alors traité comme Sujet :

. pidettiin kiertokoulu-a (B.8) / kiertokoulu (B.10)
"on faisait (de) la classe itinérante";

et chez C une auto-correction révélatrice d'incertitude :

. mikä .. jota taas sanotaan laiskaksi veeksi (C.2)
"qui .. que l'on appelle eau paresseuse".

Le *Passif générique* est d'ordinaire en SFL précédé d'un élément SE[27] :

. Se sanotaan että se on erilainen (G.11)
"(Ça) on dit qu'il est différent"

. Näin se elättiin siihen aikaan (H.8)
"Ainsi (ça) on vivait en ce temps-là"

- lequel élément SE introduit également l'autre variante générique (3e personne active) :

. Ei se silloin tarvite (G.7)
"(Ça) alors il n'y a pas besoin"

. Se jatkais siitä puheesta (G.21)
"(Ça) on continuerait à partir de ce discours"

. Se pärjäs (H.15)
"(Ça) on se débrouillait"

. Se oli jo tottunu niin pärjä... (H.16)
"(Ça) on était déjà si habitué à se débrouill...".

On remarque, d'après la traduction et le contexte, que - mis à part G.11, lexie figée ? - toutes les occurrences de ce SE correspondent à une *participation* du locuteur à l'action énoncée sous forme générique. L'intervention de ce se a un effet de translation sur la forme verbale impersonnelle : l'expression générique recouvre un Actant "je" qui veut rester anonyme, stratagème comparable à celui du "man"

---

27 Effort présentatif qui peut aussi être générateur d'incorrections flagrantes : si Se on tässä meiänkin keskuudessa sanottu (B.23), litt. c'est-ici-parmi nous aussi-dit-que càd. "On a dit que chez nous" est à la limite du décodable, la dislocation *Se oli suomenkielisistä aakkosista lähetty (B.6), "c'était-d'alphabet finnois-parti" est inacceptable : on dirait lähdettiin "on partait de ..."

scandinave. Il existe ainsi en suédois, à côté du "on" véritablement général, un "man" pudique qui - recouvrant un sujet parlant qui se refuse le statut autobiographique - préside dans la langue quotidienne à la plupart des confidences, voire des récits ou jugements : plus d'un interlocuteur étranger s'y méprend[28].

Un exemple relevé en lapon d'Inari illustre cet emploi, avec mise en exergue du pronom devant une phrase possessive :

. Kale tot ulmust lii maŋga muåðusaǯ poaris hoavri

"Oui *ça* l'homme a toutes sortes de vieilles chimères";

la traduction finnoise

Kyllä sitä ihmisellä on monenlaista vanhaa houretta (R. BARTENS, *op. cit.*, p. 25) attire notre attention sur le Partitif pronominal utilisé en finnois parlé.

S'interrogeant sur la nature de cet élément sitä, Auli HAKULINEN (1975) constate qu'il ne s'agit pas d'un simple Sujet formel sémantiquement vide, mais bien d'une *particule* ayant perdu ses caractéristiques de pronom (càd. nature déictique, flexion, accentuation autonome). Les efforts déployés - dans une perspective générativiste - par l'auteur de l'étude pour prouver l'existence de cet élément dès la structure profonde se heurtent à un obstacle majeur : bien que sitä soit obligatoire dans certaines constructions - ex. Sitä on nähnyt yhtä ja toista "On en a vu des choses" -, ses significations sont trop variées pour pouvoir se réduire à un sémantisme unique en profondeur. La particule est toutefois pragmatiquement cernable : dans les phrases génériques et passives, sitä dénote une participation discrète du locuteur. De façon générale, la particule est pour l'auditeur l'indication que les paroles du locuteur ne doivent pas être prises littéralement.

Sommes-nous autorisés à considérer qu'il y a *coïncidence parfaite* entre la particule sitä du finnois parlé et le **se** des énoncés génériques de SFL, qui se distinguerait ainsi des Sujets formels répertoriés

---

[28] Deux réminiscences : un texte de romancier moderne - Stig DAGERMAN - donné en version aux étudiants de l'Université de Haute-Bretagne (1970), se vit attribuer (indûment) portée de raisonnement philosophique - y compris dans la délectation érotique; les confidences d'une amie intime sur les circonstances de son divorce ne comprenaient pas un seul verbe personnel - "Man blev ju ledsen men man förstod liksom att det inte lönade sig", "*On* a eu beaucoup de chagrin mais *on* a compris que ça ne valait plus la peine" - : seule la conclusion énergique - "Jag packade och gick", "*J'*ai fait ma valise" - affirmait l'identité victime-narrateur.

précédemment ? Cette forme partitive (figée) du pronom n'est pas totalement absente de notre corpus, mais elle n'apparaît à l'état "pur" que chez le seul locuteur parfaitement bilingue A :

. **Sitä ihan pelotti lähtiä** (A.15)
"Ça on partait en tremblant"
. **Sitä yhtä näppärästi tuli takaisin pulkkaan** (A.16)
"Ça on remontait dans le traîneau avec autant d'agileté".

Le récit contextuel confirme que **sitä** permet au générique de se référer à un "je" déguisé. Une troisième occurrence trouve également son explication dans l'article cité de A. HAKULINEN (p. 158) : si la phrase ne contient pas d'autre référence au locuteur, l'auditeur devra lui chercher une valeur *métaphorique*, souvent d'ironie. Tel est bien le cas de

. **Sitä kilvan juostiin / päästämään valjaista** (A.16)
"Ça on se bousculait / pour détacher les rênes !"

Or un dernier type d'occurrences, marginales mais assez personnalisées pour ne pas passer inaperçues, témoigne en faveur de l'assimilation de ce **se** à une *particule* : la "mise en exergue" (voir ex. d'Inari ci-dessus) du pronom devant toute une phrase est effectivement réalisée chez les locuteurs G et H :

. **Se kun mulla on vielä silmät** ... (G.21)
"Ça comme j'ai en plus les yeux ..."
. **Se kun () Norjan talo puhhuu samaa kieltä** (G.29)
"Ça comme () la ferme de Norvège parle la même langue"
. **Kyllä se / kotona kyllä oli kello** (H.16)
"Oui ça / à la maison oui il y avait une pendule".

Méfions-nous au passage de la traduction (approximative) française : elle risque induire en erreur, car ce "ça" n'est pas insistant ("pour ça, oui !") mais *présentatif* ("et puis ça aussi que"). Porteur d'une intonation ouvrante, ce **se** représente à lui tout seul un segment-Thème destiné à éveiller l'intérêt de l'auditeur pour l'information qui va suivre. L'omniprésence de cet élément **se** correspond à un phénomène de *surcodage oral*, qui peut prendre des valeurs particulières en corrélation avec certains des constituants de la phrase.

Ainsi, nous verrions dans la préjection de **se** devant le verbe générique une pratique qui souligne l'*avalence* - explicitée pour le hongrois par G. KASSAI, 1974, p. 206 sqq. - de certains verbes finnois : en l'absence d'un signe unique pour l'expression du Sujet indéterminé, le "Sujet latent" des verbes génériques trouve dans l'énonciation du finnois laponisant une forme variable en fonction de l' environnement, mais avec prédominance de la marque ∅ (pronom non fléchi). Cette démarche s'explique d'autant mieux en contexte d'oralité que le sujet parlant n'a pas intérêt à s'entourer d'équivoque : la communication est déjà suffisamment compromise par l'instabilité indicielle des Actants.

2.2.1.2. Les actants permutables

2.2.1.2.1. Les phrases existentielles

La Phrase existentielle est le noeud gordien de la syntaxe finnoise ou, pour paraphraser TESNIERE parlant du noeud verbal (1976, p. 102) : "La phrase existentielle, que l'on trouve au centre des préoccupations de la plupart des linguistes finlandais, exprime tout un petit drame."

Ce drame se déroule en trois actes. Au premier acte, c'est l'exposition d'une situation : embrouillée. Il existe bien des critères formels permettant de distinguer la plupart des Phrases existentielles (PEX) d'autres types de phrases qui leur sont structurellement apparentées, les Phrases locales appelées aussi "Normales", mais les cas litigieux - avec ordre des mots inversé - échappent à ces critères distinctifs : il faudra pour les définir avoir recours au sémantisme. C'est alors - au second acte - que se greffe sur l'intrigue principale une intrigue secondaire : la définition des PEX fait apparaître la difficulté d'identification du Syntagme nominal marqué d'un cas grammatical; traditionnellement considéré comme Sujet, il pourrait aussi bien être attribué à la famille des Objets. Seule l'intervention d'un troisième personnage, extérieur aux deux familles rivales, permettrait au dernier acte, avec la reconnaissance en paternité, le dénouement. Mais le coup de théâtre attendu ne s'est toujours pas produit.

On trouve dans un article d'O. IKOLA (1964), résumées et commentées, les conclusions du débat animé auquel a donné lieu entre grammairiens finlandais, dans les années 50, le problème de la forme et de la nature du *Sujet*, et de son accord avec le prédicat : "Subjektin sijoista, subjektin ja predikaatin kongruenssista sekä eräistä rakenteista".

Les premières règles concernant l'emploi des *deux cas-Sujet*, Nominatif et Partitif, ont été énoncées par E.N. SETÄLÄ dans sa *Suomen kielen lauseoppi* (15e éd. revue par M. SADENIEMI, 1966, p. 10-12); elles se fondent sur trois facteurs :

1) la nature du Sujet
2) la nature du Prédicat
3) le contenu affirmatif ou négatif de la Phrase.

En effet :

1) seul un mot divisible peut être au Partitif;

2) avec certains verbes "existentiels", le mot divisible peut être au Partitif;

3) dans les Phrases négatives, tout mot peut être au Partitif si le verbe est existentiel.

Ces règles ont été affinées et précisées au cours du débat publié dans les colonnes du *Virittäjä*, et l'unanimité s'est faite sur deux points :[29]

- le Sujet peut être au *Partitif* uniquement dans les PEX, càd. des phrases dont le verbe est intransitif, dans lesquelles il est dit quelque chose de l'existence du Sujet, et où l'un des Constituants caractéristiques est/ ou peut être un Circonstant local;

- seul un SN *divisible* peut être au Partitif dans les phrases affirmatives : on le considère comme "divisible" si l'une quelconque de ses parties conserve la nature du tout (mots pluriels - sauf *plurale tantum* - matières, abstraits, collectifs).

La majorité des PEX sont reconnaissables aux trois caractères qui les distinguent des phrases "normales" :

- un prédicat toujours intransitif,
- " toujours singulier (3e pers.),
- un ordre des mots indirect dans des conditions normales d'accentuation, ex :

---

[29] Articles du *Virittäjä* auxquels il sera fait référence subsidiaire :
. IKOLA O., 1954, "Suomen lauseopin ongelmia I-III", p. 209-243
" , 1955, "Suomen lauseopin ongelmia IV", p. 319-331
" , 1956, "Suomen lauseopin ongelmia V", p. 334-352
" , 1957, "Suomen lauseopin ongelmia VI", p. 287-296
. PENTTILÄ A., 1955, "Myöntälauseen subjektin totaalisuudesta ja partiaalisuudesta", p. 148-160
" , 1955, "Puolidefiniittisestä spesieksestä", p. 393-396
" , 1956, "Subjektin totaalisuudesta ja partiaalisuudesta", p. 28-48
. SADENIEMI M., 1955, "Subjektin totaalisuudesta ja partiaalisuudesta", p. 10-18
. SIRO P., 1957, "Suomen kielen subjektista kielen rakenteen osana", p. 181-190.

. Anuntilla on Lapin lakki
Anuntti-à(adess.) est Laponie-de(gén.) bonnet
"Anuntti a un bonnet lapon"

. Kaapissa on Lapin lakki
placard-dans(iness.) est Laponie-de(gén.) bonnet
"Dans le placard il y a un bonnet lapon".

On a généralement la correspondance :

Cas externe = Animé / Cas interne = Inanimé.

Mais les choses se compliquent si le verbe est autre que olla 'être' ou l'un de ses proches - tulla 'venir, devenir'. L'exemple fameux donné par AIRILA (1924, p. 17)

(PEX) . Tyttöjä lymyilee viidakossa
"Des filles *se cachent* dans les taillis"

(non-PEX) .*Tyttöjä hymyilee viidakossa
"Des filles *sourient* dans les taillis"

a été longuement discuté par toute une génération de finno-ougristes.

> Alors que d'après AIRILA l'existence du sujet était assertée par le verbe existentiel, IKOLA insiste sur le fait que
> "lause tällöin ilmaisee subjektin tarkoitteen olemassa olevaksi (tai olemassa olemattomaksi)" (1955, p. 323)
> "eikä edellytä sen olemassaoloa" (1956, p. 344)
> "la phrase *indique* ainsi que le signifié du sujet est existant (ou inexistant)"
> "sans pour autant *présupposer* son existence", puis il précise que
> "on kysymys olemassaolosta puheena olevana aikana" (1957, p. 293)
> "il est question de son existence pendant le déroulement du discours".

Pourtant, si l'unanimité des linguistes semble s'être faite sur cette définition de l'eksistentiaalilause (IKOLA) ou eksistenssilause (PENTTILÄ, sens plus large, appliquant les deux *species* de SIRO, *cf.* ci-dessous 2.2.1.2.1.2.), la *liste des verbes* susceptibles de se prêter ou non à un traitement existentiel varie considérablement d'un grammairien à l'autre, et les accords de principe sont suivis de relevés de *"contradictio in adiecto"*. Analysant les principaux des 275 verbes énumérés par PENTTILÄ (1963, § 448) comme aptes à recevoir un Sujet au Partitif, IKOLA précise :

> "Ne verbit (...) merkitsevät olemista (yleensä tai jossakin paikassa tai olotilassa), olemaan tulemista, olemasta lakkaamista, liikettä tai olotilan muutosta. Viimeksi mainitussa tapauksessa täytyy olla kysymys todella olennaisesta muutoksesta, kuten jäätyä, lakastua, pelastua, sairastua, uupua; vain tilapäistä likaantua tai punaistua, eivät sen sijaan näytä selvemmäksi, jos emme puhu olotilan muutoksesta, vaan siirtymisestä toiseen olotilaan." (1964, p. 27)
> "Ces verbes (...) signifient une existence (en général, ou dans un lieu ou des circonstances précises) le début ou la fin d'une existence, un mouvement ou un changement d'état. Dans le dernier cas cité, il doit

> être question d'un changement véritablement essentiel, comme 'se geler' 'se flétrir', 'être sauvé', 'tomber malade', 's'épuiser'; les verbes qui au contraire indiquent un changement occasionnel ou extérieur, tels 'se salir' ou 'rougir' ne semblent pas entrer ici en ligne de compte. La chose se clarifie peut-être quelque peu si nous ne parlons pas de changement d'état mais de déplacement vers un autre état."

Il est bien évident que le critère de base est la pertinence de l'*existence* exprimée par le verbe, mais la limite, déjà mal établie au sein d'une même langue, est extrêmement fluctuante d'une langue à l' autre : il est peu probable que le traitement des PEX constitue chez les locuteurs bilingues un système très cohérent.

2.2.1.2.1.1. La hiérarchie des actants en finnois

Les catégories pures du Sujet et de l'Objet n'apparaissent en finnois, nous l'avons déjà constaté, que dans les *Phrases prédicatives -transitives-actives*. Dans les phrases intransitives telles que les PEX, le Sujet peut perdre ses caractéristiques les plus fondamentales: il apparaît au Partitif et doit renoncer à déterminer le nombre du prédicat verbal. Le Sujet se situe alors, d'un point de vue morphologique et fonctionnel, à mi-chemin entre le Sujet des Phrases transitives et l'Objet des mêmes phrases : il est intermédiaire entre ce que TESNIERE appelle le prime et le second Actants.

Cette communauté partielle entre Sujet de Phrase intransitive et Objet de Phrase transitive n'est pas sans rappeler les caractéristiques des *langues ergatives* (voir par ex. LYONS, 1970, p. 262, C. TCHEKOFF, 1978) dans lesquelles le cas ergatif, cas du Sujet des verbes transitifs, s'oppose au "neutre" (ou Nominatif), cas commun au Sujet des verbes intransitifs et à l'Objet. L'ergativité de SF est démentie d'une part par l'usage d'un cas (Nominatif) commun aux Sujets intransitif et transitif, d'autre part par l'existence d'un cas (Accusatif 2) spécifique de l'Objet, mais ce rapprochement permet à T. ITKONEN (1974-75) de souligner la tendance qu'a le finnois à diviser les constituants des phrases en "agents actifs" et "participants passifs". La frontière ne s'établit donc ni entre le Sujet et l'Objet - comme dans les langues indo-européennes - ni entre les constructions transitives et intransitives - comme dans les langues ergatives types - mais entre deux types différents de Sujets de Phrases intransitives : les *Sujets actifs* qui prennent la marque du *Nominatif*, et les *Sujets passifs* qui prennent la marque du *Partitif*[30]. Autrement dit, en finnois la ligne-frontière passe entre prime Actant et non-prime Actant, un Actant de rang indéterminé, frontière qui correspond à une limite PEX / non-PEX.

Les différences principales entre le *Sujet* des *PEX* et celui des Phrases transitives *(PANS)* peuvent se résumer en 4 points :

a) le S de PEX peut être au Partitif ("divisible"), le S de PANS ne l'est jamais - toujours au Nominatif -,

b) donc, le S de PEX négative est toujours au Partitif, celui de PANS jamais;

c) le S de PEX se place normalement après le verbe,
le S de PANS " - " avant le verbe;

d) le prédicat verbal de PEX est le plus souvent au singulier (si S singulier au Partitif), celui de PANS s'accorde avec S.[31]

Inversement, les ressemblances entre le *S* de *PEX* et l'*O* de *PANS* divisent les linguistes finlandais en deux camps irréconciliables : ceux qui entendent maintenir au SN de PEX son statut officiel de Sujet, ceux qui cherchent à faire reconnaître sa nature d'Objet. Parmi ceux-ci, L. HAKULINEN (1926) a été l'un des premiers à souligner l'appréciable simplification que représenterait pour la description grammaticale l'assimilation de l'Actant de PEX à un second Actant. Reprenant récemment cette argumentation à son compte, K. WIIK (1974) rappelle que :

. S de PEX et O de PANS sont normalement en fin de phrase,

. le prédicat verbal ne prend ni l'accord de S de PEX ni celui d'O de PANS,

. S de PEX est comme O de PANS toujours au Partitif dans une phrase négative.

---

30 Nombreuses sont les langues à structure "mixte" - càd. ni nominatives/accusatives ni ergatives (tels le thai, *cf.* R. GSELL, 1979, le nepali et le géorgien, G. LAZARD, 1978, p. 79 sqq.); la pertinence des critères de transitivité-intransitivité, et donc d'ergativité, est d'ailleurs contestée (*cf.* C. PARIS pour le tcherkesse, 1979, p. 117). Cependant, la démonstration, basée sur le turc, selon laquelle un Sujet de verbe transitif doit obligatoirement être *référentiel* (*cf.* M. ERDAL, 1980a) s'étaye ici de la corrélation casuelle (nominatif obligatoire). Reste à vérifier si la distinction est aussi fondamentale en SF qu'en turc.

31 Il faut ajouter à ceci quelques caractéristiques secondaires, marginales pour notre corpus : ainsi, dans la semi-proposition participiale, résultat d'une transformation, le S de PEX reste au Partitif, le S de PANS au génitif.

WIIK attribue le fait que le SN de PEX n'apparaisse jamais au cas spécifique de l'O (Accusatif 1) à une loi générale : cette désinence -n de O ne joue qu'en corrélation avec un S à désinence Ø (Nominatif). Quant à l'absence "en surface" de tout verbe transitif, elle se laisse aisément ramener à une évolution partant de la structure profonde.

Les essais de représentation de la *structure profonde* des PEX sont nombreux; citons, parmi les plus récents, ceux qui s'inscrivent dans une perspective chomskyenne (A. HAKANEN, 1972), générativiste (WIIK, 1974) et de grammaire casuelle (SIRO, 1974, 1975). Le schéma le plus élaboré est celui de WIIK, qui caractérise les PEX en profondeur par la présence d'un verbe abstrait "DE L'INTERIEUR", dont l'Objet devient en surface Sujet; quant à l'élément circonstanciel de surface, il correspond au Sujet de la structure profonde. WIIK distingue en outre deux sous-catégories : les PEX dont le prédicat verbal est le verbe olla - de loin les plus nombreuses dans notre corpus - et les autres (dont nous évoquions les difficultés de délimitation sémantique), pour lesquelles une structure profonde à deux niveaux sera postulée. Ce postulat, qui fait de la phrase contenant le verbe "DE L'INTERIEUR" la Phrase matrice, permet d'identifier l'Objet du niveau supérieur avec le Sujet de l'étage inférieur. Les deux phrases

. Kannussa on maitoa
"Dans la cruche il y a du lait"

et . Pihalla juoksee poikia
cour-dans(adess.) il court des garçons
"Dans la cour, il y a des garçons qui courent"

se représentent ainsi (p. 1 et 8) :

voir schéma à la page suivante.

On remarque que cette schématisation - comme d'ailleurs celle des autres modèles - fait intervenir, à côté des aspects intérieur/extérieur indiqués par les cas internes/externes - lesquels ne recouvrent pas entièrement les catégories animés/inanimés : ici la "cour", lieu mal délimité de l'action, est au cas externe - les critères de Quantité définie / indéfinie. Avant toute discussion de ce schéma et de son opportunité pour l'interprétation des PEX de SFL, il est indispensable de préciser la notion universelle de "species" et son application au finnois.

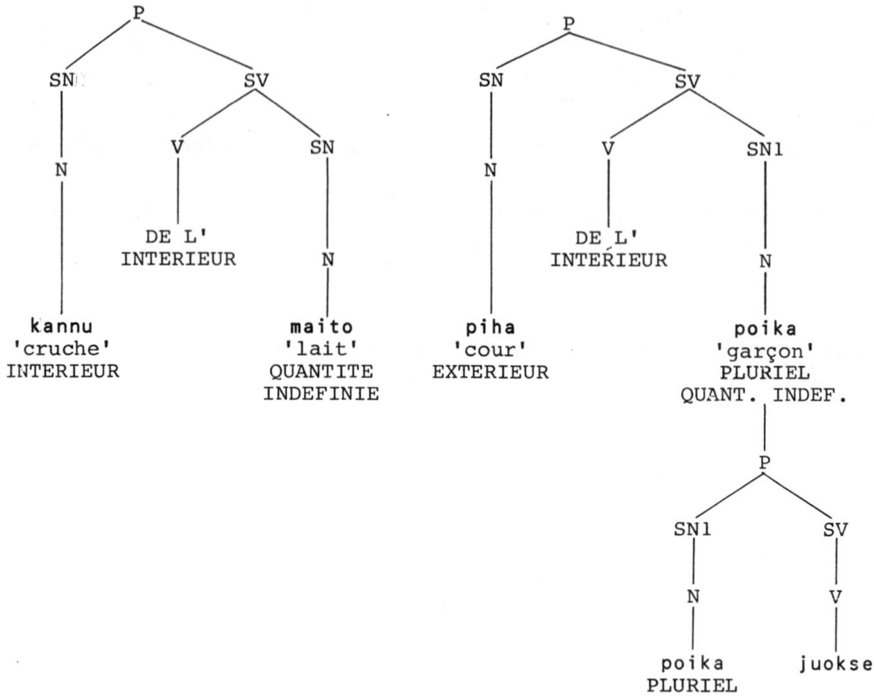

2.2.1.2.1.2. La notion de «species»

C'est avec le grammairien suédois Adolf NOREEN que le terme de *"spesies"* est entré dans la pratique linguistique en Fenno-Scandie pour désigner l'opposition des catégories connu/inconnu. Ce terme, orthographié **species**, a en latin, à côté du sens concret de "vue, regard, aspect extérieur", celui philosophique de "ce par quoi se manifeste (se révèle) extérieurement une notion, un principe : aspect, considération, point de vue etc.", et le GAFFIOT de citer CICERON : "cum aliqua species utilitatis objecta est" (Cic. Off. 3,35). Pour NOREEN (1904, § 14, 16, 17), il recouvre trois catégories : un species *défini*, un *indéfini* et un *générique*. A sa suite, le Comité linguistique finlandais, sous la direction de SETÄLÄ, définit le species (*Komitean mietintö*, 1915:6) comme opposant le "connu ou déjà mentionné (sens défini") et "l'inconnu ou non mentionné précédemment (sens indéfini)". Les successeurs de SETÄLÄ se sont avec raison attachés à montrer que cette définition officielle confondait deux critères distincts : le "connu" est généralement, mais pas toujours, "déjà mentionné" (ex: "le soleil brille").

Les trois catégories établies par NOREEN l'ont été en fait pour la *langue à articles* qu'est le suédois; or, en suédois, aux catégories "défini" et "indéfini" correspondent bien les articles du même nom, mais le *générique* est exprimé habituellement par l'absence d'article. Le suédois dit ainsi

. Jag jagar fågel-n / en fågel / fågel
je chasse oiseau-*le* / *un* oiseau / oiseau,

mais la troisième forme (nue) recouvre en français les emplois de l'article générique défini et - avec un autre type de verbes (ex. "je mange") ceux de l'article partitif.

S'interrogeant sur "Le fonctionnement de l'article en français et en hongrois", J. PERROT est amené à constater que :

> "La terminologie traditionnellement utilisée est défectueuse et contribue à créer la confusion. Parler d'un article indéfini est gênant si cet article peut être appliqué à l'espèce considérée dans toute son extension (...) alors qu'au terme défini semble s'attacher une notion d'individualité déterminée. La difficulté est précisément - et sur ce point il y a largement rencontre du hongrois et du français - que ses emplois vont du générique à l'individualisé." (1974, p. 7)

Les articles sont d'ailleurs des créations récentes dans les langues indo-européennes et

> "ce sont les conditions de la communication qui font que le même élément du système linguistique peut sans ambiguité fonctionner avec l'une ou l'autre valeur." (*ibid.*)

Notons à ce propos que l'islandais, ancêtre des langues scandinaves, dont le caractère archaïque a été préservé par sa localisation insulaire, continue d'attribuer à la *consituation* une valeur en priorité spécifiante : alors qu'un banquier trouvant ses coffres sans surveillance s'inquiétera dans cette langue sous la forme

. Naeturvörður er ekki kommin,

son collègue suédois devrait, lui, "indexer" l'employé absent :

. Nattvakt-en har icke kommit
"*le* veilleur de nuit n'est pas arrivé".

Le finnois, lui, est en principe dépourvu de ce moyen (relativement) non ambigu qu'est l'article : il a recours a des procédés lexicaux ou syntaxiques pour indiquer les différents species. Mais le caractère fiable de ces procédés n'est en fait prouvé que pour les seules

Phrases existentielles, et la langue parlée s'est engagée dans une voie parallèle à celle empruntée depuis déjà plusieurs siècles par les langues indo-européennes : l'usage du numéral **yksi** et du démonstratif **se** est chez nos informateurs largement comparable à celui qu' en fait le français[32].

De toutes les initiatives prises en Finlande pour apporter quelques aménagements au concept même de *species*, dont certaines ne semblent guère pertinentes - telle celle de PENTTILÄ (1963, § 358) : il verrait une catégorie "semi-définie" dans **Kissalla on poikaset** "Le chat a des petits" - nous retiendrons celle de P. SIRO qui consiste à distinguer *deux species* : le species *dénotatif* et le species *quantitatif*, eux-mêmes subdivisibles chacun en *défini/indéfini*. Enoncée d' abord dans le *Virittäjä* (1957, p. 189), cette innovation est programmée dans la Syntaxe de SIRO :

> "Puhumme kvantitatiivisesta spesieksestä subjektin muodon vaihtelun yhteydessä, tällöin nominatiivisubjekti tarkoittaa määräistä ja partitiivisubjekti epämääräistä joukkoa, mutta notiivisesta spesieksestä kun normaalilauseen sanajärjestys osoittaa määräisyyden tai epämääräisyyden, nim. kun subjektilla on tuttu tai tuntematon tarkoite. Kummassakin tapauksessa on siis kysymys joko definiittisestä tai indefiniittisestä spesieksestä."
>
> "Nous parlons de species quantitatif par rapport aux changements de la forme du sujet, le sujet au nominatif exprimant alors une quantité définie, et le sujet au partitif une quantité indéfinie, mais de species dénotatif lorsque l'ordre des mots d'une phrase normale indique la catégorie définie ou indéfinie, càd. lorsque le sujet a un signifié connu ou inconnu. Il est donc question dans les deux cas de species soit défini soit indéfini." (1964, § 1.5.12)

Soient les exemples :

a) **Jauhot ovat pöydällä**
farines(nom.plur.) sont(plur.) table-sur(adess.)
"Les farines sont sur la table"

b) **Pihalla juoksee poikia**
cour-dans(adess.) court(sing.) garçons(part.plur.)
"Dans la cour il y a des garçons qui courent"

c) **Koivussa on isot lehdet**
bouleau-dans(iness.) est(sing.) grandes feuilles(nom.pl.)
"Le bouleau a de grandes feuilles"

---

[32] Bien que la paire ne soit pas (pas encore ?) totalement figée : **yksi** est concurrencé par **eräs** '(un) certain', **joku** 'quelque'; **se** par les déictiques spatiaux **tämä** 'celui-ci', **tuo** 'celui-là' (M.M.J. FERNANDEZ, 1980b).

d) Ruokaa on pöydällä
(de la) nourriture(part.) est table-sur(adess.)
"Il y a de la nourriture sur la table".

Le Sujet est doublement défini dans a) et doublement indéfini dans b). Dans c) S est de species D indéfini et Q défini, dans d) il est de species D défini et Q indéfini.

Le recours au *double species* permet entre autres de déduire la PEX (sens strict) et la Phrase "normale" d'une seule et même structure profonde. C'est ce que fait I. HIRVONEN (1977, p. 9) en proposant d'intégrer le species dénotatif défini/indéfini à la représentation graphique des deux phrases

. Kirja on pöydällä
. Pöydällä on kirja.

Le premier schéma de WIIK (*cf. supra*), modifié par les symboles DEF/ INDEF devient alors :

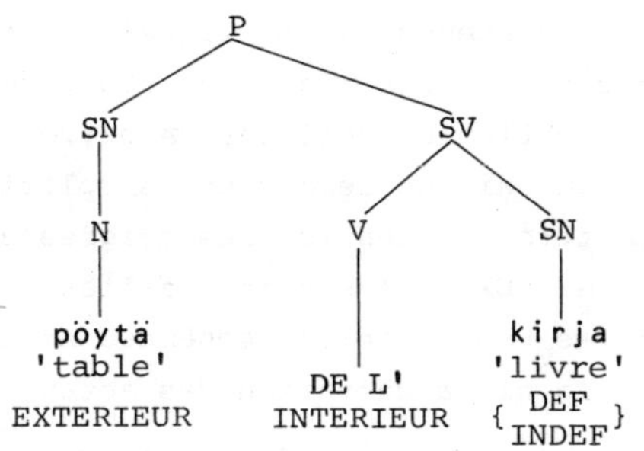

Si nous choisissons

. DEF, c'est "Le livre est sur la table" qui apparaît en surface,
. INDEF, ce sera "Il y a un livre sur la table".

Sous la simplicité de ce "truc" transparaît un avantage pour la schématisation universelle des PEX : le jeu des articles, dans les langues qui en possèdent, permet en effet un ordre des mots plus souple qu'en SF pour ce type de phrases. En français, nous pouvons ainsi avoir, dans le même ordre,

"Un livre / ou Le livre se trouve sur la table";

mais la langue parlée ne s'y trompe pas, qui accorde une nette préférence aux constructions *Connu - Inconnu*, ou du moins diffère l'Inconnu par un (dé)tour tel que "Il y a un livre qui se trouve ..."

Il nous sera moins facile de suivre HIRVONEN dans l'extension de son schéma (raisonnement) à toutes les phrases apparentées sémantiquement (càd. au plan de la signifiance) : il propose de déduire les 6 phrases possibles

. Kirja on pöydällä / Pöydällä on kirja
. Kirjoja on pöydällä / Pöydällä on kirjoja
. Kirjat ovat pöydällä / Pöydällä ovat kirjat

d'un seul et même schéma qui intègre les facteurs
"2 species doubles" et "1 Thème".

Mais l'intervention du *Thème* pour la totalité de ces phrases ne se justifie que par une définition non-positionnelle du Thème. Or, pour nous, la dichotomie Thème-Rhème n'est exploitable que si à chacun des éléments correspond une position fixe dans l'ordre linéaire de l'énonciation : cet ordre n'est donc pas susceptible de renversement, et nous postulons initialement que les Phrases qui ne comportent que l' élément Inconnu sont formées du seul Rhème (voir 3.1.2). Les schémas obtenus à partir d'un raisonnement selon lequel "Le trait +DEF déplace l'Objet profond, devenu Sujet de surface, en début de Phrase, à condition que le lexème en question ne soit pas en outre porteur du trait -THEME" ne constituent en fait nullement une simplification, et contribuent surtout à remettre en question les maigres acquis du débat sur le fonctionnement des PEX - il s'agit d'ailleurs ici de PEX & Co. Reproduisons pourtant les deux derniers schémas, en illustration du problème non résolu de la hiérarchisation des Actants de PEX (p. 71) :

. Kirjat ovat pöydällä
"Les livres sont sur la table"

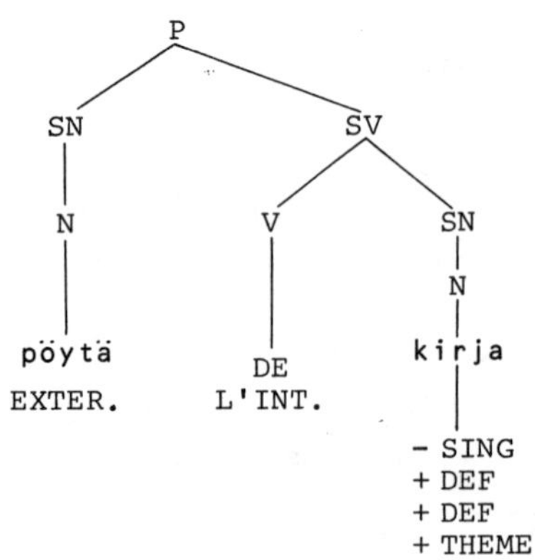

. Pöydällä ovat kirjat
"Sur la table se trouvent les livres"

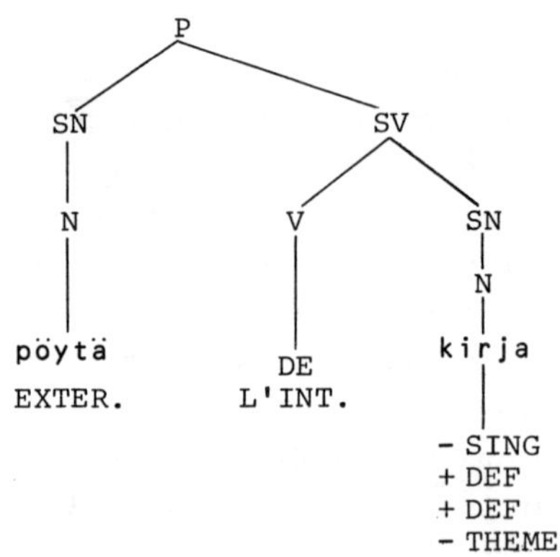

Faut-il prévoir qu'un *Tiers Actant* - qui ne serait pas celui de TESNIERE - prenne dans les Phrases existentielles de SFL le relais des catégories Sujet / Objet comme on inclinerait à le faire pour SF ? Ou bien le Syntagme nominal est-il tout bonnement réductible à l'une ou l'autre de ces catégories ? Dans quelle mesure les Phrases existentielles assurent-elles dans cette variante de langue une progression thématique cohérente ? Autant de questions que va se charger d'élucider l'analyse des PEX relevées chez nos informateurs.

2.2.1.2.1.3. *Forme de l'actant existentiel en finnois laponisant*

Pour que l'interprétation ait des chances de s'appliquer à une réalité linguistique authentique, nous limiterons la description aux Phrases à caractère *existentiel* incontestable, càd. à la construction :

Circonstant local + *Verbe* **olla** + *SN porteur de morphème*
(qui peut s'effacer) (ou proche) casuel grammatical .

La finalité de l'analyse n'est pas plus ici qu'ailleurs de fournir un inventaire exhaustif des erreurs commises par les Lapons dans l'emploi des PEX nationales, mais bien de dégager quelques traits grammaticaux récurrents éventuellement sous-tendus par une perception sémantique divergente. Une observation préliminaire s'impose : ce présentatif jouit chez les informateurs d'une faveur particulière, et chacun d'entre eux se révèle capable de produire un nombre important de PEX correctes.

Ce sont les *PEX négatives* qui adoptent le comportement le plus systématiquement "anticonformiste" : chez les locuteurs du Groupe II, le SN des PEX négatives ne se distingue en rien de celui des PEX affirmatives, pas plus au pluriel qu'au singulier. Dans certaines PEX affirmatives, la frontière Nominatif / Partitif ne passe pas entre "divisible / non-divisible". Une confusion se produit enfin entre les constructions Existentielles et les constructions Nécessives.

Le locuteur B est le seul qui semble avoir conscience d'une opposition Actant négatif / Actant affirmatif de PEX. Pourtant le jeu est chez lui troublé par une confusion Animé / Inanimé, ou du moins cas Externe / Interne. Lorsqu'il explique le point de vue des parents sames qui préfèrent apprendre à leurs enfants le finnois plutôt que le lapon,

(1) Sillä ei ole minkään merkitystä (B.25)
"Il n'a aucune importance"

(flexion erronée de l'indéfini négatif : le gén. à la place du part. mitään), le SN est bien au Partitif et la Phrase a une construction possessive type : l'idiome same est alors personnifié (Circonstant adessif). Mais l'avis contraire de B prend deux lignes plus bas la forme

Siinä on niin suuri merkitys
"Il a une très grande importance",

le same devenant alors Circonstant local (inessif) *inanimé*. De même, plus loin,

Ei siinä ole enää mitään merkitystä (B.30);

si le siinä "interne" est possible dans la phrase suivante - Siinä sataa olla ... "Il doit y avoir là-dedans [moitié de mots finnois]" - il ne se justifie nullement dans une assertion sur "l'importance" de la langue, Phrase qui ne peut être considérée comme locale : nous avons là une illustration du rôle joué par le *sémantisme* dans la délimitation des PEX.

Chez les autres locuteurs, l'Actant des PEX négatives arbore obstinément sa marque de Nominatif :

- ∅ au singulier :

(2) Eihän kaikilla ole tuota tuo varakkaisuus (E.8)

(pour tuo-ta varakkuut-ta) - le démonstratif tuo est ici précédé de son partitif figé en "déictique de transition" (voir 3.1.7.3.1.).

(3) Kun ei ole ennä se kirja mistä ... (G.4)
"Puisque je - minulla sous-entendu - n'ai plus le livre dans lequel ..." (pour si-tä kirja-a)

(4) Ei Utsjoen kunnassa ihminen jota ... (G.8)
"Il n'y a pas dans la paroisse d'Utsjoki une seule personne que [je ne connaisse]" (pour ihmis-tä)

(5) Ei ollu auto eikä maantie minne ... (H.16)
"Il n'y avait ni voiture ni route où ..." (pour auto-a

et maantie-tä);

- -t au pluriel :

(6) Ei varmasti missään ole niin hyvät naapurit (E.10)
"Il n'y a sûrement nulle part d'aussi bons voisins" (pour hyv-iä naapure-ita).

Quant aux *PEX affirmatives*, la difficulté semble être d'accorder un traitement particulier aux substantifs *abstraits* : ils restent au

Nominatif comme les non-divisibles. La longue énumération que fait B des matières enseignées à l'école itinérante est ainsi systématiquement faussée :

(7) Siellä oli kuule yhteenlasku / vähennyslasku / kertolasku / jakolasku (B.9)
"Il y avait tu vois, l'addition, la soustraction, la multiplication, la division"

(pour autant de -lasku-a). Cette erreur s'explique chez un locuteur par ailleurs conscient des fonctions du Partitif finnois par la nature même de la situation : il s'agit d'inventorier les éléments d'une classe, et les différentes opérations sont posées successivement comme autant de citations. Le radical brut du lexème - ici la matière scolaire - est celui qui vient tout naturellement à l'esprit lors d'un effort de mémoire : probablement figurait-il sous cette forme dans l'emploi du temps[33]. De plus, la citation n'est, en lapon, jamais fléchie.

Mais il est difficile d'accorder aux autres locuteurs des circonstances atténuantes :

(8) Mutta vähäsen on noilla erotus (G.29)
"Mais ils en ont quelque peu de différence".

Si nous supprimons le suffixe dérivé -tus - déjà décrit comme abusif (ci-dessus 2.1.2.2.) - il reste ero pour ero-a. L'erreur est d'autant plus flagrante que le SN est doublement soumis à la contrainte Partitive - la plus forte étant celle du quantificateur vähän / vähäsen.

La réflexion philosophique de H sur la simplicité du bonheur en milieu primitif devrait aussi impliquer l'emploi du Partitif :

(9) Eivät tie että olisi vielä parempikin (H.17)
"Ils ne savent pas qu'il y aurait quelque chose de mieux."

Ce mieux hypothétique, adjectif substantivé, doit être traité comme une catégorie abstraite, et donc par nature "divisible-sans-qu'il-y-ait-perte-de-son-essence-dans-les-différents-constituants" : parempa-a-kin. Il est vrai que la nature *existentielle* (au sens strict) de

[33] L'effet de *personnalisation* ainsi produit est très net : les Actants sont littéralement les *acteurs* du drame scolaire mis en scène. On imagine sans peine un auditeur distrait - ou qui souhaite s'assurer d'un message perturbé par des bruits - s'enquerrant : Kukahan oli siellä ? "Qui ça ? Qui est-ce qui y était ?" Cet effet est-il à mettre en rapport avec l'*animisme* général ?

cette phrase est discutable : l'existence qui y est assertée linguistiquement l'est absolument et non par rapport à un Nom-circonstant; c'est par référence (extra-linguistique) à des catégories logiques que l'on obtient une interprétation du type "il pourrait y avoir pour eux", donc "les gens pourraient avoir, obtenir".

On peut de même se demander si la phrase

(10) **Tuossa oli kauhetta masennustilaa** (E.10)

"Là-bas il y avait un terrible état de dépression"

est pure PEX ou Phrase locale contrefaite. L'adverbe **tuossa** est normalement inapte à un sémantisme non-localisant; difficile pourtant, avec un ordre de mots prétendument rétabli comme "local", de concevoir une assertion "l'état de dépression était là-bas" : un état psychique n'est pas un Animé à présence physique. Cet emploi peu commun peut être attribué à une démarche concrétisante, destinée à souligner l'inhabituel d'un présent lumineux - stabilité économique et santé recouvrées : **Tämä kesä () vain valoisat päivät näkkyy** (E.10) "Cet été () on ne voit que des journées lumineuses". Le locuteur plante son télé-objectif en un point fixe - la réalité présente - pour mieux scruter l'horizon de ses souvenirs ; c'est sur cet horizon que se détache la "dépression" : là-bas ! Faut-il y voir une manifestation du fameux concrétisme lapon ? Probablement. Le locuteur n'en était pas pour autant dispensé du respect de la règle : le terrible état de dépression doit être au Nominatif, **kauhea masennustila**.

Un dernier exemple de PEX personnalisée retiendra notre attention : à côté d'une phrase correcte,

(11) **Sen luona aina kävi suomalaisia turisteja** (E.17)
lui chez toujours venait(sing.) en visite finnois touristes

"Il recevait toujours la visite de touristes finnois",

on trouve aussi

(12) **[On mukava] kun käyvät vieraat** (H.30)

"[C'est agréable] quand viennent les invités".

Le verbe **käydä** exprimant l'idée de "passage dans / ou chez" (il régit un circonstant *locatif*, et non directif comme **mennä** 'aller, partir' - équivalent lapon **fidnat**) est syntaxiquement proche de **olla**. Le Nominatif (pluriel) et l'Accord verbal (pluriel) ne seraient possibles que si les invités en question étaient déjà connus (ou nommés), donc avec l'ordre de mots **Kun vieraat käyvät** "Quand les invités viennent nous voir". Encore l'ordre de mots réalisé ici serait-il possible dans la chaîne parlée avec une rupture prosodique :

Kun käyvät / vieraat.

Le segment porteur d'intonation plate, postposé au Rhème, serait alors Rappel - "Quand ils viennent nous voir, les invités" - ce qui n'est pas non plus le cas ici (une seule unité prosodique). La phrase est donc bien à prendre comme PEX, et en tant que telle devrait suivre la règle générale :

Kun käy vieraita,

Prédicat singulier et Actant partitif - ou, à la rigueur, avec une mise en valeur par préjection de l'Actant :

Kun vieraita käy.

Ces observations nous autorisent-elles à tracer un portrait-robot des PEX en SFL ?

2.2.1.2.1.4. Fonction de l'actant existentiel en finnois laponisant

La première question à se poser est bien évidemment celle de la pertinence de la *catégorie* même de *PEX* dans cette variante linguistique : les PEX constituent-elles dans le système SFL une entité spécifique, distincte d'autres Phrases comportant le verbe 'être' par exemple ? A ceci du moins nous répondrons sans hésitation par l'affirmative. Voici pourquoi.

Encore que les critères sémantiques ne puissent pas être totalement ignorés pour la définition des PEX (ci-dessus 2.2.1.2.1.), supposons un instant que nous nous basions exclusivement sur des critères *formels* pour vérifier la présence des PEX dans le système SFL. Le relevé des phrases *affirmatives* (PEX éventuelles, à Actant singulier) fournit des données à cet égard peu convaincantes, puisque ces phrases peuvent être ramenées à une variante de Phrase normale. Ainsi

- Oli kyllä katekeetalla ottopoika (B.13)
  était certes catéchiste-à(adess.) fils adoptif
  "Il y avait bien le catéchiste qui avait un fils adoptif"

- mise en valeur, par préjection du verbe, de l'existence dans les parages d'un garçon fennophone, lequel se trouvait être le pupille du catéchiste : il s'agit d'une construction à deux niveaux, révélatrice du *synthétisme* (compensatoire) de la langue parlée. Et encore,

- Sillä on vastutuskyky (G.17)
  "Il a la capacité de se défendre"
- Meillä oli tämä kirja kotona (G.24)
  "Nous avions ce livre à la maison"

- **Minulla oli se ihottuma** (I.4)
"J'avais l'eczéma"
- **Sillä on lapin lakki** (I.11)
"Il a un bonnet lapon",

autant de phrases qui pourraient être des variantes, avec ordre des mots inversé (et, il est vrai, sémantisme possessif !) de Phrases localisantes.

Nous écarterons de même comme peu probantes les phrases dont l'Actant n'est que "semi-pluriel", càd. représentant des signifiés effectivement pluriels mais "singularisés" par la présence d'un quantificateur syntaxiquement dominant :

- **Kun meillä on tässä kaks poikaa** (G.2)
"Puisque nous avons ici deux garçons",

Partitif singulier, après le numéral **kaksi**; ou encore

- **Minulla on niin monta tautia** (A.26)
"J'ai tant de maladies"

- **tauti-a**, Partitif singulier, car accompagné de **monta** collectivant; pour notre raisonnement, la substitution de **paljon** (**taute-j-a**) 'beaucoup de', qui laisse au SN (pluriel) son autonomie numérale, serait plus probante. Dans ces phrases en effet, le prédicat serait au singulier quelle que soit la nature de la phrase (ou l'ordre des mots).

Par contre, l'invariabilité du prédicat verbal dans des constructions *affirmatives à Actant pluriel* sera pour nous critère de l'existence effective d'un type de Phrases à comportement original :

(13) **Nyt on meillä taas paremmat ajat** (E.8)
"Maintenant nous avons de nouveau 'les' temps meilleurs"

- le Nominatif implique le mouvement cyclique des périodes "meilleures" / vs. "de dépression" -

(14) **Sinulla on lahjoja lauluun ja soittoon** (A.12)
"Tu as des dons pour le chant et la musique"

(15) **Minulla oli kirjat** (A.16)
"J'avais les livres"

(16) **Inarin kirkollahan oli aina seurat** (A.21)
"Au bourg d'Inari, bien sûr, il y avait toujours les réunions paroissiales".

On note que cette construction est, du moins en ce qui concerne le verbe 'être', plus familière aux deux locuteurs parfaitement fennophones :

. A (14) (15) (16)

. et K, par exemple

- **Siinä on suomenkielisiä sanoja** (K.3)
  "Il y a des mots finnois"
- **Siellä oli paljon suomalaisia** (K.8)
  "Il y avait beaucoup de Finnois".

Mais un manque de familiarité - observé aussi pour d'autres formes, tel le passif collectif - ne peut infirmer l'existence d'une construction, qu'une seule occurrence - par ex. (13) chez E - suffirait à attester. Un autre exemple, bien que moins net, car en fin de chaîne complexe, confirme d'ailleurs la présence des PEX : l'énumération de (7), à prédicat singulier, s'achève sur un Actant pluriel,

(7') **Siellä oli yhteenlasku (...) ja kymmenesluvut vielä oli** (B.9)
"Il y avait l'addition (...) et puis encore les décimales, il y avait".

Le label PEX marque enfin des verbes autres que 'être' : outre (11) déjà cité,

(17) **Kun tuli niin paljon harjoituksia** (B.8)
"Comme il (nous) venait tant d'exercices".

Vérification faite de l'existence des PEX en SFL, reste à discerner une certaine *motivation* dans leur comportement anticonformiste. Nous ne la chercherons pas dans les phrases affirmatives : l'emploi du Nominatif pour le Partitif, (7) (8) (9), ou inversement (10), peut relever d'une perception hésitante du trait de "divisibilité" - trait assez flou, à en juger par les contre-exemples dont sont truffés les articles cités du *Virittäjä* (*cf.* Note 29). Le donné des *PEX négatives* est beaucoup plus significatif : l'unique spécimen ("correct") dans lequel figure un Actant au Partitif, (1), est aussi le seul dans lequel la négation du procès (existence) soit absolue. Dans les phrases (3) (4) (5) (6), l'Actant est spécifié par une proposition subordonnée subséquente, qu'elle soit de nature relative, (3) (4) (5), ou comparative (6). L'indication du pronom ou de l'adverbe relatif dans les exemples fournis (5 p. plus haut) n'a pas été faite au hasard, et nous pouvons maintenant compléter les phrases :

(3) **... se kirja mistä on lukennu niitä runoj** (G.4)
"plus le livre dans lequel on a lu ces poèmes"

(4) **... ihminen jota minä en tunne** (G.8)
"pas une personne que je ne connaisse"

(5) ... **auto eikä maantie minne lähteä äkkiä** (H.16)
"ni auto ni route par laquelle (= **millä**) partir tout de suite"

(6) ... **niin hyvät naapurit kuin nämä** (E.10)
"nulle part d'aussi bons voisins que ceux-ci".

Dans certaines de ces phrases, l'Actant est même soumis à un *double étiquetage*. La proposition relative nous renseigne en effet sur une propriété particulière (intrinsèque ou épisodique) de l'antécédent mais ne suffit pas à le déterminer. Dans beaucoup de langues, le statut propre au nom présenté comme déjà connu (ou déjà nommé), mais devant être précisé par une relative, est mis en évidence par l'emploi d'un déterminant renforcé. Alors que le français se contente dans ce cas d'un article défini, le hongrois utilise un démonstratif. Le suédois, lui, fait un choix intermédiaire et cependant marqué par rapport au simple article enclitique suffixé (utilisé si le substantif est l'élément lexical unique du SN) : il a recours à un *"déterminatif"*, plus discret que le démonstratif mais formellement identique à l'article antéposé - obligatoire, lui, dès que le substantif s'accompagne d'un épithète (l'article postposé devenant par là redondant). On a ainsi :

. **en (lång) dikt**
"un (long) poème"
. **dikt-en**
"le poème"
. **den lång-a dikt-en**
"le long poème"
. **den (lång-a) dikt som du skrev förra året**
"le (long) poème que tu as écrit l'an dernier"
. **den här (lång-a) dikt-en**
"ce (long) poème-ci".

Le **se** placé devant l'Actant de (3) a dans le donné SFL un statut comparable à celui du suédois **den** - bien que sa fonction soit moins fixée que celle du déterminant suédois. La valeur de **se**, qui à l'écrit est celle d'un démonstratif, tend à l'oral vers celle de notre article défini.

L'Actant de la phrase (6) est également porteur d'une spécification double : l'adverbe **niin** est chargé d'une valeur anaphorique qui exclut la nouveauté en corrélation avec la négation du syntagme auquel il a incidence. C'est le contexte qui oriente le sémantisme de l'anaphore : en l'absence de seconde spécification, il y aurait référence à une catégorie générique (de "si/très bons voisins"), mais la relative précise qu'il s'agit d'un groupe (d'une "qualité") de voisins déjà mentionné.

La traduction française ne doit pas faire illusion : l'absence d'article dans (5) et (6) ne fait que rendre la non-réalisation du procès - le 'de' partitif recouvrant en contexte négatif aussi bien le partitif proprement dit 'du' que les indéfinis 'un/des' de l'affirmatif - mais dans les phrases affirmatives correspondantes il y aurait bien un article indéfini. Or les qualifications de *défini / non défini* ne recouvrent pas celles de *déterminé / non déterminé* : c'est d'un découpage différent de la réalité qu'il s'agit. G. GUILLAUME, dans une réflexion théorique sur "Le problème de l'article", écrivait que

> "L'article résume deux opérations mentales. La première est préparation de l'espace dans lequel le nom sera pensé (...). La seconde consiste à projeter le nom sur cet espace en l'y étendant plus ou moins. L'article ne note en particulier ni l'une ni l'autre de ces opérations : ce qu'il détermine c'est le rapport de l'une et de l'autre." (1919, p. 59)

J. PERROT, dans l'étude déjà citée sur l'article en français et en hongrois, développe une analyse parallèle :

> "Ce qui oppose essentiellement les deux articles, c'est que l'article dit indéfini correspond à une *vision partielle* qui, en posant le concept représenté par l'unité lexicale, en signale l'actualisation comme limitative en même temps qu'individualisée (prise en considération d'un seul de ses représentants), tandis que l'article défini correspond à une *vision intégrale* qui, en posant le concept, signale l'actualisation comme coextensive à la réalité que représente le concept, cette réalité pouvant n'être délimitée par rien - ce qui correspond à la valeur générique - ou être délimitée par un élément du contexte ou par tel ou tel autre facteur - ce qui correspond à la valeur spécifique." (1974, p. 9)

Ces deux dimensions dans la vision, vision intégrale / vision partielle, s'expriment linguistiquement par les catégories défini / indéfini du Species *quantitatif*. Qu'en est-il du Species *dénotatif* en SFL ?

Remarquons tout d'abord qu'aux deux valeurs de l'article défini français correspondent en SFL deux démonstratifs différents **se** et **tuo**. La valeur générique de **tuo** apparaît dans la phrase (2) - **tuo varakkuus** "la richesse". Traditionnellement, les pronoms **tämä** 'celui-ci' et **tuo** 'celui-là' s'opposent, pour désigner ce qui est 'près' ou 'loin' du locuteur. Ce sens originel concret de "qui est éloigné" pour **tuo** n'est en fait attesté dans le corpus que chez le seul locuteur A :

Minulla olis niin nätti tuo / vihko tuolla (A.25)

"J'en aurais bien un joli, ce cahier, là"

- encore le démonstratif est-il renforcé de l'adverbe **tuolla** qui, lui, joue d'un bout à l'autre du corpus son rôle de localisant. L'éloignement ayant valeur de distanciation, **tuo** est pris en général dans le sens de "moins bien connu" que **tämä** (faible occurrence en SFL) ou **se** :

tuo Nuorttanaste (...) se Sabmelaš-lehti (B.32)

- les deux revues (lapon de montagnes, mais orthographes différentes) se lisent dans la région, mais celle des Norvégiens c'est **tuo**, la "nôtre" **se**. L'assimilation du *connu* et du *physiquement proche* peut être illustrée d'une déclaration de G :

Tiedän kaikki Utsjokilaiset niin kaikki niin kun olisivat minun ympäri kaikki (G.8)

"Je connais tous les habitants d'Utsjoki oui tous comme s'ils étaient tous autour de moi".

Par extension, le "mal connu" de **tuo**, ex.

Mitä isä se tuo merkitsee ? (B.31)
quoi père ça cela veut dire

"Qu'est-ce que ça veut dire ça papa ?",

c'est aussi le générique, référence opératoire bien que vague qui, émise avec certaines réserves, garde ses chances d'être identifiée par le récepteur, ex.

Minun on tuo sairaus / tuo senkka (E.9)

"J'ai cette maladie, là, la baisse de tension".

Cette extension du sens de **tuo** est naturellement liée au fait que **se** est, lui, déjà occupé par la valeur "intégrale/spécifique" (*cf. supra*).

En résumé, les locuteurs lapons, dans leurs PEX *négatives* finnoises, font intervenir un Actant *partitif* uniquement dans le cas où le lexème n'est précisé *ni* par la référence à une catégorie générale *ni* par un élément du contexte. Sur quoi se fonde cette exclusive ? Le mécanisme trouve sa justification dans la définition officielle des PEX qui, se fondant sur leur sémantisme, néglige pourtant d'opérer une distinction essentielle entre PEX affirmatives et PEX négatives. Comment considérer comme pertinente l'absence de présupposition existentielle, à partir du moment où il s'agit précisément de nier la présence de quelque chose ? Qui s'amuserait à nier, sans finalité absurdiste, la présence de signifiés non préalablement posés comme existants : "Sur la table il n'y a ni dinosaures ni martiens" ?!? Ce serait saboter le présentatif à la base, et compromettre la fonction sociale du langage.[34] La différence de forme de l'Actant, Nominatif d'une part (1), Partitif de l'autre, (3) (4) (5) (6), loin d'être un accident de la conversation dû à différents degrés de maîtrise de la langue finnoise, révèle deux attitudes non identiques, deux *stratégies discursives*. Le locuteur de SFL, s'il choisit d'asserter l'absence d'une notion en revêtant celle-ci d'une forme incontestablement négative (celle de l'Objet des PANS négatives) accomplit par là une démarche qui est une manière de postulat, et s'engage à fournir ultérieurement des renseignements quant à la nature de la notion impliquée (*cf.* les longues explications de B). Si, par contre, le locuteur lapon préfère ne pas compromettre momentanément la perception du message, il n'asserte l'absence de l'objet que par une négation mitigée (qui n'engage que le prédicat) et accompagne aussitôt le signifiant d'une spécification chargée de réaffirmer la complicité locuteur-allocutaire : cette précision, sorte de clin d'oeil à l'auditeur, est une référence immédiate à une expérience commune, hors situation linguistique actuelle (générique) ou consituationnelle (spécifique).[35]

Les hésitations et les erreurs des locuteurs de SFL soulignent l'ambiguïté inhérente au statut logico-syntaxique des PEX finnoises. La mention de la "présupposition existentielle" dans la définition des PEX est d'un maniement d'autant plus délicat qu'elle confond catégories *logiques* et catégories *linguistiques*. S'il y a en effet "présupposé existentiel" dans les deux attitudes ici décrites, la différence entre elles est que dans l'une des stratégies ce présupposé est

---

34 Qu'on songe à l'attitude répressive de parents vis-à-vis d'un enfant qui engage opiniâtrement tous ses récits par "Tu sais pas ... ?" - pédagogie de la communication, ou simple absence d'humour ?

35 A l'appui de cette interprétation, nous pouvons verser une preuve supplémentaire au dossier, sous la forme d'une auto-correction : **Sillä ei ollu isoa .. iso pirttinen missä se oli niin riemuissaan kun kuuli** (A.6) "Elle n'en avait pas de grande .. de grande maisonnette où elle était si exaltée quand elle a appris ..." S'apprêtant à affirmer chez la Maiju la non-possession, par le partitif (iso-a) de la maison, le locuteur enchaîne en faisant de cet objet l'antécédent d'une relative. Cet élément qui, au sens propre du terme, sert à *embrayer* le récit, ne peut plus dès lors figurer au partitif : la non-existence totale qui s'attache à cette forme est ressentie comme une incompatibilité par rapport à quelque chose dont il va être immédiatement asserté une manifestation de réalité.

Il s'agit d'une "auto-correction" en ce qu'elle est motivée chez le locuteur; mais cette variante n'est acceptable que dans le cadre du synthétisme parlé : l'écrit serait contraint de dissocier en 2 constructions, "Elle n'avait pas de grande maison" (car, en effet etc.) "elle n'était pas grande la maison où ..."

extérieur au message ou différé (Partitif), dans l'autre il est partie intégrante du message (Nominatif). Quant au species dénotatif des Actants dans les PEX négatives de SFL, il n'est indéfini que dans le cas où la spécification contiguë est indissociable de l'énoncé.

D'un point de vue *thématique*, nous estimons que dans une Phrase

a) *Circonstant + v. négatif + v. être + Actant partitif*,

l'ensemble est généralement *Rhème* (*nég.*); mais si on a

b) *Circonstant + v. négatif + v. être + Actant nominatif + spécificateur*,

alors : *Circonstant + Prédicat = Rhème*, l' *Actant* étant un élément de statut comparable à celui du *Rappel* du Thème.

Dans la PEX affirmative, le message s'articule naturellement selon le schéma dichotomique simple :

Thème (- *Transition*) - *Rhème*

cf. (7) Siellä oli kuule yhteenlasku.

Quant à distribuer un numéro d'ordre à l'Actant des PEX en SFL, il est des tâches plus urgentes que de le rétrograder : il se comporte comme un bon sujet (Nominatif) et ses quelques écarts de conduite sont trop sporadiques (négation catégorique très rare) pour motiver son rejet dans la classe des objets. Un tel traitement n'est pas davantage justifié par le caractère singulier de son prédicat. Un prédicat qui refuse de porter la marque du nombre, n'est-ce pas là un signe des temps : qui songerait à priver de son titre de sujet, sous prétexte qu'il n'entraîne pas le verbe dans son sillage numérique, le pronom personnel (ex-démonstratif) ne dans un énoncé oral tel que

Ne on kivoja

"Ils sont chouettes" ?

Pourtant les PEX oublient parfois elles-mêmes de tenir leur rang : elles se mêlent à une autre famille de Phrases finnoises, le clan des *nécessives*, ainsi surnommées parce qu'elles indiquent un devoir ou une nécessité. On trouve :

(18) Minun on tuo sairaus (E.9)

"J'ai cette maladie", pour Minulla on ...; et inversement

(19) Silloin on helpoa minulla kertoa (E.8)

"Alors il m'est facile de raconter" - pour () on minun helppoa kertoa - qui s'explique aisément par une Rection verbale ("Pour qui ... ?"), alors que l'usage SF exige une Rection adjectivale. Quant à (18), elle ne perturbe en rien le système (interne), étant donné que cette construction n'est pas réservée par la construction nécessive.

2.2.1.2.2. Les phrases nécessives

La modalité du *devoir* s'exprime en lapon essentiellement par trois lexèmes, les verbes **kâlgat**, **fertet**, **seähtit** 'devoir, falloir' correspondant aux verbes finnois **täytyä** et **pitää**. On peut ajouter à ce groupe le verbe, proche sémantiquement, **tarbbašit** (= SF. **tarvita**) 'avoir besoin de' : construit le plus souvent avec le nom-Objet (direct), il peut aussi régir un Infinitif, à la forme négative en particulier.

La différence *syntaxique* fondamentale entre lapon et finnois porte sur la forme du *Sujet* : alors que les verbes nécessifs lapons ont un comportement "normal" càd. actif, personnel avec Sujet au Nominatif, les verbes finnois sont unipersonnels (3e personne) et s'accompagnent d'un Actant au Génitif. On a donc une opposition systématique entre la forme du Sujet :

- à la forme *affirmative*,

L. **Sammol âin fertii mânnat ruoktot** (SK.269)
"Sammol devait toujours rentrer chez lui"
SF. **Samulin täytyi aina mennä kotiin;**

- à la forme *négative*,

L. **Moai eäm kâlgga sudnje kuoskat** (SK.231)
"Il ne faut pas que nous le touchions"
SF. **Meidän ei pidä koskettaa häneen**

et L. **Ton ik tarbbaš huihkkaðit** (SK.205)
"Tu n'as pas besoin de crier"
SF. **Sinun ei tarvitse huikata.**

Remarquons cependant la convergence des deux langues dans la construction négative qui consiste à assimiler le *non-devoir* au *non-pouvoir*[36] :

---

[36] Comme dans beaucoup de langues : *cf.* suédois **Du får inte** "Tu ne dois pas, tu n'as pas le droit", mais **Du får** "Tu peux", parfois "Tu dois" (selon le contexte).

L. **Ik oaǯǯo palkestit** (SK.203)

"Tu ne dois pas jeter ()"

SF. **Et saa heittää**

(L. oaǯǯut = SF. **saada** 'recevoir, être autorisé à').

Le lapon peut également, tout comme le finnois, avoir recours à un procédé syntaxique d'obligation : le tour

L. *v. être + infinitif* = SF. *v. être + part. présent passif.*

Les Sujets seront alors respectivement au Locatif et au Génitif :

L. **Ihttin leä munnost oaggut** (SK.205)

"Demain il nous faut pêcher"

SF. **Huomenna meidän on ongittava.**

La situation est compliquée en lapon du fait que cette deuxième construction peut contaminer la première. Dans un même texte, on trouve ainsi le verbe **fertet** employé

- sans Sujet :

L. **Tal ferte vuoiŋŋastit** (SK.295)

"Maintenant il faut reprendre son souffle"

SF. **Nyt täytyy hengähtää.**

- avec un Sujet au Nominatif :

L. **Kanda ferte vuot-âin čuoiggastit** (SK.297)

"Le garçon doit de nouveau skier un peu"

SF. **Pojan täytyy taas hiihtää hiukan.**

- avec un Sujet au Locatif(-séparatif) :

L. **Kanddast ferte leät nubbi juolgi aibba čoahkist** (SK.295)

garçon-à(loc.) doit être une(des deux) jambe tout-à-fait crochet-dans(loc.)

"Le garçon doit garder une jambe repliée"

SF. **Pojan täytyy pitää toista jalkaa aivan koukussa.**

La contamination est facilitée ici en lapon par l'amalgame Phrase existentielle / Phrase nécessive, tandis que SF utilise une construction transitive ("tenir () en crochet").

Enfin le phénomène maintes fois observé de besoin d'*actualisation* en lapon se traduit par la présence d'un Sujet formel **tât** aux côtés du verbe d'obligation "générique" (3e personne du singulier) :

L. **Seäðašii tât kâle fidnat oaggosteämenge** (SK.241)

"Il faudrait bien (cela) aller pêcher"

SF. **Pitäisipä käydä onkimassa,**

et L. Kâl tât livččii kâle sullostge fidnat (SK.241)
"Ah oui (cela) il faudrait bien aller dans l'île aussi"
SF. Täytyisi käydä saaressakin.

Le locuteur de SFL n'est pas totalement inconscient d'une telle règle de génitivation du Sujet dans les Phrases nécessives, mais les réalisations correctes de la construction sont rares,

Heitän täytyy mennä sitten saamen kielen kursseihin (B.30)
"Il leur faut alors aller au cours de lapon",

et hésitantes (auto-corrections),

Olenhan minä .. minun täytyny olla (G.28)
"J'ai fallu .. il m'a fallu être ()".

La PEX, par ailleurs problématique, arrange bien les choses en supprimant, avec le Sujet, les possibilités d'erreurs le concernant :

. Niitä pitäisi olla enemmän tuntia (B.20)
"Il devrait y en avoir davantage des heures"
. Ettei pitäis olla minkälaista rasahdusta (C.11)
"Pour qu'il ne puisse pas y avoir le moindre craquement".

Mais, dans la grande majorité des occurrences, c'est un Sujet au *Nominatif* qui est placé devant le verbe pitää :

. Ei se pitä missään näkyä (C.19)
"Il ne doit se voir nulle part"
. Se vene pitää kestää ulkoilmaa (D.3)
"Ce bateau doit résister au grand air"
. Luoja luotuista pitää huolehti (E.8)
"Le Créateur doit prendre soin des créatures"
. Se pitää olla kyllä tuttu (G.21)
"Il faut certes qu'il soit connu"
. Niinhän se täyti vanha ihminen lukee (I.2)
"C'est comme ça, il faut le vieillard qu'il lise",

etc.

Si cette construction erronée est dans l'ensemble aisément rectifiée par l'oreille finnoise (dans les exemples ci-dessus), elle peut, combinée avec un ordre de mots indirect, être porteuse d'un message *ambigu*, voire déformé : ainsi, dans les explications de C sur les chasseurs qui se dissimulent derrière les buissons pour s'approcher incognito des oiseaux, la dislocation qui consiste à rejeter le Sujet "les oiseaux" en fin de Phrase tend à le faire prendre pour un

Objet (non fléchi), ex.

[Ils s'avancent en rampant]

että ei pitäis vesilinnut huomata (C.11)

pour que v. nég.(3e pers. sing.) devrait oiseaux aquatiques(nom.-acc.plur.) remarquer

"pour qu'ils ne puissent pas les remarquer les oiseaux",

et [ils cherchent un endroit]

missä ei pitä huomata ne linnut (C.11)

"où ils ne puissent pas (les) remarquer les oiseaux".

Au vu du texte écrit, l'incertitude est totale - n'était-ce l'absurdité contextuelle, mais la répétition (4 fois) des explications perpétue le doute; or la réalisation du segment final - qui devrait être plat (Rappel) - n'est pas non plus très nette car hésitante et disloquée (effort de la traduction). Ajoutons que le choix même du lexème est discutable : le finnois emploierait plutôt la modalité du 'pouvoir' (v. **voida**), ce qui ôterait toute ambiguité au message.

Une seconde équivoque, provoquée par un mauvais usage du Sujet, est due à une règle complémentaire du finnois, concernant l'Objet des Infinitifs introduits par un verbe *unipersonnel*. Cet Objet doit être à l'*Accusatif 2*, formellement identique au Nominatif, or les locuteurs de SFL utilisent quasi-exclusivement l'Accusatif 1, identique au Génitif : en SFL, l'Objet de l'Infinitif se confond donc avec le Sujet "correct" du verbe d'obligation ! Si l'ordre des mots peut supprimer l'ambiguité, ex.

Tuli oppia sen että (B.6)

"Il a fallu apprendre ceci que",

il est inopérant lorsque l'Objet est mis en valeur par préjection :

Sen piti osata () ulkoa lukeman (B.6) se décode en SF

"Il *lui* fallait savoir lire par coeur", alors que le locuteur veut dire de toute évidence (référent contigu, **läksyä** 'leçon')

"Il fallait savoir *la* (se) lire par coeur".

Cet exemple attire notre attention sur la construction *infinitive archaïsante* utilisée en SFL : l'Instructif du IIIe Infinitif en **-man** ne se rencontre plus guère que dans la langue lithurgique. Maniée parfois avec succès, ex.

Jos saamen kielen pitää häviämän (B.25)

"Si la langue same doit disparaître",

cette forme occasionne aussi des erreurs d'aiguillage par transfert de la désinence archaïque à un second Infinitif qui, lui, dépend d'un verbe intermédiaire, ex.

Täytyy nyt alkaa kalastaman (C.7)

"Il faut maintenant commencer à pêcher"

- Instructif "mixte", intermédiaire entre les deux rections officielles du verbe alkaa (style normatif, Ier Infinitif, kalasta-a; non normatif, illatif du IIIe Infinitif, kalasta-maan, par analogie avec ruveta 'se mettre à' *cf.* 2.2.2.3.). Avec le verbe pitää 'il faut' - le seul pour lequel la construction soit attestée en SF (*cf.* PENTTILÄ, 1963, § 433) - cet Instructif, différé par l'analytisme oral, peut aussi produire un énoncé très éloigné du seuil de correction, ex.

Ei piäis tuohon puhhu niin että kaks kertaa kertoman missä (G.21)

"Il ne faudrait pas là-dedans parler de sorte que deux fois raconter pareil".

Le besoin d'*actualisation* noté en lapon se révèle encore une fois de nature à embrouiller les choses, faisant apparaître un Sujet formel se, ex.

Niin kun se pitääkin olla (C.7)

"Comme il doit être aussi",

lequel élément se pourrait être le Sujet réel, n'était-ce du contexte - mais l'élément clarificateur n'est pas toujours à proximité. Ainsi,

Se pitää osata sitä käyttää (C.14) qui, ici, signifie

"Il faut savoir l'utiliser"

traduirait aussi bien, conformément aux règles de SFL,

"Il faut qu'*il* sache l'utiliser".

Le statut des deux Sujets (formel/réel) est d'autant moins clair qu'ils ne s'excluent pas toujours mutuellement, ex.

Se täyti toinen ihminen sen hoitaa (I.4)

"Il faut qu'une autre personne le soigne", pour

(correct) Toisen ihmisen(gén.) täytyy sitä(part.) hoitaa.

La justesse du décodage reposera donc en grande partie sur le sémantisme et la rection du Verbe.

2.2.2. Le syntagme verbal

L'exposé de la hiérarchie - instable - des Actants en finnois, ainsi que de leur permutation - illégitime - en finnois laponisant, implique, en posant l'existence d'Actants à indice numéral variable, une variabilité de la nature du Verbe. Peut-on entreprendre de classifier les occurrences intégrées dans le Syntagme verbal selon les critères définis par TESNIERE pour la *valence* verbale :

> "On peut ainsi comparer le verbe à une sorte d'*atome crochu* susceptible d'exercer son attraction sur un nombre plus ou moins élevé d'actants, selon qu'il comporte un nombre plus ou moins élevé de crochets pour les maintenir dans sa dépendance. Le nombre de crochets que présente un verbe et par conséquent le nombre d'actants qu'il est susceptible de régir, constitue ce que nous appellerons la *valence* du verbe" (1976, p. 238) ?

Pour aussi séduisante que soit cette définition imagée, il apparaît qu'elle s'émousse très vite sur les aspérités de l'expression du procès finnois. "L'interversion des actants et des circonstants" (TESNIERE, *ibid.*, chap. 124) est d'autant plus fréquente en finnois que la valence du verbe n'y a pas recours aux mêmes procédés morphosyntaxiques qu'en français (par ex.) : certains compléments finnois qui, selon TESNIERE, seraient à ranger parmi les Circonstants - car exprimés par un cas local (équivalent de la préposition) - sont en réalité les équivalents logico-syntaxiques (mais non morphologiques) exacts des compléments grammaticaux répertoriés par TESNIERE parmi les Tiers Actants. Les données de SFL sont à cet égard d'autant moins transparentes qu'elles peuvent être le résultat d'une interversion "profonde" due à l'influence du lapon : aussi sommes-nous résolue, sans pousser plus avant l'investigation *théorique* sur la valence (les termes de "transitivité / intransitivité" ne sont pas plus adéquats) - laquelle investigation, bien qu'éclairante au niveau de la problématique, s'est finalement révélée peu pertinente quant à la *nature* des PEX de SFL - résolue donc à répertorier les constructions verbales selon une progression pré-établie. Cette progression ira de l'élément le plus étroitement lié au Sujet (par la copule) à celui qui conserve au sein du SV une autonomie de symbole-index (complément localisant), en passant par le complément verbal le moins autonome (l'Objet direct).

2.2.2.1. Construction prédicative

La quasi-totalité des erreurs commises dans l'emploi des constructions prédicatives en SFL sont dues à l'*omission du Partitif* : l'attribut reste au Nominatif dans 90% des cas - proportion qui est inverse en finnois standard.

Au singulier, le locuteur de SFL omet de décliner au Partitif l'adjectif utilisé comme attribut de toute une proposition (ou d'un infinitif). A sa décharge, cet usage partitival est contré par la nature de certains adjectifs - anciens, usuels, non dérivés (IKOLA, 1971, p. 179) - qui, eux, maintiennent leur position Ø : c'est le cas des couples hyvä / paha 'bon / mauvais'
hauska / ikävä 'agréable / ennuyeux'
helppo / vaikea 'facile / difficile'.

Sont donc corrects :

Kesällä oli vaikeampi (A.11)
"L'été c'était plus difficile",

et Se olis paljon helpompi (G.21)
"Ce serait beaucoup plus facile".

Mais hankala 'peu commode', bien que sémantiquement proche, ne fait pas partie de la famille :

*Ja hankala (H.16)
"Et c'était pas commode"

- pour hankala<u>a</u>. A plus forte raison höydy-llinen - dérivé de höyty 'utilité' - doit-il être partitivé :

*Se olisi paljon höydyllisempi (B.23)
"Ce serait beaucoup plus utile"

- pour höydyllisemp<u>ää</u>.

Cet usage s'étend, sans que la règle soit aisément formulable (mais le réflexe est automatique chez un fennophone natif), à la reprise d'un attribut déjà énoncé par le pronom personnel, en contexte de réponse notamment, que l'attribut soit lui-même

- au Nominatif,

[Oliko T.I. suomalainen ?]
- *Se se kyllä oli (G.32)
[T.I. était-il finnois ?]
cela il certes était
- "Oui il l'était",

pour Sitä(part.) se ...

- ou au Partitif, ex.

[Oli rauhallista ?]
- *Se se kyllä oli (H.20)
[C'était calme ?]
- "Ah oui".

De façon générale, l'attribut finnois se met au Partitif lorsqu'il s'agit d'exprimer la *qualité intrinsèque* (ou habituelle) du Sujet, celui-ci étant un Nom abstrait, de matière, collectif ou *pluriel*. Ce dernier groupe est celui qui pose problème pour une bonne moitié de nos informateurs. L'usage du Partitif pluriel est respecté

- par A,

Jos siellä ne olisivat niin hyviä (A.6)
"Si là-bas ils étaient assez bons [pour...]",

- par B,

Molemmat ovat saamelaisia (B.23)
"Tous deux sont lapons",

- par D,

Ne on niin lyhytikäisiä (D.6)
"Ils sont si peu résistants".

Chez E, la seule attestation correcte de cet emploi correspond à une prédication dont le Sujet n'est pas exprimé, car intégré dans le Passif collectif :

Niin tuttavia niin ystäviäkin ollaan (E.15)
"Si familiers si amis qu'on est".

Mais lorsque l'attribut qualifie un Sujet de verbe fini pluriel, il est toujours chez ce locuteur au Nominatif :

(20) Me olemme hyvin iloiset ja kiitolliset (E.1)
"Nous sommes très heureux et reconnaissants"

(21) Ne on kyllä niin halukkaat auttaa (E.9)
"Ils sont c'est vrai si désireux d'aider"

- Ier Infinitif employé à la place du IIIe, correct : auttamaan -

(21')Ne on kauhean hyvät nämä naapurit (E.10)
"Ils sont formidablement bons ces voisins".

Quant à C, H, et I, ils font un usage systématique du Nominatif pluriel :

(22) Ne on koskelot (C.12)
"Ce sont des harles"

(22')Tässä kyllä ne oli kuikat (C.16)
"Ici c'est vrai c'étaient des plongeons Arctiques"

(23) Kun tyytyväiset ovat ihmiset (H.17)
"Quand ils sont satisfaits, les gens"
(24) Ne on niin kauniit veittet (I.12)
"Ce sont de si beaux couteaux".

Nous relevons en SF le même paradoxe dans la définition du fonctionalisme casuel de l'Attribut que dans celle de la forme du Sujet des PEX (caractère "divisible") : l'Attribut "partiel" est celui qui est chargé de traduire la qualité profonde, permanente ou globale du Sujet ! Par contre le Nominatif, lui, donne une impression de qualité momentanée ou superficielle, ou confère à l'assertion un caractère individualisé. La justification de cet emploi peut en conséquence être réfutée pour chacune des phrases relevées :

(20) : l'hôtesse a tenu à exprimer l'enthousiasme et les vifs remerciements de l'ensemble de la famille.

(21), (21') : éloge est fait de la totalité du voisinage.

(22), (22') : la nature (dénomination) des oiseaux n'est naturellement pas énoncée pour chacun (des deux) séparément, ni pour un laps de temps limité.

(23) : déclaration-maxime à portée universelle.

(24) : la description esthétique est liée à la communauté "couteaux (et objets artisanaux) lapons", et non à des spécimens.

La reprise point par point de ces exemples était destinée à rendre perceptible le délicat maniement du mécanisme-Partitif : nous conclurons à une construction prédicative *maladroite* en SFL - ne soyons pas plus royalistes que le fennophone natif qui s'avoue incapable de décider lesquels de ces exemples sont ou non admis au repêchage !

Nous serons d'autant plus à l'aise pour condamner catégoriquement le statisme (Nominatif) de l'Attribut accompagnant le dynamique verbe tulla '(de)venir' (pour mémoire, le Translatif n'existe pas en lapon):

*Ennen kun se vasa tulee niin iso (H.33)
"Avant que le jeune renne devienne si grand" (isoksi),
*Se tulee miniä meille (I.10)
"Elle va devenir notre brue"

- miniäksi, ou mieux (étant donné la mise en valeur de la jeune personne dans le contexte) avec une PEX :

Siitä tulee miniä meille
d'elle(élat.) (de)vient brue pour nous.

Ajoutons deux exemples de portée plus limitée qui illustrent cette assimilation incomplète de la multiplicité casuelle prédicative du finnois. L'un met en relief "en profondeur" la distinction, préservée dans d'autres langues par le jeu de deux verbes 'être' (*cf.* espagnol), entre état *permanent / passager* :

. **Maarit oli raskas** (E.9)

signifie "Maarit était *lourde*" (Nominatif),

alors que le locuteur veut dire "*enceinte*" - **raskaana** (Essif); en pratique, c'est évidemment une question d'idiotisme.

Le deuxième exemple ne se rattache qu'indirectement à la fonction attributive : les verbes 'paraître, sembler' (**näyttää**), 'être ressenti comme' (**tuntua**, suffixe dérivatif -u- de passif) nécessitent en SF une rection localisante :

. **Ja niin hauskaa tuntuu** (I.3)

"Et c'est si agréable"

- pour **hauskalta** (Ablatif)[37].

Poursuivant notre minitieux filtrage des constituants du Syntagme Verbal, nous abordons maintenant les éléments introduits par un prédicat verbal sémantiquement responsable. Parmi ceux-ci, nous observerons successivement ceux qui mettent en jeu les cas grammaticaux (Accusatif / Partitif), puis ceux qui, dans l'une ou l'autre des langues en contact, subissent une contrainte de cas oblique "local".

2.2.2.2. Rection objectivante

La hiérarchie des paramètres régissant le fonctionnement de l' Objet en finnois (*cf.* 1.2.1.2.) est dans l'ensemble respectée en SFL. Chaque fois que le joug de l'oppression *négative* est secoué, cette remise en question s'accompagne d'un élément *"atténuant"* :

***Hän ei antaisi meille kyllä veneensä** (C.12)

"Il ne nous donnerait certes pas son bateau"

[37] Par contre, ce cas efférent (ablatif) ne peut pas être - comme l'essif - utilisé pour l'apposition : le lecteur ne se méfie jamais assez des auteurs de manuels ! *cf.* - **elävältä hautasivat se neitokin** (G.20) "vivante-ils enterrèrent-la jeune fille-aussi"; la forme **elävä-ltä** (pour **elävä-nä**, essif) figure telle quelle dans l'Abécédaire ... et un petit nombre de locuteurs natifs la justifient comme "formule à l'état vif".

- outre l'influence du mot-à-mot lapon (traduction lente), la contamination par kyllä, adverbe positif par excellence, est probable.

*Kun en osa oikein (...) kaikki .... suomalaiset sanat (H.29)

"Comme je ne sais pas vraiment () tous .... les mots finnois".

Ici le complément, intervenant en fin d'énumération de procès négatifs, échappe à la portée de la négation placée en tête de séquence, ce qui le rend agrammatical - si l'on prétend - ce qui, dans l'état actuel de la recherche, paraît le plus sage - superposer à un Enoncé (chaîne parlée) une Phrase.

Dans les Phrases *affirmatives*, la distinction Objet *total* / Objet *partiel*, ou aspect *résultatif* / *non résultatif* du procès préoccupe autant le locuteur lapon que le fennophone natif, ce dont témoignent les hésitations, type

joka avaa sitä .... oven (E.12)

"qui ouvre cette .... la porte".

Mais mises à part quelques erreurs inexplicables autrement que par certaines valeurs s'attachant obscurément aux cas Accusatif (plus actif, *cf.* ci-dessus) et Partitif - plus indéterminé, ex.

Uula sai koulussa kans tämmöstä (G.24)

"Uula en a eu aussi à l'école un comme ça",

mais le procès (réalisé) impose l'Accusatif, tämmösen - la sélection finale opérée par le locuteur n'est pas toujours la bonne, ceci pour trois raisons essentielles.

a) Le facteur *lassitude* - corrélat des discours en langue étrangère - joue pour beaucoup. Si le locuteur C par exemple finit par se mêler les pédales dans ses explications sur la "prise" (emprunt) de la barque, ce n'est pas faute d'avoir recherché l'adéquation :

. He ottavat sitä venettä (C.12)

"Ils prennent la barque"

. Mehän otamme tämän veneen (C.12)

"Bon mais nous prenons cette barque";

jusqu'ici le choix est juste : Partitif descriptif dans le premier cas (procès en cours), Accusatif d'objet total dans le deuxième - mais avec la troisième occurrence se produit la confusion :

*Me olemme sitä (...) ottanut sitä venettä (C.17)

"Nous l'avons () prise cette barque".

Ici le Partitif est à écarter doublement, puisque

1°) le procès est réalisé

2°) le récit au parfait à la lère personne est de type narratif pur et non descriptif - auquel cas un autre temps du passé, le prétérit, serait nécessaire; mais même dans ces conditions la non-résultativité du procès peut être réfutée par le contexte, ex.

Kun ostimme sitä moottorikelkaa (E.8)
"Quand nous avons acheté le skidoo",

construction partitivale qui est grammaticalement juste mais inexacte du point de vue de la cohérence du récit.

b) Certains verbes fonctionnant par *paires* sémantico-syntaxiques *se confondent* aisément, tels **nähdä / katsoa** 'voir / regarder', **kuulla / kuunnella** 'entendre / écouter' : la perception instantanée régit normalement l'Objet total (Accusatif), la perception volontaire et prolongée l'Objet partiel (Partitif). Cette différence de nature dans la perception échappe parfois aux informateurs, ce qui ne manque pas de heurter l'oreille finnoise, pour peu que le verbe soit très usuel, tels :

***Voit sen ainakin .... käyä katsomassa** (D.4)
"Tu peux au moins .... passer le voir" (pour **sitä**),
***Kun näkki Maaritin vatsaa** (E.9)
"Quand il a vu le ventre de Maarit" (pour **vatsan**).

Le Partitif pourrait occasionnellement se justifier par la référence à une quantité indéfinie, n'était-ce du contexte :

Mistä he olivat nähneet aikaisemmin niitä vesilintuja (C.9)
"Où ils avaient vu précédemment *de ces* oiseaux aquatiques"

... or le nombre des oiseaux a été fixé à *deux* (C.12).

c) Il peut arriver que l'implication *syntaxique* du lexème verbal soit tout simplement ignorée du locuteur, ce qui est apparemment le cas pour **autaa** 'aider' chez E :

Ne on kyllä niin hyvin meiät auttanut (E.10)
"Ah pour ça ils nous bien aidés";

il n'y a que demi-mal si le complément est un pronom personnel, possesseur d'une forme propre d'Accusatif (**meidät**, pour le Partitif **meitä**). Mais que le complément soit un substantif pluriel, et sa forme d'Accusatif - identique au Nominatif - remet immédiatement en question la hiérarchie des Actants, ainsi dans

Se pitää Elina niin että toiset voisivat auttaa (E.8), toiset (Objet mis en valeur dans la subordonnée par préjection) pourrait aussi bien se décoder comme Actant 1

"Elle aime bien Elina que les autres puissent venir en aide";

seul le tissu ambiant - contextuel et surtout consituationnel - permet un décodage correct :

"Elle aime bien Elina qu'ils puissent venir en aide aux autres".

Le sémantisme du verbe n'est d'ailleurs pas toujours sans appel : ce contexte de plurilinguisme à scolarisation déficiente se prête particulièrement à une réflexion générale sur le caractère résultatif ou non des verbes 'enseigner' et 'apprendre'. Alors que l'usage finnois semble avoir fixé la pratique d'une langue comme "partielle" (puhua suome-a, ranska-a etc.), rien ne s'oppose apparemment à ce que son acquisition soit considérée comme totale, si ce n'est la modestie du sujet parlant - qui hésitera à déclarer

*Olen oppinut saamen kielen aivan itsestäni

"J'ai appris le lapon entièrement par moi-même",

ce qui laisserait supposer que cet idiome non fixé n'a déjà plus aucun secret pour l'autodidacte conquérant. Mais comment expliquer qu'une telle modestie s'applique également à la langue - objet-d'enseignement ? Passe encore si les faits sont rapportés par un locuteur identifié à l'enseignant lui-même, mais un récit à la 3e personne devrait autoriser la présentation "totale" de la langue enseignée. Cette démarche résultative optimiste,

*Ne opettavat saamen kielen (B.19)

"Ils enseignent la langue same",

est pourtant dénoncée - avant même de l'être par les faits - par l' usage finnois.

Un dernier groupe divergent - focalisé par les grammairiens mais fonctionnellement peu significatif - doit être évoqué : la règle qui substitue en SF l'*Accusatif 2* (marque Ø) à l'Accusatif 1 subit des entorses en SFL. Nous avons précédemment analysé sa neutralisation - sous influence lapone - dans les constructions *passives* et *nécessives*; quant au troisième emploi, l'Objet de l'impératif 2e personne n'est guère plus respectueux de la règle :

*Ota Samuli tämä pyssyn (C.11)
"Prends Sammol ce fusil",
*Näytä minulle sen ! (I.11)
"Montre-le moi !".

Inversement, la non-flexion d'Objets de verbes finis s'explique par la pratique de la citation en lapon :

. Ja Uula kans sai tämä .... tämä "lapinkielinen (....) aapinen" (G.24)
"Et Uula aussi a eu ce .... cet 'abécédaire lapon'"

(phrase prononcée avec le titre du livre sous les yeux);

. Anni Kitti / tunnen (I.6)
"Anni Kitti, je (la) connais"

- le SF standard exigerait une flexion du patronyme, A. Kitin.

L'absence de flexion peut également être due - par répercussion (contamination) - à un scrupule inhabituel chez le locuteur :

Niin kun pyssy kun pannaan niin jotkut panevat tähän se pyssy (C.13)
"Comme le fusil quand on le place eh bien certains le placent ici le fusil"

- si exceptionnellement le locuteur a utilisé à bon escient un Accusatif ? dans la subordonnée (Objet de passif, ou Sujet pour le lapophone), il ne devait pas le répéter comme Objet à marque Ø dans la principale, puisque le prédicat y est un verbe *fini*.

2.2.2.3. Rection localisante

Sous cette rubrique seront traités trois types de Rection localisante, allant de son annulation à sa réalisation excessive.

a) Rection *neutralisée* :

Cette rection consiste en l'utilisation en SFL de formes non localement marquées pour l'expression de compléments nominaux (Objet : cas grammatical au lieu de cas afférent / efférent) ou verbaux (Infinitif I à la place du IIIe), ex.

*Tämä on .. tämä kyllä kuuluu näitä (C.6)
"Celui-ci est de .. fait partie de ceux ()"

- la rection verbale de l'ensemble est subordonnée à celle du premier verbe énoncé ('être' + Partitif), or le second verbe kuluua exige un Illatif, näihin.

Ne pääsi lähtemään lentää (C.18)
ils sont parvenus à partir(illatif, 3e inf.) voler (1er inf.)

"Ils ont réussi à prendre leur vol"

- le verbe de mouvement **lähteä** régit l'Illatif (directif), donc ici celui du IIIe Infinitif, **lentämään**; cependant, la langue parlée évite la lourdeur de cette construction (2 infinitifs III au même cas) par la forme réduite "**lentään**", qui est peut-être d'ailleurs visée ici (chute du -n final); enfin la forme **lentoon** 'en vol' (Illatif du substantif) serait également possible.

De même l'occurrence

Ei niitä tarvitse pyyttää auttaa (E.10)

"Il n'y a pas besoin de leur demander d'aider"

s'explique-t-elle par une rection allégée, courante en SF parlé, **pyyttää** "**auttaan**" pour **auttamaan**.

L'utilisation d'un Infinitif I à la place du IIIe peut aussi ressortir à un usage archaïsant :

Ei muulla () kun mennä levätä (E.17)

"Pas autrement () qu'en allant se reposer".

Cette construction en voie de disparition s'est figée en SF moderne dans une lexie voisine,

mennä (ou **panna**) **maata**
aller -ou mettre - coucher

"aller se coucher".

L'Infinitif I s'avère particulièrement insuffisant (incorrect) dans l'expression de la finalité :

***Ja kirjoittivat hänelle tilata** (E.17)
et ils écrivaient à lui commander

"Et lui écrivaient pour passer commande";

sans doute cet aveu d'impuissance du verbe **kirjoittaa** est-il dû à son statisme : une telle construction, même archaïsante, n'est justifiée que par un déplacement dans l'espace, ainsi

Isä toi omenoita lasten syödä
père apporta pommes(part.plur.) enfants(gén.plur.) manger

"Le père apporta des pommes pour que les enfants (les) mangent".[38]

---

[38] Cette "semi-proposition", à valeur finale, archaïque mais fréquemment citée par les grammairiens (par ex., PENTTILÄ, 1963, § 465a) équivaut à une proposition introduite par la conjonction **että** 'pour que'.

En SF standard, on coordonnerait les deux verbes, ou on remplacerait le second par un substantif-objet (tilauksia 'commandes').

b) Rection *faussée* :

Nous dénommons ainsi le processus qui consiste à modifier en SFL l'orientation du mouvement normalement exigé par la rection du verbe SF : cas statiques pour cas dynamiques, et parmi ceux-ci cas afférents pour efférents et vice-versa, ex.

*Marjasöster on kihloissa menny (I.10)
"Soeur Marie s'est fiancée",
*Ei ne ole menny naimisissa (I.12)
"Ils ne se sont pas mariés".

Le finnois note en la circonstance le changement d'état civil (célibat → fiançailles → mariage) par une direction explicite, mennä kihloihin / naimisiin (Illatifs) 'se fiancer / se marier', alors qu'ici les deux nouveaux états ne portent aucune marque de changement, sans doute par analogie avec le résultat (état installé) du processus : olla kihloissa / naimisissa (Inessifs) 'être fiancé / marié'.

Certaines options (orientations) du sémantisme verbal finnois peuvent être ressenties comme arbitraires, ce que prouve l'emploi de

*Moni sille aina kyssy (E.5)
"Beaucoup de gens lui demandent toujours"

- sille (Allatif) pour siltä (Ablatif). Cette assimilation du destinataire de la demande à un datif n'est pas pour surprendre les usagers de langues indo-européennes, et il n'est pas exclu qu'elle s'impose un jour en finnois, tout comme la construction "Lapsille kielletty" - "Interdit aux enfants", pour lapsilta - interdite par O. IKOLA (1971, p. 207).

De même (et inversement !) l'accrochage qui traduit la notion d'"intérêt" ne paraît pas plus orienté vers l'arrière (origine) que vers l'avant (but); c'est pourtant en sélectionnant ce dernier que le locuteur B commet une erreur :

*Eivät he ole kiinnostunut siihen saamenkieliseen kirjallisuuteen (B.32)
"Et ils ne s'intéressent pas à la littérature de langue lapone"

- Illatif employé pour l'Elatif, siitä saamenkielisestä kirjallisuudesta.

c) Rection *abusive* :

Il s'agit d'une démarche exactement inverse de celle de a) : les marques localement neutres de SF sont remplacées en SFL par un trait dynamique. L'exemple le plus significatif en est fourni par la rection des verbes lexicalement inchoatifs **alkaa** et **ruveta** 'commencer à, se mettre à'. En principe, **alkaa** exige la forme brève du Ier Infinitif, **ruveta** l'Illatif du IIIe Infinitif. Cette règle est d'ailleurs observée par certains des informateurs :

. **Ja alkoi tähdätä** (C.12)
"Et il commença à viser"
. **Mutta joskus alkaa heti sinutella** (E.15)
"Mais parfois il commence tout de suite à tutoyer"
. **Isä rupesi juttelemaan** (E.15)
"Papa s'est mis à bavarder".

Pourtant, et malgré l'anathème jeté par les grammairiens ("**'alkaa tekemään' katsotaan pahaksi virheeksi**", IKOLA, *ibid.*), il faut bien admettre que la construction marquée càd. dynamique l'emporte de loin dans la langue parlée (*cf.* notre "se rappeler *de*"),

- par sélection exclusive du verbe **ruveta** :

. **rupea tavaamaan** (B.6)
"commencer à épeler"
. **ruvenneet kirjoittamaan** (B.20)
"commencé à écrire"
. **rupee opettelemaan** (B.30)
"s'initie à"
. **rupee oppimaan** (B.30)
"commence à apprendre";

- ou indépendamment du choix lexical :

. **Vieraskieli aletaan takomaan lapsen päähän** (A.3)
"On commence à marteler une langue étrangère dans la tête de l'enfant"
. **alkaa ulvomaan** (G.15)
"commence à hurler"
. **Ne alkaa vanhenemaan** (G.22)
"Elles commencent à vieillir".

Par compensation, la langue parlée (familière) tend aussi à réduire au strict minimum , càd. le radical allongé d'un seul phonème (résidu du cas), les formes régies : *cf.* **Tuu istuu(n)** ! "Viens t'asseoir !". Un reflet de l'imbroglio qui s'ensuit est livré par l'agencement anarchique qui clôture le discours I :

ettei tartte rupe kato ja tutkimaan ja soittaa (I.16)
"qu'il n'y ait pas besoin de se mettre à regarder (*inf. I tronqué*) et à chercher (*inf. III*) et à téléphoner (*inf. I*)".

D'autres rections localisantes abusives mais moins systématiques peuvent être notées; elles ont tout aussi indissociables d'un contexte de communication orale, ceci pour deux raisons :

- la langue parlée, en *analysant* le procès avec énergie, arrache au prédicat verbal son complément direct, ex.

. **Toisille se teitittelee** (E.15)
"A certains, il vouvoie"

qui ne peut être réduit à une rection erronée, l'objectivation étant par ailleurs attestée chez E,

. **Minä sinuttelen sinua**
"Je te tutoie"

- la distance ainsi dénotée ('vous, eux' ≠ 'tu') est-elle pur accident ?[39]

- la langue parlée opère aisément des *transferts* de Rection,

. par syntagmes interposés

Se lähtee tämä kulkemaan ympäri maailmaan (G.15)
"Il s'en va celui-ci rôder par le monde"

(le dynamisme du verbe de départ, désamorcé par le IIIe Infinitif subséquent , ne devrait pas se reporter sur 'le monde' qui, lui, est du strict ressort de la préposition 'autour de, par' : **maailmaa**),

. ou par métonymie

Ei poro lyö kenelle (G.17)
"Le renne ne frappe personne"

- c'est d'ordinaire la partie du corps frappée qui est à l'Allatif (ex. **lyödä korvalle** 'donner un soufflet'), mais l'ensemble corporel (la personne) au cas-objet, ici Partitif négatif (**ketään**). Cette rection reflète les hésitations de la pratique lapone - voir R. BARTENS, 1972, p. 32 (la double objectivation du lapon serait-elle comparable à celle du tchérémisse ?).

---

[39] On peut aussi l'expliquer par la contamination avec l'énoncé **Toisille se sanoo te** "A certains il dit vous".

Poursuivant une description qui se veut optimalement *objective* d'une réalité qui ne l'est guère (limite fluctuante entre l'Objet sur lequel porte l'action et les facteurs extérieurs de sa réalisation), nous compléterons le tableau par l'expression des circonstances qui entourent en SFL l'organisation du procès.

2.2.3. Le circonstant

Nous regroupons sous cette rubrique des phénomènes qui, dans une autre langue, seraient éventuellement du ressort de l'objectivation (prime, second ou tiers Actant), et dans une autre situation pourraient ressortir à la Rection localisante du verbe : il s'agira pour nous en priorité de révéler les interférences dues à l'indigence du lapon en matière de cas locaux. SF exprime à l'aide d'un adverbe ou d'un Syntagme nominal - muni ou non d'un mot-outil (préposition ou postposition) - les Circonstances de lieu, de temps, de manière et de moyen. Les adverbes ne posent que des problèmes minimes - outre la synthématique, ex. **ahkeraa** (B.6) 'vaillamment', Partitif figé pour l'Illatif **ahkeraan**; **jäljestäpäin** (B.13) 'après coup', Elatif pour l'Illatif **jälkeenpäin** (moins logique mais plus courant).

Quant au groupe nominal, nous concentrerons notre attention sur l'expression du *lieu*. Les deux confusions les plus systématiques, et donc directement attribuables à la pratique lapone, y sont les assimilations *Locatif / Privatif* et Cas *interne / externe*.

a) On a d'une part :

. **Niitä jotka tulivat siellä kauempana** (B.10)
"Ceux qui venaient *de* là-bas (plus) au loin",

pour **sieltä kauempaa**;

. **Saimme niin kaukana meille hyvän ystävän** (E.1)
"Nous avons reçu *de* très loin chez nous une grande amie",

pour **kaukaa**;

. **Me saimme monta sinulla kuulla** (E.4)
"Nous avons beaucoup appris *de* toi",

pour **sinulta**.

Pourtant, en général, surtout si le Circonstant est un substantif, l'assimilation se fait en sens inverse, le Locatif lapon étant morphologiquement identifiable à l'efférent finnois (Elatif ou Ablatif) :

. joka asui Nuorgamista (B.15)

"qui habitait *à* Nuorgam",

pour Nuorgamissa;

. mistä he olivat nähneet niitä vesilintuja (C.12)

"*où* ils avaient vu ces oiseaux aquatiques"

- cette construction est grammaticale mais exclue par le contexte / la consituation : l'antécédent de l'adverbe relatif est sumuiselle suvannolle "sur le cours d'eau embrumé", alors que les chasseurs, apercevant le gibier, se trouvaient sur la rive - donc missä.

. Tuo on Norjan () tuolla alhaalta (E.6)

"Celle-là c'est celle de la Norvège () là *en bas*",

pour alhaalla.

b) D'autre part, on a une neutralisation du cas externe par l'interne :

. Mennä saamen kielen kursseihin (B.30)

"Aller aux cours de lapon",

pour kursseille (l'enseignement, et non le lieu du cours);

. Kaikki mitä me sinusta olemme saanut (E.2)

"Tout ce que nous avons reçu de toi"

- l'enquêteur est un Animé : sinulta; sinusta s'est spécialisé dans le sens de "à ton sujet".

L'opposition sémantique peut d'ailleurs prendre des proportions insoupçonnées du locuteur lapon :

Siellä oli kello .... taivaassa (H.15)

"Il y avait une pendule .... au ciel";

il est question de l'emploi du temps quotidien rythmé par le cycle solaire, or taivaassa désigne le 'ciel' siège du pouvoir divin, et non lieu astral (taivaalla).

c) Quelques effacements directionnels (statique pour dynamique) sont dus

- à la nature syntaxique du verbe,

mikä on muurattu tuvan perällä (C.5)

"qui est emmuré au fond de la salle"

- passif perfectif en finnois : perälle;

- ou à la complexité de la chaîne orale,

Et saa tämmöstä täällä ostaa / Lapissa (G.12)

- régi par son voisin ostaa le Circonstant devrait être efférent (Lapista), mais peut-être s'agit-il d'une précision portant sur l'ensemble de l'assertion négative.

Cependant, la tendance générale est contraire : le caractère "vivant" de l'expression localisante (voir Créativité 2.1.2.4.) peut donner lieu à des bizarreries malaisées à classifier :

. Isä on meidän päälle nyt vihassa (C.17)

"Papa est 'sur nous' maintenant fâché",

pour meille.

. Kun velka on päällä (E.8)

"Quand on a une dette 'dessus'"

(*cf.* notre "sur le dos") lexicalement appuyé de sekin painosti "ça aussi ça nous pesait".[40]

Des circonstances, autres que le lieu, exprimées en SFL par un SN autonome, nous retiendrons une seule : l'accompagnement (extensif) que traduit le *Comitatif* d'emprunt lapon. L'énoncé

Tuli kevät sulinen vesinen (C.7)

"Vint le printemps avec son cortège d'eaux de fonte"

produit en SF un effet poétique, et servira de charnière à notre exposé : il est - exceptionnellement - porteur d'un *accord* intempestif.

2.2.4. L'accord

2.2.4.1. Accord nominal

Le locuteur lapon déjoue en finnois avec une aisance certaine les pièges tendus par un adjectif lapon (épithète) rebelle à l'accord.[41] Rares sont les occurrences, telle

---

[40] Peut-être faut-il voir là l'influence du norvégien (arg på "fâché sur"). De même, au 19e siècle, les textes du "père de la littérature finnoise", Aleksis KIVI, abondent - sous l'influence du suédois - de ces constructions (*cf.* par ex. la pièce *Nummisuutarit* "Les savetiers de la lande", 1864). Par ailleurs, velka on päällä, inhabituel, n'est pas impossible en SF parlé pour concrétiser l'expression.

[41] L'accord de l'adjectif avec le nom semble être un phénomène fondamental du système de la langue finnoise, qui échappe difficilement à l'automatisme : le seul exemple de non-accord signalé en Finglish est aisément explicable par l'interférence lexicale, Ne ostivat semmosen prefäbrikeitid haussin "Ils ont acheté une comme ça maison 'préfabriquée'(emprunt)", avec adjectif sans marque d'accusatif (S. SAHLMAN-KARLSSON, 1976, p. 104). Par contre, l'un des traits caractéristiques du dialecte suédois parlé au contact du lapon du Sud (Tärna) est le non-accord de l'adjectif attribut : le lapon du Sud, à la différence de celui du Nord, n'accorde ni l'attribut ni l'épithète (E. EJERHED, 1979, p. 188).

Se pitää olla selvä sanat (G.23)
il faut être prêt(*sing.*) mots(*plur.*)
"Il faut que les mots soient prêts",

qui démentent cette habileté; si des hésitations témoignent de la difficulté,

Siinä tehtään suuri .... vääryyttä ja virhettä (B.23)
cela-dans on fait(passif) grande(*nom.*) .... erreur (*partit.*) et faute(*partit.*)
"En cela on fait une grande .... erreur et faute",

l'application que met le locuteur dans cet effort d'hypercorrection surmonte habituellement l'obstacle : *cf.* la mise au point congruente (et synthétisante) au coeur du processus de traduction,

Ja lähtevät soutelemaan suvantoa ylös .... ja oli tyyni suvannolla .. tyynelle suvannolle (C.12)
"Ils partent ramer en amont du cours d'eau .... et le cours d'eau était paisible .. sur le paisible cours d'eau".

Mais cette faculté d'adaptation, si elle est le fort du *qualificatif*, n'est pas celui de l'adjectif *indéfini* (ja muu semmosta (E.5) "et autre chose de ce genre", pour muuta; Se on joku saaressa (G.20) "C'est dans une île", pour jossakin), et encore moins celui du *démonstratif* :

a) Au singulier, le démonstratif s'obstine à garder la marque du Nominatif, qu'il détermine

- un substantif Objet
  . Siitä minä olen tosiaan oppinut se saamen kielen (B.14)
  "C'est de lui que j'ai vraiment appris *la* langue lapone",
  . Hän oppi sitten siltä se kirjoitustaidon (B.14)
  "Il a ensuite appris de lui *l'*art de l'écriture"
- un lieu afférent,
  Minä jouduin se lasten kottiin (A.1)
  "J'ai été placée *à l'*orphelinat",

pour siihen,

- ou un lieu efférent,
  kysyä se M. Lukkarilta (I.6)
  "demander *à la* M. Lukkari",

pour siltä.

b) Au pluriel, si le cas-objet n'est pas ignoré,

- négatif, le Partitif **noita / niitä**, ex.

  noita kirjaimia (...) niitä sanoja (B.6)

  "ces lettres-là (...) ces mots",

il est aussi souvent cause

- d'hésitation,

  Ne käytti paljon sitä vanhaa sitä oikeaa aitoa ....
  saamenkielisiä sanoja (B.31)

  "Ils utilisaient beaucoup *ce* vieux ce vrai (et) authentique .... mot*s* de langue same",

- ou d'erreurs,

  Se tietää ne vanhoja asioita (E.5)

  "Il connaît *ces*(nom.) vieilles choses(partit.)".

Particulièrement peu docile est la forme de Génitif en syntagme postpositionnel :

  ne muutaman vuoden perästä (A.4)

  "Au bout *de ces* quelques années",

pour **niiden**.

Le pluriel du démonstratif éloigné **nuo** semble avoir un comportement aussi rebelle :

(25) **Se ryömii noita kanervien takan** (C.11)
il rampe ces(*partit.*) bruyères(*gén.*) derrière

"Il rampe derrière les bruyères".

Mais ce dernier exemple est un témoignage à l'appui d'une thèse que nous essaierons de faire valoir dans la partie thématique (la Transition, 3.1.7.3.) : le développement d'éléments déictiques (et "phatiques") articulateurs du message. Le démonstratif pluriel **noita** serait ainsi comparable au singulier **tuota** déjà figé dans cet emploi et présenté comme "explétif" dans les grammaires. Plutôt que d'être un accident de flexion, l'élément **noita** dans la phrase (25) serait donc l'un des constructeurs du message dans la chaîne parlée. Dans cette même phrase, le démonstratif **se** figure aussi comme Sujet en lieu et place d'un pronom personnel masculin : c'est qu'il tend à s'implanter, en contexte oral, dans le Syntagme verbal.

2.2.4.2. Accord verbal

Dans le Syntagme verbal, en finnois comme dans beaucoup d'autres langues, l'accord implique que le Verbe s'accorde en personne et en nombre avec le Sujet. A l'écrit, le Sujet le-2e personne est rarement exprimé en tant que pronom autonome; l'oral au contraire marque cette redondance par anticipation : aussi en SFL tous les discours sont-ils embrayés par **mä** / **minä** ou **sä** / **sinä**. A la 3e personne, l'écrit utilise au singulier le pronom **se** pour les non animés, **hän** pour les animés, au pluriel **ne** et **he**. L'oral tend actuellement à homogénéiser ces deux classes en utilisant **se** / **ne** au détriment de **hän** / **he**, ce qui correspond à la pratique lapone. Nous aurons donc en SFL une forte majorité de pronoms "neutres" pour désigner les personnes, sans que les pronoms "masculin-féminin" aient totalement disparu.

Un second facteur d'homogénéisation jette en fait un trouble supplémentaire dans les esprits : la forme verbale du *singulier* (3e personne) se substitue volontiers à celle du pluriel, sans que la règle soit absolue. Une image assez authentique de la réalité linguistique actuelle est fournie par les Discours des représentants fennophones des deux générations, A et K.

Chez A, à côté d'une grande majorité de **se** / **ne**, on trouve aussi quelques **hän** /**he**, ex.

. **Isä kyllä / vaikka hän oli** (A.2)
"Papa oui, bien qu'il ait été ...",
. **Hehän tietysti vieroksuivat** (A.3)
"Ils me trouvaient bien sûr étrangère",
. **He oppivat koulussa** (A.19)
"Ils ont appris à l'école";

et si les verbes dont le sujet est **ne** sont souvent au singulier, ex.

. **Nehän kaikki halveeras** (A.3)
"Ils étaient tous là à dénigrer",
. **Kun yhteen paikkaan ne keräs** (A.8)
"Quand ils se rassemblaient en un seul lieu",
. **Ne luki yleensä** (A.17)
"Ils lisaient (apprenaient)",
. **ja ne osas** (A.18)
"et ils savaient",

tel n'est pas toujours le cas :

. **Ne kokoontuivat semmoiseen** (A.6)
"Ils se rassemblaient dans une ...",
. **Kun ne tulevat** (A.6)
"Comme ils arrivent".

Par ailleurs, si le substantif-sujet (pluriel) semble sélectionner de préférence une forme verbale avec accord, ex.

. **Matkustajat saavat** (A.10)
"Les voyageurs peuvent",
. **Hänen isänsä ja äitinsä olivat** (A.23)
"Son père et sa mère étaient",

il se satisfait aussi du singulier :

Lapsetkin puhu .. oppi suomea (A.2)
"Les enfants aussi parl .. apprenaient le finnois".

Chez K (la jeune génération !), on note l'hégémonie absolue de **se / ne** et du verbe au *singulier* :

Meiltä ne on oppinut (K.6)
"C'est de nous qu'ils ont appris", etc.

MAIS, en réponse (directe) à l'enquêteur, on a aussi :

Kyllä ne ymmärtävät (K.6)
"Oh oui ils comprennent".

Le locuteur suécophone, M, utilise, lui, des formes plus littéraires : verbe au pluriel, et autant de **he** que de **ne**.

Chez les locuteurs lapophones du groupe I, c'est l'usage *mixte* qui prédomine : pronoms sujets "neutres", mais l'accord verbal est respecté.

Ainsi chez B :

. **Se kulki** (B.13)
"Il se déplaçait",
. **Se puhui** (B.13)
"Il parlait",

et . **Ne puhuivat** (B.6)
"Ils parlaient",
. **Ne kävivät** (B.10)
"Ils passaient",
. **Ne vetoavat** (B.25)
"Ils se réfèrent", etc.

\- et un seul **Ne käytti** (B.31)
"Ils utilisaient"

sans accord.

Le locuteur C s'efforce de distinguer nettement l'usage littéraire (pronoms **hän / he** dans la traduction du texte) de l'usage familier (**se / ne** dans le commentaire); c'est pourtant lui qui nous livre, résultat de cette périlleuse gymnastique intellectuelle, un énoncé symptomatique de la confusion régnante (et difficilement concevable dans le parler SF standard) :

Hän ei kauan viivy ennen kun se korjaa (C.17)
"Il ne va pas traîner longtemps avant de réparer".

Au-delà de D (même pratique que B), la répartition des formes verbales avec ou sans accord est totalement anarchique. On trouve dans un même énoncé (avec reprise)

Turisteille jotka täällä kulki nehän sitten osasivat (E.8)
"Aux touristes qui passaient(*sing.*) par ici alors ils savaient(*plur.*)",

et dans une répétition (paraphrase), à quelques secondes d'intervalle,

Ja ne ampuivat molemmat ja molemmat kuolivat / kuoli (G.18)
"Et ils firent(*plur.*) feu tous les deux et tous les deux moururent(*plur.*), moururent(*sing.*)".

La même incertitude règne dans l'emploi des formes verbales *composées* : le participe passé y est

- tantôt accordé (malgré un verbe négatif singulier !),
  . Ei lapset olis jaksaneet (A.8)
  "Les enfants n'auraient pas eu la force",
  . Ne ei oo niin pahasti kuluneet (D.6)
  "Ils ne sont pas tellement usés",
- tantôt (plus souvent) non :
  . Ei ne aamulla ehtiny (A.6)
  "Le matin ils n'avaient pas le temps",
  . Ne niin mielellään olisi oppinu (A.14)
  "Ils auraient si volontiers appris",
  . Nyt ne on löytänyt (K.7)
  "Maintenant ils ont trouvé".

Quant à l'*Attribut* des constructions prédicatives, il semble provisoirement continuer à respecter la règle de l'accord, que ce soit spontanément, ex.

Mukavia kavereita nekin ! (K.6)
"De chics types eux aussi !",

ou, plus généralement, par auto-correction :

. Ne on jo vanha. Ne on () kaheksantoista vuotta

vanhoj<u>a</u>. (G.22)
"Elles sont déjà vieilles(*sing.*). Elles sont () âgées(*sing.*) de dix-huit ans."
. **Vaike<u>a</u> ne on kumpikin. Yhtä vaike<u>ita</u>.** (K.3)
"Difficiles(*sing.*) tous les deux. Aussi difficiles (*plur.*)."

Facteur d'ultime indifférence au nombre du prime Actant, l'extension du *Passif* finnois hors de son champ sémantique originel (anonyme) a déjà été évoquée à propos des constructions génériques (2.2.1.1.3.). L'importance de la valeur nouvelle *"nous"* semble être fonction du degré de familiarité avec la langue finnoise (parlée) ; omniprésente chez K (à l'exclusion de tout autre "**me** + v. fini"), elle prend facilement le pas sur les formes fléchies chez A et B - dès que l'accélération du débit étouffe les scrupules de "correction" :

. **Me pärjättään** (A.6)
"On se débrouillera",
. **Me luettiin** (A.22)
"On lisait",
. **Me tehtiin** (B.6)
"On faisait",
. **Me ollaan** (B.31)
"On est",
. **Me puhuttiin** (K.8)
"On parlait",
. **Me ostettiin** (K.10)
"On achetait".

Cette forme se distingue (généralement) du Passif impersonnel par la présence du pronom Sujet "nous", mais ne porte pas plus que lui de marques d'accord.[42]

En conclusion de cette courte étude sur l'Accord, les données du Discours SFL reflètent fidèlement, au sein du Syntagme verbal, le caractère *disparate* des pratiques qui ont actuellement cours dans la

[42] Une forme unique de Passif - avec différents pronoms-sujets - se substituant progressivement à toutes les formes fléchies : de la linguistique-fiction ?

langue parlée finnoise standard : l'existence parallèle de formes finies qui s'accordent et de formes polyvalentes crée une relative incertitude, accentuée en SFL par d'audacieux rapprochements des formes concurrentes.

Dans le Syntagme nominal par contre, il est une pratique qui démarque nettement le Discours SFL de son parent : la présence récurrente de déictiques qui, par eux-mêmes éléments redondants, négligent de se conformer aux règles d'accord du finnois.

Dans quelle mesure l'intrusion de ces signes syntaxiques de surcodage va-t-elle orienter l'organisation du message ? C'est ce que nous révélera - entre autres - l'Analyse thématique du corpus.

* *
*

3. ANALYSE DISCURSIVE DU FINNOIS LAPONISANT

Après avoir analysé les manifestations principales de la divergence syntaxique du finnois laponisant par rapport à une langue standard, et donc par rapport à un étalon fixe grâce auquel l'auditeur fennophone prend automatiquement la mesure de la pertinence structurelle de cette variante, nous envisagerons l'activité propre du locuteur de SFL dans le processus même de *l'énonciation* : nous essayerons de dégager les mécanismes qui conditionnent le fonctionnement de SFL au plan de la *signification*. Nous aurons ici les coudées d'autant plus franches que la rencontre "langue naturelle - méthode de décodage" reste à organiser : là où des méthodes ont été partiellement élaborées, elles n'ont pas été appliquées à un corpus vivant.

On ne saurait donc nous faire grief des tâtonnements de l'interprétation.

Une fois posée l'hypothèse d'une analogie structurelle entre message et énoncé (voir 0.1. Motivation), il s'agit de rechercher des constantes dans l'organisation du message. L'une des méthodes les plus opératoires pour cette recherche semble être à l'heure actuelle celle de l'*Analyse thématique*, développée par l'Ecole Linguistique de Prague et maniée par bon nombre de structuralistes - sans que les concepts auxquels il est fait référence soient toujours très clairs.

Nous commencerons donc par une mise au point.

3.1. LA PERSPECTIVE FONCTIONNELLE DE LA PHRASE

3.1.1. Les composantes de la prédication

Constante millénaire, l'analyse de la prédication suit chez la plupart des linguistes un schéma *dichotomique*, qu'il s'agisse du Substantif et du Verbe (ὄνομα et ῥημα de PLATON), du Sujet et du Prédicat (traduits des ὑποκείμενον et κατηγορούμενον d'ARISTOTE), de tous temps la prédication est perçue comme se composant d'un élément *dont* on dit quelque chose / ou *qui* accomplit l'action, et d'un autre qui exprime *ce que* l'on dit / *l'action* en question. En fait, l'élément prédicatif est à lui seul nécessaire et suffisant pour qu'il y ait prédication, mais le schéma binaire est statistiquement le plus important, et c'est en conséquence sur la nature du Sujet que portent la majorité des études.

Postulant pour le message une structure hiérarchisée, caractérisée par l'existence d'un *noyau* nécessaire et suffisant pour qu'il y ait message, nous prendrons nos distances vis-à-vis de la Grammaire Générative et Transformationnelle, nous interdisant de rechercher d'autres catégories que celles qui sont *observables* dans le discours en situation. Le noyau étant le *Rhème*, nous considérerons comme élément ouvrant au plan informatif le *Thème*, équivalent au niveau syntaxique du "Sujet psychologique" (par exemple chez Hermann PAUL), sans nous préoccuper de distinguer "Sujet de surface" (ancien "Sujet grammatical") et "Sujet profond" (le "Sujet logique" de JESPERSEN).

3.1.2. Thème-Rhème

Bien que les problèmes de la position des éléments dans la Phrase, et de l'enchaînement de l'information, aient déjà été abordés antérieurement en France (thèse de Henri WEIL, *De l'ordre des mots dans les langues anciennes comparées aux langues modernes*, Paris 1844) et en Allemagne (Hermann AMMANN utilise "Thème" (Connu) et "Rhème" dans son ouvrage *Die Stellungstypen des latinischen attributiven Adjektivums*, 1911), c'est à l'Ecole de Prague que l'on doit au 20e siècle la systématisation de la théorie, en particulier grâce à Vilem MATHESIUS et à Jan FIRBAS. Les deux types principaux de définition de ces éléments Thème / Rhème se fondent respectivement sur des critères de forme , vs. de contenu; nous nous situons dans la première de ces catégories : la nature du Thème est avant tout *positionnelle*, et il est porteur de différentes marques spécifiques (morphologiques et prosodiques). Ceci n'exclut pas qu'une valeur informative propre s'attache généralement à l'élément Thème, mais il nous paraît prématuré d'affirmer, comme le font maints linguistes autour de l'Ecole de Prague, que la dichotomie *Thème / Rhème* correspond obligatoirement à une opposition *Connu / Nouveau*. Le concept de "Nouveauté" est aussi sujet à caution que celui de "Présupposition" (existentielle ou propositionnelle); il fait appel à des notions extralinguistiques non dépourvues d'intérêt au niveau conceptuel mais dont l'aboutissant est souvent une conclusion peu rigoureuse quant au repérage (supposé à priori nécessaire) de leur traduction dans la réalité linguistique. La démarche doit être inverse : seuls les observables ont dans la langue une réalité, et ce qu'il y a de "nouveau" ou de "connu" doit apparaître clairement dans le cadre de l'énoncé lui-même.[1]

Dans la limite de la Phrase, nous pouvons sans hésiter nous aligner sur les définitions que donne M.A.K. HALLIDAY

. du *Thème*,

> "Basically, the theme is what comes first in the clause; and while this means that (...) there is in the unmarked case (...) an association of the theme with the given, the two are independendant options" (1964, p. 212)

. et du *Rhème*,

> "The theme is assigned initial position in the clause, and all that follows is the Rheme" (*ibid.*).

Le Rhème est en effet pour nous un élément *complexe*, dont nous nous efforcerons de disséquer empiriquement les composantes, sans pour autant fixer d'avance le nombre et l'ordre d'éventuelles *transitions* (voir plus bas notre critique de D. SLAKTA). Quant à la vérité de l'

---

[1] Notre conception du Thème est assez proche de celle du Danois P. DIDERICHSEN, dont le "fundament" phrastique est ainsi défini : "den Størrelse, hvori Saetningen tager sit Udgangspunkt, eller hvorpaa den opbygges" ("l'élément de base sur lequel la phrase prend son point de départ, ou sur lequel elle se construit", 1962, p. 185). Encore que l'utilisation que fit DIDERICHSEN de ses éléments ouvrants, à partir de schémas transformationnels (élaborés dans les années 30), ne semble pas très opératoire pour le finnois.

Nous souscrivons par ailleurs à la distinction établie par W.L. CHAFE entre le "donné" - la connaissance que le locuteur suppose être dans la conscience de l'allocutaire au moment de l'énonciation - et le "défini", càd. l'identifiable (*cf.* "Givenness, Contrastiveness, Definiteness, Subjects, Topics, and Point of View", *in.* Ch.N. LI (éd.), 1976, p. 30 sqq.).

assertion

> "in the declarative, the subject is the unmarked theme" (*ibid.*, p.213),

elle est probable également pour le finnois, dont l'ordre non marqué est SVC, mais cela demande vérification.

Si nous sommes encline à suivre HALLIDAY dans sa distinction entre Thème et Rhème comme unités de la Phrase et Connu / Nouveau comme unités du Discours, cette distinction appelle quelques précisions :

> "The information systems (...) specify a structural unit and structure it in such a way as to relate it to the preceding discourse, whereas thematization takes a unit of sentence structure, the clause, and structures it in a way that is independent of what has gone before."

Est-ce à dire que l'analyste, renonçant à déterminer les raisons pour lesquelles le locuteur a choisi telle ou telle thématisation, va se refuser le droit de révéler tel ou tel procédé d'enchaînement, et renier le principe fondamental d'organisation de la communication qui est celui de la cohésion ? Ce qu'il faut voir, c'est qu'il s'agit de deux plans imbriqués l'un dans l'autre, de deux démarches complémentaires de la part du locuteur. Il n'y a de contradiction entre *cohésion* et *progression* qu'en apparence : si le Discours ne peut progresser que par un apport d'information, càd. l'introduction permanente de "noyaux" (Rhèmes), le locuteur dispose d'un arsenal suffisant de procédés (lexicaux et morphosyntaxiques) de référence pour ne pas être limité dans son choix d'éléments ouvrants (Thèmes). C'est une conception étroite de la "stratégie discursive" qui semble faire du "choix" du locuteur le synonyme d'absence de cohésion; là encore, la responsabilité est à attribuer au caractère conventionnel des matériaux sur lesquels l'analyse a porté jusqu'ici. Or la Linguistique Textuelle elle-même - qui fait figure d'apogée d'une évolution consistant à s'attaquer à des unités de plus en plus vastes (par-delà les "frontières") - bien qu'elle soit l'une des rares à avoir développé des méthodes d'approche adéquates pour l'analyse du Discours (voir les travaux des Textualistes de Turku, notamment N.E. ENKVIST, 1975, et N.E. ENKVIST & V. KOHONEN (éd.), 1976), perpétue une certaine ambiguité en travaillant essentiellement sur un corpus de *"textes"* au sens classique, càd. littéraires. Or la stratégie de l'écrivain recréant son univers personnel pour transmettre à un éventuel lecteur une conception individuelle du monde ne peut être que de très loin apparentée à celle d'un béotien parlant qui cherche à maintenir la contiguité naturelle (géographique, momentanée) et à faire passer une information indicielle plus que cognitive : ils n'ont en commun ni la finalité, ni le cadre, ni les ressources.[2]

Une même équivoque entache l'utilisation qui est faite du concept de *Dynamisme Communicatif* dégagé par FIRBAS : pour lui, le DC (anglais CD) progresse régulièrement de gauche à droite, et

> "the Theme is constituted by the sentence element (or elements) carrying the lowest degree(s) of CD within the sentence." (1964b, p. 272)

Or à l'oral, la dynamique communicative, qui ne peut s'appuyer sur une structuration visuelle en paragraphes et chapitres, est fonction de l'insertion sans cesse renouvelée de "thèmes" (au sens rhétorique) qui vont être développés dans une ou plusieurs phrases et que nous pouvons appeler "topiques" (terme parfois utilisé par les auteurs anglo-saxons comme synonyme de Thème, opposé au "commentaire"/Rhème). Cette affirmation du degré minimum de DC pour le Thème (et degré maximum pour le Rhème) n'est acceptable que dans la *Perspective Fonctionnelle de la Phrase* dans laquelle se place FIRBAS - qui n'est pas tout-à-fait celle de MATHESIUS : pour lui, le Thème n'était pas systématiquement le Connu, et n'était pas indispensable.

C'est par référence à cette seconde perspective que D. SLAKTA (1975) établit une hiérarchie complexe entre

(plusieurs) Thèmes - (plusieurs) Transitions - (plusieurs) Rhèmes.

Si la complexité du Rhème ne fait aucun doute, nous ne sommes pas pressée pour notre part d'en établir la hiérarchie numérique. Les concepts de Thème et de Rhème *"propres"* ne nous semblent pas correspondre à des critères discursifs formels (et donc linguistiques). Ce n'est pas non

---

[2] Ces réserves ne sauraient effacer le mérite principal de la Linguistique Textuelle, qui est d'avoir fait ressortir le *"sens de la cohésion"* - et ses implications - comme partie intégrante de notre sentiment linguistique. N.E. ENKVIST explicite ainsi les objectifs du textualisme : "Bien que les moyens de liaison et les structures phrastiques de la langue parlée puissent différer en configuration et en densité des constructions de la langue écrite correspondantes, langue parlée et langue écrite utilisent fondamentalement des mécanismes de cohésion comparables. Aussi ferons-nous usage, par commodité et contrairement à la pratique courante, du terme de "texte" pour distinguer un ensemble de phrases constitué, qu'elles soient empruntées à la langue parlée ou à la langue écrite : la linguistique textuelle se fixe pour objet l'étude tant de la langue parlée que de la langue écrite" (1975, p. 9 - trad. autorisée).

plus l'observation du donné linguistique qui autorise D. SLAKTA à décréter que

> "Tout ce qui sera situé avant la *transition* sera dit thème. Tout ce qui sera placé après la *transition* sera dit rhème." (p. 37)

Et s'il n'y a pas de transition ? Se démarquant en cela de FIRBAS, D. SLAKTA estime comme nous que "les places définies sont fixes" et que "il n'est pas nécessaire que toutes les positions possibles soient réalisées", mais il néglige alors d'insister sur le fait que seul le Rhème est indispensable : si

> "*Il y a* et *c'est* peuvent introduire directement le rhème",

ce n'est pas, pour nous, dû au fait que

> "le français permet de construire un message sans thème" (p. 38).

C'est une question de principe : le "noyau", par définition, se suffit à lui-même pour former une prédication. Mais, avec la suite du raisonnement, notre désaccord est total :

> "*Il y a* et *c'est* jouent ici le rôle d'opérateur d'emphase (...). Ainsi, dans certains cas, le thème est susceptible d'être emphatisé (le rhème jamais, sinon il devient thème)".

Voilà qui ne contribuera pas à dissiper les brumes dans lesquelles se perd habituellement la notion d'Emphase chez les praticiens de l'analyse thématique.[3]

3.1.3. L'emphase

L'étrange formulation de SLAKTA laisserait supposer que le Thème est le produit de la transformation du Rhème par l'Emphase; ou bien est-ce simplement une question de position (tout élément déplacé vers l'avant serait en emphase) ? Mais comment distinguer alors l'élément "thématisé" du "focalisé" ? L'exemple fourni,

> "C'est cet ami qu'Ursule a vu" (Thp + emphase)

semble assimiler le thème "emphatisé" à un thème doublement marqué - 1°) par sa nature de non-sujet, 2°) par le tour d'insistance "c'est

---

[3] Sans compter que "il y a ..." est aussi bien un procédé de *thématisation* propre à la langue non normative (ex. "Il y a quelqu'un qui a téléphoné"), comparable à "J'ai (tu as etc.) ... qui" (ex. "Il a sa femme qui est malade").

que". Mais que ferons-nous alors d'un énoncé tel

"C'est le petit qui a parlé" ?

Pour nous, ce sera dans la majorité des cas un Rhème - le type même du Rhème, en réponse à une question *qu-* "Qui est-ce qui a parlé ?", à moins qu'il porte une marque spécifique d'Emphase (forte accentuation par ex.)[4]; or il utilise aussi ce tour particulier. Sans doute la perspective est-elle faussée par le choix du procédé emphatiseur, ici tour syntaxique.

Si nous nous tournons vers le finnois, nous nous rendons compte que le procédé le plus simple et le plus naturel de mise en valeur d'un élément est l'*accentuation renforcée* du mot - ou plus exactement de la *première syllabe* sur laquelle porte généralement[5] l'accent virtuel - renforcement par rapport au degré Ø s'il s'agit d'un Thème, par rapport à l'accent principal de la Phrase s'il s'agit d'un Rhème. Autrement dit, loin d'être un procédé de translation, l'Emphase est une modalité accentuelle *supplémentaire* qui vient s'ajouter aux deux modalités informatives que sont le Thème et le Rhème (comme la négation par ex. se superpose aux modalités verbales) et n'est par conséquent pas plus exclue de l'une que de l'autre. Le relief donné au mot ainsi mis en Emphase est perceptible à l'oreille nue car, fournissant à la voix un point d'appui particulier, il est aussi facteur de déséquilibre rythmique. Nous efforçant d'éliminer, avec les cas litigieux, les accidents de parcours dus aux inflexions incontrôlées de la voix (tremblement de lassitude, "déraillements" dus à une variabilité plus grande du fondamental en lapon), nous avons pu repérer un certain nombre de ces "perturbations fonctionnelles", dont l'effet est comparable à l'intrusion d'un mot d'emprunt étranger dans la courbe intonative (ex. **Sabmelaš** chez B). Elles sont transcrites dans le corpus par des MAJUSCULES.[6]

---

[4] Il peut aussi s'agir d'un énoncé entièrement rhématisé, en réponse à une question "Comment ont-ils pu découvrir le pot-aux-roses ?" par exemple. *cf.* Note 6.

[5] A l'exception de certains vocables très usités, tel **mitä** 'Quoi ?' qui est souvent réduit par aphérèse à **'tä** ?

[6] Etudiant lors d'un colloque de Linguistique Contrastive (Univ. de Helsinki, 1979) les différentes significations du français "C'est ... que" et ses équivalents en finnois, nous les résumions ainsi : ex. *"C'est le voisin qui boit"*,

a) identification, SF. **Se on ↑ se naapuri joka juopottelee ↓**

Mais qui dit procédé "supplémentaire" ne dit pas "accessoire" et, persuadée que ce moyen expressif fait partie intégrante de la stratégie discursive, nous nous permettrons ici quelques remarques de détail : il n'est pas indifférent de noter que ceux de nos informateurs qui s'avèrent les plus conscients des besoins de la communication (la majorité, puisque c'était un critère de compétence - mais il faut compter avec le froid réalisme du technicien en situation de dialogue unidirectionnel (D), l'apathie (surdité, mémoire défaillante) de H, la jeunesse blasée de K) sont aussi ceux qui régulièrement confèrent un relief particulier - et non arbitraire - à certains éléments de leur message. L'Emphase joue alors optimalement un rôle de *puissante structuration*. L'examen de ces occurrences confirme en partie la valeur contrastive de l'Emphase formulée par KIEFER,

> "a device which consists of contrasting a particular constituent or constituents of another sentence (or sentences)" (1967, p. 8-9).

Ce caractère *contrastif* est d'autant plus net que dans 90% des cas le mot focalisé (et asserté affirmativement) s'oppose à un constituant *négatif*.

a) Le plus souvent, l'élément focalisé figure dans le *premier* Enoncé, quitte à être contré peu après par une opposition - ou catégorique ou atténuée (restriction) :

. Kun se on PENTIN kaapissa / ei anna Vesa raukan (G.3)
"Comme c'est dans le placard de PENTTI, il ne laisse pas le pauvre Vesa ..."

. Se on VANHA POIKA / ei se ole naimisissa (I.11)
"C'est un VIEUX GARÇON , il n'est pas marié"

---

b) sélection exclusive (par ex. dans une correction fortement contrastive, "Ce n'est pas mon cousin, c'est LE VOISIN qui boit !"),
SF .NAAPURI ↓ juopottelee →
ou .NAAPURIhan ↓ (se on joka) juopottelee →
ou, construction-calque, favorisée par la présence de la particule enclitique, .Sehän on NAAPURI ↓ joka juopottelee →

c) la totalité de l'énoncé est rhématisée (réponse par ex. à "Qu'est-ce-que c'est tout ce bruit ?"), SF actualise en usant de déictiques,
.Naapuri se siellä juopottelee ↓ .

Procédés intonatifs mis à part (↑ ↓ → , comparables dans les deux langues), l'accentuation renforcée du finnois apparaît alors comme l'équivalent direct de l'auxiliaire de prédication français - en valeur d'EMPHASE exclusivement.

. Hän opetti INARIN kielellä / Se Inarin kieli on vähän toisenlainen (A.20)
"Elle enseignait en lapon D'INARI. Le lapon d'Inari est légèrement différent"

. Ne on UNHOITUNU / Minä luulin että minä (...) muistan (G.21)
"Ils sont OUBLIES. Je croyais que je () m'en souvenais".

b) Le caractère *explicatif* de cette opposition est encore plus net dans l'*ordre inverse* : Enoncé négatif neutre qui prépare le "coup de théâtre" de la focalisation, ex.

. Ei hän kyllä ollu (...) Hänen ISÄNSÄ ja äitinsä olivat (A.23)
"Il n'était pas non () C'est SON PERE et sa mère qui étaient"

. Ei niitä kuule tarvitse pyytää auttaa / ne ITSE tulevat (E.10)
"Il n'y a pas besoin tu sais de demander leur aide, c'est D'EUX-MÊMES qu'ils viennent"

. Ei isä (...) kerto (...) ei SE (E.8)
"Papa non () il ne raconte pas () pas LUI"

. Tässä kasvoissa ei ollu / Mutta TÄÄLLÄ oli vähän (I.4)
"Ici sur le visage y en avait pas. Mais LÀ y en avait un peu"

. Se ei riitä / se menee ENEMPI (I.15)
"Ça suffit pas, ça va faire PLUS".

c) Avec l'inversion de l'ordre des constituants focalisé /vs. non focalisé, une étape est franchie dans la démarche; le 3e degré de structuration consiste alors à *contraster deux éléments focalisés* :

. Ensin minä puhuin LAPIKSI sen (...) sitten minä kertasin sen SUOMEN kielellä (A.18)
"D'abord je le disais en LAPON () puis je le répétais en FINNOIS".

Ce 3e degré a le mérite de construire une figure binaire dont la contrastivité sémantique (qu'il y ait ou non négation) s'accompagne d'un *schéma rythmique*. Les deux éléments ne sont d'ailleurs pas nécessairement contigus ni même voisins, leur éloignement ne fait qu'accroître l'efficacité du processus (variante de la répétition) :

. En MINÄ näe selän puolella / Se täyti TOINEN ihminen sen hoitaa (I.4)
"Je ne vois pas MOI dans le dos. Il faut que ce soit une AUTRE personne qui soigne ça".

d) Autre variante rythmique, le segment mis en Emphase reprend partiellement la 1ère prédication, sans que l'accent porte obligatoirement sur le même constituant : ceci est fréquent avec le verbe négatif qui, emphatisé en 2ème assertion, *renforce* et en quelque sorte *englobe* l'ensemble du procès nié ou refusé, ex.

. Enkä minä SEN TAKIA kerro että (...) EN. (E.8)
"Et ce n'est pas POUR ÇA que je raconte () AH NON.[7]

e) Cette fonction *"regroupante"* explique d'autres occurrences d'Emphase à motivation linguistique moins transparente, ex.

. Se kyllä onkin niin TYHMÄ eläin kun ei (G.14)
"Il faut bien dire que c'est un animal STUPIDE puisqu'il ne le fait pas",

où l'élément emphatisé *clôture* les explications précédentes et *résume* en une seule unité ce qu'il faut en retenir.

La définition de KIEFER pourrait en effet laisser supposer que l'élément contrastable se trouve effectivement dans l'un ou l'autre Enoncé, or tel n'est pas le cas : si les exemples ci-dessus font état d'une opposition explicite (leur forte récurrence concorde avec ce que nous savons déjà de la langue parlée - elle met deux points sur les i (ï) plutôt qu'un (i) !), cette opposition peut aussi être *sous-entendue* dans un énoncé bref (sans équivoque). L'exemple-type en est fourni par la situation de *réponse* :

. reprise de la formule-question, ex.

Se on kosken JÄLKEEN joo (C.2)
"C'est APRES la cascade oui" [et non pas AVANT]

- la réponse neutre, simple rhématisation, se contenterait de répéter les mots sans accentuation distinctive -

. ou indication d'une traduction ponctuelle, ex.

[7] La focalisation récurrente du verbe négatif (à toutes les personnes et chez tous les locuteurs) prouve que le Rh peut être porteur d'emphase - la négation étant en SF une fois sur deux rhématisante.

Mitäpä NYT (C.7)
"Alors quoi MAINTENANT"
- notons ici que le mot finnois est focalisé en équivalence d'une glose lapone à particule enclitique (Miba talgis); le choix de l'Emphase correspond donc à un manque éprouvé par le locuteur lapon : la contrastivité s'explique par un transfert.

Il faudra enfin bon gré mal gré rattacher à l'Emphase le relief particulier donné à certains éléments proches des exclamatifs mais non automatiquement réductibles à eux : les *quantificateurs* (de nombreux PALJON 'beaucoup', KAIKKI 'tous') et adverbes *intensifs* (NIIN 'tellement', AIVAN 'tout-à-fait', KOSKAAN 'ne ... jamais') aisément associés à des impératifs (Puhukaa TOKI (B.26) "Mais parlez DONC !"). Pour ceux qui verraient un inconvénient à cette extension de l'Emphase, rappelons que le finnois dispose à cet égard d'un registre beaucoup plus vaste et plus souple que celui du français : ainsi l'exclamation VOI (VOI) (VOI) ! ... (de "(hé)las" à "oh là là"), répétée de façon incongrue dans un seul et même dialogue peut irriter soit par son insistance intempestive (genre "C'est pas VRAI ?!!") soit par sa neutralité affectée (réaction du Finnois flegmatique à une ca-ta-stro-phe matérielle).

Une fonction seconde de cette emphatisation contrastive apparaît d'ailleurs dans notre corpus : l'identification des personnages nommés ou cités, ex. MAIJU, VEIKKO et JOOSEF (chez I).

Il n'échappe pas que ces emplois peuvent être ramenés à l'*interaction* inhérente à la situation de communication (orale) : en résumé, l'Emphase est moins destinée à attirer l'attention de l'allocutaire (pour une vague "mise en valeur") qu'à provoquer chez lui une réaction.[8]

Nous pensons avoir démontré que l'Emphase est non pas "supplément gratuit" mais coopérant à part entière.

[8] Parallèlement, une emphase mal ajustée crée un "bruit" qui gêne le décodage : voir les focalisations faussées de M qui (sous influence du suédois - verbe sémantiquement fort plus aisément contrastable qu'en SF) met indûment en lumière le procès alors qu'il veut opposer les objets, ex. jotka mieluummin PUHUVAT saamea kun suomea (M.1) "qui PARLENT plus volontiers le same que le finnois", En saisi muuta PUHUAkaan (M.1) "Je ne pourrais rien PARLER d'autre d'ailleurs".

Dernier élément complétant le schéma Thème/Rhème, mais non susceptible comme eux d'être focalisé, le Rappel.

3.1.4. Le rappel

Le Rappel du Thème, sorte d'appendice sans valeur informative propre, est chargé de dénoncer après le Rhème les *divergences entre structure syntaxique et structure informative*. Cet élément est le résidu d'un universal fréquent dans la langue parlée : la "dislocation" (terme primaire mais aisément compréhensible) qui, partant d'un énoncé neutre, ex.

"Ton père est gentil", peut se produire

. vers la gauche, ←

"Ton père, il est gentil", ou

. vers la droite, →

"Il est gentil, ton père".[9]

La dislocation vers la gauche n'est que de faible intérêt pour notre analyse thématique : elle ne se manifeste que par la présence obligatoire d'un Thème - alors que l'Enoncé neutre peut, sous certaines conditions, se réduire à un Rhème englobant Sujet et Prédicat - Thème constitué d'un mot "plein" (substantif) doublé d'un pronom immédiatement intégré au Rhème. La dislocation vers la *droite*, au contraire, présente l'intérêt d'élargir la chaîne parlée, dans l'Enoncé simple, au-delà du schéma dichotomique de base. Par ailleurs, cette dislocation est plus productive en SFL, du fait de l'abondance des déictiques déjà répertoriés (*cf.* 2.2.1.1.); dans cette construction, les déictiques sont exploités de sorte à être eux-mêmes littéralement "disloqués", éclatés en valeur cataphorique d'annonce dans le Thème, anaphorique dans le Rappel.

Le déictique passe-partout SE est naturellement l'élément récurrent du Thème; pronom personnel Sujet dans le Thème, il est repris

---

[9] Nous récusons d'office deux critiques (faciles) : "dislocation" - sans valeur qualitative (négative) - et la mention de "gauche" et "droite" - destinée à visualiser - n'impliquent pas une contradiction par rapport à la primauté de l'oral. Prétendre faire abstraction du cadre de référence conceptuel qui est bel et bien, pour tous les alphabétisés, celui de *l'écrit*, ressortit pour nous au pharisaïsme.

par le démonstratif - formellement identique - dans le groupe-Rappel au singulier,

Ja niin se onkin se Sabmelaš-lehti (B.32)
"Et il l'est lui aussi le journal S.",

ou au pluriel,

Ja ne on kyllä niin hyvin meiät auttanut kyllä ne ihmiset (E.10)
"Et ils nous ont c'est vrai si bien aidés c'est vrai ces gens".

La déixis peut être aussi parfois réduite à sa plus simple expression, càd. au déictique seul, noyau du SN-Rappel : il n'échappera pas combien la valeur *structurante* prime, encore une fois, la valeur signifiante, ex.

Se lisää aikaa .. turha aikaa niin paljon se (G.23)
"Ça fait perdre du temps .. tellement de temps inutilement, ça".

A se Sujet-Thème peut aussi répondre aux côtés du substantif-Rappel un autre démonstratif, ex.

. Joo se on halla kyllä tämä "suoldni" (C.2)
"Oui c'est la gelée ce 'suoldni'",
. Mutta se söi sitteki se mummun pässi tuo (G.17)
"Mais il a mangé quand même le bouc de la grand-mère , celui-là",

ou un indéfini, ex.

Mutta se on erilainen toinen (G.11)
"Mais il est différent, l'autre".

Occasionnellement, un autre déictique peut se substituer à se dans le groupe-Thème, ex.

Tämä on tunturilappi tämä justiin (G.21)
"Celui-ci, c'est du lapon de montagne, celui-ci justement";

ils peuvent aussi se combiner :

Se pitää olla kyllä tuttu se tämä luku (G.21)
"Il faut qu'elle soit c'est vrai connue la (+ cette) lecture".

La dislocation à *gauche*, peu attestée en SFL, ex.

Pirit sukulainen se lupasi että selvä tulee (I.15)
"(Ma) parente Pirit, elle a promis que ça s'arrangerait",

n'exclut d'ailleurs pas l'intervention du Rappel (favorisée par la maniabilité des particules) :

Tämä T.I.| hän oli lapsena täällä | hänkin (A.23)
"Ce T.I., il était là enfant, lui aussi".

On se demande peut-être à ce stade ce qui nous autorise à parler avec autant d'assurance d'un "appendice" ajouté au schéma dichotomique, alors qu'il pourrait aussi bien être inclu dans le Rhème, lui-même posé initialement comme complexe. Notre méthode serait par trop contradictoire si nous nous fondions ici uniquement sur des arguments logiques : ils ne peuvent intervenir qu'au second degré et nous prétendons, ici comme ailleurs, les subordonner aux critères formels. Dans bien des cas, l'Ordre des mots est déterminant, mais pas toujours (la fameuse "souplesse" du finnois) : de même que pour l'Emphase, le seul critère à considérer comme définitif sera la *réalisation physique* de l'Enoncé.[10]

3.1.5. L'hégémonie du donné prosodique

Si l'Ordre des mots est la variable "constante" de la thématisation dans le Discours - puisque 1) sans lui aucune classification des unités communicatives ne pourrait être entreprise, 2) ce procédé syntaxique est observable aussi bien dans les corpus oraux que dans les textes écrits - le procédé linguistique avec lequel il se combine pour livrer la signification et qui, lui, occupe une place plus discrète dans l'analyse (du fait des matériaux choisis) est en fin de compte le *signifiant essentiel* de la structuration du message. Nous voulons parler de *la prosodie* dont nous tenterons de montrer sur exemples la suprématie.

L'un des universaux de la communication (orale) semble bien être le schéma prosodique superposable au schéma prédicatif binaire : dans toutes les langues pour lesquelles une étude a été réalisée de la corrélation

---

10 Il serait certes trivial de reprocher à la majorité des études thématiques de minimiser le rôle des facteurs prosodiques, puisque les matériaux utilisés sont "conformes à l'intuition des linguistes càd. aux normes d'un univers calibré" (Introduction de J. DEULOFEU, 1977).

réalisation physique / ordre de présentation des constituants du message - récemment pour le français, voir J. DEULOFEU (1977); pour le hongrois, F. KIEFER (1967), G. KASSAI (1974)[11] - la courbe intonative de l'Enoncé simple indique une opposition fondamentale entre la réalisation du cadre préalable ouvrant l'information, et celle du noyau porteur d'information :

. la *thématisation* est caractérisée par une intonation *ouvrante*,
. la *rhématisation* est caractérisée par une intonation *fermante*.

Bien que la variation de la courbe ne soit pas la même dans toutes les langues - en particulier si l'on se place dans une perspective de contrastivité sans continuum géographique (finnois/français par ex.) - nous utiliserons pour simplifier les termes d'intonation *"montante"* / vs. intonation *"descendante"* : ils ont l'avantage, tout en traduisant l'impression perçue par l'oreille, de ne pas identifier à priori variation physique et charge informative.

Le Thème (Th) et le Rhème (Rh) sont généralement séparés par une *pause* ; sa perception est parfois rendue difficile par le débit précipité du Discours, mais la rupture mélodique subsiste : nous l'indiquerons par une barre verticale (|), la barre oblique (/) servant à la segmentation en Enoncés prosodiques minimaux.

Cette dichotomie fondamentale est aisément repérable dans un Enoncé simple :

. Sujet - (V-O)
Th - *Rh*

(26) **Opettaja ↑ piti koulua ↓**
"Le maître a fait la classe"

- sans oublier la possibilité d'une simple rhématisation (réponse par ex., surtout si le Sujet est pronominal), **Hän piti koulua ↓** -

. Circonstant - (SN-SV)
Th - *Rh*

(27) **Kaks eri kertaa | minä siellä pidin** (A.6)
"Deux fois différentes je l'ai faite (l'école)".

Le schéma binaire est perceptible notamment dans la construction PEX

[11] Voir aussi les synthèses - postérieures à la première rédaction de notre texte - de M. ROSSI (1977), C. HAGEGE (1978a, 1978b), J. PERROT (1978a).

affirmative, ex.

(28) **Niillä on | moottorikelka** (H.31)
"Ils ont un skidoo"

- le Verbe, sémantiquement dominé par le localisant, l'est aussi prosodiquement; il est le plus souvent intégré au Thème, mais peut aussi se réaliser comme une Transition.

Le problème est précisément que ces Enoncés "simples" sont dans la parole spontanée minoritaires[12]. Alors que dans les Phrases (26), (27), (28) le schéma thématique "colle" à l'analyse en constituants immédiats, la multiplicité des syntagmes mobiles (et ceci ne vaut pas uniquement pour le finnois) transforme le moindre Enoncé en véritable puzzle : prenons pour exemple

(29) **Ne luki yleensä läksynsä aika hyvin** (A.17)
"Ils apprenaient en général leur(s) leçon(s) assez bien".

Comment décomposer cet Enoncé en unités informatives ?

a) Il pourrait s'agir d'un Discours sur ce que faisaient les enfants *"en général"* - mais l'ordre des mots supprime cette éventualité (on aurait obligatoirement **Yleensä | ne luki ...**).

b) S'agit-il donc d'un Discours sur "*ce que* lisaient (apprenaient) les enfants" (**Ne luki yleensä ↑ läksynsä aika hyvin ↓**) ?

c) Seule la réalisation prosodique permettra finalement de trancher :

Ne luki yleensä läksynsä | aika hyvin.

Le début de la phase descendante de la courbe intonative, se situant sur la 1ère syllabe du 2ème Circonstant (de manière), *décrète* qu'il s'agit en fait d'un commentaire sur "*la façon dont* les enfants apprenaient en général leurs leçons".

Le même échantillonnage de possibilités s'offre à l'observation

---

[12] En cela, il est vrai, les détracteurs de l'empirisme ont un argument de poids, et il peut paraître absurde d'assigner la normativité pour but à l'observation du corpus. Voir à ce propos les réponses d'Esa ITKONEN (1976) aux critiques de "non-empirisme" : mais ne s'agit-il pas d'une conception bien étroite de la normativité recherchée ?

d'un Enoncé dont le verbe monovalent est intransitif, ex.

(30) **Nykyään ne pääsee mihin vaan** (A.14)
"De nos jours ils ont accès à n'importe quoi"
(càd. " —— toutes les portes leur sont ouvertes");

(30) pourrait être un Discours sur l'actualité (**Nykyään** = *Th*), ou une assertion entièrement nouvelle (caractère rhématique global) par opposition à des constatations antérieures. La courbe intonative fait du Circonstant "local" (Actant 2 dans d'autres langues) le seul Rhème :

Nykyään ne pääsee | mihin vaan,

le phénomène de "l'accès" (offert à la jeunesse de nos jours) étant posé comme déjà connu des interlocuteurs.

Une réalisation identique est observable dans l'Enoncé :

(31) **Jota taas sanotaan | laiskaksi veeksi** (C.2)
"Que l'on dit eau paresseuse".

Ici encore, le donné prosodique nous impose d'attribuer le Verbe au Thème, le 2ème élément prédicatif (attribut du complément d'objet) étant Rhème. On s'étonnera peut-être de trouver le prédicat verbal dans le groupe "ouvrant", qu'il y ait (30) ou non (31) Sujet autonome : c'est que le dynamisme des éléments verbaux et nominaux n'est pas le même dans les langues indo-européennes et finno-ougriennes. Le nom marqué d'un cas local (Illatif) ou modal (Translatif) peut à lui seul exprimer le procès, retirant ainsi sa valeur représentative au Verbe.

Cette observation pose évidemment la question de la *"Transition"* utilisée, après FIRBAS, par D. SLAKTA. Du point de vue de la prosodie, le schéma est effectivement compliqué d'un troisième type d'intonation, intermédiaire entre la phase ascendante et la phase descendante: entre Th et Rh peuvent s'insérer des segments à courbe intonative *plate*. Sont-ils

. expansions du Thème (pour nous, essentiellement les segments coordonnés)

. parenthèses (ces interruptions du flux informatif sont spécifiques de la langue parlée)

. éléments phatiques ou "explétifs" (pour cette dernière catégorie, il ne sera pas difficile de prouver un rôle constructif : *cf.* 3.1.7.3.)

?

Ou bien peut-on les regrouper sous l'appellation collective de "Transition" ? D'un point de vue statistique, ils jouent principalement un rôle de relais, mais la variabilité de leur position incline peu à admettre cette réduction du processus : on les trouve aussi bien à l'intérieur du groupe Th ou Rh qu'entre les deux ![13]

Les raisons de notre réticence à accorder un statut spécial à ces éléments prosodiquement neutres peuvent s'illustrer de deux exemples empruntés au corpus :

(32) VOI se oli | halki Suomen .... Kotkassa

Helsingin tasoilla (A.13)

"Oh là là, c'était à l'autre bout de la Finlande

.... à Kotka, à la hauteur de Helsinki".

Au-delà de l'exclamatif, le Thème verbal introduit une série de Circonstants locaux qui véhiculent l'information essentielle. Le seul qui soit nettement étiqueté (le nom de la ville de Kotka) est le Rh - "propre" si l'on veut - les autres étant précisions secondaires intégrées au complexe-Rhème.

(33) Ja kiertokoulussa | minä olen oppinut

tavaamaan ja lukemaan (B.3)

"Et à l'école itinérante, j'ai appris

à épeler et à lire".

Au-delà du Th-Circonstant, va-t-on dénombrer *1*, ou *2* unités informatives ? L'attribution d'une classe spéciale au segment intermédiaire "plat" se justifie difficilement - à la fois sur le plan physique (aucune rupture rythmique, et le changement intonatif est peu significatif en regard de celui qui délimite la fin de l'intonation ouvrante) et sur le plan sémantique (la Rection localisante, malgré son dynamisme et malgré sa duplicité - 2 Rh car 2 pointes accentuelles - s'avère incapable d'absorber en totalité la teneur informative du verbe) : si transition il y a, elle ne remet pas en question la dichotomie fondamentale.

---

[13] Affirmation à nuancer : la mobilité des éléments est très variable, en fonction de leur nature syntaxique (et donc de leur degré d'indépendance) - particules enclitiques et adjectifs indéfinis par ex. ne pourront pas s'intercaller comme les adverbes ou les phatiques.

Nous ne voulons pour preuve du caractère "peu fiable" de la Transition (comme critère de partage entre Th/Rh) qu'un seul exemple :

(34) Minä | sille joka minua haastatteli |
minä | "Norjan kuninkaan kivi" (E.5)
"Moi à celui qui m'interviewait,
moi 'la pierre du roi de Norvège'".

La 2ème unité, à intonation plate, est évidemment une manière de Transition, mais elle ne saurait annoncer la présence contiguë du Rhème puisque celui-ci est précédé d'une reprise du Thème initial (pronom sujet) - or cet Enoncé agrammatique (par absence du verbum dicendi) est parfaitement construit au plan du message.

L'intonation plate en *fin* d'Enoncé est relativement moins problématique : hormis les cas de liaison - ainsi, dans (32), l'enchaînement provoque une remontée de la voix sur l'expansion du Rhème -, elle dénote généralement la présence de l'élément de Rappel ... ce qui n'exclut pas une certaine complexité de cet élément. Tous les exemples précédemment cités de Rappel (3.1.4.) sont porteurs d'une intonation plate, de même :

(35) Sehän | on Inarinjärvi | se tämä Siggan itkusalmi
(G.19)
il/ce-càd. | est lac d'Inari | le ce détroit-ci des Larmes de Sigga
"C'est le lac d'Inari, le détroit des Larmes de Sigga".

Le Rappel, comme les deux autres éléments du schéma informatif de base, se situe dans la perspective d'une corrélation
"facteurs prosodiques - *ordre des mots*".

Avant d'étudier l'influence de cette deuxième composante, de nature séquentielle, illustrons l'importance de la prosodie dans notre découpage à 2, 3 (éventuellement 4) unités par l'analyse d'un bref fragment de Discours (C) :

(36) a) Sâvu | on tommonen | hijainen vesi

b) se on tuota

c) koski tulee | semmonen johonkin / vesistöön laskee ja

d) sitten tulee | hyvin semmonen laiska vesistö

e) mikä on | niin hitaasti virtaava (C.1)

"Le 'sâvu' | est une sorte de | eau tranquille
c'est enfin
le torrent arrive | comme ça quelque part /
dans les eaux descend et
ensuite arrive | une sorte de cours d'eau très paresseux
qui est | à courant très lent"

(36a) est l'Enoncé qui avance le "Topique" (= tête de paragraphe à l'écrit), il se décompose en deux unités clairement Th et Rh, séparées par un procédé lexical de thématisation (l'adjectif indéfini/catégorisant),

(36b) a une réalisation de Th mais le schéma dichotomique est incomplet : c'est que que nous surnommons le "Thème perdu" (*cf.* 3.2.1.),

(36c) est complexe : ici le flux de l'information procède par paliers. La phase montante de l'intonation (Th = S-V) est suivie d'un palier intermédiaire qui, chargé de "préciser" le mouvement amorcé par le verbe, n'est pas porteur d'une intonation plate mais plutôt légèrement descendante (càd. subordonnée au Th), avant la descente finale du Rh; descente qui s'achève pourtant sur une discrète remontée signalant l'enchaînement (+),

(36d) et (36e) suivent le schéma binaire simple, et leur parallélisme structurel crée une figure rythmique proche de l'iconique (voir Cohésion 3.3.2.2.).

On voit que les grandes lignes de l'articulation prosodique permettent de résoudre un certain nombre de problèmes (il s'avère ainsi que johonkin et vesistöön (36c), malgré l'identité morphologique, ne constituent pas un syntagme directif unique). Cependant, puisqu'il n'est pas dans nos intentions de nous livrer à une étude instrumentale du corpus, nous arrêterons là notre observation : on en retiendra pour la suite que, sauf indication contraire, tous les groupes Th / Rh dont nous analyserons les composantes syntaxiques, ou qui serviront au catalogage des procédés de thématisation, correspondront à ces deux phases montante / descendante de la courbe intonative. C'est encore la perception *auditive* qui nous incitera à ébaucher un découpage "Au-delà de la Phrase".[14]

Mais la prosodie ne nous révélera pas les raisons du *choix* du locuteur à l'intérieur des unités informatives : pourquoi dans (36d) par exemple le Sujet (Rh) est-il rejeté après le verbe, alors que dans (36c) le même verbe **tulee** constitue avec son Sujet, qui lui est antéposé, le groupe-Thème ? C'est là le problème de l'Ordre des mots.

3.1.6. L'ordre des mots

Jusqu'à une époque récente (les années 70), une légende de suprême *"liberté"* s'attachait à la nature de l'Ordre des mots en finnois. Cette réputation - qui ne risquait pas d'être démentie par les grammairiens finlandais (quelques pages seulement consacrées à la question dans les manuels, en-dehors des aires dialectales pour lesquelles les "variations de l'ordre des mots" étaient alors ramenées à un étalon standard dit "neutre") - sans être absolument usurpée, reposait sur un malentendu : l'Ordre des mots (ORM) n'a pas en finnois la fonction syntaxique d'identification des constituants qu'il a dans un grand nombre de langues européennes modernes. Alors qu'en français on ne pourra pas inverser par exemple l'Enoncé

"Pierre a battu Jean" en "Jean a battu Pierre"

sans renverser par là-même la hiérarchie des Actants, le finnois peut aussi bien dire, avec la même *signifiance*,

Pekka löi Hannua que **Hannua löi Pekka**;

mais la *signification*, càd. la charge sémantique au niveau du message,

---

[14] Ce type d'étude acoustique centrée sur le message est encore dans sa phase expérimentale. Voir les premières conclusions de l'Analyse des tracés d'énoncés continus / discontinus dans l'article de PERROT & LOUZOUN : "une nette opposition (...) entre messages à énoncé continu et message à énoncé discontinu (...); si le sommet de la courbe d'intonation est toujours sur la dernière syllabe du préjet-sujet ou du sujet nominal, elle l'est beaucoup plus rarement sur le sujet pronominal et se déplace librement dans le bloc-prédicatif (...). Les énoncés à préjet-sujet et sujet nominal sont les plus nettement structurés." (1974, p. 132)

ne sera pas la même. Si donc en français l'ORM est essentiel pour interpréter les fonctions d'un Syntagme Nominal dans la proposition, en finnois il l'est tout autant pour interpréter la fonction des unités informatives dans l'Enoncé en situation. La seule liberté que possède l'ORM en SF, c'est donc sa *disponibilité au plan du message* (grâce à des marques casuelles spécifiques).

Si la démythification s'est faite attendre, c'est que la question ne retenait pas l'attention des chercheurs autochtones. Cependant, son importance n'échappait pas aux observateurs étrangers, et il nous faut souligner la perspicacité avec laquelle A. SAUVAGEOT cernait dès 1949 le problème dans son *Esquisse de la langue finnoise* ("L'ordre des mots", sous-chapitre des "Expressions", p. 203-216; le choix des termes en italique est nôtre) :

> "La réalité est que l'ordre des mots tend à ne plus exprimer les relations syntaxiques que pour se spécialiser dans la seule tâche de faire valoir la *signification* impliquée dans la phrase (...). L'ordre des mots assume donc en partie la tâche de présenter la pensée sous des aspects d'*intensité variable*." (p. 203)

> "L'ordre des mots tend de plus en plus à n'assurer que la *fonction expressive* à l'exclusion de la fonction syntagmatique." (p. 214)

Faisons abstraction du point de départ comparatif (sources littéraires et vision diachronique) du raisonnement pour ne retenir que le résultat de l'évolution constatée, il nous suffira de substituer "communicatif" à "expressif" et nous aurons une analyse thématique avant l'heure.[15] La démarche est claire : il s'agit d'étudier les effets de la variation de l'ORM par rapport à l'ordre "simplement énonciatif" (*ibid.*, p. 205) : S - P - O - C. C'est aussi celle que nous adopterons, convaincue que seule la simplicité peut triompher des complications extrêmes.

Pour nous, avoir recours aux travaux les plus récents publiés en Finlande dans ce domaine serait ajouter à la confusion : d'inspiration générativiste, ils visent à formuler un nombre limité de règles applicables à un maximum de transformations. La typologie établie par

---

[15] Le monument érigé au finnois ultérieurement par A. SAUVAGEOT (1973) n'apporte à cet égard aucun éclaircissement nouveau : l'Ordre des mots (p. 191-195) y est traité par rapport à l'influence du latin et du germanique.

A. HAKULINEN (1976)

> "Types d'ordre des mots - Acceptable / Non acceptable - Acceptable en langue normale / Acceptable seulement dans les formes déviantes de langue - Types d'ordre des mots qui ont des alternatives possibles / Ordre des mots fixe (L'alternative est poétique / agrammatique) - Alternatives qui ont différentes fonctions / la même fonction - La différence est grammaticale / pragmatique (fonctionnement de la parole / thématique)" (p. 70)

suggérera à l'occasion certaines interprétations. Mais nous n'aurons cure d'appliquer cette réglementation - qui d'ailleurs suscite de continuelles mises au point[16] - au corpus, ni de nous livrer à une entreprise équivalente de bouleversement exhaustif de l'ORM dans les Enoncés relevés. Nous nous en tiendrons à quelques remarques d'ordre général sur les schémas récurrents, à partir d'un nombre d'exemples d'autant plus limité que seule sera traitée ici la fonction *individuelle* de l'ORM : sa participation conjointe à la signification sera versée au dossier des Procédés morphologiques de thématisation (*cf.* 3.1.7.).

3.1.6.1. Ordre syntaxique

L'importance de l'Ordre des mots est inhérente à la fonction même du langage, puisque le "caractère linéaire du signifiant" est, aux côtés de la double face du signe, la caractéristique essentielle de la Nature du signe linguistique (SAUSSURE, 1966, 1.1.3.). Cependant, dans une langue comme SF, la richesse flexionnelle rend la grammaticalisation de l'ORM - si l'on entend par "grammaire" la distinction entre constituants de rang différent - subsidiaire. Le rôle syntaxique de l'ORM est en SF un rôle de construction, ce qui explique qu'il soit (relativement) plus fixe à l'intérieur des Syntagmes qu'au niveau de la Phrase.

Dans le *Syntagme Nominal*, la règle qui veut que le déterminant précède le déterminé n'est transgressée dans la langue prosaïque quotidienne qu'exceptionnellement : dans des usages figés, tel celui des adjectifs exclamatifs **parka**, **raukka** 'pauvre !', ex.

[16] Voir par ex. la critique incluse dans l'article de J. HÄRMÄ (1977) sur l'application des "contraintes" de J.R. ROSS au finnois.

Vesa raukan ! (G.3)

"Pauvre Vesa !".

Postposé au nom, l'*adjectif* est exclu du Syntagme (et donc de la fonction d'épithète) :

Mulla oli nuottikorva hyvä (A.12)

"J'avais une oreille musicale (qui était) bonne".

L'incidence de l'*adverbe* semble de même plus étroitement contrôlée en SF que dans certaines autres langues, les langues germaniques par exemple : sous l'influence de son modèle suédois, M déclare

että se saamen kieli paremmin säilyy Norjassa kun täällä Suomessa (M.2)

"que la langue same mieux-se conserve-en Norvège qu'ici en Finlande";

l'adverbe, ne portant pas sur le verbe mais sur le Circonstant, ne doit pas être séparé de celui-ci, or en suédois l'environnement d'une proposition subordonnée impose le déplacement de l'adverbe vers l'avant ("att samiska språket bättre förvaras i Norge ...").

Dans le *Syntagme Verbal*, c'est la prédication négative qui impose l'ordre le plus rigoureux :

V. nég. (+ copule) + aux. modal + V. principal

- ce qui n'exclut pas l'insertion d'autres éléments dans la chaîne, pourvu que la succession des maillons soit respectée, ex.

. Ei sielläkään kaikki käyneet (A.2)
v.nég. là-(non)plus tous allés(part.pas.)

"Là non plus ils n'y allaient pas tous"

. Ei se kyllä suuruudella ole pilattu (A.6)
v.nég. il(neutre) certes grandeur-avec être gâché

"Ce n'est pas qu'elle soit gâchée par la place"

. ettenhän minä voi lasten kodissa vanhaksi elää (A.12)
que-v.nég.-vraiment(partic.) je peux enfants-des foyer-dans vieille(transl.) vivre

"que moi je ne peux évidemment pas attendre la vieillesse dans un orphelinat".

Au niveau de la *Phrase*, l'ORM n'intervient pour l'identification des Constituants que lorsque les marques morphologiques s'avèrent insuffisantes : c'est le cas des Sujets et Objets pluriels, du Sujet total et de l'Attribut total (surtout singuliers), et de la Phrase existentielle à distinguer de la Phrase locale. Nous avons déjà eu l'occasion de mentionner que l'ORM habituellement libre dans l'expression des Actants se bloque dès qu'ils sont morphologiquement identiques (nom./acc. plur.), ce qui perturbe dans notre corpus, même en l'absence de Sujet explicite, le décodage d'un Enoncé tel **että toiset voisivat auttaa** (2.2.2.2.).

A ce problème se rattache une utilisation secondaire du *Passif* finnois : nous faisions remarquer combien le traitement de l'Actant du Passif comme Sujet par le locuteur lapon produit de constructions agrammaticales. Il est pourtant un emploi particulier du Passif dans lequel, en corrélation avec le caractère perfectif de la forme verbale, la nature de l'Actant est équivoque :

> **Ikkuna on korjattu**
> fenêtre(sing.) est réparée(sing.)

peut signifier aussi bien

> "La fenêtre(*sujet*) est réparée"

que "On a réparé la fenêtre(*objet*)";

seul le pluriel lève l'ambiguité :

> **Ikkunat**(*S*) **ovat korjatut**
> fenêtres sont réparées(plur.)

≠ **Ikkunat**(*O*) **on korjattu**
> fenêtres est réparé(sing.)
> "On a réparé les fenêtres".

La prédominance de la valeur perfective dans la langue quotidienne explique que l'Enoncé

> **Se on lakkautettu** (B.2)
> il est fait cessé d'utiliser

càd. "Il n'est plus utilisé"

soit correct (l'Abécédaire peut très bien être Sujet du factitif passif), alors qu'une même construction, avec un verbe intransitif, est agrammaticale :

> ***Se oli lähetty** (B.6)
> il était 'parti'(passif)

au sens de "On était parti (de)".

L'élément prédicatif nominal relié au Sujet par une simple copule se place rarement en tête s'il risque d'être confondu avec le Sujet : B peut dire

> **Se oli koulukielenä suomen kieli** (B.5)
> ce était langue scolaire-comme(essif)
> langue finnoise(nom.),

version orale de

> **Suomen kieli oli koulukielenä**
> "Le finnois était la langue scolaire",

mais

Kun tämä on viimeinen (G.12)

"Puisque celui-ci est le dernier"

ne pourrait être inversé sans modification du sens. La juxtaposition de deux éléments non marqués est d'autant plus maladroite qu'elle s' accompagne en SFL de la thématisation pronominale de l'un des deux, ex.

Se on tämä Pekka-setä hänen opettaja (B.19)

"C'est cet oncle Pekka son professeur",

pour lequel l'intonation donne Th-Rh-Rappel; le rôle de l'ORM est de même entravé si les deux noms ont même référent (donc même statut, alors que l'un devrait être générique) :

Kaakkuri se on kuikka (C.16)

"Le plongeon catmarin c'est un plongeon arctique"

- autant dire "un animal c'est une bête".

Sur le plan syntaxique, l'ORM permet en principe de distinguer les Phrases existentielles des Phrases locales. Mais nous avons dit ailleurs combien la limite entre les deux était fragile : la faible occurrence des Phrases nettement "locales", type

Hänhän kyllä oli täällä vaan (A.23)

"Il(+ partic.) était là tout simplement",

peut être attribuée à la préférence de la langue parlée pour les tours présentatifs, auxquels l'on ramène facilement les PEX, en particulier les Possessives, type

(37) Minulla oli neljä poroa (A.16)

"J'avais quatre rennes".

La règle établie par les transformationalistes selon laquelle l'ordre de (37) ne peut pas être inversé sans qu'il y ait focalisation du Circonstant (voir A. HAKULINEN, 1976, p. 87), càd.

(37') Neljä poroa oli MINULLA,

pour éviter la confusion avec une Phrase locale formellement identique (sens "Quatre rennes étaient chez moi"), nous semble plus une formulation ad hoc que le résultat d'une observation. Du moins cette règle est-elle déjouée par le fait que s'il n'y a pas ordre PEX normal, c'est le verbe qui est projeté en tête, généralement dans un contexte de réponse :

. Oli siellä / yhdessä paikassa viistoista oppilasta (A.5)

"Il y avait (oui) à un endroit quinze élèves"

. **Olihan siellä se Laura Lehtola** (A.20)
"Il y avait bien la L.L.".

Plus décisif s'avérera sans doute l'Ordre des mots des PEX au plan du message (*cf.* Expression du species *infra*).

Autre fonction syntaxique d'appoint, celle qui consiste pour l'ORM à différencier les compléments de 1er et de 2ème rang (Actants 2 et Circonstants). L'exemple fameux fourni par IKOLA (1977, p. 159),

Sanoiko agronomi Vuori tai joku muu sonneista jotakin ?
"Est-ce qu'il a dit M. l'agronome Vuori ou un autre des taureaux-quelque chose ?"

est porteur d'un humour très finnois et pourra se désambiguër par l'interversion des deux derniers constituants (... **jotakin sonneista** ? "... quelque chose des taureaux ?"), mais nous pensons pour notre part que s'il a réellement été entendu au cours d'une réunion professionnelle, tout doute était supprimé par sa réalisation prosodique.

3.1.6.2. Ordre informatif

L'Ordre des mots est, après la prosodie, le facteur essentiel de réalisation du schéma informatif Thème / Rhème. L'ordre "simplement énonciatif" (SAUVAGEOT *supra*) est bien en effet en finnois, comme dans un grand nombre de langues connues (*cf.* les universaux de GREENBERG), S - V - C :

. **Se kaatui | sodan aikana** (B.13)
"Il est tombé à la guerre"

. **Puhuimme | lappia vain** (E.12)
"Nous ne parlions que le lapon"

. **Kyllä minä pidin | siitä työstäni** (A.15)
"Ah oui je (l') aimais, mon travail"

. **Hän oli oppinut | N.B. Holmbergilta** (B.15)
"Il (l') avait appris de N.B. Holmberg",

- ou plus exactement S - V - O - C :

(38) **Hän kirjoitti | suomen kielellä** (B.14)
"Il écrivait en finnois";

si le prédicat verbal est complété à la fois par un Objet et un Complément circonstanciel, le cas local vient normalement en dernière position :

(38') **Hän kirjoitti | kirjeen | suomen kielellä**
"Il a écrit la lettre en finnois";

autre exemple,

Ne kiskoi | sen | sieltä (C.19)
ils arrachèrent le de là
"Ils l'arrachèrent de là".

Nous plaçant, dans un premier temps, dans la perspective fonctionnelle de la *Phrase*, nous laisserons de côté le Thème (facteur de progression du Discours, *cf.* 3.3.1.) pour nous interroger sur la composante du noyau communicatif de la Phrase, càd. du *Rhème*, si celui-ci n'est pas comme dans l'ordre "neutre" le Circonstant (ou le Complément au cas local). Lorsque ce dernier cède sa place au Sujet, la construction devient "existentielle".

3.1.6.2.1. L'expression du species

La conception selon laquelle le Sujet, placé après le Verbe, est de nature "inconnue", conception qui remonte à SETÄLÄ, se fonde sur une réalité certaine en ce qui concerne les PEX de SF. En SFL, la règle ne s'applique qu'exceptionnellement aux PEX négatives (2.2.1.2.1.4.). Nous aimerions revenir ici sur les PEX *affirmatives* : l'Ordre des mots suffit-il, seul, à indiquer une opposition

Species (dénotatif) défini /vs. *indéfini* ?

L'existence du couple /(36c)-(36d)/ déjà relevé chez C prouve en tous cas que cette opposition est perçue par les locuteurs de SFL. Deux emplois parallèles (avec le même verbe **tulla**) sont repérables chez B :

. **Kun tuli niin paljon harjoituksia** (B.8)
quand venait tant d' exercices
"Quand il (nous) arrivait tant d'exercices"

. **Kun ne tulevat suomalaiseen kouluun** (B.28)
"Quand ils arrivent à l'école finnoise".

Un certain nombre d'occurrences probantes sont également fournies par le verbe existentiel de base, **olla** :

- Species dénotatif effectivement indéfini

a) des Phrase *possessives*, ex.

. **Sillä oli niin suru** (A.17)
"Il avait tant de chagrin"

. Sillä oli niin kaunis käsiala (B.15)
"Il avait une si belle écriture"

(39) Minulla oli kirjat (A.16)
"J'avais les livres"

b) des Phrases *locales*, ex.

. Kun oli niitä vanhoja ihmisiä varsinkin tuolla Norjan puolella (B.31)
"Quand il y avait de ces vieilles gens, surtout là-bas, du côté norvégien"

(40) Siihen aikaan oli Outakoskella kansakoulu (B.14)
"A cette époque-là il y avait à Outakoski une école communale".

Les Phrases (39) et (40) s'intègrent dans un paradigme complet qui illustre le fonctionnement du système :

(39') Minulla oli kirja
"J'avais un livre"
(Species D et Q indéfinis)

(39") Minulla oli kirjoja
"J'avais des livres";

mais l'équivalent singulier de (39), avec une dissociation peu usitée dans la langue parlée entre Species Dénotatif et Quantitatif, serait rendu par un déictique :

Minulla oli se kirja
"J'avais *le* livre".

Pour la Phrase locale, l'Ordre des mots suffit à opposer les Species au singulier :

(40') ... oli kansakoulu Outakoskella
" ... l'école communale était à Outakoski";

mais au pluriel la morphologie sera également sollicitée.

Le caractère primairement *indéfini* (Species dénotatif) du Sujet postposé au Verbe (et au Circonstant) est particulièrement bien mis en valeur par une longue déclaration de B qui, après un minutieux cadrage du décor spatio-temporel, fait apparaître dans la communauté same le premier intrus finnois :

(41) Oli sitten jäljestäpäin sitten / oli kyllä tuossa jälkeen .. loppuajoilta / kun se koulu loppui sitten / oli kyllä katekeetalla / ottopoika (B.13)
"Il y a eu ensuite plus tard, oui il y a eu là après .. vers la fin, quand l'école s'est terminée après, oui il y a eu au catéchiste (=poss.) un enfant adoptif".

Pouvons-nous conclure à une concordance totale entre Species et ORM ? Ce serait simplifier par trop la réalité linguistique. Le locuteur ne se repose pas entièrement sur l'Ordre des mots d'indiquer le "Nouveau" dans son discours; il utilise à l'occasion deux types de marques complémentaires, dont l'une est attestée en SF parlé standard, et l'autre semble propre à SFL :

(42) Siellä oli yks autiotupa (A.10)
"Il y avait là un refuge"

(43) Siellä oli poika ja sitten kauempana oli yksi tyttö (B.10)
"Là-bas il y avait un garçon et puis plus loin il y avait une fille".

Peut-être objectera-t-on que le numéral sert ici à indiquer le Species "quantitatif" (et non "dénotatif") : cette interprétation est possible dans (42) mais serait bien illogique dans (43), le nombre de "garçons" et de "filles" étant exactement le même, alors que l'apparition de l'indéfini en fin d'énoncé peut traduire le souci qu'a le locuteur d'assurer le décodage correct du Rhème.

L'emploi du Partitif dans

(44) Siinä on lapinkielistä sanaa ja suomenkielistä sanaa
"Il y a un mot de lapon et un mot de finnois"

correspond à une fonction équivalente, et se situe à la limite de l'acceptable : pour un locuteur finnois, le Partitif pourrait éventuellement se comprendre comme collectif, proche de son emploi pour les matières (càd. "Il y a du matériau 'mot lapon', 'mot finnois' etc.").

Quant à l'expression du Species, nous conclurons donc à une pratique lapone conformiste, plus circonspecte (signalisation d'appoint) que celle du finnois standard. Peut-on dégager d'autres constantes significatives dans l'organisation de l'ORM en SFL ? C'est ce que nous apprendra l'examen de schémas dans lesquels sont rhématisés les autres Constituants immédiats de la Phrase : le Verbe, puis l'Objet.

3.1.6.2.2. L'ultime dynamisme

3.1.6.2.2.1. Le verbe rhématisé

Nous avons sélectionné quelques occurrences nettes (càd. sans anacoluthe, sans interruption prolongée ni auto-correction) de rhématisation du Verbe, que nous rapprocherons visuellement pour les besoins de la comparaison :

(45) **Jos se | jotakin koskee** (D.1)
si il quelque chose touche
"S'il touche quelque chose"

(46) **Että minä | muutan paikan muistan** (G.21)
que je certain endroit me rappelle
"Que je me rappelle certains passages"

(47) **Kyllä minä huomenna | sen valmistan** (D.5)
oui je demain le prépare
"Oui, je vais le préparer demain"

(48) **Kyllä me | siinä pärjättään** (A.6)
oui nous là-dedans on se débrouille
"Oui, on se débrouille comme ça"

(49) **Nehän kaikki | sitä sitten suuremmassa maailmassa (...) halveeras** (A.3)
ils(+partic.) tous la ensuite dans le grand monde (...) méprisaient
"Puisque, dans le grand monde, ils la méprisaient tous"

(50) **Jos poro vaan | sarvilla niitä löis** (G.14)
si renne seulement cornes-avec les frapperait
"Si seulement le renne les frappait de ses cornes";

càd., du point de vue de la correspondance entre structures informatives et syntaxiques :

	Th	-	*Rh*
(45)	S	-	OV
(46)	S	-	OV
(47)	SC	-	OV
(48)	S	-	CV
(49)	S	-	OCV
(50)	S	-	COV.

Pour ce qui est de l'importance formelle respective des deux unités de base du message, on remarque le *poids supérieur du Rhème* (nombre et durée syllabique des unités lexicales plus grands), hormis 2 cas d'égalité, (47) et (50). Le rapport de force ne serait d'ailleurs pas renversé par l'introduction d'un découpage subsidiaire (Transition = l'Objet dans (45) (46) etc.).

La deuxième caractéristique importante est la *fixité du Sujet* en *1ère position* : il constitue le Thème à lui seul, ou assisté d'un marqueur spécial - la particule -hän dans (49), l'adverbe énonciatif dans (50).[17]

A la fixité du Sujet répond la *mobilité du Circonstant* à l'intérieur du Rhème : il peut se placer avant l'Objet (50), mais son poids l'entraîne jusqu'à la pénultième (49). Son comportement le plus original est celui attesté par (47) : il s'intègre au Thème de plain-pied avec le Sujet. Cette occurrence témoigne avec éclat en faveur :

1) du rôle respectif des éléments Th / Rh dans la Phrase
2) de la liberté du locuteur.

De même que D pourrait ici se contenter de répondre par un message laconique binaire : "(Oui) moi demain", syntaxiquement squelettique mais informativement construit, de même pour annoncer son intention de "préparer" l'Objet de la vente, il prépare d'abord la rhématisation du procès en plantant le décor (Th). (47) est donc essentiellement une promesse d'action faite à l'allocutaire/acheteur, mais structurellement un Discours sur le programme du locuteur pour le lendemain.

Cette analyse est valable aussi, avec quelques aménagements de détail, pour les autres exemples : (49) se présente comme un Discours sur l'humanité tout entière mais son intention est révélée par la fin de la Phrase - dénoncer le *mépris* dont a été victime la Laponie, etc.

Pour parer aux accusations d'arbitraire dans le découpage
Analyse de la Phrase (hors discours) / Analyse du Discours
- mais nous croyons avoir suffisamment souligné que la stratégie du locuteur est la résultante des deux - signalons que la motivation du Sujet parlant au niveau de la Phrase est aussi soumise à un conditionnement syntaxique / discursif (difficile de déterminer l'antériorité de l'un par rapport à l'autre !). En effet, la Rhématisation du Verbe dans (45) et (50), si elle correspond bien à un *choix*, n'est pas aussi facilement dissociable que par ex. dans (48)

1) de son environnement syntaxique (une proposition subordonnée)
2) de la position de ce cadre syntaxique dans la chaîne

[17] Nous relevons une seule occurrence de Rhématisation du Verbe entraînant apparemment la Thématisation de l'Objet - encore que le phénomène doive probablement être attribué à la progression du discours (l'énoncé performatif précédent visait à la découverte d'un "poème") : **Mutta yhten runon näille kahtelle pojalle sanoin** (G.6), O - CV, "Mais un poème - à ces deux garçons j'ai dit".

parlée (càd. antérieurement à la principale, ce qui n'est pas par ex. dans (46) le cas de la complétive).

Ainsi, dans (50) si le but du locuteur est bien de poser avec fracas l'hypothèse d'un "coup" porté par le renne au loup, le fait que le verbe exprimant ce procès soit le dernier à être énoncé va aussi faciliter, avec l'enchaînement, l'expression des conséquences supposées du "coup" dans la principale.

Mais quelles sont-elles, ces conséquences, si c'est l'Objet qui clôture l'énonciation simple, une fois posés le procès et ses circonstances ?

3.1.6.2.2.2. L'objet rhématisé

L'influence de l'environnement syntactico-logique est encore plus nette dans la Rhématisation de l'Objet que dans celle du Verbe : elle justifie notamment la reprise immédiate (contiguë) de l'Objet (devenu "antécédent") par un pronom relatif :

(51) Me tarttisimme tänne Inariin semmosen katekeetan joka ... (A.12)
"Nous aurions besoin ici à Inari d'une catéchiste qui ..."

(52) Että saimme niin kaukana meille hyvän ystävän ja iloisen neitosen / jonka ... (E.1)
"D'avoir reçu d'aussi loin chez nous une grande amie et une gentille petite demoiselle qui ...".

Aussi la linéarité de (51) et (52) prend-elle toutes ses dimensions significatives dans la Perspective du Discours (voir Progression thématique 3.3.1.). Mais certaines observations importantes sont possibles également au niveau de la Phrase; rapprochons de nouveau quelques unes des occurrences relevées :

(53) Ne solkkaavat | lasten kanssa suomen kielen (B.23)
"Ils baragouinent avec les enfants le finnois"

(54) Hän oppi sitten | siltä se kirjoitustaidon (B.15)
"Il a appris ensuite de lui l'art de l'écriture"

(55) Joka on oppinut | kotona aivan lapsuutesta asti

saamen kieltä (B.30)

"Qui a appris chez lui dès l'enfance le same"

(56) Kun ne joutu | siellä koulupenkistä vasta

oppimaan sitä saamen kieltä (B.23)

"Puisqu'ils ne peuvent que là-bas depuis le banc de l'école seulement apprendre le same"

(57) Jäämme | ilolla ja kaipauksella muistamaan hänen

intoa ja oppivaisuutta (E.1)

"Nous resterons avec joie et nostalgie à nous rappeler son enthousiasme et sa vaillance"

(58) Se kyllä | puhhu aika sujuvasti ja hyvin saamea (B.30)

"Lui oui il parle assez couramment et bien le same"

(59) Toiset varmasti | olisi antanut lainat .. tuota

lainaksi rahaa (E.10)

"Les autres sûrement auraient donné des prêts .. enfin en prêt de l'argent"

(60) Jotkut | panevat tähän se pyssy (C.13)

"Certains placent ici le fusil"

(61) Monet Sabmelaš-nuoret | ovat jopa ruvenneet kirjoit-

tamaan Sabmelaš-lehteen niitä omia kertomuksia (B.20)

"Bien des jeunes S. se sont même mis à écrire dans le journal S. leurs propres histoires".

Ici aussi (voir tableau des correspondances à la page suivante), la *fixité du Sujet en 1ère position* est frappante : il s'associe au Verbe pour constituer le Thème si son poids sémantique est insuffisant - pronom personnel, (53) (54) (56) - il assume seul cette fonction s'il a le poids (pro)nominal nécessaire, (59) (60) (61). La Phrase (57) est à cet égard une exception : le Verbe n'y est pas secondé d'un représentant pronominal, ce qui est attribuable aux conditions de production de l'énoncé (discours "solennel" de remerciements utilisant les techniques de l'écrit).

Correspondances informatives et syntaxiques :

	Th	-	*Rh*
(53)	SV	-	CO
(54)	SV	-	CO
(55)	SV	-	CCO
(56)	SV	-	C(VO)
(57)	SV	-	C(VO)
(58)	S	-	VCO
(59)	S	-	VCO
(60)	S	-	VCO
(61)	S	-	V(VCO)

Ici aussi la *liberté du locuteur* est proclamée par l'aisance avec laquelle il peut choisir d'énoncer d'abord le procès - de (53) à (57) - pour en donner dans le bloc-Rhème les caractéristiques essentielles, ou au contraire faire de son énoncé un Discours sur tel ou tel personnage - de (58) à (61) - pour informer l'allocutaire de telle ou telle pratique, réelle (60) ou hypothétique (59). L'ensemble de la pratique rhématisée est alors présenté comme une série continue, V - C - O. Dans quelle mesure sa hiérarchisation contribue-t-elle à une mise en valeur (informative) de l'Objet, mise en valeur accrue par rapport aux occurrences précédentes - V intégré au Th, de (53) à (57)- ? C'est une question délicate, dont la solution se trouve peut-être dans le rythme : si la disproportion entre le groupe Verbe-Circonstant et l'unité Objet est aussi accentuée que dans (58), la chute brutale sur l'Objet final jette un brusque éclairage sur l'information dont il est porteur.

A ces remarques d'ordre général, il faut ajouter quelques précisions secondaires : de même que nous avons constaté un ordre plus fixe (universal ?) dans les propositions subordonnées que dans les principales ou indépendantes, de même la prédication au 2ème degré semble suivre un schéma préfixé dans (61), et surtout dans (57) : dans ce dernier, la joie/nostalgie est posée en exergue de toute une prédication seconde, ce qui entraîne obligatoirement la Rhématisation de l'Objet.

En résumé, si dans l'ordre neutre de la Phrase finnoise le Circonstant ou Complément local occupe la dernière position, dans la Phrase en situation ce sont aussi souvent le Verbe et l'Objet qui sont chargés de véhiculer l'essentiel de l'information. Le mérite principal de l'Analyse thématique - et sans doute l'un des acquis les plus durables de la linguistique en ce domaine - est d'avoir mis en valeur la finalité d'un tel agencement : le *Dynamisme Communicatif*. Si nous parcourons rapidement de nouveau (mais d'un regard "ancien") les exemples ci-dessus, en dehors de toute préoccupation thématique, nous nous rendons compte qu'un autre type d'analyse (c'est le cas de la stylistique) réalise un découpage gratuit de l'Ordre des constituants en percevant une "mise en relief" dans toute antéposition - à partir de l'Ordre dit "normal". Or ces antépositions, qui formellement semblent vouloir privilégier l'un des constituants - l'O dans (45) (46) (47), le C dans (48) (50) et de (53) à (61) - sont en fait destinées à réserver au constituant ainsi "dépassé" ou rejeté la place la plus chère sur le théâtre de la communication : celle du Rhème. On remarque par ailleurs que ces rhématisations maintiennent dans leur ensemble le Sujet en sa place non marquée.

Mais les conditions particulières de la communication orale déchargent l'ORM d'une partie de ses responsabilités dans l'organisation thématique : le locuteur, au lieu de s'en remettre entièrement à lui de ces fonctions, engage parallèlement les services de marqueurs spéciaux, constructeurs de message au 3ème échelon (après la prosodie et l'ORM).

3.1.7. Les procédés morphologiques de thématisation

Les marqueurs qui, dans la langue parlée, collaborent avec l'Ordre des mots pour signaler à l'auditeur la structuration du message, sont de différente nature : syntaxiques (conjonctions), morphosyntaxiques (particules), lexicaux (adjectifs indéfinis, verbes inchoatifs); la classification retenue ici tient moins compte de ce caractère que de leur *fonction*. L'ordre de présentation correspondra à leur ordre d'apparition dans la chaîne parlée : nous fondant sur des critères prosodiques (intonation, mais aussi rythme et pauses), nous distinguerons successivement ceux qui sont indissociables du Th, ceux qui assurent un relais généralement intégré dans le groupe Th, ceux qui constituent un groupe rythmique autonome entre Th et Rh (la "Transition" véritable).

3.1.7.1. La marque du thème

3.1.7.1.1. Les particules

a) La particule thématisante spécifique de la langue parlée standard est la forme partitive figée du déictique **se**, qui se place en tête de l'énoncé et constitue à elle seule le Th : **sitä**, ex.

Sitä ↑ ihan pelotti lähti ↓ (A.15)
"Ça, on tremblait en partant".

La forme Ø **se** lui correspond dans le parler des lapophones. La signification de cette particule a été exposée dans le Chapitre II (2.2.1.1.3.).

b) La particule enclitique la plus fréquente, et qui s'accole au mot thématisé est **-hAn**, utilisée aussi à l'écrit.

Elle thématise le *Sujet*

- en lui conférant un poids (phonique et sémantique) accru s'il est pronom :

(62) Sehän ↑ ossa kertoa (E.5)
"Il- sait raconter"
. Sehän ↑ oli Ruotsin kuninkaan kivi (E.5)
"C'- était la pierre du roi de Suède"
. Sehän ↑ teki vuokraa (E.8)
"Il- a signé un bail"
. Minähän ↑ kyllä luin monta kertaa läpi tämä (G.23)
"Je- l'ai lu mais oui bien des fois d'un bout à l'autre"
. Nehän ↑ sitten osasivat auttaa meitä (E.8)
"Ils- ont après su nous aider";

- en le surcodant s'il est nom :

. Äitihän ↑ on opettanut niitä aakkosia (B.1)
"Maman- (m')a appris l'alphabet"
. Ja Maarithan ↑ on siellä () oppinut saamen kieltä (B.19)
"Et Maarit- a là-bas appris le same".

Le *Circonstant* thématisé peut être

- adverbe :

(63) **Niinhän ↑ ne sanoo niin Inarilaiset** (G.20)
ainsi(+partic.) ils dit(sing.) ainsi Inariens

"C'est ce qu'ils disent, les gens d'Inari"

. **Silloinhän ↑ minä kyllä muistin nämä** (G.23)
alors(+partic.) je oui me rappelais ceux-ci

"En ce temps-là, ah oui je me les rappelais"

- (pro)nom au cas local :

(64) **Siitähän ↑ me luettiin** (A.22)
lui-de(+partic.) nous on lisait

"C'est là-dedans que nous lisions"

. **Inarinkirkollahan ↑ oli aina seurat** (A.21)
Inari-de=bourg-à(+partic.) était toujours réunions paroissiales

"C'est qu'au bourg d'Inari, il y avait toujours les réunions paroissiales".

Le *Verbe* thématisé est généralement le Verbe négatif (qui, sans marqueur, impose sa modalité rhématisante à l'énoncé) :

(65) **Eihän kaikilla ↑ ole tuota tuo varakkaisuus** (E.8)
v.nég.(+partic.) tous-à être enfin(partic.) cette richesse-là

"Tout le monde n'a pas enfin la richesse"

. **Eihän ne toiset ↑ tietä auttaa** (E.8)
v.nég.(+partic.) les autres savoir aider

"Ils ne savent pas, les autres, aider"

. **Enhän minä ↑ niitä kaikkii asioita osa suomeksi** (E.5)
v.nég.(+partic.) je ces toutes choses savoir en finnois

"Oh moi je ne sais pas toutes ces choses en finnois".

La particule tend alors à entraîner le mot subséquent (pronom) dans son sillage thématisant - une seule unité accentuelle.

Pour ce qui est du sens de -**hAn**, nous nous référons au *Nykysuomen Sanakirja* et à l'article fameux de A. HAKULINEN (1976). Le *NS* donne pour -**hAn** 4 sens de base :

1) il attire l'attention de l'auditeur, l'informe d'un fait évident ou connu, lui rappelle ce qui a été dit auparavant;

2) il se rapproche du sens d'une conjonction explicative;

3) il exprime quelque chose qui vient de se produire ou d'être découvert;

4) il atténue l'affirmation (possibilité et doute).

Le caractère disparate des "significations" supposées de la particule laisse à penser qu'elle ne possède pas de sens de base (valeur de dénotation) mais fonctionne comme signalisation : elle invite le destinataire à rechercher un lien avec le reste du discours. Le rôle *thématisant* de -hAn paraît, indépendamment de la prosodie, indéniable : une Phrase qui comporte cette particule à l'initiale est marquée comme rappel d'information familière (et donc inapte à véhiculer une information nouvelle) - ce qui explique la forte occurrence de -hAn avec un ordre "neutre" (Sujet en tête, surtout pronominal) : *cf.* les exemples (62).

Mais l'implication *pragmatique* de -hAn s'affirme surtout en contexte de *dialogue* :

(66) Muistathan ↑ se MAIJU / TÄÄLLÄ (A.6)
"Tu te la rappelles bien la MAIJU, ICI ?"

(67) Voi TULEThan ↑ minun kottiin (A.6)
"Mais VIENS donc chez moi !".

Plus que d'une "atténuation" (*NS*) de la question ou de l'ordre, il s'agit d'une information *indicielle* : l'interrogation (66) et l'impératif (67), combinés avec la valeur thématique de la particule, ne font que rappeler à l'interlocuteur une action qu'il sait pouvoir / devoir faire, et signalent parallèlement l'attitude du sujet parlant envers son partenaire. -hAn est nettement plus respectueux que -pA par ex. : Muistatpa ! se rendra approximativement par "Mais si, tu t'en souviens, quoi !"[18]

La fonction des autres particules du finnois est beaucoup moins claire du point de vue thématique. L'opposition de -hAn et de -kin 'aussi' est illustrée par une figure iconique :

(68) Talvella | minä juuri ajoinkin /
kesällähän | minä EN ajanu (A.11)
"L'hiver, oui j'allais bien en traîneau -
puisque l'été, NON je ne conduisais pas".

---

[18] L'observation d'un corpus diversifié nous a amenée à revoir certaines de ces catégorisations hâtives de -hAn : d'une part, la valeur *argumentative* (concession, objection, sans qu'il y ait forcément "rappel d'information") de la particule ressort nettement en contexte de *dialogue*, d'autre part sa fonction "thématisante" (comparée par maint linguiste à celle du -wa japonais), si elle vaut pour les noms, est démentie par bon nombre de prédicats verbaux, porteurs d'une intonation descendante, à valeur de Rhèmes - ex. Eläähän se ! litt. vit(+part.) -il, càd. "Il est bien en vie quoi !" (*cf.* M.M.J. FERNANDEZ, 1982b).

Il semble bien que -kin s'attache de préférence au bloc-Rhème.[19]

3.1.7.1.2. Les conjonctions

Cette construction, qui consiste à extraire un mot d'une proposition subordonnée pour le placer en anticipation devant la conjonction, rappelle la *prolepse* de la syntaxe grecque (ou plutôt l'*anastrophe* - il s'agit du Sujet) attestée chez XENOPHON :

Θαυμάζω ἡ πόλισ ὅπωσ ἐπὶ τὸ χεῖρον ἔκλινεν
(Xén. Mém. 3, 5, 13)
"Je me demande avec étonnement comment la cité s'est avilie".

Le finnois parlé thématise ainsi le Sujet en le plaçant devant la conjonction kun 'quand, comme'; il en va de même en SFL :

. **Mangga se toinen naapurintyttö kun ↑ toi minulle ...** (E.10)
"Mangga l'autre fille de la voisine comme elle m'a apporté ..."
càd. "Et Mangga (...) qui ... !"
. **Mutta minä kun ↑ en muista enä** (G.23)
"Mais moi comme je ne m'en souviens plus"
càd. "Et moi qui ne m'en souviens plus !".

La voix prenant appui sur ce marqueur, l'intonation montante est alors forte et entraîne avec elle le mot subséquent, mouvement qui nécessite l'intervention d'un repos d'accent (d'où de nombreux adverbes niin 'ainsi, alors' suspensifs) :

. **Minä ku tulin koulunpittoon niin** ... (A.3)
"Moi quand je suis arrivée là pour faire la classe alors ..."

---

[19] Du moins -kin apparaît-il essentiellement dans le groupe réalisé avec une intonation fermante : . **Niin onkin siellä ↓** (E.7)
"Eh oui elle est bien là"
. **Mutta ↑ sekin aika menee ohi ↓** (E.10)
mais se+aussi temps passe
"Mais ce temps-là passe aussi"
. **Tuossa | se onkin | se Sigga** (G.19)
là-bas elle est+aussi cette Sigga
"Voilà, la voilà justement, la Sigga".

. Pitkät matkat kun oli niin ... (A.6)
longs voyages comme était alors
"Les voyages comme ils étaient longs alors ..."

. [Niin kun] pyssy kun pannaan niin ... (C.13)
"[Et alors] le fusil quand on le met alors ...".

3.1.7.1.3. Les verbes

La composante lexicale n'est naturellement pas indifférente à la structuration du message.

a) Un certain nombre de verbes lexicalement *inchoatifs* (pouvant être grammaticalement "existentiels"), placés en tête - ou précédés d'un Circonstant "léger" (càd. mono- ou disyllabique) - ouvrent le Discours sur un début / une arrivée / une apparition, et préparent la surprise de l'Actant I devenu Rh :

. Alkaa koski (C.2)
"Commence le torrent"

. Siitä alkaa suvanto (C.2)
"(De) là commence le cours d'eau paisible"

. Sitten tuli lukuharjoitus (B.6)
"Puis venait l'exercice de lecture"

. Siitä tulee semmosta (B.30)
"De là il sort quelque chose (comme ça)".

b) La brusque *interruption* (ou disparition) d'une action ou d'un état peut être indiquée par le même mouvement :

Sitten hävii koko Lappi (B.25)
"Alors disparaîtra toute la Laponie".

3.1.7.2. La démarcation du thème

Le Thème est couramment délimité par des unités lexicales ou syntaxiques à charge sémantique faible, qui prennent toute leur valeur dans ce rôle de structuration (une forme d'embrayage).

3.1.7.2.1. Les adjectifs indéfinis

Parmi les adjectifs à sens imprécis de "un tel, une sorte de, une manière de", l'oral sélectionne semmonen, tämmönen, tommonen (l'écrit **sellainen** -quelques occurrences dans le corpus) pour indiquer la limite du Th :

. **Se on semmosta ↑ soppakieltä** (B.26)
"C'est un espèce de pot-pourri"
. **Minä olin semmonen ↑ että** ... (I.4)
"Moi j'étais fait comme ça que ..."
. **Nämä on semmoset ↑ lasten leikki** (G.13)
"Ça ce sont des espèces de jeux d'enfants"
. **Se on tommonen ↑ joka antaa kiiltoa** (C.3)
"C'est une chose comme ça qui fait briller"
. **(Niin) se on tommonen ↑ törmä** (C.3)
"(Oui) c'est une sorte de escarpement".

Généralement expansion du Th, ex.

. **Edellisena vuonna se oli semmonen ↑ sylivauva** (A.17)
"L'an passé c'était une espèce de gros bébé",

ces adjectifs jouent parfois aussi le rôle d'une Transition, ex.

. **Se antaa | semmosen | kuvastimen** (C.3)
"Ça donne comme ça un reflet"
. **Mutta hänellä oli .... semmonen | kummallinen rakkaus** ... (A.23)
"Mais il avait .... une espèce de étrange amour..."
. **(Kyllä) mulla oli semmonen | pieni matkalaukkuharmoni** (A.14)
"(Oui) j'avais comme ça un petit harmonium-valise",

mais ils forment le plus souvent unité accentuelle avec le Th et sont suivis d'une pause. Il en est de même de la conjonction **niin kun**.

3.1.7.2.2. Les conjonctions indéfinies

Par conjonction indéfinie, nous entendons une conjonction délestée de son sens "originel" (càd. fourni par le dictionnaire, et qui correspond effectivement à l'usage normatif). Le rôle de frontière entre Thème et Rhème est rempli ainsi par l'adverbe **niin** associé à la conjonction **kun** :

. **Se oli meille niin kun ↑ kirjoituspöytä** (B.11)
"C'était pour nous comme un pupitre".

Remarquons l'usage systématique qui est fait de ce procédé de Thématisation dans le contexte de la traduction (hésitante) :

. Se on niin kun ↑ "tulivat tupaan hyvin innostuneena" (C.8)
"C'est enfin 'sont entrés dans la salle tout excités'"
. Se on niin kun ↑ "Pikku Matti" (C.9)
"C'est enfin 'Petit Matti'".

3.1.7.3. La transition

3.1.7.3.1. Les déictiques

La langue parlée SF s'est appropriée une forme *partitive* figée, celle du démonstratif tuo; **tuota**, omniprésent dans les Enoncés oraux du finnois standard, est habituellement décrit comme "mot de remplissage". Or l'analyse thématique lui confère un statut d'élément constructeur du message; à quelques exceptions près (suspension entre deux Enoncés), **tuota** se situe dans la chaîne au point de jonction du Th et du Rh, et ceci chez l'ensemble des locuteurs :

. Ja siellä ei kukaan puhunut | tuota | lapin kieltä (A.11)
"Et là-bas personne ne parlait - enfin - le lapon"
. Se aina vuodessa pidettiin | tuota | kaksi kolme viikkoa kiertokoulua (B.8)
"On la faisait toujours dans l'année - enfin - deux trois semaines la classe itinérante"
. joka asui | tuota | Nuorgamissa (B.15)
"qui habitait - enfin - à Nuorgam"
. Jos tulee | tuota | tosi tarve (B.18)
"S'il y a - enfin - vraiment besoin"
. Sillä on | tuota | jyrkä lasku (C.2)
"Il a - enfin - une pente raide"
. Se ossa isä paljon | tuota | kertoa (E.5)
"Il sait papa beaucoup - enfin - raconter".

Le Rh, élément-noyau de l'énoncé, peut être doublement différé par une répétition, suivie de **tuota** :[20]

---

[20] Cette observation est valable en dehors même de la présence d'un déictique figé : si répétition (d'un mot) il y a, elle se place généralement avant le Rhème :
. Se on ollu siellä siellä katekeetta (B.15)
"Il a été là-bas là-bas comme catéchiste"
. Silloin käytettiin tätä tätä norjalaista ortografiaa (B.16)
"En ce temps-là on se servait de cette cette orthographe norvégienne".

. **Se on | hyvin hyvin tuota | oppivaista** (E.3)
"C'est - très très enfin - instructif"
. **Moni sille aina | kyssy kyssy tuota | tän Lapin olosuhteen** (E.5)
"Beaucoup toujours lui - demandent demandent enfin - les conditions de vie en Laponie".

Cet usage doit être ressenti comme d'autant moins "explétif" par le locuteur lapon qu'il s'intègre dans un contexte largement déictiste; il semblerait qu'une variante (qui s'accorde) du mot fonctionne - avec moins de régularité - devant un lexème pluriel :

Minä olen oppinut tuntemaan | noita | saamenkielisiä kirjaimia (B.6)
"J'ai appris à connaître - enfin - les lettres lapones"

- même réalisation prosodique que pour **tuota**.

Le besoin d'embrayage se traduit également par l'emploi d'autres formes du déictique, en particulier l'adverbe **tuolla** :

. **Kävi tuolla riekkomettässä** (B.13)
"Il allait là-bas à la chasse au lagopède"
. **Ja se asui tuolla näitten naapurien luona** (B.10)
"Et il habitait là-bas chez ces voisins".

Bien que cet emploi ne soit pas absolument figé - on a aussi, exceptionnellement, l'adjectif déictique, ex.

Ja ne kävivät koulua tuossa meiän vanhassa kammarissa (B.10)
"Et ils allaient en classe là-bas dans notre vieille chambre(-là)"

- il ne peut pas être réduit à une simple indication situationnelle (il ne s'accompagne par exemple d'aucun geste en direction du lieu mentionné), sa position et sa réalisation ne sont pas fortuites : il représente une sorte de *palier* entre les deux phases principales de la courbe.

3.1.7.3.2. Les phatiques

C'est également sur un *palier intonatif* que se situent les mots dits "phatiques", prétendument chargés d'attirer l'attention de l'allocutaire ou de maintenir son intérêt en éveil. Cet usage est de fait attesté pour certains d'entre eux : les rebondissement du Discours de E (pratique individuelle ?) sont ainsi provoqués par des "**kato** !" "regarde, tu vois" énergiques (voire impulsifs : E.7, E.8), et la séquence **kato kun** (= "ce qu'il y a c'est que") fonctionne comme ouvreur permanent d'explications-réponses (E.17, G.20, K.1 etc.). L'alternative sensorielle **kuule** "écoute, tu entends" n'apparaît qu'exceptionnellement avec cette valeur : elle s'intercale alors

- entre Th et Rh, ex.
  - . **Hän on sinua | kuule | kuunnellu** (A.12)
    "Il t'a - tu sais - écoutée"
  - . **Ja me tehtiin ankarasti | kuule | töitä** (B.6)
    "Et nous bûchions - tu sais - vraiment"
  - . **Siellä oli | kuule | yhteenlasku** (B.9)
    "Il y avait - tu vois - l'addition"
- ou, éventuellement, entre Rh et Rappel, ex.
  Ne on niin pärjännyt | kuule | niin hyvin (E.10)
  "Ils se sont tellement débrouillés - tu sais - tellement bien".

La réalisation de cette incise prouve d'ailleurs que sa fonction est nettement distincte de celle du phatique pur : moins accentuée (syllabe longue réduite), elle s'insère sans heurts dans le flux de la phrase, elle est perçue comme un automatisme et non plus comme l'initiative d'agression que manifeste le phatique-ouvreur - ceci avec des débordements possibles (*cf.* E ci-dessus).

Le cas de l'incise la plus récurrente **kyllä** (comparable au français 'bien' ?) est beaucoup moins net : on le trouve aussi bien en fin d'énoncé, dans l'un des blocs informatifs ou entre les deux, ex.

Ja isä oli oppinut kyllä suomen kieltä (B.14)
"Et papa avait appris oui le finnois".

3.1.7.3.3. Les adverbes énonciatifs

Troisième famille de mots caractéristiques de la Transition entre Th et Rh, des adverbes à charge sémantique faible (non par nature, mais à la suite d'une réduction - évolution comparable à celle des déictiques) dont la seule justification dans la Phrase est la *référence à l'instance d'énonciation* (formule benvenistienne). Leur présence dans cette phase de l'exposé est due, comme pour les phatiques, à leur position médiane dans la chaîne parlée. Les deux adverbes repérés dans notre corpus n'ont du reste aucune affinité sémantique apparente :

a) l'un est un adverbe appréciatif, **tietenkin** 'naturellement, bien sûr', ex.[21]

(69) **Ja siitä opittiin tietenkin suomen kieltä** (B.13)
"Et par lui on a appris bien sûr le finnois"
. **Se kulki tietenkin täällä** (B.6)
"Il circulait bien sûr par ici"
. **He ottavat tietenkin luvatta (...) sitä venettä** (C.12)
"Ils prennent bien sûr sans permission () le bateau"

b) l'autre est un adverbe itératif, **taas** 'de nouveau', ex.

(70) **Se on "murku" taas josta se muodostuu halla** (C.10)
"C'est le 'brouillard' déjà d'où se forme la gelée"
. **Ja syksyllä taas neljä tai kuusi viikkoa** (E.12)
"Et à l'automne encore quatre ou six semaines".

Sans doute la désincarnation de ces adverbes n'est-elle pas totale, mais on en chercherait en vain la substantifique moëlle hors du processus de construction du message : le procès de (69) n'a rien d' "évident", ni celui de (70) de répétitif.[22] L'absurdité d'une interprétation lexicale de ces éléments modaux ressort d'un exemple tel

(71) **Ensin piti tuntea sitten niitä kirjaimia** (B.6)
"D'abord il fallait connaître 'ensuite' ces lettres".

L'adverbe **sitten**, marqueur favori de la cohésion discursive, n'a plus rien ici d'un Circonstant temporel : il sert à prolonger l'attente du noyau du Discours. Tout se passe en effet comme si le locuteur, (sub)conscient d'avoir un message à délivrer, s'efforçait d'organiser la préparation psychologique du récepteur, tout en cherchant lui-même à "gagner du temps" (*cf.* répétitions) avant l'échéance de l'Enoncé.

---

[21] Le lapon (calque, ou modèle ?) connaît un usage identique : haute fréquence d'emploi de **tieðustge** - orthog. commune, **dieðusge** - qu'il s'agisse d'affirmations catégoriques ou au contraire d'énoncés dubitatifs, ex. **Ton tieðustge čalat munnje fârga** "Tu vas bien sûr m'écrire bientôt", càd. "Tu m'écris bientôt, hein ?".

[22] On remarque que la valeur de ces adverbes est donc finalement très proche de celle des particules enclitiques, auxquelles nous pourrions les assimiler comme nous le faisions pour certains adverbes "de temps et d'appréciation" du lapon (*cf.* 1.2.2.2.).

La pertinence de l'Analyse thématique est d'autant plus mise en valeur dans cet environnement socio-culturel que l'"innocence" du locuteur ne peut être mise en doute. Le constituant ultime de l'Enoncé pèse aussi lourd dans la balance du Discours quotidien (trivial) que dans celle d'un Discours plus engagé ou orienté (politique par ex.), ce qui lui confère valeur d'universal - l'un des moindres paradoxes de la communication n'étant pas la réduction de la signifiance chez certains éléments chargés d'organiser la signification des autres.

Il est cependant des circonstances dans lesquelles le locuteur n'a pas à se préoccuper d'assurer le cadrage de l'information, soit parce que le Thème est déjà fourni par l'interlocuteur, soit parce que l'élément nouveau s'impose d'office par sa modalité.

3.1.7.4. La rhématisation exclusive

Non seulement toutes les places ne sont pas nécessairement réalisées dans le schéma informatif, mais le message peut être réduit à son noyau. Bien que notre étude porte avant tout sur l'Enoncé assertif en contexte discursif, nous nous devons de signaler le type le plus récurrent de Rh exclusif : la *réponse*.

Les mini-discours amorcés par nos interrogations commencent en effet par une réponse brève à réalisation de Rh. L'intonation en est descendante, qu'il s'agisse d'une réponse à une question

- totale (portant sur le procès - réponse avec reprise du Syntagme verbal, V seul, ou V + O), ex.

. Oli ↓ (G.24)
"Etait" càd. "Oui (il l'était)"

. Luen ↓ (H.30)
"(Oui,) je lis"

. Käytimme ↓ (A.22)
"(Oui,) nous (l') utilisions"

. Anni Kitti tunnen ↓ (I.6)
"A.K., (oui) je (la) connais";

- ou partielle (portant sur les circonstances - le moyen, le lieu etc.), ex.

. Porolla vaan ↓ (A.9)
"A renne (càd. en traîneau) seulement"

. Utsjoella ↓ (E.12)
"A Utsjoki".

Le *Verbe négatif* initial est péremptoire : il entraîne dans son sillage rhématique le mot ou syntagme subséquent,

. Ei ↓ tietenki ↓ (B.2)
"Non, bien sûr."

. Ei ne kaikki ↓ (A.2)
"Non pas tous."

. Ei ↓ se kierti ↓ (A.8)
"Non, elle se déplaçait.",

et parfois même toute une proposition, ex.

Ei ↓ ei ollut ↓ ei mitään mitään ollut ↓ (B.13)
"Non, y (en) avait pas, y avait rien rien.".

L'*exclamation* est également rhématisante :

. VARMASTI kun minä tunnen ! ↓ (G.8)
sûrement comme je connais
"POUR SÛR que je le connais !"

. VOI kun olen ! ↓ (G.16)
oh là là comme j'ai
"AH si je l'ai fait !".

En dehors de ces deux conditionnements spéciaux, qui induisent la reprise instantanée du noyau informatif, le schéma dichotomique prédomine, et les occurrences rhématiques sont ambiguës. Nous en relevons deux types :

- dans une construction *elliptique*, coordonnée à une prédication complète (PEX), ex.

. [Ja siitä tuli ...] ja ahkera oli ↓ (A.17)
et de lui devint () et vaillant était
"(Et c'est devenu un ...) et il était vaillant hein."

- la Rhématisation se produirait indépendamment de l'inversion, en l'absence de Sujet;

. [Mulla oli ...] ja huomiokyky hyvä ↓ (G.27)
à moi était () et faculté d'observation bon
"(J'avais ...) et le sens de l'observation (bon).";

- à ces occurrences se rattache une variante de la figure que nous qualifierons de *"circulaire"* (iconique) : l'ordre des mots est inversé dans la subordonnée, et l'énumération s'achève sur une prédication rhématique, (*cf.* 3.3.2.2.2.), ex.

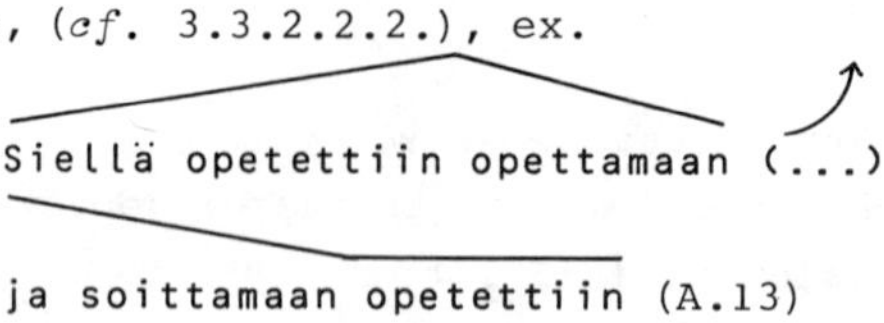

(72) Siellä opetettiin opettamaan (...)

ja soittamaan opetettiin (A.13)

là était enseigné(passif) à enseigner(illat.IIIe inf.) () et à jouer(illat.IIIe inf.) était enseigné(passif)

"On y enseignait à enseigner () et à faire de la musique on y enseignait".

3.2. AU-DELÀ DE LA PHRASE

Les interprétations que nous allons proposer des schémas intonatifs repérables au-delà de l'Enoncé simple ou de la Phrase[23] ressortissent à notre préoccupation majeure : donner une idée aussi exacte que possible des mécanismes complexes (mais pertinents !) qui sont à l'oeuvre dans la langue parlée. Ce sous-chapitre intermédiaire ne découle pas comme ses voisins (3.1., 3.3.) d'une prise de position personnelle à l'égard de méthodes pressenties par d'autres : il est tout entier redevable à l'observation de mouvements récurrents dans le corpus, et de la réflexion que cette observation a suscitée. Selon la formule consacrée, les opinions exprimées ici n'engagent donc que la responsabilité de leur auteur. Elles ne doivent pas remettre en cause le bien-fondé de la Méthode thématique dans son ensemble !

3.2.1. A la recherche du thème perdu

Il s'agit d'un phénomène connu de tous les syntacticiens, l'anacoluthe, mais qui prend dans la communication orale un relief et un profil particuliers. Nous avons déjà proposé ailleurs (voir notre article de *Boréales*, 1977:2) l'analyse de deux séquences longues inaugurées par des *"Thèmes perdus"* et empruntées à notre informateur A :

. Mutta kyllä niin pienessäkin kun tuo Maiju ↑ (A.6)
"Mais certes dans une aussi petite [maison] que cette Maiju"

---

[23] Nous nous refusons à ergoter sur les définitions d'Enoncé et de Phrase : nous ne confondons pas les deux unités (phrase bien construite ≠ énoncé bien agencé) mais les tentatives de définition n'aboutissent pas toujours à une terminologie fonctionnelle : pour ex. les "macrosyntagmes", mis en vedette en Suède par l'Ecole de Lund (dir. B. LOMAN) - dans le cadre d'une méthode d'analyse centrée sur la langue parlée - qui regroupent aussi bien une Phrase-période qu'une exclamation "auto-suffisante" telle 'Tiens !', 'Zut !'.

et . Sano yks pikku poika ↑ (A.17)
a dit un petit garçon
"Un petit garçon a dit ... ".

Pour le détail de l'analyse, nous renvoyons à cette étude, mais il est important de souligner que ce qui n'était alors qu'une observation semi-intuitive s'est vérifié depuis à l'examen des Discours des autres informateurs (lapophones inclus) : ce schéma correspond bien à une réalité linguistique orale, qui se manifeste par des initiatives (velléités) de "cadrage" étouffées aussitôt par la priorité accordée à une seconde information, laquelle, nécessitant à son tour un cadrage, impose et sa démarche et sa teneur - ceci au détriment de la première. Il y a là un processus d'évolution de la pensée qui, en extrapolant, pourrait être englobé dans la Progression thématique; nous préférons toutefois en traiter séparément la spécificité, quitte à la resituer par la suite au sein des grandes manoeuvres déployées en contexte de Progression. Lors de notre première étude, nous concluions à la valeur *symbolique* du Thème perdu : ses essais de réinsertion dans le flux du Discours révèlent (comme pour le Rappel) un certain aspect de la *divergence* entre niveau syntaxique et niveau communicatif. Voyons ce qu'il en est des nouvelles occurrences relevées.

L'une des moindres originalités du Thème perdu n'est pas de contredire, à peine posé, notre schéma dichotomique Th / Rh. Alors que toute la théorie repose sur le caractère "indispensable et suffisant" du noyau-Rhème, apparaissent dans le Discours spontané des segments à intonation montante (donc réalisation de Th), sortes de grandes envolées qui ne sont pas suivies de retombées informatives mais *restent en suspens*, tandis que la communication se poursuit pourtant sous la forme de schémas complets (Th / Rh, Rh / Rappel). Certaines de ces occurrences sont d'intérêt limité du point de vue linguistique, bien que traduisant une démarche conceptuelle de la pensée; ces avortements prématurés de la construction, pour être suivis aussitôt d'un effort de récupération du message (la même idée sous une forme plus attrayante) ne laissent pas toujours derrière eux de séquelles linguistiques palpables, témoin :

Isä kyllä vaikka (...) koulua käymätön / mitenpäs se silloin täällä ↑ (A.2)
"Mon père lui oui bien que () non scolarisé , mais comment c'aurait-il été possible à cette époque ..."

Le cas personnel du père est abandonné aussitôt et nous n'en saurons rien de plus - car le locuteur juge plus opératoire de livrer ses réflexions sur le destin tragique de la Laponie. C'est en vain que nous chercherions par la suite des traces du "père" dans le Discours.

Pourtant, à y regarder de plus près, ces effacements mystérieux sont l'exception : les qualifier de pratique "fragmentaire", voire "incohérente", ne peut être que le résultat d'un examen hâtif des matériaux. Considérons d'autres exemples :

(73) **Kato / minä oon sem ↑ .... niin kun silloin kun minä kerroin ↑ ...** (E.8)
"Tu vois, moi je suis comme ça que .... comme cette fois-là où j'ai raconté ...";

ici aussi le cas individuel est abandonné au profit du générique : l'anecdote prend le pas sur l'analyse psychologique, et servira à caractériser une situation globale (économie familiale précaire compensée par la solidarité communautaire). Se développe alors un récit truffé de Discours rapportés et régulièrement ponctués de "mini-Thèmes perdus" - nous entendons par là des segments ouvrants interrompus mais très vite objets d'une reprise en main énergique de la part du locuteur, reprise qui se traduit par un retour au palier intonatif momentanément abandonné, mais aussi par une marque formelle de cohésion, ex :

[Kun nekin kyselee sinnepäin] niin minä sitten tuota ↑ että minkäslainen suhte (...) silloin on helpoa minulla kertoa (...) ↓ (E.8)
"(Quand eux aussi ils me cuisinent) eh bien moi je *ensuite* quoi - quelle sorte de relation () *alors* c'est facile pour moi de raconter ...";

la nature des questions posées par les visiteurs ("quelle sorte de" suivi de citations au style direct) est précisée par une séquence imbriquée dans l'information principale (et qu'on pourrait résumer - "le *je* parlant a la confidence facile" !). Le Thème un instant délaissé est réintégré par la corrélation **sitten ... silloin**. Cette démarche, qui consiste à substituer à la réflexion (acte gratuit ?) une documentation dramatisée par récits et dialogues rapportés, est bien en soi facteur de *Dynamisme communicatif*. Mais nous en arrivons à l'essentiel : que la réflexion, désormais étayée par les exemples vivants (ils sont "d'un autre pouvoir" !), reprenne son cours, et nous avons droit à la *résurgence* du Thème primitivement perdu (dès la phase du topique initial),

Minä olen semmonen ↑

"Moi je suis comme ça",

à qui son partenaire peut dorénavant sans crainte emboîter le pas,

minä puhun kaikki suoraan ↓

"je parle de tout sans ambages.".

Paradoxalement donc, ce procédé qui, à première vue, fait figure de manoeuvre de dispersion, est un *mécanisme profond de structuration* du Discours : les annonces apparemment sans suite que distribuent les Thèmes perdus sont autant de jalons plantés par le locuteur sur son parcours. L'élément ouvrant crée une attente psychologique chez l' auditeur, et justifie avant la lettre la présence du récit qui va suivre; puis, une fois la séquence terminée, ce même élément, réintégré tel quel ou repris par un substitut, est chargé de tirer la conclusion.

Toujours chez E, une autre occurrence de Thème perdu atteste son rôle dans l'*argumentation* du Discours :

(74) ja sitten kun tietää että ↑ .... (E.10)

"et puis quand on sait que .... ";

la pause est alors suivie d'une liaison de type adversatif,

ja mutta

"oui mais" ("on ne peut pas faire autrement" etc.),

et deux lignes (10") plus loin la clef de l'énigme -

Silloin vasta rauhoittuu kun (...) ja tietää ettei ... ↓

"Alors seulement on se calme quand () et que l'on sait que ..." ("il n'y a pas" etc.).

Le mouvement dialectique (argumentation interne) de la pensée du locuteur est extériorisé à l'intention de l'allocutaire par cet ouvreur, de prime abord intempestif, mais finalement capable, en s'intégrant à la Phrase construite - de nouveau, corrélation sitten ... silloin - de souligner le noyau informatif.

(72) et (73) nous ont permis d'assister à la récupération du Thème perdu au niveau de la Phrase. Un dernier exemple illustrera une prouesse supplémentaire : la réintégration du Thème perdu au niveau d'un micro-segment, le Syntagme.

(75) Mutta tuohon kyllä ↑ (G.7)
"Mais dans celui-là oui";

ce début de déclaration prometteuse s'opposant (liaison adversative) à la négation focalisée précédente est en soi un procédé de cohésion, après

mutta EN veisaa tähän kyllä ↓ (G.6)
"mais NON je ne chanterai pas dans celui-ci."

- encore que la cohésion soit aussitôt démentie par l'intrusion d' une anecdote-souvenir,

muistan silloin kun ... ↑ (G.7)
"je me rappelle quand ... ",

qui s'achève sur l'enregistrement (de sermon pastoral) réalisé par une visiteuse :

otti vaan nauhaan ↓
"elle l'a pris sur la bande.".

Autrement dit, le complément-Rhème qui clôture l'anecdote se rattache par son *cas directif* (Illatif souligné) au mouvement amorcé dans le Thème perdu. Grâce à un habile tour de passe-passe, le locuteur réussit à poser l'aboutissement de son récit en le reliant à la Phrase précédente (tähän), et cela avant d'avoir engagé le processus du récit lui-même. Cette démarche est, dans une certaine mesure, comparable à celle de la prolepse, mais fait intervenir des mécanismes complexes et totalement agrammaticaux : l'information spontanée, qui impose à la syntaxe de multiples distorsions, ne s'interdit pas pour autant de récupérer au passage certains des morphèmes casuels et de les exploiter à des fins de liaison.

Nous n'hésiterons pas à affirmer que le "Thème perdu" est un phénomène spécifique de la communication orale, en ce qu'il sublime les deux contradictions inhérentes à ce type de communication : le goût pour *l'ellipse* (mépris des atermoiements syntaxiques) et la soif de *cohésion*.

Ce même besoin de liaison, ainsi que le grand crédit accordé en langue parlée à la structuration prosodique, amènent notre schéma dichotomique, au-delà de l'Enoncé simple, à être perturbé, voire entièrement recouvert par d'autres. Voici dans quelles conditions.

3.2.2. La thématisation de couverture

3.2.2.1. L'intonation suspensive

Une fois ouvert le canal de la communication, le locuteur mettra en oeuvre tous les moyens dont il dispose pour ne pas risquer de provoquer sa fermeture prématurée : la contiguité psychologique qu'il cherche à créer, sans pouvoir se livrer à une agression indiscrète - telles les questions du dialogue - sur son interlocuteur, est une entreprise de longue haleine. La situation de Discours, variante de celle du monologue, exerce une contrainte permanente sur la stratégie illocutoire. Aussi le matériel syntaxique de liaison prêté par l'écrit est-il mis à rude épreuve : le récit, pour avoir un impact sur son destinataire, doit prendre l'apparence d'une argumentation serrée, doublée d'auto-critique chez les locuteurs les plus consciencieux - pléthore de **joo** / **kyllä** hors même du contexte de réponse (le sujet parlant signale qu'il "ne lâche pas le fil"); il est donc totalement exclu de juxtaposer les Enoncés sans les relier entre eux (alors que l'asyndète est courante à l'écrit).

Mais les conjonctions fournies par la syntaxe, pour être nombreuses, sont elles aussi trop marquées morphologiquement pour être fiables à l'oral : on sollicitera la *prosodie* comme *connecteur* d'appoint. La continuité d'élocution, qui est marquée par la connexion syntaxique, peut l'être aussi, avant même l'énonciation de la conjonction, par une remontée de la voix sur la dernière syllabe du constituant identifié comme Rhème :[24]

. **Ei ollut sähkövaloa ja** (H.15)
"Il n'y avait pas l'électricité et ..."

. **Niin se otti | lääkäri täällä / mutta** (I.4)
"Oui il l'a pris le docteur ici, mais ...".

Et, bien souvent, l'*intonation suspensive* se chargera seule de la liaison :

[24] On pourrait à l'inverse souligner le rôle - marginal dans notre corpus - d'*autonomisation* de l'intonation descendante dans les énoncés qui s'achèvent sur un coordonnant non suivi d'élément subséquent : **ja** ↓ càd. "etc., et ainsi de suite" (*cf*. F. de SIVERS, 1968).

(76) Minulla on | kaheksan sataa markkaa / vähän yli (I.15)
"J'ai huit cents marks, un peu plus".

La suspension réitérée de l'intonation crée un procédé énumératif, avec ou sans l'appui des conjonctions :

Mutta siinä (...) ↑ vähittelen tottu ↓ + | ja /
sitä enemmän ku matka ku oli ↓ + | ja / työtä oli ↓ +
| ja / (A.15)
"Mais ça (...) peu à peu on s'y habituait, et, plus il y avait de déplacements, et, plus il y avait de travail, et ... ".

La lassitude éprouvée par la voix à effectuer ce découpage en remontées (= rééquilibrages) successives est dénotée dans une telle énumération par la présence de *pauses* après les conjonctions. Un autre mode de segmentation est d'ailleurs difficilement envisageable : la voix s'épuiserait d'autant plus à assurer la liaison, si le locuteur prétendait simultanément respecter le schéma intonatif de l'Enoncé binaire simple (↗ ↘ ↗ ↘). Aussi l'énonciation va-t-elle plutôt englober une série de segments minimaux dans une seule longue séquence intonative : ce processus, qui était ébauché dans l'ex. (76), se poursuit au niveau du Discours par une vaste structuration intonative dont nous essaierons de rendre perceptibles, avec toutes les réserves nécessaires quant à la généralité du phénomène, certaines des manifestations.[25]

3.2.2.2. L'intonation cumulative

a) L'intonation suspensive sus-mentionnée est la résultante d'une superposition : dans (76), la première prédication, si elle constituait à elle seule l'assertion, en réponse par exemple à "Combien as-tu sur toi ?", aurait un schéma de PEX affirmative type,

[25] Rappelons que ces phénomènes de coexistence de 2 courbes mélodiques dans le même énoncé - appelés "sandhis mélodiques" par C. HAGEGE (1978b, p. 15) - s'ils sont parfois qualifiés de "spéculation" par les phonéticiens, n'ont fait à notre connaissance l'objet d'aucune étude systématique.

càd. / Th ↑ - Rh ↓ /. Or, le fait qu'elle s'intègre dans une chaîne discursive plus longue modifie l'intonation de son Rhème, dont la réalisation est alors plus proche de celle (plate) du Rappel. L'intonation suspensive peut ainsi se symboliser :

↑ + ↓ = ↗

ou (-) + (+) = + .

Nous postulons que cette observation est valable pour l'ensemble des séquences longues dans la Perspective du Discours : au regroupement des énoncés minimaux en propositions, phrases et ensemble de phrases (cette terminologie syntaxique est évidemment inadéquate en contexte de Discours, mais le rôle que nous accordons à l'intonation dans ce regroupement manifeste assez notre souci d'innovation quant au traitement des "séquences longues d'énonciation") correspond une intonation aux phases montante / descendante prolongées. Ce niveau supérieur de structuration serait à l'Analyse thématique ce qu'est à la Grammaire transformationnelle la structure de surface par opposition à la structure profonde : sur quels critères nous fondons-nous pour affirmer que ce schéma intonatif recouvre une structure sous-jacente ? L'évolution commentée de la réalisation de la PEX (75) est en soi un argument de poids, mais ne justifierait pas une généralisation du raisonnement à l'ensemble du système discursif.

b) Nous pourrions faire appel à des critères logiques indéniables : une proposition subordonnée circonstancielle est aisément réductible à une indépendante, par suppression de la conjonction initiale qui souvent constitue la seule marque de leur différence catégorielle; en tant qu'indépendante, elle se réaliserait donc selon le schéma Th / Rh, par ex.

Äiti ↑ oli eksynyt metsään ↓
"La mère s'était égarée dans la forêt"
(S =) *Th* - (V + C =) *Rh*

- ceci n'est d'ailleurs pas la seule réalisation possible, on pourrait avoir (S + V) - (C) etc., mais peut importe pour le raisonnement. Or, cette proposition circonstancielle est l'équivalent sémantique d'un Circonstant qui, placé en tête d'une proposition indépendante, aura fonction de Th :

Äidin lähdön jälkeen | tyttö joutui lasten kotiin
"Après la disparition de la mère, la fillette fut placée à l'orphelinat".

La réalisation de la séquence suivante, obtenue par substitution,

Kun äiti oli eksynyt metsään |

tyttö joutui lasten kotiin

"Quand la mère se fut égarée dans la forêt,

la fillette fut placée à l'orphelinat",

prouve bien que la phase montante de la courbe intonative recouvre en fait un schéma sous-jacent de Th / Rh. A l'écrit, nous aurions du reste en SF, à la place de la circonstancielle, une semi-proposition participiale :

Äidin eksyttyä ... (*cf.* 1.3.1.).

c) Mais nous n'estimerons le raisonnement satisfaisant que si nous pouvons l'étayer d'éléments linguistiques (autres que la prosodie !) susceptibles de signaler dans le Discours les transformations sous-jacentes. Et ces éléments nous sont fournis précisément par plusieurs occurrences nettes :

(77) Ja sitten kun minä olin noin tosin täysikäinen
niin ↑ minä aloitin sen lapin kielen ↓ (A.2)
"Et puis quand j'étais comme ça en fait adulte
eh bien, j'ai commencé le lapon"

(78) Ja sen takia juuri niin Saame on joutunu ↑
vähän niin kun alemmas alakynteen kun ... ↓ (A.3)
"Et c'est bien pour ça que la Laponie en est
arrivée, à être un peu en quelque sorte au bas de
l'échelle puisque ... "

(79) että jos siellä ne olisivat niin hyviä ↑ että
laittaisivat JONKUN VERRAN rahhaa että sais ees
PUURON keittää ↓ (A.6)
"que si là-bas ils étaient assez bons, pour fournir
TANT SOIT PEU d'argent qu'on puisse LA SEMOULE au
moins faire cuire"

(80) Minähän olen hakemassa ↑ mikä se olis semmonen
arvoisampa ↓ (G.13)
"Eh oui moi je cherche, qu'est ce qui serait en
quelque sorte plus valable"

(81) Ja kun se on ulvonut niin ↑ sitten se lähtee tämä
kulkemaan ympäri maailmaan ↓ (G.15)

"Et quand il a hurlé eh bien, après il s'en va celui-ci rôder par le monde".

Considérons les énoncés de (77) à (81) : ils sont caractérisés au plan de la réalisation physique par un schéma dichotomique, sorte de grand balancement / ascension ↑ descente ↓ / de la voix, mouvement en tous points comparable à celui de l'énoncé simple, mais à une échelle plus grande. Prenons le premier de ces énoncés; si notre hypothèse est valable, les deux grands segments peuvent / doivent recouvrir chacun une dichotomie sous-jacente Th / Rh. Le Rh "de surface" de (77), s'il était proposition indépendante, pourrait ainsi se découper en :

minä ↑ aloitin sen lapin kielen ↓

ou encore minä aloitin ↑ sen lapin kielen ↓ .

La réalisation finale de l'énoncé devenu proposition principale de (77) ne nous permet pas de déterminer avec précision la structure sous-jacente. Par contre, le Th de (77) est, lui, porteur d'une marque (double) de découpage sous-jacent en Th / Rh : la Transition **noin tosin**. Les adverbes **noin** 'environ' et **tosin** 'c'est vrai', délestés de leur charge sémantique propre, sont en effet des procédés de démarcation du Th dans l'énoncé simple, au même titre que les autres adverbes énonciatifs repérés. Nous pouvons donc reconstituer le schéma "profond" :

minä olin | noin tosin | täysikäinen,

qui correspond à une occurrence banale

(S + copule =) *Th* - (+ Trans.) - (Attrib.=) *Rh*.

La même démonstration peut s'appliquer à (79), dans lequel **jonkun verran** et **e(d)es** sont également de ces adverbes que nous avons qualifiés d'"imprécis" ou de "modérateurs" (dans l'entreprise de "grand délayage" de la langue parlée, voir 1.3.1.).

Quant à (78), (80) et (81), leur témoignage est d'autant plus accablant que les traces de la Transition sous-jacente (la pause étant difficilement perceptible dans la séquence longue) y apparaissent sous la forme des marqueurs que nous cataloguions jadis à propos de l'énoncé simple :

. particules enclitiques, -hAn (80)
. adjectifs indéfinis, **semmonen** (80)
. adverbes et conjonctions, **niin**, **niin kun** (78)
. déictiques, **tämä** (81).

Nous pouvons donc, pour (81) par ex., reconstruire les trois échelons successifs de fonction du déictique dans l'élaboration du message :

- Phrase

  . énoncé simple

  se lähtee | tämä
  Rh - Rappel

  . énoncé binaire

  se lähtee | tämä | kulkemaan
  Th - Trans.- Rh

- Discours

  Kun se on () sitten se lähtee tämä kulkemaan
  Th - Rh

On voit que le schéma de couverture efface certaines des individualités prosodiques (intégration de la Transition au bloc-Rhème), favorisant par là la mobilité des morphèmes : le caractère "transitoire" du Verbe fini (**lähtee**) dans le segment long explique que le poids informatif repose entièrement sur le Rh "propre" **kulkemaan** qui, par ricochet, pourra transférer ultérieurement la rection du Verbe fini (**maailmaan**).

Les implications de l'existence d'une structure sous-jacente sont inestimables du point de vue informatif : elles devraient permettre d'apporter des éléments d'éclaircissement au délicat problème de la position respective des propositions dans l'énonciation. Ainsi, si nous admettons que la proposition subordonnée, lorsqu'elle est antéposée à la principale, est le Th de la prédication phrastique, il nous faut noter que la charge sémantique de la temporelle de (77) est plus forte puisque marquée (par les traces de la structuration qui la sous-tend) que celle de la temporelle de (81). Il faudrait alors envisager de comparer ces deux occurrences à deux autres, dans lesquelles les temporelles seraient postposées, et établir au plan de la signification une hiérarchie à quatre degrés qui tiendrait compte des positions et des marques respectives.

3.3. LA PERSPECTIVE FONCTIONNELLE DU DISCOURS

Nous compléterons cette étude par l'examen des procédés exocentriques qui assurent le Dynamisme du Discours à l'extérieur du cadre limité de la Phrase : d'un point de vue très général, ils peuvent être considérés comme assurant la COHESION du texte discursif; mais nous réserverons ce terme à l'ensemble des connecteurs et des figures rythmiques *interphrastiques*. Pour ce qui est du mouvement régulier d'avancée du Discours par introduction de Rhèmes - et par éventuelle translation de ceux-ci en Thèmes - nous parlerons de *Progression*.

3.3.1. La progression thématique

Au seuil de cette analyse qui poussera le corpus vivant dans ses derniers retranchements, il n'est pas inutile de rappeler les cinq sortes de progressions thématiques établies par F. DANEŠ (1970) en vue d'une typologie des textes :

> "1°) la progression linéaire simple, au cours de laquelle le rhème d'une première proposition devient le thème de la seconde, dont le rhème fournira à son tour le thème de la troisième proposition et ainsi de suite;
> 2°) le même thème traverse le texte tout entier et s'adjoint différents rhèmes successifs;
> 3°) la progression avec thèmes dérivés à partir d'un "hyperthème" (par exemple, l'énumération des différentes données géographiques d'un pays dérive d'un hyperthème qui est, précisément, "données géographiques de ce pays";
> 4°) le développement d'un rhème éclaté (un même rhème, en général un substantif générique, se décompose en plusieurs sous-rhèmes qui fournissent, tout à tour, les thèmes des différentes propositions successives)
> 5°) "progression avec saut thématique", une variante de la progression N° 1, mais dont certaines étapes sont brûlées (on passe, par exemple, du rhème d'une seconde proposition au thème d'une quatrième, mais le lecteur est censé pouvoir rétablir la chaîne complète)." [26]

Autant se faire d'avance à l'idée que ces schémas pré-établis seront difficilement applicables à une réalité linguistique prise sur le vif : l'intégrité de DANEŠ n'est pas en cause, il souligne lui-même

[26] Nous citons les 5 progressions de DANEŠ résumées par G. KASSAI (1976, p. 123). Une publication ultérieure en français (*cf.* DANEŠ, 1978) explicite les différents types de thématisation et de "Progression tabulaire" en distinguant notamment la thématisation "par contact" / vs. "à distance".

le caractère théorique de cette typologie et exclut la possibilité d'occurrence de ses schémas "à l'état pur". Par ailleurs, les tentatives d'application de cette analyse se limitent, à notre connaissance, à l'illustration des principes des 3 premières progressions par quelques extraits de textes littéraires - une dizaine de lignes chez SLAKTA, 1975; jamais plus de 3 lignes à la fois (et aucune proposition subordonnée !) dans les articles de *Pratiques* (1977)[27].

Sans préjuger du résultat final, nous essaierons de vérifier, à partir d'extraits de Discours pris dans le corpus, certains des principes émis par DANEŠ.

3.3.1.1. Progression formalisée

Nous donnerons pour commencer la parole à l'informateur E : le début de son Discours nous fournit, du fait des conditions particulières de sa production, un specimen de parole relativement formalisée, dont les autres Discours sont totalement dépourvus. Il apparaîtra très vite que la Progression y suit un schéma plus régulier que dans la parole entièrement spontanée. Précisons que, si ces remerciements n'ont pas été "préparés" - càd. rédigés à l'avance - ils constituent une redite : une première version, sensiblement identique, avait été énoncée d'abord par le locuteur en langue *same*.

(82) P1. Me olemme | hyvin iloiset ja kiitolliset
P2. että saimme | niin kaukana meille hyvän ystävän ja iloisen neitosen
P3. jonka jäämme | ilolla ja kaipauksella muistamaan hänen intoa ja oppivaisuutta
P4. josta jäämme | hänelle kiitollisuuden velkaa
(P.4'. hänen nöyryydestä ja iloisesta mielestä).
P5. Toivotamme hänelle | hyvää vointia ja kaikkia hyvää hänen opintielle. (E.1)

[27] B. COMBETTES, "Ordre des éléments dans la phrase et Linguistique du Texte", p. 91-101; M. ADAM, "Ordre du texte, Ordre du discours", p. 103-101. Ces deux articles - qui ont le mérite d'attirer l'attention des enseignants sur des méthodes d'analyse peu connues en France - reprennent largement les formulations de FIRBAS et de DANEŠ (par SLAKTA interposé).

1. "Nous sommes | très heureux et reconnaissants
2. d'avoir reçu | d'aussi loin chez nous une grande amie et une gentille petite demoiselle
3. dont nous allons | avec joie et nostalgie nous rappeler l'enthousiasme et le goût d'apprendre
4. ce dont nous lui gardons une dette de reconnaissance
(4'. pour sa simplicité et sa bonne humeur).
5. Nous lui souhaitons | une bonne santé et toutes bonnes choses pour ses études".

Dans sa simplicité, ce Discours pose d'emblée tous les grands problèmes de la Progression thématique :

a) Quels sont les *éléments du bloc-Thème* qui doivent être pris en compte, afin d'inventorier les éléments constitutifs les plus pertinents de la Dynamique discursive ? Pour comprendre nos réticences à admettre la présence systématique d'un "Thème propre" (à position fixe), il faut se livrer à une réflexion sur l'enchaînement des Phrases dans ce Discours :

- le Th de P1 ("nous") est aussi celui de P2; mais, dès P3, la nature de la liaison (pronom, et non plus conjonction sans référent) introduit une complication : ce n'est plus le "nous" de P1 qui est Th propre (ou unique), mais le référent (antécédent du pronom), la "demoiselle". Pourtant, le maintien du Th1 comme seul Th sémantiquement pertinent permet de repérer un schéma simple et continu :

Th1 ---→ Th2 ---→ Th3 ---→ Th4 ---→ Th5.

- si, par contre, par souci de non-arbitraire, nous donnons statut de Th propre au représentant de la "demoiselle" dans P3, nous aurons :

+Th3 ---→ Th4 ↘↗ Th5
Th1 ---→ Th2 ---→ Th3' ---→ Th4' ↗↘ Th5'

Autrement dit, la classification de DANEŠ n'est opératoire que si :

1) ou bien nous sommes prêts à faire subir des entorses à la règle de *fixité des positions* à l'intérieur du bloc-Th;

2) ou bien nous rejetons les *pronoms* hors de l'analyse thématique, comme seuls lieux de transfert du processus évolutif (càd. sans valeur informative propre).

b) Mais comment rendre compte alors du 2ème mécanisme fondamental de la Progression, le *passage du Rh au Th* ?

Prenons les Rh à leur tour un à un :

- Rh1, "nouveau" par nature, n'est pas repris dans P2; Rh2 est repris dans P3 par le Thp (si nous ne l'excluons pas !); Rh3 est partiellement repris (objet d'une prédication au 2ème degré) dans P4 en Th partiel (Thp4); Rh4 n'est pas repris par Th5 (ici, c'est plutôt la Transition Tr4 qui devient Th5 !), mais il reprend lui-même le Rh1 (pour moitié).

- les choses se compliquent encore si nous tenons compte de la *Transition* : l'une des Tr2 ("chez nous") reprend Th1; Tr4 reprend Rh2 etc. : n'hésitons pas à l'exclure ici (référence secondaire). De même le Rappel P4'.

En résumé, ce type de Discours pourra être représenté graphiquement - si nous nous résignons à renoncer à la fixité des places au sein du bloc-Th - comme suit :

```
Th1 ----------→ Rh1
 |
 ↓
Th2 (=Th1) ---→ Rh2
 |               |
 ↓               ↓
Th3 (=Th1) ---- Th3 (=Rh2) ---→ Rh3 + Rh3'
 |               |
 ↓               |
Th4 (=Th1)       |              + Th4'(=Rh3) ---→ Rh4
 |               |                               (=1/2Rh1)
 ↓               ↓
Th5 (=Th1)   +  Th5'(=Rh2)
```

Ce discours peut donc être rapporté au type N°2 de Progression énoncé par DANEŠ : 1 seul Th s'adjoint plusieurs Rh. Une lecture au 2ème degré fournit aussi une illustration ponctuelle de la Progression N°1 : le Rh d'une proposition devient Th de la suivante - Rh2 et Rh3 deviennent Th3' et Th4'. On note enfin le "saut thématique" (5e type de Progression) opéré par le passage de Rh2 à Th5'.

3.3.1.2. Progression improvisée

En contexte de Discours réellement spontané, les schémas sont d'autant plus complexes, mais la Progression linéaire "simple" est repérable dans des séquences brèves de Discours. Ainsi en va-t-il du développement d'un "topique" :

a) Si le topique *est donné* dans la question (question "Est-ce que c'était () ?" - implique réponse "oui / non") :

(83) - réponse à "Est-ce que c'était l'école itinérante ?"

P1. Se OLI kiertokoulu
P2. kiertokoulua ↑ minä olen käynyt ↓
P3. Ja kiertokoulussa ↑ minä olen oppinut tavaamaan ↓
(B.3)

1. "C'ETAIT l'école itinérante
2. c'est à l'école itinérante | que je suis allé
3. Et c'est à l'école itinérante | que j'ai appris à épeler".

- la 1ère Phrase est un Rh; entre P1 et P2 se produit une Progression linéaire simple (N°1) : Rh1 repris par Th2; entre P2 et P3, une Progression avec Thème continu (N°2).

Représentation :

```
Rh1
 |
 ↓
Th2 ( = Rh1) ---→ Rh2
 |
 ↓
Th3 ( = Rh1) ---→ Rh3
```

- on pourrait aussi voir dans le passage de P2 à P3 une Progression linéaire spécifique du finnois : dans le sémantisme de kiertokoulussa sont mis en oeuvre à la fois le lexème et la marque morphologique, ici cas Inessif; or, si le lexème a bien pour référent le Rh de P1 (devenu Th de P2), le cas local est, lui, implicitement contenu dans le sémantisme de käynyt, verbe de passage qui régit précisément l'Inessif : aussi la Progression entre P2 et P3 est-elle en fait la combinatoire des Progressions N°1 et N°2.

Représentation :

```
Rh1
 |
 |
Th2 ( = Rh1) ---→ Rh2
    \             /
     `--------→ ↙
           Th3
```

- une troisième notation intéressant à la fois Progression et Cohésion est la composition des Syntagmes dans P2 et P3 :

P2 = O + (S + Copule + V)

P3 = C + (S + Copule + V(V)).

Il s'agit d'une structure de *cohésion iconique* presque parfaite (O pouvant facilement commuter avec C). Or la cohésion syntagmatique est soulignée par le rythme dû à la structure du message.

b) Si le topique *n'est pas donné* dans la question (question *qu-*) :

(84) - réponse à "Quelle sorte d'école ... ?"

P1. Se oli | kiertokoulu
P2. sellainen niin kun sanotaan ↑
.... niitä katekeettakouluja ↓
P3. Niin kun sanottiin ↑ katekeettakouluksi ↓
P4. kun niitä oli ↑ katekeettoja ↓ (B.7)
1. "C'était | une école itinérante
2. une de ces écoles comme on dit |
.... des écoles de catéchistes
3. Comme on disait | 'école de catéchistes'
4. puisqu'il y avait | des catéchistes".

- P1 se décompose en Th / Rh; Th2 reprend Rh1 et s'adjoint un autre Th qui deviendra seul Th de P3 (avec une réorientation partielle du sémantisme qui est une trace de l'énonciation - le passé indique le récit, alors que le présent dans P2 est du domaine du commentaire);

- quant aux Rh, Rh2 reprend partiellement P1, est repris lui-même en totalité par Rh3 (la différence morphologique est due ici au contexte oral - Rh2 devrait porter la marque du Translatif aussi bien que Rh3), et partiellement par Rh4.

Ce qui est intéressant dans (84), c'est moins la Progression thématique proprement dite (N°1 entre P1 et P2, N°2 entre P2 et P3) que le *jeu interne des Rh* : on peut y voir une variante du type N°4 de DANEŠ "le Rhème éclaté", mais les sous-Rhèmes, au lieu de devenir Thèmes, restent ici en position de Rhèmes. Cet "éclatement" est du reste spécifiquement finnois, puisqu'il désintègre un mot composé (Rh1, synthème ?) pour associer son radical à un autre monème (1/2 (Rh2), lequel reprendra son autonomie (Rh4) : passage de kierto-koulu > katekeetta-koulu > katekeetta.

Peut-on schématiser la Progression discursive, dans des conditions spontanées de communication, pour des séquences d'une certaine longueur ? C'est ce que allons tenter de faire à propos d'un 3ème extrait de Discours.

3.3.1.3. Progression rhématique

(85) - réponse à "Est-ce que tes parents savaient le finnois ?"

P1. Kyllä osasivat.
P2. Äiti oli tietenki -
P3. kun hän oli käyny tuota kansakoulua
P4. siihen aikaan oli Outakoskella kansakoulu
P5. hän kävi kansakoulua
P6. ja pääsi kansakoulusta päästötodistuksella
P7. ja meni sitten kätilöopistoon Helsinkiin.
P8. Ja hän oli siellä oppinut tietenkin suomen kieltä.
P9. Ja isä oli oppinut kyllä suomen kieltä.
P10. Hän kirjoitti suomen kielellä ja myös saamen kielellä.
P11. Siis / minun isäni se oli
P12. joka osasi tuota saamen kieltä kirjoittaa.
P13. Siitä minä olen tosiaan oppinut se saamen kielen.
(B.14)

1. "Oui ils (le) savaient.
2. Maman était bien sûr -
3. comme elle était allée quoi à l'école communale
4. à cette époque-là il y avait à Outakoski une école communale
5. elle est allée à l'école communale
6. et elle est sortie de l'école communale avec un diplôme
7. et elle est allée ensuite à l'école de sage-femmes de Helsinki.
8. Et elle avait là-bas appris bien sûr le finnois.
9. Et mon père avait appris oui le finnois.
10. Il écrivait en finnois et aussi en same.
11. Donc / c'est mon père
12. qui savait quoi écrire le same.
13. C'est de lui que j'ai c'est vrai appris le same."

- Ce texte s'ouvre sur deux phénomènes intéressants : P1, qui est une réponse "totale", a forme de Rh; or ce Rh1 est aussitôt *éclaté* en Th2, Thème perdu (schéma interrompu par le récit qui se greffe sur ce Th);

- Th3, Th5, Th6, Th7, Th8 ont tous le même référent : le 1er sous-Rhème de Rh1 (la "mère");

- Rh4, Rh5 et 1/2 Rh6 ont le même référent : Rh3;

- P8 introduit le Rh qui va assurer la charnière rhématique. Rh8 devient aussitôt Rh de P9, dans lequel apparaît le 2ème sous-Rhème de Rh1 (le "père"), devenu Th9;

- Th10, Th11, Th12, Th13 ont tous Th9 pour référent;

- Rh10 a partiellement le même référent que Rh9 - càd. Rh8 qui était contenu dans la question initiale - et s'adjoint un second Rh, Rh10' qui sera aussi le référent de Rh12 et de Rh13;

- remarquons enfin que P11, qui théoriquement pourrait être le segment-Th de P12, est réalisé avec une intonation rhématisante, procédé intonatif qui souligne la démarche discursive indiquée par ailleurs par une marque morphosyntaxique, l'adverbe énonciatif **siis** 'ainsi, donc' (résumant).

Représentation graphique :

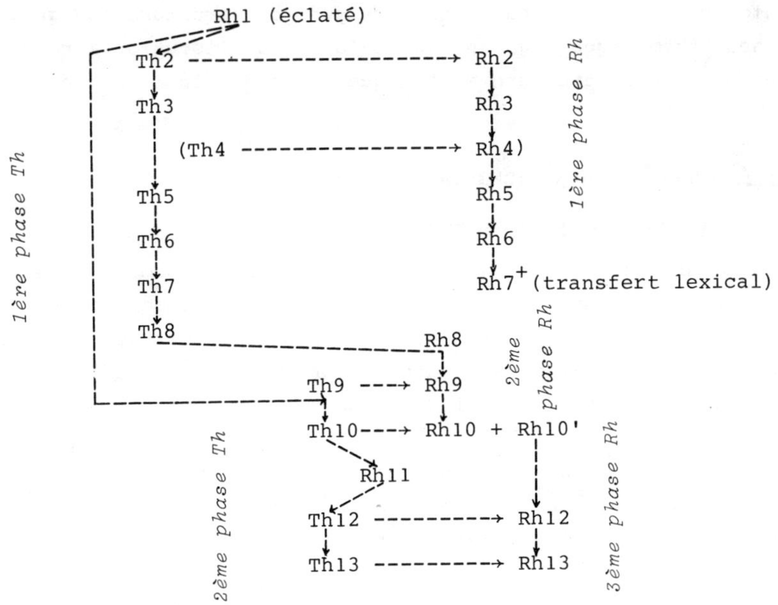

En résumé, la Progression s'effectue donc en 2 phases du côté Th,

3 phases du côté Rh : les 2 phases thématiques sont fournies par l'éclatement du Rh initial (le sémantisme du Verbe-réponse se scinde en 2 primes Actants, énoncés successivement) ; les 3 phases rhématiques se produisent lorsque sont introduites 3 informations principales successives - mais cette introduction n'est pas fortuite, elle est déterminée par la question qui suscite le Discours : détermination causale pour la 1ère phase (la "langue" associée au "système scolaire"), reprise lexicale du terme "en question" (le finnois) pour la 2ème, détermination associative pour la 3ème phase (le same).

Cette évolution du procès communicatif se traduit par un parallélisme thématique et rhématique double. Le schéma fait ressortir nettement que le Dynamisme ne procède pas automatiquement par échanges entre Th et Rh mais par progression linéaire (avec quelques revirements ou accidents de parcours) *de part et d'autre de la Transition*. C'est là un phénomène qui n'apparaît nullement dans les types de Progression définis ci-dessus. Il fait de toute évidence appel à une ressource éminemment exploitable à l'oral, mais évitée à l'écrit : la *répétition*, d'où la possibilité de continuer à "discourir" tout en bloquant momentanément le noyau informatif. Le Discours progresse par *paliers* successifs, et non par un mouvement dynamique continu.

D'autre part, l'invariance des unités lexicales (risque de monotonie) est favorisée par les deux types de structuration qui, avec le jeu "thématique", garantissent la force illocutionnaire du Discours : l'infrastructure syntaxique et le dessin iconique.

3.3.2. La cohésion structurale

3.3.2.1. La cohésion syntagmatique

La mise en valeur du cadre syntaxique du Discours nécessiterait la présentation de textes d'une certaine importance (quantitative). Pour éviter de multiplier l'échantillonnage, nous nous livrerons d'abord à une micro-analyse, puis nous renverrons, pour les procédés généraux, au texte intégral du corpus.

Afin d'avoir une idée précise des mécanismes syntaxiques utilisés dans le processus de Cohésion, reprenons l'extrait de Discours dont nous venons d'analyser la Progression thématique : (85).

- L'articulation principale du Discours se fait selon deux axes :

il s'agit de répondre à une question par l'affirmative et de justifier le choix de la réponse par des faits précis et aisément authentifiables. L'illustration anecdotique n'est que prétexte à la démonstration - nous l'avons observé dans d'autres contextes, à un niveau plus ou moins élaboré - : la démarche de B est plus scientifique que, par exemple, celles de E et de G qui se fondent sur des paroles rapportées plutôt que sur des faits historiques ("objectifs"). Sur le plan syntaxique, cela se traduit par un solide encadrement d'*adverbes* et de *conjonctions* : l'incise affirmative par excellence - plus forte que **joo** - **kyllä** inaugure (forte accentuation) le Discours, puis elle intervient de nouveau pour souligner la participation du 2ème grand Thème (dérivé du Rh éclaté) à la démonstration : dans P9.

- D'autre part, le caractère véridique de l'action assertée affirmativement - vérité à base logique - est souligné par la corrélation d'"évidence" que crée entre le stade d'apprentissage et l'état de connaissance qui en résulte l'adverbe **tietenkin** 'bien sûr' : remarquons que son rôle est double, il structure le message phrastique et interphrastique, mais il conserve aussi une charge sémantique suffisante pour participer à l'argumentation.

- Quant à la chronologie, elle est fournie par la corrélation **kun** (P3) ... **sitten** (P7) : ce cadre temporel n'est d'ailleurs pas exempt de responsabilité causale (valeur mixte de **kun**). En dernier ressort, la démonstration repose sur une conjonction en apparence anodine, mais dont la répétition met en valeur le caractère insistant : le simple connecteur **ja**. Dans P6, P7, P8 les faits - actes successifs de la mère - sont ainsi énumérés, produits comme autant de preuves à verser au dossier. Le plus "innocent" de ces **ja** est celui de P10, qui se contente de tirer discrètement une rallonge lexicale, rallonge qui va ouvrir une nouvelle phase dans la Progression rhématique. Le passage de P8 à P9 est aussi très habile : aucun autre marqueur extérieur à la Phrase que ce même **ja**, mais cette fois le parallélisme des deux Enoncés (deux Actants à mettre sur le même plan, tous deux également subordonnés au Rh initial) est souligné par une figure iconique - identité syntaxique et lexicale des deux structures, avec pour seule variable le degré du jugement porté par l'adverbe (P8 : **tietenkin**, P9 : **kyllä**).

- Le Discours s'achève sur une déclaration regroupante (résumé de **siis**, P11) et sur une conclusion "inattaquable" : **tosiaan** 'c'est vrai, de fait' (P13).

Nous ne pouvons entrer dans le détail des mécanismes de *Cohésion syntagmatique* chez chacun des informateurs, mais signalons qu'ils sont exploités au maximum dans le Groupe I (G comprise), avec moins d'efficacité dans le Groupe II. La Cohésion syntagmatique, c'est par nature une question de solidarité, aussi est-elle inconcevable sans la collaboration organisée des différentes marques. Il ne suffit pas de glisser un "parce que" ou un "pour que" occasionnels dans une suite d'énoncés pour donner l'illusion de les avoir structurés. Aussi le phénomène le plus acoustiquement / visuellement / conceptuellement structurant est-il la *corrélation* : nous avons déjà relevé les couples **kun ... niin** "quand/comme ... eh bien", ex.

(86) **Ja kun tädit puhuivat suomea /**
niin tietysti lapsetkin () oppi suomea (A.2)
"Et puisque les dames parlaient le finnois,
alors bien sûr les enfants aussi () apprenaient
le finnois".

De même **silloin ... sitten** "alors ... ensuite", et les variantes répétitives de l'un ou l'autre des partenaires. Aux multiples **sitten ... sitten** de A et de B (dans le récit), ex.

(87) **Sitten hän lähti koulun teille (...)**
sitte haki tänne Inariin (A.23)
"Ensuite il est parti faire ses classes (...)
et ensuite il a demandé à être affecté ici à Inari"
Ja sitten kun saatiin lauseet yhdistettyä /
sitten tuli lukuharjoitus (B.6)
"Et après quand on avait pu relier les phrases,
alors après venait l'exercice de lecture",

font pendant les nombreux **että ... että** de E (dans le discours rapporté).

A certains moments, les connecteurs crépitent telles des raffales de mitrailleuse en direction du malheureux auditeur qui n'en peut mais; bon gré mal gré, il devra se laisser convaincre que pas un seul évènement ne s'est produit sans être talonné par d'autres, que pas une seule parole n'a été dite sans avoir de causes et de conséquences à la fois profondes et immédiates : rien dans l'univers transmis par le Discours n'est gratuit ! Non que la critique du sujet parlant vis-à-vis de son texte soit totalement absente : *cf.* les nombreux **joo ... mutta** "oui ... mais" (au sein du monologue) et les **vaikka** "quoique, pourtant" de E.

Trait de spécificité finnoise, les *particules enclitiques* apportent une généreuse contribution :

- corrélation positive,

(88) että minä oli notkia / niin kun olen nytkin notkia (A.16)
"que j'étais souple, comme je suis maintenant *aussi* souple"

. Isä ja äiti olivat täällä / ja tämä T.I. hän oli lapsena täällä hänkin (A.23)
"Le père et la mère étaient là, et le T.I. il y était comme enfant là lui *aussi*"

. Joo ne toivat minulle / ja Maaritillekin toivat (E.9)
"Oui ils m'ont apporté , et à Maarit *aussi* ils ont apporté ...";

- corrélation négative,

(89) Ei ollu kelloakaan / eikä se kyllä kaivattukaan (H.15)
"Il n'y avait pas de pendule *non plus*, et (non plus) elle ne nous manquait pas *non plus*"

. Minä en silloinkaan (A.16)
moi v.nég. alors(+partic.)
"Moi non, pas cette fois-là *non plus*"

. Ei Pentti eikä Maarit eikä Antti (B.31)
"Pas Pentti ni Maarit ni Antti".

Nous pouvons conclure à un fonctionnement très perfectionné de la solidarité syntagmatique chez A, B, C, E, G : grâce à elle, la linéarité du Discours colle étroitement à la chronologie des évènements et à la démarche hypothético-déductive de la pensée.[28]

Cette structuration redondante ne serait pas possible sans une autre collaboration : celle de la forme.

---

[28] On notera une différence de terminologie par rapport à HALLIDAY-HASAN (1976) : ils évacuent d'office la "cohésion syntaxique" comme limitée au cadre de la phrase (p. 6-7) pour s'attacher à l'étude de la "texture", la cohésion textuelle étant définie comme "relation sémantique" (p. 8); or, pour nous, la cohésion relève *à la fois* d'effets sémantiques et de procédés syntaxiques.

3.3.2.2. La cohésion d'isomorphie

3.3.2.2.1. Cohésion iconique

L'adéquation de ce concept, emprunté à la sémiologie, et dont la fréquente mention chez N.E. ENKVIST (1973, p. 123; 1975, p. 108) nous intriguait, nous avait dans un premier temps échappé : la figure dans laquelle "un segment est l'image exacte d'un autre segment" nous paraissait caractériser certaines formes littéraires fixées (la poésie - métrique) mais n'entretenir que de lointains rapports avec la langue parlée spontanée. Nous étions dans l'erreur.

Les schémas isomorphes sont au contraire, dans notre corpus, présents aussi bien dans le Groupe I que dans le Groupe II des moins bilingues; chez ces derniers, ils constituent en fait la structuration essentielle du Discours, état de choses qui n'est probablement pas indissociable du contexte culturel d'Oralité traditionnelle : l'isomorphie est un moyen mnémotechnique (voir le "parallélisme" du *Kalevala* par exemple). L'identité formelle peut apparaître dans la composition phonologique, lexicale ou syntaxique des unités linguistiques; en choisissant de parler principalement de l'*iconisme syntaxique*, nous n'éviterons pas de présenter les autres : les trois facteurs sont étroitement liés.

Même en excluant l'iconisme "abusif" des répétitions, qui lui aussi a son rôle à jouer dans la structuration (voir la réinsertion du Thème perdu ! - la répétition est d'ailleurs le plus souvent explicative (avec appendice de précision) et chez E elle est poussée jusqu'à une focalisation identique des constituants), on obtient une quantité considérable d'occurrences iconiques : une quinzaine de segments longs, propositions et même phrases, par page de texte. Nous ne retiendrons pour l'exemplification que les plus significatifs d'entre eux.

- Chez A, iconisme bref dans la coordination,

  Istun ja nukun (A.26)
  "Je reste assise et je dors",

prolongé dans le style du Discours "mixte", ex.

(90) Se itki oikein että "täti TAAS lähtee".
Mä lohuti että / "ensi vuonna taas tulen". (A.17)
"Il a pleuré que 'la dame DE NOUVEAU s'en repart'.
Je l'ai consolé que 'l'an prochain de nouveau je m' en reviens'."

- Chez B et C, on est enclin à soupçonner une prédominance de la démarche iconisante sur le choix des sémantèmes, ex.

(91) Huomiseksi pantiin vaikka ensimmäinen käsky /
huomiseksi pantiin läksy (B.6)
"Pour le lendemain on donnait disons le premier commandement / pour le lendemain on donnait la leçon";

sans vouloir contester la véridicité des faits (il est vraisemblable qu'un texte biblique ait pu servir de manuel à l'enseignant-catéchiste), la ressemblance formelle des deux objets d'étude - käsky et läsky - auxquels aboutit l'énonciation de deux segments absolument identiques, est pour le moins troublante. Autre exemple :

(92) Ja semmonen () pitkä kapea | sitä sanotaan sâvuniksi
ja taas jos se on oikein () leveä |
sanotaan lompoloksi (... 4 lignes plus loin ...)
jota taas sanotaan laiskaksi veeksi (C.1)
"Et un comme ça () long étroit | on l'appelle sâvu
et encore s'il est vraiment () large |
on l'appelle 'étang' (...)
qu'on appelle encore 'eau paresseuse'".

- Chez E, la figure iconique s'achève souvent sur un rapprochement elliptique (=résumé) des deux membres en présence, ex.

(93) Keväällä saattoi olla neljä viikkoa
ja syksyllä taas | neljä tai kuusi viikkoa /
keväällä ja syksyllä (E.12)
"Au printemps ça pouvait faire quatre semaines
et en automne encore | quatre ou six semaines /
au printemps et en automne".

- L'exemple le plus frappant de structuration iconique nous est fourni par G. Pour convaincre l'enquêteur de la justesse de son assertion, "Il n'est pas dans toute la commune d'Utsjoki une seule personne que je ne connaisse", elle se lance (indignée - scepticisme lu sur le visage de l'interlocuteur ?) dans une énumération forcenée de ses différents lieux successifs de résidence :

Alavieskassa ja Taivalkoskella | minä olen ollu (G.8)
"A Alavieska et à Taivalkoski | j'ai été",

énumération interrompue par le leitmotiv

kaikki minä sanon () tiedän kaikki ()
kaikki () kaikki

"tous je dis () je les connais tous ()
tous () tous ()",

et reprise - avec inversion circulaire du mouvement - par

Minä olen ollu tuolla Nuorgamilla .... Palokoskella
"J'ai été à Nuorgam .... à Palokoski".

Et c'est enfin le feu d'artifice du finale :

(94) Karigasniemessä | olen ollu
Rautuskaijissa | olen ollu
ja joka paikassa | olen ollu (G.8)
"A Karigasniemi | que j'ai été
à Rautuskaidi | que j'ai été
et à - partout | que j'ai été !".

Le procédé de communication persuasive, qui combine les trois mouvements, répétitif, circulaire et iconique, s'achève sur une figure métrique, strophe à trois vers dont le rythme lancinant est scandé par un schéma dichotomique à réalisation de Rhème / Rappel - le Rappel trouve en effet ici sa consécration sémantique.[29]

Le passage, dans un stade intermédiaire, par une structuration "circulaire", variante de l'iconique, correspond à une démarche favorite du locuteur de SFL.

3.3.2.2.2. Cohésion circulaire

Cette figure, que nous avons repéré chez tous nos informateurs, est en réalité plus récurrente, et donc plus structurante, que l'iconique véritable : nous employons le mot de "circulaire" à défaut d' un terme plus adéquat (faute de grive ---→ lagopède) pour décrire une

[29] Etant donné la nature du corpus choisi - prose écrite (non littéraire) - les résultats de l'étude quantitative effectuée par HAKULINEN-KARLSSON-VILKUNA (1980) ne sont pas directement comparables aux nôtres. Il est pourtant remarquable que les procédés de *répétition* y occupent une place tout aussi centrale : près de 50% de l'ensemble des procédés de cohésion textuelle répertoriés - les autres étant l'ellipse, l'anaphore, la cataphore, la comparaison, la synonymie, la cohésion lexicale, l'exophore - (p. 155 sqq.).

trajectoire qui consiste à poser *deux prédications* (coordonnées ou subordonnées) en reprenant à la fin de la 1ère l'ensemble de ses constituants pour les présenter dans un *ordre inverse* - un peu comme un lecteur scrupuleux qui lirait d'abord le texte de gauche à droite puis de droite à gauche !

La régularité d'apparition du phénomène est inversement proportionnelle à la compétence "officielle" de l'informateur : plus l'incertitude grammaticale est pesante, plus la fréquence du phénomène est haute.

- Rare chez A, la figure circulaire est discrètement fonctionnelle chez B :

. elle précise, ex.

(95) Silloin käytettiin | tätä norjalaista ortografiaa / Se oli sitä norjalaista ortografiaa | mitä käytettiin kun ... (B.16)
"En ce temps-là on utilisait | cette orthographe norvégienne / c'était cette orthographe norvégienne | que l'on utilisait lorsque ..."

. et elle focalise, ex.

Se on kieli | joka / kieli se on | joka ... (B.25)
"C'est la langue | qui / la-langue-c'est | qui ...".

- Chez E, la formule circulaire rompt la monotonie des énumérations, ex.

(96) Jotkut | laittaa sille ruokapaketti / rahaa laittaa / nekin lähetti () alusvaatekerraston / paitan lähetti (E.10)
"Certains | lui font passer un colis de vivres / de l'argent lui font passer / eux aussi ils ont envoyé () un équipement en sous-vêtements / une chemise ils ont envoyé",

et elle s'associe avec ingéniosité des translations verbales - verbe simple > verbe factitif, à rapprocher de la diathèse passif > actif (procédé utilisé aussi par B pour diversifier ses longues explications sur l'enseignement)- ex.

(97) Siellä minä opin | ja sitten | isä meille opetti (E.12)
"C'est là que j'ai appris | et après | papa nous l'a fait apprendre".

- G exploite avec originalité la focalisation virtuelle du mouvement centripète (position privilégiée du terme répété de part et d'autre de la démarcation) :

(98) Ja ne ampuivat molemmat / ja molemmat kuolivat
(...)
Ja ne ampuivat molemmat / ja molemmat kuoli (G.18)
"Et ils tirèrent tous les deux / et tous les deux moururent",

où les deux segments sont répétés avec une variante morphogrammaticale dans le second (Verbe plur. / vs. Verbe sing.).

- H, en renversant l'Ordre des constituants, dénonce l'ambiguë polyvalence des cas du finnois :

(99) Sillähän () pääsee () kesällä.
Ja talvella | moottorikelkalla. (H.31)
"Eh oui avec elle () on peut se déplacer () l'été.
Et l'hiver | avec le skidoo."

(Adessif tour à tour instrumental ou temporel).[30]

Enfin, et pour conclure cette énumération fastidieuse sur les vertus divertissantes des figures isomorphes en finnois parlé, signalons dans notre corpus un effet second - bien involontaire - des répétitions circulaires de G et I : conjuguant à l'infini les lexèmes énonciatifs que sont "dire" et "chanter" avec l'activité édifiante de la "lecture", nos deux informateurs s'interpellent et se répondent - si nous les rapprochons dans la situation d'analyse (ce qui n'a pas été le cas dans la situation d'enquête) - d'un bout à l'autre de leur Discours. Ainsi le Discours G s'ouvre sur une déclaration peu engageante ("fermante"),

Minä EN veisa (G.1)
"Moi NON je ne chanterai (déclamerai) pas",

tandis que celui de I fait d'emblée profession d'une prometteuse

[30] Cette observation de "circularité" est à rapprocher de celle faite à propos d'une autre tradition orale par Fr.R. MEYNET : le "chiasme discursif" de la rhétorique hébraïque (*cf.* G. MOUNIN, 1979, p. 337 sqq.). Nous serions tentée de percevoir aussi dans ce mouvement une analogie avec les phénomènes de "structures de miroir" décrits par C. HAGEGE (ex. tirés des langues somali et moru, Séminaire E.P.H.E. 1981-82) : dans les deux cas, il s'agit d'un processus de *rétention mémorielle*.

générosité de "chanteur / diseur",

Niin minä se kyllä veisan / laulan ja (I.2)

"Ah oui moi je dis / je chante". Mais la pratique de la lecture finira par les réunir :

(100) Minä luin ja lauloin sen (I.6)

Minä olisin lukennut (G.4)

"J'ai lu et j'ai chanté"

"J'aurais bien lu ...".

Heureuse rencontre qui est à l'origine de la nôtre : ils ont lu, parlé, chanté, et je me garderai d'accumuler davantage les arguments pour vous convaincre de l'organisation de leur Discours.

3.3.3. La stratégie discursive du finnois laponisant : notre perspective . . .

Nous croyons avoir en partie mené à bien la tâche que nous nous étions initialement assignée : communiquer au lecteur, par la combinatoire de deux analyses portant l'une sur les structures grammaticales, l'autre sur l'agencement informatif, le *Dynamisme des mécanismes discursifs* mis en jeu dans la variante de finnois parlée par les Sames.

Celui qui nous aura jusqu'au bout suivie dans l'interprétation descriptive des matériaux fournis par le corpus devrait s'être forgé une conception assez juste de la manière dont

> "le locuteur [same] s'approprie l'appareil formel de la langue [finnoise]";

la deuxième partie de la formule de BENVENISTE,

> "et énonce sa position de locuteur par des indices spécifiques" (1970, p. 17)

reste à expliciter. Cette approche complémentaire est d'autant plus souhaitable que notre corpus se prête - mais ce n'est pas fortuit ! - parfaitement au repérage des traces de l'énonciation par rapport aux instances qui l'ont produite.

Nous pourrons ainsi analyser les références à l'énonciation dans :

1) les discours rapportés (dont nous signalions au passage l'omniprésence : style direct, style mixte etc.):

2) le récit commenté (utilisation spécifique de la corrélation // temps verbaux / pronoms personnels // dans les commentaires et paraphrases de C sur le texte à traduire, de G sur les contes de l' abécédaire).

Mais cette opposition histoire / discours, c'est, si j'ose dire, une autre histoire ...[31]

*

[31] Certains aspects de la stratégie discursive ont déjà été traités par rapport à un corpus de *Discours pédagogiques* (1980a, 1980b) et à l'implication pragmatique des *Particules énonciatives* (1982c, 1982d); une analyse globale des phénomènes d'énonciation orale en contexte pluriculturel sera proposée dans un ouvrage plus général, "Oralité et Plurilinguisme", à paraître.

«silloin oli se komsio jonka sisällä pannaan pikku lapsi» (H. 14)
«en ce temps-là, il y avait le berceau «komsio», dans lequel on transportait le petit enfant»

«se on aina niin mukava kun käyvät vieraat meiän» (H. 30)
«c'est toujours si agréable de recevoir des visistes»

LA VALL

«kun meiän kohalla siellä Norjan talo puhhuu samaa kieltä, tunturilappi» (C. 31)
«à notre hauteur, là-bas, la ferme de Norvège parle le même lapon, le lapon de montagne»

J TENO

«oli semmonen pulkka joka halkasi kinnoksenki» (A. 9)
«j'avais un de ces traîneaux qui fendent aussi les congères»

LE VILLAGE AU BORD DU FLEUVE : VEÄHČAK¯

L'ASILE AU CREUX DES MONTAGNES : VANHAINKOTI

«tuli kevät sulinen vesinen ja täytyy nyt alkaa kalastaman» (C. 7)
«vint le printemps avec son cortège d'eaux de fonte, et il fallait reprendre la pêche»
Barrage à saumons sur le Teno

«valkosena, puuvalkosena» «ja minä oon tehny ite niitä rautahankaimia» (D. 5,6)
«blanc, couleur de bois» «et j'ai fabriqué moi-même les tolets de fer»
Construction d'une barque à Veähčak

«tuolla pirtissä pidettiin kiertokoulu, tuossa missä Anja asuu» (B. 10)
«là-bas, dans le chalet, on faisait la classe itinérante, là où habite Anja»

«ja talvella moottorikelkalla» (H. 31)
«et l'hiver en skidoo»

«Inarin kirkollahan oli aina seurat ja Pyhäkirkko» (A. 21)
«au bourg d'Inari, il y avait bien sûr les réunions paroissiales et les grands offices dominicaux»
L'église d'Utsjdir

«eikä hän tarvite tulkkii hän joka hyin osaa tuota, ymmärtää suomea» (G. 7)
«et elle n'a pas besoin d'interprète, elle qui sait si bien, enfin qui comprend le finnois»

TEXTES DU CORPUS

- Seules les questions indispensables à la compréhension du dialogue ont été retenues; les autres interventions de l'enquêteur sont signalées par des parenthèses vides *(...)* - qui ne correspondent donc pas chez l'informateur à des parties de discours censurées.*

- La ponctuation, compromis entre la segmentation intonative (signalée par des barres / / entre unités prosodiques) et les conventions de l'écrit, est réduite au minimum - ceci pour faciliter la lecture des textes longs.

Les points de suspension hors parenthèses marquent les pauses :

.... (hésitation)

.. (auto-correction).

Les silences prolongés sont indiqués par / - - - /,
les segments inaudibles (bruits extérieurs) sont notés par --- .

---

* Exceptions :

. Dans le Discours D, les parenthèses vides signalent les répliques (inaudibles) du correspondant téléphonique.

. Nous avons supprimé, par respect pour l'informateur, quelques détails indiscrets (*********).

DISCOURS A

Situation : Visite, pour son anniversaire, à une "catéchiste" en retraite. Elle retrace l'époque de l'école itinérante : document socio-historique et auto-biographique.

- *Sinä osasit jo lapsena saamea ja sitten unohdit sen, vai mitä ?*

1. - Mistä .. missä sinä luit sitä ? Lehdestä ? (...) No se oli sillä tavalla kun äiti eksy mettään niin .... minä pienenä jouduin viis-vuotiaana se lasten kottiin / Inarin lasten kottiin. Ja siellä ei kukaan puhunut tuota lapin kieltä ei ainut .. yksikään / se ilman muuta niin unohtu.

- *Eivätkö kaikki lapset olleet saamelaisia ?*

2. - Ei ne kaikki. Ja kun tädit puhuivat suomea / niin tietysti lapsetkin puhu .. oppi suomea. Ja sitten kun minä olin noin tosin täysikäinen niin .... minä aloitin sen lapin kielen. En lukennu mistään mutta kuulo .. korvakuulolta .. kuulin ja .... aivan itestään / kun niin .... tällä tavalla / kuulo .. kuulemalla .... toisten puhuvan. Isä kyllä / vaikka hän oli / ittekin koulua käymätön / mitenpäs se silloin täällä kun ei se etelä-Suomessakaan / joka paikassa VARMASTI ei sielläkään kaikki käyneet katek .. kansakoulua / siihen aikaan yhdeksänsataa yksi ja ....

- *Niin, Ranskassakin.*

3. - Niin .... Jo-o siis samaa se on ollu kai / kaikkialla. Vaikka ne säälittelee / että Lapin raukoilla rajoilla että .... ja sen takia juuri niin / Saame on joutunu vähä niin kun alemmas alakynteen ku / sen sivistys tuli niin myöhään ja / nehän kaikki sitä sitten / suuremmassa maailmassa vähän niin / halveeras lapp .. Saamea ja lapinkieltä. Eikä tämä / tämä nykyinen niin / se ei ole monia vuosikymmeniä / että Saamelainen osaa lappia. Minä ku tulin / koulunpittoon niin / "Hyvää päivää"hän siellä sanottiin ja / keskenään aivan lappia. Hehän tietysti vieroksuivat / minä tunsin heti että / minun ON opittava lapin kieli / oma äidinkieli että / ei muuten tule mittään. Tietysti kai / vieraskieli yks kaks aletaan takomaan lapsen päähän niin EI / se oppi on niin hidasta että .... että se on MAHDOTON opettaa.

- *Se on tietysti vahinko jos opettaja ei osa lapin kieltä.*

4. - Aivan / se on suur vahinko. Minähän sen tulin tietämään ja .... Niin ja ne muutaman vuoden perästä / jo osasin lapsille opettaa aamuiltarukouksen ja semmosta.

- *Olitko perheiden luona opettamassa ?*

5. - Joo .... perhe / sinne. Ja sieltä kauempaaki tuli / lapsia kouluun että / ei sun .. no / oli siellä / yhdessä paikassa viistoista oppilasta ja sitten taas / neljä / ja viis / ja .... kymmenen ja siinä paikeilla / se liikku.

- *Mihin kouluun ne tuli sitten ?*

6. - Ne kokoontuivat semmoiseen .... missä oli / laajemma .. enemmän tilaa ja / sopivampaa. Mutta kyllä niin pienessäki kun tuo Maiju / muistathan se / MAIJU / TÄÄLLÄ (...) sillä ei ollu / kyllä sillä ei ollu isoa .. iso pirttinen missä se oli niin RIEMUISSAAN kun / kuuli että minä tulen ja ihan ensimmäisenä hän juoksi sanomaan että / "Voi TULEThan minun kottiin / ei se kyllä suuruudella ole pilo .. pilattu mutta kyllä me siinä PÄRJÄTTÄÄN." Ja me pärjättiin hyvin kaks eri kertaa / minä siellä pidin. Ja se oli tuota .... pitkät matkat kun oli niin / minä sinne Tuomiokapituliin mä kirjoitin että .... että jos siellä ne olisivat niin hyviä että laittaisivat JONKUN VERRAN rahaa / että sais ees PUURON keittää / maitoa. Kun ne tulevat vähän sieltä kolmenkin neljänkin kilometrin päästä : aamusta .... ei ne aamulla ehtiny kun kahvii juomaan ja .... Kyllä se oli hyvä asia / kun Tuomiokapituli anto sen rahan.

- *Kuinka kauan olit joka paikassa ?*

7. - No se riippu siitä / kuinka paljon niitä oppilaita oli / jos oli enemmän niin oli sitten jatkoa vähän koululla siinä sen takia ja ....

- *Mutta se ei ollut koko vuoden ?*

8. - Ei / se kierti / paikasta toiseen. Ne oli pitkät matkat / ei lapset olis jaksaneet käyä joka päivä / mutta kun yhteen paikkaan ne keräs niin ....

- *Miten sinä matkustit ?*

9. - Porolla vaan. Oli semmonen pulkka mukava .. mukavasti laitettu / semmonen joka / halkasi kinnoksenki ja ....

- *Ja sinä ajoit ?*

10. - Minä ajoin joskus ihan ite. Minähän ajoin kerran niin .... kerran viiskymmentä kilometriä / mutta siellä oli yks autiotupa / ne laittoi .. valtio laittoi / noita autiotupia sen takia että matkustajat saavat .... yöpyä jos on semmonen .... pitkä matka ja väsyny.

- *Ja talvellakin ajoit ?*

11. - Talvella minä juuri ajoinkin / kesällähän minä EN ajanu / kesällä oli vaikeampi kun synnynäinen vika oli tuossa jalassa ja .... Mutta ei nyt kyllä se vaikia oli / mutta siinähän tuo meni / kun ei hättäilly.

- *Miten sinä päätit tulla katekeetaksi ?*

12. - Oikeastaan / mulla oli lapsi .. lapsena jo semmonen ristillismielinen mieli että / minä aina lauloin virsiä ja mä opin PALJON / mulla oli nuottikorva hyvä ja ääni vielä .... ja ääni myöski ja .... Sitten siellä / ripikoulussahan se meidän opettaja sano että .... "hän on sinua kuule kuunnellu koulusta asti / että sinulla on .... lahjoja lauluun ja soittoon ja .... mitenkään se olis / että ku me tarttisimme tänne Inariin semmosen katekeeta .. katekeetan joka kiertäs ja ...." Minä ajattelin että "VOI minusta ei ole" / ja pidin sen mahdottomana mutta / sitten kun minä varttuin siinä / niin / mä rupesin tosiaan ettenhän minä / minä voi lasten kodissa vanhaksi elää / minun on yritettävä jotakin ja .... Sitten mä kerran / menin / kirkoherran puheille ja sanoin että "nyt minä olen päättänyt että minä menen kursseille / seminaariin."

- *Missä se seminaari oli ?*

13. - VOI se oli / halki Suomen .... Kotkassa / Helsingin tasoilla semmonen katekeettakoulu / semmoset kurssit / vuoden kestävät ne oli .... oli ne kaks kuukautta vähän pitemmät kun vuoden. Siellä opetettiin opettamaan / ja laulamaan / ja soitettiin .. ja soittamaan opetettiin.

- *Sinä opetit musiikkia myös lapsille vai ?*

14. - En minä / ei kun .... kyllä mulla oli semmonen pieni matkalaukkuharmoni / niin ku / tuolla kanttorilla / mutta siinä oli niin pientä se aika .. lyhyt aika että ei voinu. Kyllä ne niin mielellään olisi oppinu / mutta toisilla oikein hyvä lahja oli lauluun ja .... ja soittoonkin / mä joskus annoin niien soitella. Ne varathan oli semmoset jotka aina pistivät. Nykyään ne pääsee mihin vaan.

- *Se oli varmasti mielenkiintoinen se työ ?*

15. - Kyllä minä NIIN pidin siitä hom .. työstä. (...) Joo joo. Kyllä minä PIDIN siitä työstäni. Kaikista ikävin oli että minun piti jättää työni. Vaikka se OLI raskasta kaikin puolin / ei se työnteko niinkään / mutta ne matkat. Sitä ihan pelotti lähti. Mutta siinä sitten vähittelen kai siihen .... vähittelen tottu / ja / sitä enemmän ku matkaa ku oli ja työtä oli ja sitten ku tunne .. kun tunto oli että minua siellä tarvitaan / se oli niin kun / pakolla / toiselta puolen.

- *Etkö koskaan joutunut onnettomuuteen ?*

16. - En / ku kerran kyytimies ajoi vaan puuhun / ittensä / kaks kylkiluuta vai kolmeko niitä oli / poikki meni. Minä en silloinkaan. En minä tiedä / oliko mulla se taito .. näppäryys että minä osasin ohjata. Minusta tuntuu että minä olin notkia / niin kun olen nytkin notkia jäsenistä. Että jos sinne putoski / sitä yhtä näppärästi tuli takaisin pulkkaan. Minulla oli neljä poroa / ensimmäinen poro oli Kaunissarvi se oli ISO poro ja HYVIN jakso vetää. Minulla oli kirjat ja vähän evästäki mukana ja .... Sitten ku siellä .. sillä ajoin aina niin / lapsethan tiesi / milloin minä tulen niin / kyllä ne kuunteli joko Kaunissarven tiuku kuulu / sillä oli kaulassa semmonen joka helisi oikein kauniisti / hoppeinen tiuku. Olin sen lahjaksi saanu ja .... Kyllä niillä riemu sytty / sitä kilvan juostiin / päästämään valjaista. Toiset ottivat tavaroita ja / riemulla mentiin huoneeseen.

- *Ilmoititko etukäteen että olit tulossa ?*

17. - Joo / minä ilmoitin. Sano yks pikku poika / edellisenä vuonna sillä oli niin suru / että se itki oikein t--- että "täti taas lähtee." Mä lohuti että / "ensi vuonna taas tulen." Sitte oli kovasti odottanu joo ja .... sitte minä ajoin pihhaan niin/ se niin MIEHEVENÄ seiso ja katto silmiin ja sanno että / "viime vuonna minä kyllä itkin mutta nytpä en TAIDAKKAAN itkii." Se oli olevinaan jo niin suurta miestä. Edellisenä vuonna se oli semmonen sylivauva se niin mielellään istui sylissä ja / eihän minä malttanu minä aina otin syliin se. Ja siitä tuli hyvä kunnon poika ja ahkera oli. Ne luki yleensä läksynsä / aika hyvin.

- *Opetitko myös saamea ?*

18. - Opetin saamea. Se oli niin että / ensin minä puhuin LAPIKSI sen / tekstin / opetin / ja sitten minä kertasin sen SUOMEN kielellä / että se oli niin kun rinakkain kulkivat ne. Ja ne osas kyllä / hyvinki lapin kieltä / suomen kieltäki.

- *Mutta kun tulivat kouluun he eivät osaneet suomen kieltä vai ?*

19. - Ei. He oppivat koulussa. Ja sitten / siellä tuli sanomalehti ja kun lapset oppi lukemaan niin / nehän seuras sanomalehtiä jo niin että itestäänki / että siitä oli helppo sitten / eteenpäin.

- *Oliko muita katekeettoja ?*

20. - Oli. Mutta ne lopetti / jo aika sitte / koulun. Joo / olihan siellä se Leht .. Laura Lehtola / hän oli suomalainen ja .... hän opetti INARIN kielellä. Se Inarin kieli on vähän toisenlainen kuin tämä tunturikieli.

- *Tunsitko muut opettajat ?*

21. - Joo / Inarinkirkollahan oli aina seurat ja .... Pyhäkirkko ja ....

- *Oliko ne saamelaisia / katekeetat ?*

22. - Kyllä / se määräys oli semmonen että pitäis olla / saamelaisia että saamen kieli säilys. Se on vaan kumma / tähän asti on säilyny / vaikka siitä on jo / viisi kymmentä vuotta kohta kun mä aloitin. Niin ja sitten / rovasti Itkonen / professori Itkonen / hänhän teki .. painatti .. kirjoitti ja painatti lapin kielen aapisen. (...) Siitähän me luettiin ja me opeteltiin lukemaan. (...) Käytimme jo.

- *Oliko hän itse saamelainen ?*

23. - Ei hän kyllä ollu / hänhän kyllä oli täällä vaan. Hänen ISÄNSÄ ja äitinsä olivat Inarissa / mutta hänellä oli semmonen kummallinen rakkaus saamen kansaan ja .... Niin että / isä ja äiti olivat täällä / ja tämä Tuomo Itkonen hän oli lapsena täällä hänkin ja / sitten hän lähti koulun teille / papiksi luki ja .... sitte haki tänne Inariin / ku pääsi.

- *Mutta hän osasi saamea hyvin ?*

24. - Joo / osas hyvin.

- *Sinun pitäisi kirjoittaa elämäkirja !*

25. - VOI / minulla olis niin nätti tuo / vihko tuolla / ei muuta kuin alkaa / mutta EN minä voi.

- *Mikset ?*

26. - No .... se monenkertanen tauti / minulla on niin monta tautia päällä että voi joskus olla että / VOI ku väsyttää. Istun ja nukun.

- *Sinun pitää teettää sitä !*

27. - Niin / koneella. Ensin jäsentää ne kaikki / että hyvin sitten mennee.

*

Discours B

Situation : Veillée au coin du feu ; entretien à "bâtons rompus" avec un (ami) responsable local sur l'importance respective à donner aux deux langues : acquisition des langues (avant et après l' instruction obligatoire), insertion dans la société, lutte contre l'acculturation.

- *Mistä olet suomea oppinut ?*

1. - Äitihän on opettanut niitä aakkosia. Niin .... Kun sanotaankin että äiti aata opetti / isä iitä opetti. Niin on vanhassa aapisessa semmonen sanonta. (...) Se aapinen ? Joo (...) aapiskukko päällä / ja punainen mökki jonka päällä se aapiskukko seiso.

- *En sitä nähnyt ...*

2. - Ei / tietenkin. Se on monta kymmentä vuotta kun se on lakkautettu. Se on niin vanha aapinen että sitä ei löyty nykyisissä painoksissa.

- *Oliko se kiertokoulu ... ?*

3. - Se OLI kiertokoulu / kiertokoulua minä olen käynyt. Joo. Ja kiertokoulussa minä olen oppinut tavaamaan ja lukemaan ja ....

- *Oliko suomea vai saamea ... ?*

4. - Se oli kyllä suomenkielinen opettaja / kiertokoulun opettaja että .... että siellä joutui niin kun pakosta oppimaan suomeakin. Jo-o.

- *Puhuitko saamea kotona ?*

5. - Minä puhuin saamea vanhempiani kanssa kyllä / mutta kiertokoulussa / kun se oli kiertokoulun opettaja .... se oli pariskunta joka piti kiertokoulua. Hänen rouvansa .. hänen miehensä ja rouvansa ne puhuivat suomia / ja niitä minä opin sitten suomen kieltä siinä koulussa / koska se oli koulukielenä suomen kieli.

- *Eikö ollu ollenkaan saamen kielen opetusta koulussa ?*

6. - Ei vähäkään ei vähäkään. Minä olin oppinut saamen kieltä tässä näitä / isä ja äiti / jotka olivat täysin saamenkielisiä / minä olen oppinut niitä sen saamen kielen / ja sitten sitten opiskelun kautta / minä olen oppinut tuntemaan noita saamenkielisiä kirjaimia ja kaikkii tuommoisia. Ei / ei siihen aikaan opetettu tuota saamen kieltä / ei lainkaan / se oli suomenkielistä aakkosista lähetty .... lukemaan / ja sitten oli aapisessa tavaaminen / ja niitä sanoja. Ensi piti tuntea sitten niitä kirjaimia / ja sitten vasta rupea tavaamaan ja yhdistämään niitä sanoja sitten .. lauseita. Ja sillä tavalla .... Ja sitten kun saatiin lauseet yhdistettyä / sitten tuli lukuharjoitus. Ja lukuharjoituksen aikana tuli tietenkin sitten niin kun sisälukemista / että piti lukea kirja noin sisältään / niin kun tässä luetaanki. Ja sitten kun pantiin määrätty kappale sitä läksyä / sen piti osata sitä niin kun ulkoa lukeman. Se oli niin kun tänä iltana olisi että koulu loppui / huomiseksi pantiin vaikka ensimmäinen käsky huomiseksi pantiin läksy. Sen piti osata sitten niin aamulla tuota oikein SUJUVASTI ulkoa lukeman. Ja me tehtiin ankarasti kuule TÖITÄ siihen aikaan / lapset / että sitä luettiin katkimusta hyvin ahkeraa / ja sillä perusteella / ja sitten tuli oppia sen että piti sanasta sanaan osata ulkoa / ellei sitä osanut se joutui jälkiistuntoon. Ja se oli tehokas. Jälkiistunto. Ja pahimmissa tapauksissa pantiin NURKKAAN seisomaan. Jo. Hi hi hi !

- *Millainen koulu ... ?*

7. - Se oli kiertokoulu / sellainen niin kun sanotaan katekeettakoulua. Niin kun sanottiin katekeettakouluksi. Kun niitä oli katekeettoja.

- *Kauanko kesti ennen kun osasit suomea ?*

8. - No kyllä se meni tietenkin jotakin kaksi kolme vuotta / se aina vuotessa pidettiin tuota kaksi kolme viikkoa kiertokoulua .... Se oli aika VÄHÄN kyllä / mutta .. ja sitten tuota kova oma harjoitus oli siinä mukaan että sitä luettiin / ja kun tuli niin paljon lukuharjoituksia se kiinnosti tuo lukeminen ja sen kautta sitten tuli sitten kielitaito ja lukutaito myöskin lisääntyi.

- *Mitä siellä opetettiin ?*

9. - Siellä oli kuule yhteenlasku / vähennyslasku / kertolasku / jakolasku .... ja kymmenesluvut vielä oli mutta muuta ei ollut.

- *Oliko suomalaisia lapsia ?*

10. - Ei ollut / meitä oli kuule tässä Vetsikon lapsia kaikki. Kiviniemessä oli sen verran taloo / kun tästä lähtee tuota Nuorgamiinpäin / siellä missä Hellevi asuu / siellä oli poika ja sitten kauempana oli yksi tyttö tuolla Välimaasta joo-o / ja se asui tuolla näitten naapurien luona. Ne otti vastaan sille aikaan niin kun oman hoitonsa siinä .. niin kun täysihoitonsa kouluajaksi niitä jotka tulivat siellä kauempana. Ja ne kävivät koulua tuossa meiän vanhassa kammarissa tuolla pirtissä pidettiin kiertokoulu / ja tuossa missä Anja asuu siellä kammarin puolella.

- *Ei ollut niin paljon tilaa !*

11. - Ei ollut ! Minä muistan että kuule että se oli tommonen lautanen neljän viiden metrin lauta sitten / ja sehän pantiin pukkien päälle sitten / ja se oli jotakin kuuden seitsemän tuumasen levyinen lauta ja sitä höylättiin ja se oli meille niin kun kirjoituspöytä. Sehän pantiin pukkien päälle sitten ja kun kirjoitti se kyllä tietenkin notkui. Ha ha ! Minä muistan sitä / pojat / kun meiän pöytä meni aivan kaarevaksi !

- *Entäs kotona, ettekö ollenkaan puhuneet suomea ?*

12. - Ei / ei yhtään puhuttu näitten vanhusten kanssa.

- *Oliko suomenkielisiä leikkitovereita ?*

13. - Ei / ei ollut / ei mitään mitään ollut. Oli sitten jäljestäpäin sitten / oli kyllä tuossa jälkeen loppuajoilta / kun se koulu loppui sitten / oli kyllä katekeetalla ottopoika / se oli supisuomalainen / minä muistan / se oli Apiel Keskitalo / se oli ottanu niin kun sukulaisiltaan ottopojaksi. Se oli orpopoika se Apiel Keskitalo / se oli ottanu ottolapseksi sukulaisiltaan sen pojan ja / se kulki tietenkin täällä ja / ja oli täällä mukana / oli tä veljeni mukana kans / kävi tuolla riekkomettässä / ja se puhui vaan suomea ja siitä opittiin tietenkin lisää suomen kieltä. Mutta muita suomalaista .. suomalaislapsia ei siihen aikaan ollut. Ei ollut kun yksistään tämä Apiel Keskitalo vainaa. Se kaatui sodan aikana.

- *Osasivatko vanhempasi suomea ?*

14. - Kyllä osasivat. Äiti oli tietenki .. kun hän oli käyny tuota kansakoulua / siihen aikaan oli Outakoskella kansakoulu / hän kävi kansakoulua ja pääsi kansakoulusta päässötodistuksella ja meni sitten kätilöopistoon Helsinkiin. Ja hän oli siellä oppinut tietenkin suomen kieltä. Ja isä oli oppinut kyllä suomen kieltä. Hän kirjoitti suomen kielellä ja myös saamen kielellä. Siis / minun isäni se oli joka osasi tuota saamen kieltä kirjoittaa. Siitä minä olen tosiaan oppinut se saamen kielen.

- *Keneltä hän oli oppinut ?*

15. - Hän oli oppinut N.B. Holmbergilta / joka asui tuota Nuorgamista joo / siinä missä nykyinen rukoushuone / se on ollut siellä katekeetta / ja sekin kulki siihen aikaan / se kierti näitä kyliä ja piti niitä katekeetan kouluja / siis minun isän aikana / ja se opetti niitä sen .... hän oppi sitten niitä .. siltä sen kirjoitustaidon / ja sillä oli niin KAUNIS ja kaunokirjallinen käsiala siltä Holmbergin vainaalta että .... jos mä löytäisin niitä papereita / mä näytäisin Jocelle minkälaista ....

- *Kirjoitustapa oli varmasti erilainen kuin nykyään ?*

16. - Oli tietenkin kato silloin käytettiin tätä / tätä norjalaista ortografiaa. Se oli sitä norjalaista ortografiaa mitä käytettiin kirjoja .... noin -no mitä kirjoitettiin.

- *Mutta sinä ymmärrät sitä kuitenkin ?*

17. - KYLLÄ minä ymmärrän / kyllä KYLLÄ.

- *Sinä tilaat myös lehtiä ?*

18. - Kyllä kyllä / ja minä tuota / jos joku kirjoittaa saameksi minä kyllä osaan lukea. Ja kirjoitan minä saameksi / jos tulee tuota tosi tarve / mutta hyvin HARVOIN tulee saamen kieltä tuota käyttöksi.

- *Mutta nykyään on jonkulainen saamen kielen opetus kouluissa ?*

19. - Se on hyvin VÄHÄN / nykyiset ne opettavat kouluisesti saamen kielen. Se on .... mitä se on viikossa ? Onko se kaksi tuntia muistaakseni. Ja Maarithan on siellä / Inarissa kansalaiskoulussa oppinut saamen kieltä / se on tämä Pekka-setä / hänen opettaja / hän on saamen kielen tuntiopettajana ollut siellä kansalaiskoulussa. Se on oppinut SETÄLTÄÄN sitä.

- *Onko opetus tehokasta, rohkaiseeko nuorisoa ?*

20. - Kyllä näin on / näin on asian laita / sikäli kun minä olen huomannut että monet Sabmelaš-nuoret ovat jopa ruvenneet kirjoittamaan Sabmelaš-lehteen niitä omia kertomuksia. Että kyllä se rohkaisee ja tulevaisuudessa rohkaisee enemmän jos sitä saadaan tehostettua. Niitä pitäisi olla enemmän tuntia niin .... viikossa että / että saamen kielen taito tulisi opittua noin vähän .. lyhyemmässä ajassa. Tietysti sen tietää jos on vähän tuntia / että se menee se se oppi .. oppiaika se tietenkin menee niin pitkäksi. Mutta jos niitä lisätä niitä tuntia / sitä nopeammin oppii .... niin .... sen lapin kielen taidon käyttämään omaksi hyväksi.

- *Te käytätte kotona saamea ?*

21. - Me puhumme saamea / jo / puhumme saamea vaan.

- *Ja rajan toisella puolella ...*

22. - Jo se on saamen kieltä / se on saamen kieltä / jo / niin kauas kun päästään saamen kielellä kyllä koetaan sitä.

- *Minulla on sellainen käsitys, että saamen kieli säilyy paremmin Norjassa.*

23. - Kyllä / minä olen samaa mieltä. Se on kuule tässä meiänki keskuutessa sanottu että ne saamelaisvanhemmat / molemmat ovat saamelaisia / että ne solkkaavat lasten kanssa suomen kielen. Opettaisivat heille sitä tuota omaa äitinkieltä se olisi paljon höydyllisempi ! Eihän ne lapset opi koskaan tuota saamen kieltä puhumaan kun ne joutuu siellä koulupenkistä vasta oppimaan sitä saamen kieltä. Siinä tehtään suuri .... VÄÄRYYTTÄ ja VIRHETTÄ lasten suhteen ja yleensä Sabmelaš-kulttuuria kohtaan että jos hävetään tuota omaa äitinkieltä / että sitä ei uskaleta puhua lasten kanssa / mikä on niin suuri merkillinen asia tuota lasten oppimiseen saamen kielen taidon.

- *Sinä tunnet ihmisiä jotka ovat saamenkielisiä eivätkä opeta lapsilleen ...?*

24. - Minä tunnen niitä kyllä / meiän keskuutessa.

- *Miksi he eivät sitten ?*

25. - No / ne vetovat siihen että saamen kielellä ei ole mitään merkitystä / että se on melko parempi että ne oppivat tuota suomea paremmin kuin saamea / että saamen kieli tulee tulevaisuutessa häviämään. Ne sanoo sillä ə .. että sillä ei ole minkään merkitystä / mutta minä olen päinvastoin siinä mielessä että siinä on niin suuri merkitys tuota .... kulttuurisuhteen. Jos saamen kieli pitää häviämän / sitten hävii koko Lappi ja saamen heimo / ja kaikki ne elintavat ja sen kulttuuri.Joo / se on kieli joka / kieli se on joka pysyttää sen kulttuuri. Eikö ole näin asian laita ?

- *Kyllä kyllä. Samaa mieltä olen.*

26. - Ja minä olen monesti monille vanhemmille tuota huomauttanut / että "puhukaa TOKI lasten kanssa saamen kieltä että lapsennekin osaisivat sitä saamea mitä te itse puhutte." Mutta se on niin huonoa sitten että / ja ikävää vielä / että jotkut eivät osa oikein sitä suomeakaan puhua / ne puhuvat sitten semmosta suomea että lapset eivät pysty KOSKAAN puhumaan kunnon suomea. Siinä on vaikka mitään sanaa seassa. Siinä on lapinkielistä sanaa ja suomenkielistä sanaa ja / jopa norjankielistä sanaa. Se on semmosta soppakieltä mitä ne harjoittavat lapset.

- *Olisiko silloin parempi heille puhua saamea ?*

27. - Jo / se olisi paljon parempi että ne puhuisi saamea.

- *Kun he kuitenkin oppivat koulussa ...*

28. - myöhemmin ne oppivat suomea / jo / kun ne tulevat suomalaiseen kouluun että siellä on pakko oppia suomea.

- *Mutta on vielä muitakin ...*

29. - on kyllä / niitä on kyllä vielä paljon. Ja samoin kun tämä opettajaperhe tuolla Nuorgamissa ..... tä .. tä .. tä Järvensivun perhe / niin kun me eilen kuulimme / että ne puhuvat lasten kanssa saamea ja heidän lapset puhuvat aika hyvin saamen kieltä / se Pigga ja se .... joka osaa puhua / se puhuu niin selvästi saamen kieltä. Ja minä kunnioitan niitä / että hyvä on että näin on.

- *Sitä paitsi ei kohta kannata enää opettaa saamea, jos Lappalaiset itse sitä unohtavat !*

30. - Niin / niin se on / se on selvä / sitten tulee semmonen kuulemma eteen että ne suomalaiset opettajat jotka tulevat tänne saamalaisalueelle jos tulee pakolliseksi tämä lapin .. saamen kielen opetus kouluissa / että heidän täytyy mennä sitten saamen kielen kursseihin joko Oulun yliopistoon / siellä Helvi Poutasuo opettaa heille saamen kieltä .... Ja sen tietää että minkälainen saamen kieli heidän .... niin kun vieraskielinen rupee opettelemaan saamen kieltä ettei siitä tule niin selvää se sanasto sitten / ei / siitä tulee semmosta / semmosta kun se onkin. Kun tämä kantasaamelainen / joka on oppinut kotona aivan lapsuutesta asti saamen kieltä / se kyllä puhuu aika sujuvasti ja hyvin saamea / ja tietää kaikkilaisia niitä vanhoja saamenkielisiä sanastoja. Mutta tuolla tavalla että jos se menee noin että suomalaiset rupee oppimaan saamen kieltä että siinä tulee niin paljon suomalaista sanastoa että se / se loppujen lopuksi pilaa koko sen saamen kielen. Ei siinä ole enää mitään merkitystä. Siinä sataa olla puolesti suomalaista sanaa siinä pitemmän ajan päällä.

- *(...)*

31. - Kyllä pitää. Siinä se onkin / että me ollaan niin KÖYHIÄ sitä lapin kieltä että niitä vanhoja sanoja on unohtettu / että niitä ei ole enää paljon missään / kyllä minä muistan sen ajan kun oli niitä vanhoja ihmisiä / varsinkin tuolla Norjan puolella / ne käytti paljon sitä vanhaa / sitä oikeaa aitoa .... saamenkielisiä sanoja .... mikä nyt on mullaki aika paljon kyllä unohtanu / mutta kyllä minä paljon tien niitä saamenkielisiä sanoja mitä nykyaikainen nuoriso ei osaa / ei Pentti eikä Maarit eikä Antti. Kyllä ne kysyvät aina että jos minä sanon jotakin saameksi / että semmosta outoa sanaa että "mitä isä se tuo merkitsee" / ja minä sitten selitän heille mitä se merkitsee.

- *Ne eivät ehkä lue tarpeeksi ?*

32. - No niin / siinä se onkin / he eivät tuota seura sitä saamenkielis .. lue saamenkielistä kirjallisuutta / he eivät sitä lue / niin se onkin että kun täällä tuo Nuorttanaste se on kokonaan saamenkielinen / ja niin se onkin se Sabmelaš-lehti mutta he eivät välitä siitä tietenkin / kun heillä on niin kankea ja hankala sitä tutkia / kun ne eivät niin oikein OSAA sitä. Eivätkä he ole kiinnostunut siihen saamenkieliseen kirjallisuuteen !

*

DISCOURS C

Situation : Lecture, traduction en finnois et commentaire d'une nouvelle parue dans la revue lapone *Sabmelaš* (1943) : "Suoldnisâvu". Les mots lapons sont soulignés. La traduction finnoise apparaît comme citation.

- *Mikä on sâvu ?*

1. - Sâvu on tommonen .... Sâvu on tommonen hiljainen vesi / se on tuota / koski tulee semmonen johonkin / vesistöön laskee ja / sitten tulee hyvin semmonen laiska vesistö / mikä on niin hitaasti virtaava .... ja semmonen pitkä .... pitkä kapea / sitä sanotaan sâvuniksi / ja taas jos se on oikein tuota leveä / se on niin kun järvi taika sanotaan lompoloksi.

- *Kosken jälkeen ?*

2. - Joo se on kosken JÄLKEEN / joo .... suvanto. Se on heti kun koski loppuu ja / ja kosken niskaan se päättyy suvanto. Alkaa koski / ja koski / kun se laskee taas tuo .. hiljaiseen veteen / siitä alkaa suvanto. Mikä .. jota taas sanotaan laiskaksi veeksi. Joo .... Virtaa kyllä mutta / hyvin laiska. Se koskessa menee niin .... oikein nopeasti / sillä on tuota jyrkä lasku. Suoldnisâvu / se on .... joo / se on halla kyllä tämä suoldni / mutta tämän .... tämän voi kyllä sanoa / murkusâvuksi. Murku jo !

- *Tat kolluta tego speâdjal ... ?*

3. - Se on tommonen joka antaa kiiltoa / se antaa kiiltoa joko maisemaan taika aurinko taika jotain tommosta joo / se antaa semmosen kuvastimen / kuvastaa kuin peili / se on siis "kuvastaa" / niin kun veden kalvo yleensä kuvastaa / joo veden kalvon kuvastus.

- *(... ?)*

4. - Vuolaða keäva ? Se on niin kun .... puukolla tuota .... tuota .... vuollaan käpyä sitten .... tuota vuolee käpyä tekee käpyä / se on niin kun puukolla tehhään käpyä / se on semmosta vuolemista puukolla. *(... ?)* Se on kyllä vuolaða. Tähän tulee se "ð" ja .... justiin joo. Ja käpy on käpy jolla kudotaan verkkoa.

- *(... ?)*

5. - Se on tämä Erkki / joo / se vanha mies / se vanha isäntä joo.
"ja naapuri Erkki istuu / tuvassa / pitkän penkin päällä mikä on uunin vieres

sä. Ja tuli palaa uunissa / tuli palaa siinä suuressa kiviuunissa / mikä on muurattu tuvan perällä ja vuol .. vuolee .. vuolaa / ja vuolee / ja puukolla vuolee käpyä / taika veistää mitä on. Varmasti hänellä on aikomus kutoa verkkoa."

- *(... ?)*

6. - Vissa ? Joo / varmasti. Vissa / sihkka .... tämä on / tämä kyllä kuuluu näitä / "ILMEISESTI". "Ilmeisesti" hänellä on aikomus kutoa verkkoa." Se on oikein iloinen se äijä / että nyt kun tuli kevät / että nyt pystyy rupee kalastamaan.

- *Mikä on miba talgis ?*

7. - No / "mitäpä NYT kun tuli kevät" / "mitäpä NYT". Joo talgi sitä voisi kyllä niin kun .... se on niin kun / "sää" tai "säätä".

"Mitä nyt / kun tuli kevät. Tuli kevät ja vedet .... tuli kevät sulinen vesinen ja vedet sulivat ja täytyy nyt alkaa kalastaman."

- *(... ?)*

8. - Hui toaimmast / se on nyt "hyvin toimessa". Se on niin kun "tulivat hyvin INNOSTUNEENA." Ehkä "toimessaan."

- *(... ?)*

9. - Mattaš se on Matti. *(...)* Joo / se on niin kun "Pikku Matti" joo. Taika "Matti" / se voi kyllä olla "Pikku Matti" myös.

"Mikä teillä on ? kyseli Erkki hämmästyneenä / ja hän pudottaa veitsensä lattialle. Me olemme nyt nähneet kaksi vesilintua."

10. Miksi me panimme tämän Suoldnisâvu ? *(...)* "Hallasuvanto" joo .... se voi panna kyllä "murkusuvanto". Halla on .... se on murku taas / josta se muodostuu HALLA. Mutta se on murku siinä on sekä kylmä että .... että lämmin. Lämmin ilma on myös murku. *(...)* Joo / joo se on sumu.

"Että me lähemme hiipimään ..."

11. Joo / hiljaiseen ja noin hiipää .... niin kun tuolla pensaitten takana / ettei ne pitä huomata. Hiivitään noin oikein .... oikein niin kun .... metsästäjä tekeeki. Se menee noin aivan mahalle ja siellä .... ryömii pitkin kenttää siellä piiloissa noita kanervien takan / taika jotain tommosta .... tommosta paikka hakee missä ei pitä huomata ne linnut. Joo / taika jotain otus on. Joo .... ja hyvin hiljainen ettei pitäis olla minkälaista tuota .... rasahdusta tai mitään tämmöstä melua ja meteliä.

"Ne meni kenttään .... lataamaan .... niitä panoksia. Ja silloin Uulan poika Samuli otti pyssyn / ja panostarvikeita ja meni kenttään .... lataamaan haulikonpanoksia. Juoksa oli siinä / niin kun asiantuntijana miten työ edistyi. He latasivat siinä / neljä panosta ja panivat niitä hauli .. sen panoslaukkuun .... ja pistivät niitä panoslaukkuun."Ota Samuli tämä pyssyn" sanoi Jooseppi / ja itse heitti panosäkin viilekkesen. He lähtivät hiipimään / hyvin hiljaa .... se on suvanton ranta että ei pitäis vesilinnut huomata / kun hiljaa .... he tulevat hiljaa jokirantaan. Siinä on Mattaksen vene."

12. He ottavat tietenkin luvatta siitä Mattaksesta sitä venettä / se on se Mattas sehän on .... se on tämä .... se on Jooseppi se Mattaksen poika.

"Nyt on isä nukkumassa sanoo Jooseppi / mehän otamme tämän veneen / hän ei tie siitä mitään kyllähän tietenkin hän ei antaisi meille kyllä veneensä" sanoi Sammeli. He työntävät veneen .. he työntää venettä joelle / ja lähtevät soutelemaan suvantoa ylös." *(...)* Tyyni joo. "Ja oli tyyntä suvannolla .. tyynelle suvannolle .... ja siitä eteenpäin sumuiselle suvannolle mistä he olivat nähneet aikaisemmin niitä vesilintuja. "Älä kolistele" sanoi Jooseppi .... "Älä kolistele Jooseppi" sanoi Sammeli joka on valmiina veneessä .. veneen pohjan päällä / ja haulikko .... on tähtäysasennossa .. käessä tähtäysasennossa. He tulevat sumusuvannon alapäähän / niin sanoo Sammeli: "Tuollahan ne näkyyhän ne linnut ne näyttävät olevan että ne on .... että ne on koskelot. "Jooseppi kuule mitä Jooseppi kuule käännä venettä alaspäin / ja ala huopata / hyvin hiljaa ylös !" Niin Sammeli meni .... ampumaan .... polvilleen .. ampumaan asentoon / otti pyssyn käteen ja sekä panokset .. panos .. panoslauk .. otti panokset viilekkestä / sen suuremman ruutipanoksen. Hän otti sen suuremman ruutipanoksen / ja pisti tämän piippuun .. joo pyssynpiippuun / veti pyssyä vieresen ja asetti pyssyn perän tähtäysasentoon ja alkoi tähdätä."

13. Stohkanirrii / nierra on tämä / tässä on ihmisellä sen nierra *(Poski ?)* Joo kun tähdätään. Niin kun pyssy kun pannaan / niin jotkut panevat tähän se pyssy.

"Ohja venettä lähelle niitä lintuja" sanoi Sammeli kaverilleen. Jooseppi soutaa eteenpäin / silloin Sammeli ampuu .... silloin Sammeli ampuu / niin että vene tärähtää. Ja itse kaatui veneen pohjan päälle kun pyssy työntäsi niin kovasti hänen olkapäälleen."

14. Niin kun yleensä tekee / kun on haulikko että / jos se on tässä oikein tiukasti kiinni / että se on kova paino / se kyllä työntää että saattaa murtaakin tätä / tätä luuta että .... Joo / se pitää olla hyvin / se pitää osata sitä käyttää panna niin että se ei anna minkälais .... ettei se pääse siitä tuota ilman painetta / tuota tähän väliin sitten.

"että kun se haulikko työnsi ilmanpaineen takia niin kivasti olkaluuhun että Jooseppi kaatui venesen"

15. niin se ois tässä pitänyt olla

"sitten Sammeli ampui niin että vene tärähti. Ja haulikossa .... ja haulikon ilman paine oli niin kova / että Sammeli .. että Sammeli putosi veneeseen. Jooseppi hämmästyi / että miten kaverille on käyny "joko hän on .... joko hän on loukkaantunut" ajattelee Jooseppi / kun hän siitä .... selviää ja niin huomaa miten veneelle on käynyt. "Kyllä se olis kun ammuit isän veneestä sen keulan pois" huusi Jooseppi Sammelille. Mutta Sammeli oli myös tullut tajuihinsa ja kontannut etukokkaan / ja kurkisteli veneen laidan yli suvantoon .. suvantoon päin. Mutta hän hämmästyi niin kovasti ettei saanut ääntä / ettei saanut ääntäkä *(...)* joo / ei pystynyt ääntämään. Ja ne kaksi koskeloa lähtivät lentämään .. lentoon."

- *Onko koskelo sama kuin kaakkuri ?*

16. - Kaakkuri se on kuikka / tässä kyllä ne oli kuikat !

"ne kaksi kuikkaa / pelästyksissä lähtivät lentämään huutain .... päästäen huutoäänen yli Stivlitunturin."

17. Stivli / on tommonen .... mikä se onkaan ? Miksi sitä sanotaan ? .... Stivli / se on niin kun masto / laivassa on masto. "Mastotunturi."

> "Silloin pojat lähtivät soutaen huonolla omallatunnolla kohti rantaa sillä rikkimenneellä .. särkyneellä veneellä. Silloin pojat lähtivät sillä rikkinäisellä veneellä. Jooseppi sanoi "Kyllä isä on meidän päälle nyt vihassa / kun näkee miten se .... miten veneelle on käynyt / ja se sitä ankarammin kun me olemme sitä .... ilman lupaa ottanut sitä venettä. Mutta toinen sanoi "mehän viemme sen veneen Erkki-setän luo / ja pyytämme että se korjais sen. Hän on niin avulias ihminen / kyllä hän ei kauan viivy tuossa / ennen kun se korjaa veneen / ja panee sen kokan paikoilleen samalla tavalla" sanoo Sammeli."

18. Starru / on se veneen kokka. Se on niin kun .... sanotaan tommonen on vene .. .. tuossa noin .... sitten kun se poika tähtää siitä / kun se vene tietenkin se heiluu tuolla tavalla / se sattu silloin laukasemaan juuri kun se kokka tuli niien lintujen kohal. Se kävi kuin .... se sattui se veneen kokka justiin silloin tulemaan lintujen kohalle silloin kun se Sammeli ampui / ja se meni se kokka / se sattui siihen kokkaan se haulikon panos / ja se särki sen kokan ja / linnut ne pääsi / lähtemään lentää. Ne eivät osuneet niihin lintuihin. Joo.

> "Me emme sitä tee kyllä isä sen huomaa heti" sanoi Jooseppi. "Me panemme sen piiloon sinne suvannon törmän alle / ja peitämme vaivaiskoivuilla .. vaivaiskoivuilla pannaan piiloon." Ja he vetivät sen veneen ylös törmän päälle .. ei / törmän alle."

19. Niin se on tommonen törmä / silloin kun on liballa / ne veivät sen liban alle ja / ja niitä vaivaiskoivuja mitä tuolla on tunturissa tuommoista .. tuonmittaista tuota kanervaa. Ne kiskoi sen sieltä ja / ne ottivat tietenkin niitä ja niillä panivat .. peittivät sen / niin ettei se pitä mihinkään näkyä se.

> "Ne peitti niillä vaivaiskoivuilla ja se meni niin että ei se pitä missään näkyä. Niin meni heidän metsästysreissunsa niin .... huonosti. Kyllä siihen loppui se .... loppui se urheilu."

*

Discours D

Situation : Dans une salle de ferme. Conversation téléphonique entre un constructeur de barques de pêche du village (Vetsikko) et son client au bourg d'Utsjoki. Seules les paroles du premier sont perceptibles.

- *(...)*

1. - Joo. Millä lailla ? Ja tuo .... niin kyllä se lattarauta. Se on tämä putki on paljon lujempi. Jos se jotakin koskee niin se ei taivu niin herkästi. Ei.

- *(...)*

2. - Onko sulla huomenna ? .... Mutta minähän voin soittaa. Jos sinä voisit vaikka .... Niin minäki.

- *(...)*

3. - Se on kuule sillä lailla että se on kuule maalaamaton. Ja tuota .... Ei oo valmis. Ku minä en viitsi vielä ruveta. Ja se Laiti. Kyllä. Joo joo. Niin. Ei se kyllä .... voi tehtä --- pitäis --- Kyllä / se vene pitää kestää ulkoilmaa ja .... Kyllä se siinä. Joo. Joo. Kyllä.

- *(...)*

4. - Mutta sinähän voit. Sinähän tuota .... voit sen ainaki käyä katsomassa ja katso sinä jonneki sen viet. Minä tosiaan .... Kyllä se huomenna.

- *(...)*

5. - Ei mulla siinä puutu enää ku muutama teline ja .... On on. Kyllä minä huomenna sen valmistan .... että minä pääsen eroon. Joo ja minä oon tehny ite niitä rautahankaimia / samantyyppisiä ku ne joita Laitilla .... Joo juu. Minä ku se on niitä niin hankala ne ainaki kyllä se keväällä jostaki saapi. Mutta mutta .... Jos on vähän kovempi käyttö niin ne kyllä pitäis vaihtaa ainaki yhtelaaki kesäksi. Nehän kuluu.

- *(...)*

6. - Kyllä niit saa. Kyllä ne sanovat että saa. Tosiaan ne on niin lyhytikäisiä .... joo mutta minä oon tehny tuota ....ku minulla on tässä semmoisia hankaimia .. .. rautasia. Niillä on souettu parikymment .... ainaki kakskymmentä vuotta. Ja ne ei oo tuota .... sentään niin pahasti kuluneet. Että minä tein tommosta .... Jussille minä hitsautin. Joo kyllä ne ajaa sen joo. Niin. No minä oon aatellu kaks tuhatta. Noin niin ku valkosena .... puuvalkosena. Sinähän se / tietenkin totiat / että onko se / semmonen / jolla pärjää. Mitä ? Niin mutta ainakin se ulkonäön mutta en minä / senhän minä kyllä tien sen että veen pitäyyden tietenki. Onhan se hyvä asianomaisen joka ostaa niin .... Sinähän ostat edustajana.

- *(...)*

7. - Mitä ? Joo. On se muka .... Minullekin parempi ku on näin että ei kissaa säkissä. Joo. Joo. Ja minä soittelen huomenna jos sinä oot kotona niin iltapäivällä jos minä kerkiän. Kyllä minä kerkiän niin. Joo. Joo ja kyllä ne ei voi jättää valttia --- ulkopuolella on niin helpo vaikka kerran sen verran että ei mene mitenkään pilalle. Joo. Kyllä se tosi on että .... Joo. Se se kyllä tosi on että kyllä se muuttaa väriä. Joo. Joo. Kyllä se niin on. Joo. Kyllä se tosi on että kyllä se muuttaa. Niin. Joo. Värit on valttia. Ja sitten valttikoodit. Se on kyllä tosiaan se väritön valtti. Minä vein sitä omaan veneeseen. Ja minä kyllä aika monta kertaa vein sitä. Se kyllä uppoaa. Jaa. Kyllä se on / mutta ei sitä .... ei sitä tuota jatkuvasti sillä seleviää. Mä sanon sulle että se on kyllä ....paras kun sinä oot valttanu sen hyvin. Jos sinä .... niin se on miten sillä valttaa / kato se ottaa sen tervan siellä. Joo joo se on oikein. Mutta kun sinä puhut sitä se ei tietenkin ihan kuivaa ollu / mutta jos näin myöhään keväällä valttaa ku se on oikein tuota .... ravistunu / ei se tartte olla paljonkaa / mutta kato sitä jos panee kovasti siinä kun se seisoo niin se menee läpi ja se .... Se kyllä tosiaan tekkee sen.

- *(...)*

8. - Niin. Mutta ei se tosiaan niin kyllä se .... Joo. Niin. Joo. Se on aina vähän kostea mutta .... Mitähän jos tosiaan se kyllä sen tekkee että se kyllä kutistuttaa puun. Joo näin se kyllä lähtee / se terva kyllä tosiaan / jos on oikein ravistunu.

- *(...)*

9. - Minä kyllä / mull on kokemusta siitä. Jos tuota .... oikein oikein kuivaa. Joo minä aattelin että se on sitä parempi mitä kuivempi ja se kyllä vetää niin hirviesti.

- *(...)*

10. - Joo. Mutta ei se kyllä pilalle mene kyllä se mutta että se keväällä ku ravistuu vähän aikaa turrota. Minä soittelen huomenna. No hei !

*

Discours E

Situation (prétexte) *:* Discours solennel de remerciements adressé par la maîtresse de maison à son hôte (l'enquêteur). Le micro est resté branché à son insu, tandis que la conversation était orientée sur les talents oratoires individuels, les rapports de voisinage, la pratique linguistique antérieure.

1. - Me olemme hyvin iloiset ja kiitolliset että saimme niin kaukana meille hyvän ystävän ja iloisen neitosen / jonka jäämme ilolla ja kaipauksella muistamaan hänen intoa ja oppivaisuutta / josta jäämme hänelle kiitollisuuden velkaa hänen nöyryydestä ja iloisesta mielestä. Toivotamme hänelle hyvää vointia ja kaikkia hyvää hänen opintielle.

- *No, hyvin meni !*

2. - Jo-o / jos minä olisin tuota aikaisemmin tiennyt kirjoittaa kaikki mitä me sinusta olemme saanut / ja oppinut ja nähnyt ja

- *Mutta minähän teiltä olen saanut ...*

3. - Kuule ! Sitä oppii nähdä miten ihminen voi olla tuota eteenpäin pyrkijä ja sitten innokas ja harrastavainen se on kaikki oppiva tuo toisille / se on hyvin hyvin tuota oppivaista sekin että kuinka voi ihminen olla ...

- *Joo, mutta tekin olette monista asioista kiinnostuneita !*

4. - Jojo / se on hyvä että mekin saimme monta me saimme monta sinulla kuulla ja .... ja / niin kun minä osaisin niin hyvin puhua ...

- *Osaatpas ! Sinä osaat kertoa, Aslak osaa selittää ...*

5. - Jo se OSSA isä paljon tuota kertoa .... se on kun se osa niin paljon lukia ja sitten se tietää ne vanhoja asioita niin paljon. Jo-o / ja niin miettivästi puhhuu .... puhhuu .... että niin miettii miten se oli -joo niin se on ! Moni sille aina kyssy kyssy tuota tän Lapin olosuhtee ja muu semmosta joo .... hän osaa paremmin suomea. Sehän ossa kertoa / enhän minä niitä kaikki asioita osaa suomeksi enkä tietä mikä se nimi on suomeksi. En tuotakaan muistanut .... tuota .... tuota että sehän oli Ruotsin kuninkaan kivi. Minä sille / joka minua haastatteli / minä "Norjan kuninkaan kivi."

- *Joo, se on toisella puolella.*

6. - Onko se täällä se ? *(...)* Se on tuolla ? .... Joo / juu. Ja tässä on Ruotsin kuninkaan ? Joo / ja tuo on Norjan joka on tuolla alhaalta missä lienee.

- *Kävelimme aivan lähellä kerran ...*

7. - Joojo / niin onkin siellä / mutta en minä muistanu KOSKAAN että käydä siellä isän kans .... Viime syksyllä ongimme siellä / mutta en minä muistanut KOSKAAN kysyä että missä se on.

- *Itse olet kiinnostunut muusta : kerrot elävästi kaikista tapahtumista ja*

8. - jo ! Minulla on se luonne että minä annan KAIKKI ulos niin kato minä oon sem .. niin kun silloin kun minä kerroin tuolla ei tehnyt hyvä toimentulo / minä toisille kerroin niin kun turisteille jotka täällä kulki / nehän sitten osasivat auttaa meitä / eihän ne ihminen .. ihmiset ....niin kun tuossa naapurinkaan rouva / eihän ne toiset tietä auttaa jos toinen itse ei sano jotain eikä kerro vaikeista asioista *(...)* niin se on / enkä minä SEN TAKIA kerro että ne pitää minulle jotain antaa EN / mutta kun nekin kyselee sinnepäin niin minä sitten tuota että minkäslainen suhte ja miten te tulette toimeen / silloin on helpoa minulla kertoa .... Ei isä semmoisia kaikki kerto jo-o ei SE / ja kato minä heti kun kerroin tuolla Niemistön Pentille tuota tuota rahapula kun velka on päällä / sekin painosti tuota kun ostimme sitä moottorikelkaa / ja justiin tulossa ja umpeen jo menossa se maksuaika / no minä kerroin sitä / Elina sanoi että kyllä ne järjestää asian. Kato sehän teki vuokraa / sanoi Aslak Uulalle kun hän kävi tuossa "nyt kirjoitetaan vuokrasopimus." Sitten ne antoivat ********** / maksoivat sen vuokran sitten / se on heillä sillä lailla / se pitää Elina niin että toiset voisivat auttaa ! *(...)* Niin .... niin ! Sitten saimme sitten sen moottorikelkan maksetun kun nuo antoivat ************ / vuokra maksettu etukäteen. Minä olen semmonen / minä puhun KAIKKI suoraan / ei se ole mikään minusta ei se ole mikään loukkaava asia / etteihän se ole ihmisen oma syy kun köyhyys on / miksei voi olla sekin ihmisen oma syy jos ei viitsi työtä tehdä / joo / mutta eihän kaikilla ole tuota tuo varakkaisuus. Mutta nyt on meillä taas paremmat ajat / joo nyt on tämä kesä ollut PALJON paljon tuota parempi kun entinen kesä. Nyt saa ostaa mitä halua ruokaa / mitä vain haluaa / mitä minä olen ihmetellyt / että kyllä se Luoja niin kun sanotaan Luoja luotuista pitää huolehti / että se on niin että ei tarvitse mietiä / että mitä haluaa saa ostaa ...

- *(...)*

9. - Joo ja kato minun on tuo sairaus / tuo senkka ja huono veri / hemoklopi / ja verenpaine korkee / mutta ei se sillä tuo haita mitään kun mieliala on hyvä / joo kyllä se tietysti paini vähän tuota kun vetää sai aina päätää tuolla lailla kun kohta menee maahan / mutta kun tuo lääkäri Kauppinen soitti sille rouvalle ennen kun Kauppinen lähti tänne / sanoi että kyllä se tohtori ottaa lääkkee sinulle että ne on kyllä niin halukkaat auttaa. *(...)* Jo ne toivat minulle ja Maaritillekin toivat oikein / ja Maaritista kertoi sille rouvalle että Maarit oli raskas / se toi Maaritillekin lääkettä / ne voi Maarit niitä pitää ja kaikki / ja Maarit panni kaikki yleensä mitä lääkäri neuvvo -jo kun se olikin naistautin lääkäri / aina hymyili *************** . *(...)* Joo hi hi hi ! .... Hyvin mukava ihminen !

- *(...)*

10. - Joo / ja meiän isä ei sano suoraan / ei se toinen ihminen voi sanoa. Joo / minä joskus "kun sinä isä olisit sanonut sillä lailla että toiset varmasti olisi antanut lainat .... tuota lainaksi rahaa ja sillä lailla joo" .... Mutta nehän kyllä laina mutta emme kyllä tarvinnut kyllä / tänä kesänä on mennyt NIIN hyvin meille että ei mikään kesä mennyt niin hyvin kun tämä kesä. Kaikki on .... vain valoiset päivät näkkyy että *(...)* tuossa oli kauhetta masennustilaa joo / kato kun mieliala on ihmisellä / se on ikävä / mutta sekin aika menee ohi / ja sitten kun tietää että .. .. joo mutta sitä ei voi muulla sen ajan kun mennä levätä / ja jättää kaikki tämä ympäristö / niin ettei näe kotihommaa ei mitään. Silloin vasta rauhoittuu kun ei näe kotihomma mitään / ja tietää ettei kotona ei ole mitään hätää kun aikaihmis kaikki ne on / ne on jo tottunut. En minä yhtään siinä .... Ne on NIIN pärjännyt / kuule / niin hyvin / enempi kun minä ajattelinkaan / joo / naapurit on auttanut / mitä kukin on auttanut ja ne on kyllä niin hyvin meiät auttanut kyllä ne ihmiset / silloin kun tuo minun sairaus .... sitten jotkut laittaa sille ruokapaketti / rahaa laittaa / ja antavat tuolla Norjassa kun meillä on kaksi naapurintyttöä naimisissa / nekin lähetti jouluna Aslak Uulan alusvaatekerraston / paitan lähetti / rahaa ne oli pistänyt ja .... Mangga se toinen naapurintyttö kun toi minulle villasukat ja .... sillä lailla että ne on kauhean hyvät nämä naapurit ne on meille. Minä sanoisin että / EI varmasti missään ole niin hyvät naapurit kun nämä ei niitä kuule tarvitse pyytää auttaa / ne ITSE tulevat / joo ITSE tulevat niin kun silloin kun meillä tulipalo oli meillä kävi .... niin illalla tuli "Maarit kokoa nyt kaikki likaisvaateet ja ota pessään" / niin ja minä kokosin ja sillä lailla kuule säästi meille paljon vaateita tulipalosta .... sillä lailla että .... niin kun meillä kävi ja sanoi että "Maarit kokoa nyt kaikki likaisvaateet" niin meillä säästi sille lailla .... *(...)* Kyllä ne on niin hyvä että ....

- *Kävitkö sinäkin kiertokoulua ?*

11. - Kävin / ja siellä opin suomea / kun opettaja opetti suomea.

- *Missä päin, täällä ?*

12. - Utsjoella. Joo / kotona. Minun lapsuuten kotona oli aina *(...)* joskus .... kuusi viikkoa. Niin / se keväällä/ keväällä saattoi olla neljä viikkoa ja syksyllä taas neljä tai kuusi viikkoa / keväällä ja syksyllä. Joo. Siellä minä opin ja sitten isä meille opetti myös suomea. *(... ?)* Joo hän osasi. Se oli herastuomarikin / ja kirkkovääarti. Kirkkovääarti on semmonen joka avaa sitä .... oven ja pukee papin. -Puhuimme lappia vain / ja minun äiti oli Norjassa syntis / se oli Norjalainen tullut Karasjoen .... siellä Karasjoen-Laxen seutuilla. *(... ?)* Osasi sekin suomea joo. *(... ?)* Mitä ? Kolmekielinen joo.

- *Puhuitko hänen kanssa norjaa ?*

13. - Ei ei / en / en kato kun hänkään puhunut norjaa kun ei ollut kenen kanssa puhua. Minä luulin että hän osasi kun tuota tuota tuota lauloi / niin muistavat ne vanhemmat siskot minulla ne hengilliset laulut norjaksi.

- *Puhutko itse norjaa ?*

14. - Ei / en minä puhhu ....

- *Aslak joskus sinuttelee joskus teitittelee ...*

15. - jo mutta toi / mutta joskus alkaa HETI sinutella outoa ja Maarit kun sitä nauroi pienenä / yhtä kun isä alkoi heti outoa sinutella "Ančči / älä nyt sinutella !" *(...)* Huomaamatta joo / ja Maarit kun niin nauraa / niin se rupesi se rouvakin nauraamaan. Isä rupesi sitä työnjohtajan rouva kanssa juuttelemaan joo *(... !)* niin tekkee joo .... niin se toisille se teitittelee. Minä sinuttelen sinua / se tuntuu niin lämpimältä / kun se on niin tuttavuutta / niin kun .... niin tuttavia / niin ystäviäkin ollaan.

- *(...)*

16. - Minun isäki oli semmonen / että minä en ymmärtä mistä ne vaikka ne ei ole mitään koulua käynytkään / ei muuta kun kiertokoulua käynyt. *(...)* Se meille kyllä ettei mitään outoa ihmistä eikä vanhempaa ihmistä saa sinutella niin se meille sanoi lapsille.

- *(... ?)*

17. - Niin se on kai lukenut joo .... ja kato kun se oli leukumestari / sen luona aina kävi suomalaisia turisteja / jotka silloin kulkinut .. silloin ei niin tiheästi kulkenut / aina ne pistäytyivät hänen luona / ja kirjoittivat hänelle tilata ....

*

DISCOURS G

Situation : Soirée biblique au chevet d'une octogénaire. (Laborieusement) persuadée de lire des textes lapons, elle les choisit dans l'"Abécédaire lapon" de Tuomo Itkonen (*Samikiel abis*, 1934). Commentaires et souvenirs de l'informateur, qui croyait n'être enregistré que durant la lecture. Seul le titre - bilingue - des textes lapons lus est indiqué (souligné).

1. - Minä EN veisa / kun se joikas niin monta pappaa ja mummia. EN laula minä tuohon. Niin mutta niin kun tuo Anna-täti tämä Rautuskaijin Anna-täti / joka on Roaniemelta ostanu sen ja eikä ole .... eikä ole kyllä JOIKUJA ottanu eikä mitä muu kun pappi / ja saarnamies / maallikkosaarnajen saarna ja pappien saarna. Niin / ristityjä mitä ne puhhuu. Ei ole. Sanoi "hän ei ota / omaan konesen kyllä joutavia loruja ja joikujaki. Hän ei ota huoli niistä." Meiän vanhin poika on ostanut kenelle lienee .... Ne on tuolla .... ne joikaa kaikki .... ne on tuolla Pulmankissa. / - - - /

2. - Minä sanoi "EN veikkoset minä laula siihen." Mutta minä sanoi Maaritille "kun meille on tässä kaks poikaa minä veisaan pojalle" / näille kahtelle pojalle luin lasten runon. Joo .... LINNUSTA luin yhten runon*. Nehän veisaa silloin kun me olemme siinä päivänä .... VOI ku monesti se aukasee sen ja kuuntelee sen. / - - - /

3. - Minä sanoin Vesalle "auka se nyt se meiän lintu mitä se IHME puhhuu." Aina minä sanoin "joko sinä olet kyllästyny ?" "- En ole vielä." Mutta kun se on PENTIN kaapissa / ei anna Vesa raukan aina kuunnella sitä. Pitää SALAA kun Pentti lähtee pois silloin kuuntelee. / - - - /

4. - Minä olisin lukennut niille pojille mutta en muista hyin kun ei se ole ennä se kirja mistä on lukennu niitä runoj. Lasten runoj joulurunoj ja muuta ....

5. - Minä sanoin Maaritille että / "en MINÄ / en MUISTA ennä enkä minä joikais kyllä / mutta / en kyllä laula tähän." Pentti on ostanut sen joo. Ne joikavat kauheaa rumia kiroja ja .... Minä sanoin "tähän minä en veisaa EN." / - - - /

6. - Mutta yhten runon näille kahtelle pojalle sanoin / se linnussa .. linnun runo / mutta EN veisaa tähän kyllä ...

7. - Mutta tuohon kylä / muistan silloin kun Anna-täti oli tässä sehän otti silloin tämän pappisaarnan tällä / otti vaan nauhaan .. nauhotti tässä. Minä sanoin "mikset sä kirkkoon". Ei hän pääse kirkkoon kun se tulkki on. Ei hän / tulkki se vie turhaan aikaa paljon tuota .... tulkki eikä hän tarvite tulkkii hän joka hyin osaa tuota .... ymmärtää suomea. Hän sanoi ite minä sanon "ei se silloin tarvite kun sinä osaat suomea."

---

* [ru:n]

- *Tunnetko tuon tulkin ?*

8. - Outakoskelt se Joune ? O-o-o VARMASTI kun minä tunnen ! Ei Utsjoen kunnassa ihminen jota minä en tunne. Ei. Alavieskassa ja Taivalkoskella minä olen ollu .... Kaikki minä sanon / minä tunnen ja tiedän kaikki Utsjokilaiset niin kaikki niin kun olisivat minun ympäri kaikki. Minä kun olen ollu tuolla Nuorgamilla .... Palokoskella .... Karigasniemessä olen ollu Rautuskaijissa olen ollu ja joka paikassa olen ollu.

(Tuomo Itkonen : Samikiel abis)

9. - Mikä se siinä on ? No mikä se tuo ? Mitä ? Oletko sinä ostanut tämmöstä itelles ?

- *En. Olen lainanut kirjastosta. Tämä on loppuunmyyty. Tätä ei voi saada enää kirjakaupoista.*

10. - Ei. En minä luule että se on muuttanut tässä Inarissa ja tässä Utsjoella ei.

- *Se on LOPPUUNMYYTY. Sitä ei saa enää ostaa.*

11. - Ei. Se on lopussa niin kun tässä on siinä kaikki. Ja sitä ei ennä kyllä voi .... Mutta se on erilainen toinen. Minä en ole nähny. Se sanotaan että se on erilainen .... Mutta minä en ole kyllä nähny.

- *Mikä toinen ? Onko se Siiri Miettusen Abbes ?*

12. - Minä en .... Minä en tietä / minä olen kuullu vain kerran minä en ole sitä nähnykkä .... Sinä ET saa tämmöstä täällä ostaa Lapissa ennä kun tämä on viimeinen. Kun ei tule ennä kun tätä ei tee kukkaan. / - - - /

13. - En minä näitä joikuja kyllä viitsi. Emme lue niitä. Minähän olen hakemassa mikä se olis / semmonen arvoisampa / nämä on semmoset lasten leikki. En minä näitä lue. Mikä se täällä olis ?

(Peädnaga pirra / Koira)

14. - Siinä on susi poron kimppussa. Niin. Siinä susi kurkussa otti tuo .... Kyllä se tuoki kun ei ne sarville päähän se on oikein arka olis tämä susi. Oikein arka olis. Jos poro vaan sarvilla niitä löis / se menis pakkoon. Mutta EI. Poro kyllä se kyllä onkin niin TYHMÄ eläin kun ei.

(Kumpi luotti / Hukan laulu)

15. - Kun herkeää syömässä alkaa ulvomaan silloin. Ja kun se on ulvonut niin sitten se lähtee tämä kulkemaan ympäri maailmaan.

- *Oletko itse kuullut suden ?*

16. - VOI kun olen. Ja niin silloin kun ne .. se hukkakoko .... se on kauhea parvi kun se menee .... poikien kanssa matkoille. Ja kun ne yhteen suuhun laulaa / pakkasella ne kuuluu venekulman taakse. Kauhea ääni. Ja sitten se pässi rauka hukan kans.

(Vierca / Pässi)

17. - "Ahkkun" pässi. Suuri mummun pässi. Ja tuo se jätti .... perintönä mummulle sarvet ja sorkat. Kato. Pässi meinaa vähän vastustamaan. Mutta se on niin pieni. Jos poro olis noin noin .... joka on sukkela ja isot sarvet / kun .... löisi päähän se on arka tuo susi olis mutta EI. *(... ?)* No ei. Ei poro lyö kenelle ei uhkaa mittään . Se ei ymmärrä vaan. Kato pässi on vastus .. sillä on vastustuskyky. Eipä poro vasta mitä. Mutta se söi sitteki se mummun pässi tuo.

(Sigga čierrumčoalbmi / Siggan itkusalmi)

18. - Tyttö oli semmonen joka oli niin .... kiiltävä .... näöltään että kaks oli sulhamiestä. / - - - / Ja ne ampuivat molemmat ja molemmat kuolivat. / - - - / Ja siihen .... siihen se tuli / se Sigga itki tässä / siksi on saanut "Siggan itkusalmi" nime. / - - - / Ne ampuivat molemmat / ja molemmat kuoli.

- *Oletko kuullut tämä tarinan aikaisemmin ?*

19. - Olen tämän tarinan .... näin tässä olen lukennut. Tuossa se onkin se Sigga. Kumman ? Tällä puolella se on. Joo. Tällä puolella se on se Sigga itkimäs. *(... ?)* Se on Inarinjärvi . Tuo paikka. Niin onkin. Sehän on Inarinjärvi se tämä Siggan itkusalmi. Niin Inarinjärvi sen seutu.

- *Onko tämä salmi olemassa ?*

20. - Niinhän ne sanoo niin Inarilaiset. Siellä on vieläkin se nimi Siggan itkusalmi. Joo nyt on vielä. Se on joku saaressa tuolla Inarinjärvellä .. joku saari on semmonen jossa on tämmönen salmi. Tuossa se itkee. Mutt kato kun ne .... kun hautasivat näitä miehiä ("- - -") se elävältä hautasivat se neitoki siellä sulhasten väliin. VOI VOI ! / - - - / Vielä nytkin on se "Siggan itkusalmi."

- *Oletko aikaisemmin nähnyt tämä kirjan ?*

21. - Minä olen lukennu monta kertaa varmasti läpi tämän mutta ne on UNHOITUNU. Minä luulin että minä muutan paikan muistan mutta EN muista. HELPO olis lukee kun muistaisin mutta en muista enä. Se olis PALJON helpompi lukee silloin niin / eikä tähän tarvitsis se / ei piäis tuohon puhhu niin että että kaks kertaa kertoman missä. EI. / - - - / Se jatkais siitä puheesta .... mutta kun minä en enä muista. Se pitää olla kyllä tuttu se tämä luku .... kun lukee .... että muistaa selväst. / - - - / Se kun mulla on vielä silmät .... en vielä kaikki .... en vielä kaikki kirjaimet tunne mitkä nuo ovat. / - - - / Vaikka tässä on selvä lappi. Tämä on tunturilappi tämä justiin.

- *Onko sinun silmälasit heikkoja ?*

22. - Ne on jo vanha. Ne on kaheksan .. kakstoist .. kaheksantoista vuotta vanhoja. Kohta kakskymmenen vuotta vanhoja. Joo. Ne alkaa vanhenemaan / kyllä ne oli hyviä.

("- - -")

23. - Joo. Niin se pittää / joka tuohon aikoo puhua ja veisaa tuohon / se pittää olla selvät sanat ja eikä .... eikä kertoa aina joka .... kaks sanaa joka .... enne kun niin kun lukee. Se lisää aikaa .. turhaa aikaa niin paljon se / mutta minä kun en muista enä. Silloinhän minä kyllä muistin nämä / minähän kyllä luin MONTA kertaa läpi tämä. Minähän juuri kaikki osasin nämä Marjan puheet ja kaikki .... ja KAIKKI muistin läpi niitä riekonpoikasia ja niitä .... kaikki.

- *Onko sinulla ollut tämä kirja kotona ?*

24. - Oli. Meillä oli tämä kirja kotona ja mulla oli .... Uula minun poika sai koulussa kans tämmöstä ja siellä meiän vanhassa talossa oli kans tämmösiä / MONTA oli. Ja Uula kans sai koulussa tämä tämä "lapinkielinen". Tämä .... tämä "Tuomo Itkosen saamenkielinen aapis .. lapinkielen aapinen".

(Lokkiidi)

25. - Tämä on entinen katekeetta tämä N.W. Holmberg.

- *Oletko tunterut ?*

26. - Minähän olen / se on minu kummisetä / se on minun koulut ---

(Lukijalle)

- *Mistä olet oppinut niin hyvää suomen kieltä ?*

27. - Minä kyllä kun olen LAPSENA lukennu kaikki suomen kirjat TYHJIIN. Mulla on hyvä muisti ja huomiokyky hyvä.

- *Oletko ollut tekemisissä suomalaisten kanssa paljon ?*

28. - Olenhan minä. Olenhan minä .. minun täytyny olla kun minä olen monta kertaa ollu / tuolla Outakosken terveystalol jossa oli suomalainen sairaanhoitaja / insinöörintyttö tuo Priitta Perkren*. Se oliINSINÖÖRIN tyttö.Niin. Outakosken sisar. Sairaanhoitajatar.

- *Mutta kotona puhuit saamea ?*

29. - Saamea me puhum .. olemme koko ikämme saamea siellä ja .... Siellä puhhuu muukin tuolla .... Norjalais puhhuu .... Me puhumme molemmat yhteläistä lappii. Se kun Norjan puolel .. kun meiän kohalla siellä Norjan talo puhhuu samaa kieltä kun me lappii. Ne on tunturilappi meille molemmille. Mutta vähäsen on noilla erotus kyllä / kun seuraa vähän sen karasjokelaisten puhe että .... Se on kyllä melkein joo .... se on melkein kyllä joo vähäsen murretta Karasjoenlappalaist. Se on aina. Se on kyllä muutama sana erilais .. paljon sanoja jossa on erilaisempi sananmuoto kun meiän. Meiän on selvä kirjankieli. / - - - /

30. Ja tämä Nils Wille Holmberg oli se. Ja sillä oli selvää lappia sama tämä "A. Guttorm Utsjokilainen". Kaks Guttormia. Tämä vanha Guttorm .... tämä tämä on Guttormin poika tämä Hans A. Guttorm oli. Utsjoki.

("- - -")

31. - Ne kans on ollu apuna tälle Itkoselle pääapuna kääntämään lappia.

- *Itkonen oli itse suomalainen ?*

32. - Se se kyllä oli. Se oli Inarin papin poika. Se Inarin pappi se isä oli Lauri Itkonen. Se Inarin pappi. Ja nämä on .... Sillä on monta poikaa. Tuomo Itkonen ja mitkä ne ovat siellä ....? Minä en muista enä. Onko kolme poikaa vai neljä ? Joo se on selvä lapin äijä tämä. Se on Nuorgamissa ollu. Minun kummisetä ja se on minun opettanut .. alkuopettanut minun.

- *Oliko katekeetta ?*

33. - Oli. Oli katekeetta.

("- - -")

34. - Ne on Tuomo Itkosen tuttavia joka on auttanut. Ne on Inarissa joo ne on. "Ja Samuli Paulaharju ..."

---

* [perkren] : Berggren

- *Kuka oli Samuli Paulaharju ?*

35. - Mikä se oli tuo Samuli Paulaharju ? Kansakoulun opettaja. Minä en muista enä.

- *Oletko tavannut ?*

36. - Olen nähnyt. Se täällä kulki kerran rouvansa kanssa se on kaks kertaa kulkenut täällä Utsjoel .. Outakoskella se on kaks kertaa kulkenut. Siellä minä näin sitä. Samuli Paulaharju rouvansa kanssa.

" ... mainehikas Lapin kielen tutkijamme Samuli Paulaharju."

37. - Se oli LAPIN KIELEN TUTKIJA tämä Samuli Paulaharju !

*

Discours H

Situation : Une pensionnaire du Vanhainkoti raconte sa vie active de femme d'éleveur de rennes - rythmes biologiques, cercle familial uni, équipement primitif, isolement du monde extérieur (la route qui longe le Teno n'a été construite qu'en 1969).

- *Missä asuit ennen ?*

1. - Minä en kyllä .... Minä olen niin .... Tiedätkö sinä missä on .... tietenkin täällä Utsjoella .... Mierasjärven / päässä. Mierasjärvi on sen talon nimi. Siellä .... ylhäällä Utsjoki.

- *Katsotaan kartasta !*

2. - Ei se täällä ole. Ei taia löytää sitä.

- *Oletko aina asunut siellä ?*

3. - Silloin minäolen nuorena Inarissa asunut.

- *Ja silloin kun menit naimisiin muutit tänne ?*

4. - No / niin silloin muutin tänne. Mies kun oli täällä. Niin se oli.

- *Oletko käynyt kotona tänä kesänä ?*

5. - Kävinhän minä siellä. Joo. Täällähän se on Utsjoella se Mierasjärvi. Täällä se on.

- *Onko se vanhin tytär joka nyt siellä asuu ?*

6. - Vanhin pojan .... vaimo. Vanhin poika perheineen asuu siellä.

- *Mitä sinä kotona aikaisemmin teit ?*

7. - Minä hoidin lehmiä ja .... ja tosiaan niin .... poroja hoitavaa. Siellä oli niin vähän .... sitten oli vähän rahaa ja .... ja piti saada tuloja.

- *Teitkö käsitöitä ?*

8. - Niin tein. No enpä muuta kun .... minä kutoin ja sen verran kengät että oma perhe .... Silloin minä olin vielä nuori ja vanhin tytär olin ja äiti oli silloin vielä elossa. Minä olin siellä paremmin ja kuljin .. ja kävin porolla ja toin puita .. polttopuita mettästä. Kaks poroa oli ja siellä oli perässä .... mikä se on ? Pulkka.

- *Ajoitko yksin porolla ?*

9. - Ajoin yksin.

- *Eikö ollut vaikea oppia ?*

10. - Ei, se kun lapsena joutaa ja hiljaiset porot.

- *Oliko isäsi myös poromies ?*

11. - Oli. Oli se. Kalasti kesällä ja talven kalaa ja ....Minä olin kalakaverina ja sitten tuli heinäntekoja heinäkuussa elokuussa ja .... Silloin oliskin kalastusaika.

- *Se on varmasti hyvin erilaista elämää, asua metsässä ?*

12. - On / joo.

- *Mutta sinä käytkin usein kotona, entisessä talossasi ?*

13. - Joo / silloin minä kyllä kävin. Siellä minulla oli lapsetkin.

- *Matkustitko heidän kanssa ?*

14. - No .... silloin tietenkin talvella ku pikku lapsi on matkassa pikku lapsi ei niin usein käy .... Silloin oli se .... se komsio mikä se siihen aikaan oli jonka sisällä pannaan .... On hyvä panna että se ei käsiänsä pane sinne paleltumaan ja sitten vielä sen komsion päällä pannaan ympäri semmonen raanu .... šaali .... lämmin ja sitten pikku huopa vielä alle ja tyyny ja siihen pannaan sitten komsioon se lapsi. Tietysti se pitää pärjätä sen verran että ei niin kovasti pane päällä vaateita.

- *Oliko teillä sähkö talossa ?*

15. - Ei / öljylamppu ei mitään muuta. *(... ?)* Ostimme tietenkin kaupasta. Ja semmonen .. pih .. lapin piisi sinne laitaa tulen .... Ei paljon muuta valoa. Ja kynttilä kyllä kynttilät ostettiin .... joskus laitaa enemmän milloin tarvit .... Ei se ollu siihen aikaan kaikki niin .... hyvin. Ei ollut sähkövaloa ja .... Siellä asuttiin mettässä. Ja ku menee kyläl .... Ei ollu kelloakaan eikä se kyllä kaivattukaan. Ei se haitanu kyllä se pärjäs. Aamulla nukku ja heräs kun uni loppu. Arvasi sen milloin ne .... lehmät tarvitsevat milloin pitää niille antaa ruokaa. Jos on .... ei ole pilviä .... kävin ulkona katsomassa missä ne tähtet ovat. Mikä se oli se seitsemän tähti ... *(Otava ?)* Joo. Sehän pikkuhiljaa siellä / aamulopulla sinnepäin missä tähti nousee. / - - - / Sammoin oli siellä poroja .... poroja kun olin paimentamassa ja .... Siinä siellä oli kello .... taivaassa.

- *Paljon mukavampi se on tämmönen kello !*

16. - Joo. Varmasti. Silloin ku ei ollu olemassa tämmösiä. Se oli jo tottunut niin pärjä .. kyllä täyty pärjätä. Nyt olis ikävä kun ei olis kelloa. / - - - / Kyllä se kotona oli kello mutt .... tietenkin seinäkello. Kun asuttiin siellä mettässä .... pilalle meni kello ei käyny oikein sitten täyty pärjätä ei ollu siinä lähellä .... *(korjaamo ?)* joo .... / - - - / Ei ollu auto eikä maantie / minne lähteä / äkkiä sinne. Lähtiin porolla ajaamaan / Ivaloon. Se menis kyllä aikaa. Ja hankala.

- *Mutta jos te tulitte sairaiksi ?*

17. - No / oltiin siinä niin kauan / nähtiin että miten tekee paraneeko vai kuolee .... Niinhän se oli. / - - - / Kyllä se oli siihen aikaan .... huonossa. / - - - / Mutta kyllä kun tyyttyväiset ovat ihmiset .... eivät tie että olisi vielä parempikin. / - - - / Tosiaan tuli lapsille / muistan nyt sen / tuhkarokko / sehän oli semmonen että se oli aikansa ja .... se .... muistan kerran / kun oli lapset kesätalossa silloin oli tuhku .. tuhkarukko siellä ne sairasteli. Ei ottanut suuhun mitään. Miltä se maistui ? Ei maistunut mitään. Ei saattanut syödä mittään.

- *Mutta silloin kun sait lapsesi, etkö mennyt sairaalaan ?*

18. - Joo / silloin menin kyllä. / - - - / Ei. Ei / totta menny mihinkään jos oikein sanon. Siinä täyty olla kotona silloin. Silloin / ku ihminen haietaan siihen joka osaa .... *(kätilö ?)* joo. Lasta ottaa vastaan.

- *Oliko teillä naapureita lähellä ?*

19. - No. Oli yks naapuri. Kaks kilometriä .... väli. Ja sitten oli Syysjärvi. Sinne oli viis kilometriä. Siinä kulmassa. Leppälänselkä. Sinne oli kymmenen kilometriä. Ei siellä paljon ollu naapuria. Kyllä se oli mettä. Yksinäinen talo.

- *Oli varmasti rauhallista ?*

20. - Se se kyllä oli. Liiaksi rauhallista. / - - - / Kyllä se on terveenä kun työtä tekkee. Se meni se aika. Ei se ollu ikävä. Isä oli ja äiti elossa ja ....

- *Oliko vanhempiasi talo kaukana sieltä ?*

21. - Joo. No. Kuinka siinä oli ? Kakskymmentä .. kakskymmentä viis kilometriä.

- *Kävitte kai katsomassa toisiaanne ?*

22. - Joo kävimme kyllä / siellä vanhassa asunnossa. Porolla ajettiin ja kesällä kävin .... ja soutelin niitä järviä / on siellä kaks järviä / jos sattui olla vene. Silloin oli valtion veneitä niissä järvissä. Postimiehet kulkivat niillä. Kantoivat postia selässä ja .... Ja järvet veneellä souti .... kulkivat ne postilla .... monta viikkoa sitä matkaa aina .... *(kesti ?)* joo. Eikä silloin usein kulkenutkaan posti. Kaks kertaa päivässä. Ei päivässä mutt .... viikossa.

- *Missä olet oppinut kirjoittamaan ?*

23. - Oli kyllä kiertokoulu joka talv .. joka / vuosi / kolme viikkoa / ja minähän kyllä .... näkeehän kyllä toiset lapset kirjoittaa .... ja isä ja äiti ja .... oppihän vähän sitten kun yrittää kirjoittaa. Ja sitten kun on vähäsen koulussa. Oli kyllä kansakoulu ei kyllä meillä kun kaukana oli ja ei sinne päässy ku piti maksaa / ja niin huono matka sinne.

- *Oliko se katekeetta joka sitä piti ?*

24. - Joo oli.

- *Niin kun Agneetta ?*

25. - Joo justiin. Niin oli.

- *Mutta silloin opit kirjoittamaan suomeksi, ei lapiksi ?*

26. - Joo / ei lapiksi. Suomeksihän minä paremmin osaan kirjoittaa. Juu. Näin se .... näin se elättiin siihen aikaan.

- *Mutta miten sinä olet oppinut niin hyvää suomea ?*

27. - Voi voi ku minä osaan huonosti suomea .... minä en osa kaikki mitä pitäisi osata. / - - - / Isähän se puhui suomea. Se kyllä osasi suomea. Ja äitikin mutta .... Äiti oli semmonen .... se oli semmonen ujo äiti. Puhu se kyllä mutta .... huonosti ku osas tietenkin. Se oli siellä asunut Inarinjärven rannalla.

- *Oletko ollut paljon tekemisissä suomalaisten kanssa ?*

28. - Joo. Tietenkin. Olen nähnyt niitä suomalaisia. Ja ollut.

- *Oliko teillä turisteja kesällä ?*

29. - Ei. Ei ollu. Ei ne sinne mettään tietenkin halua turisteja ei. Ei silloin ollu niin paljon. / - - - / Minä en kyllä välitä .... Ku en osa oikein / en osa niin paljon ku pitäis ja ymmärtää kaikki .... suomalaiset sanat. Mutta / kyllä minä sen pärjän .. sen verran että pärjän jollakin tavalla. / - - - / Ja se on .... Tämä kuulo on menny vähitellen huonommaksi mutta meni hitaasti. Mutta kuulen minä vielä näin. Ei ne / ne sano kyllä .... lääkärillä miten se olis / kuulolaite se sanoi että / me olemme käyny siellä lääkärillä tarkastamassa korvia / se sanoi että ei se tämä. Tämä vanhuuden takia tulee niin ku huonokuuloseksi. Ei se ole enää / ei se oikein sovi kuulolaite.

- *Mitä sinä yleensä teet huoneessa ?*

30. - Luen. Ja olen kutonutkin mutta .... En minä nyt. Mutta olen vähänsen kutonut. Täytyy lukia ajankuluksi. Tietysti kun ei ole muuta. Ku näkee vielä sen verran että lukee. Se on aina niin mukava kun käyvät vieraat meiän ....

- *Sinulle tulee aika usein vieraita ?*

31. - On. Aika usein. Kun on lapset täällä. Ei ne ole kaukana. Niillä kun on autot .. auto tuolla Jounilla ja toisilla on .... se mikä ? Mopot. Sillähän kyllä pääsee nätisti kesällä. Ja talvella moottorikelkalla. Niillä on moottorikelka kyllä. / - - - / Minä silloin kun kuulin että siellä Norjassa moottorikelkat millä ajavat poro .. kun lähtee poroihin / kun on umpinen ei tartte muuta kun lähtiä ajamaan ja poroja kun pistää monta poroa ja pulka niien perällä. Pitää hiihtämällä mennä että poron jälkiä kahlaamaan. Siellä / ei ole kyll paljon mutta sitten saatiin lainaa hiljakseen sinne ja .... kaksi kolme poroa. Hiljaa sitten opetettiin ....

- *Sinä olet aina ollut tekemisissä porojen kanssa ?*

32. - Olen. Olen. Minä muistan viisitoista vuotias kun menin sinne paim .. poropaimennushommiin / vasutusaikana keväällä oli mukavaa kun pikku vasa tuli. / - - -/ Sen kyllä tietää Lapin nenässä kun putoavat maahan .... ei ne kauan ole sen .... pääsevät jo jaloilleen ja seisomaan pitkillä jaloilla / ja kohta ne alkavat .... juoksevat. Vuorokauden päästä ei saa niitä enää kiinnikään. Ne merkattiin silloin ja .... syrjäpuolella ne leikkaa korvaa.

- *Oliko ne miehet jotka merkkasivat ?*

33. - Miehet ne kyllä "merkhivät" mutt kun minä olin yksin / toisinaan niin täytyi merkata .... enne kun se vasa tulee niin iso ettei voi ottaa kiinni. / - - - / Ensin se kyllä oli että / uskallaanko leikata / veri tullee .... silloin kun on pakko niin.

*

Discours I

Situation : Dans le bureau de réception du Vanhainkoti, l'enquêteur (suppléant la directrice) accueille les visiteurs. Une future pensionnaire livre ses impressions de première visite et expose ses projets.

- *Oletko katsonut ympäri taloa ?*

1. - Joo.

- *Miltä tuntuu ?*

2. - Eihän / ei mitään. Täällä on tuttuihmisiä vaikka kuin paljon. Noko ihminen puhhuu se tulee tuttu tuolle JOKA ihminen. Ollaan niin kun purrua. Ei kattele mihinkään maahanpäin / ei tule koskaanki tuttu. / - - - / Niin minä se kyllä veisan / laulan ja .... Olen ulkona laulanu / vaikka KUIN paljon. Minä veisan aamuvirsiä ja illalla illavirsiä ja lujen illan lukem .... minun kun täyti joka ilta joka ilta- ja aamurukous .... virsikirja ja raamattu / ja minä lujen sen. Niinhän se täyti vanha ihminen .... LUKEE.

- *Luetko lapiksi vai suomeksi ?*

3. - Vähän ... osan minä suomeksi kyllä. Mutta raamatun lapiksi. Minä olin Ialon sairaalassa / ja joka ihminen oli niin ilollinen / ko semmonen mummu LAULAA niille / lukee suomen kielellä / minä laulan sen. Joo. Ja niin HAUSKAA tuntuu. Joka / kaikki lääkäriki on niin hivä.

- *Olitko siellä kauan ?*

4. - En minä ollut ku .... minulla oli se ihottuma. Kaikki / mutta kaikki parantoi .... Joo / mutta vielä täyti vähän hoitaki kyllä näitä / en MINÄ näe selän puolella. / - - - / Minä olin semmonen että / jos alkaa iho .. niin kutistaa sen valko .... Mulla oli kaikki täällä / kääret / mutta kaikki meni vielä mutta tässä kasvoissa ei ollu. Mutta TÄÄLLÄ oli vähän mutta se ei ennää. Se oli semmonen että ei / ei kenellekään / tarttu. Niin se otti lääkäri täällä mutta ei .... veriote / ja lähetti Roaniemiylilääkärille. Joo siellä ko tuli siellä se sanoi että ei tarttu / ei tartte pelekää. Anjaki oli siellä / mikä täällä oli viime syksynä niin .... sinähän kyllä tunnet / Anja Laiti / minä olen sen mummu / minun pojan tyttö. Seki hoitti minua kaikkea / ja täällä olin ja minä pelekäsin kun ....että se ei kyllä parane. ON vielä täällä vähän vielä / mutta / se täyti TOINEN ihminen sen hoitaa.

- *Milloin sinä olit Ivalossa ?*

5. - Hellatorstai aikana. Kohta kaks vuotta eipä kaks vuotta / ei vuotta vaan kaks viikkoa mutta kaks viikkoa.

- *Tunnetko sellaisen kun Anni Kitti ?*

6. - Anni Kitti tunnen. Niin ja se sen halua ja tunsi minut / laulan minä sen / sanoi Kirsi että / onko Laiti mummu .... niin ja käski aina joka päivä siellä käymään. Minä luin ja lauloin sen. Niin ILOLLINEN Anni Kitti oli. Se kyllä puhhuu ja se IMMÄRTÄÄ mitä puhhuu.

- *Viime pääsiäisenä kävin Vetsikossa ennen kun Anni halvaantui ...*

7. - Pääsiäisaika ? NIINkö ? Oliko se pääsiäisaika ? Eikö se ENNEN halvaantunu ? Sinä olit siellä ? Jaa / jaha ! Ja oli .... yhen kerta vaan vai oliko ennen / minä en muistanut / eilen kysyä se Maarit Lukkarilta oli siellä missä se oli tuossa .... missä Pirit assuu .... *(Saarelassa ?)* Joo. Oli siellä. Monta .... oliko viikko ? Ja eilen meni .... kotia. En hoksannu kysyä sen mihin aikana oli / ja EIkä KÄYNY sisko kaks ja veli ja EIkä kÄYNY siellä ja anto tieto että se on heiken .. heikko tuli / koko yö huusi niin että / se jalka pakotti. Minä kuulin ja kysyin siellä että mikä se oli. Se oli niin heikko / ja se huusi niin kovasti / ja siellähän ne oli sanon .... että joku Vetsikosta oli käyny siellä Annin luona.Joo. Mutta siskot ja veli EI. EI.

- *Missä he asuvat ?*

8. - Etelä-Kinissä se on. Onko sen kengän .. sen Alakengän kohalla sitä Norjan puolessa jossaki ? Ku en muista. Kuulin minä kerran / mutta en minä muista.

- *Onko pitkä matka ?*

9. - Joo. Mikä ?

- *Sinne. Onko pitkä matka sinne ?*

10. - Sinähän tiet / missä Alakengäs on. Oletko käyny ? *(...)* Alakengässä .... se on minun minun sukulainen Johannes Guttorm .... ja sen Johannes Guttormin pojan kanssa on / Marjasøster on kihloissa menny. VEIKKO. Veikko Guttorm. Minun sukulainen. Se tulee MINIÄ meille.

- *Oletko sukulainen Anuntti Laitille ?*

11. - Kelle ? *(...)* Onko täällä ? Minä katon / näyttä minulle sen. *(...)* Mikä ? Mies ? Ja-a ! JOOSEF. Joosef Laiti. Vetsikosta. Jo-o. Minä tien sen. Sillä on Lapin lakki ! *(Hän lähtee aina kävelemään)* Eikö sano mihin mennee ? Mihin se aikkoo ? *(Postilaatikolle asti)* Tuleeko takaisin nythän ? Tulee se ? *(Hän tulee kyllä)* Tuli jo ? Minä aattelen että jos .... se on .... mennee niin että ihmiset ei näe eikä tie mihin se mennee. *(Kyllä hän tietää)* Meiän Inka puhhu että se on VANHA POIKA / ei se ole naimisissa. Minä en ole nähny / kuulin kyllä mutta en aatellu että se .. .. se Joosef on. Vetsikossa onki se. SEN kyllä tunnen SEN.

- *Kuinka kauan olet täällä nyt ?*

12. - Minä olen siellä Outakoskelainen. Tenon rannalla. Minkä se sannoo "Tenon ...." En osa. Niin. Siellä on se sairasmaja ja siellä on søster Marja. Se näkkee meille meiän talolle. Laitilla minun .... niin .... sukunimi Laiti ja kotin nimi LaitiLA. Kaksi poikaa on minulla / ei ne ole menny / naimisissa. Ne on .... VEITTIÄ tekkee / seppänä. Niin. Iso kone. Täynnä kone siellä sen .... sen verstaassa. Niin / isoja puukkoja ja pieniä ja .... ja NIIN ostaa ihmiset niin ne menee läpi Norjan ja

Helsingissä sinne ja .... Ne on niin KAUNIIT veittet niin että .... Niin ennen ostaa sen / kun ne Marttinin veittet. Lappalaiset on niin KAUNIS veittiä että .... Ne on pienet ja / tämän pienet ja niin ja .... semmoset kun kuka halua minkäki.

- *Tuletko tänne asumaan ?*

13. - No mutta sanoi että ku .... En minä aikonut vielä ennen syyskuussa mutta / se kuulemma mennee se talo jos en tule nythän. Kun minä en oikein aina immärrä suomen kieli mutta se auttaa tuo Pirit.

- *Mutta kyllä sinä puhut aivan hyvin suomea !*

14. - Mutta minä en / en immärrä kuitenkin. Joo .... Kylä se tulkki tuo kaima / minun sukulainen / tässä autolla ajoi.

- *Mutta sinä haluat tulla tänne talveksi ?*

15. - Joo / minä kyllä haluan sitten. Sen kyllä haluan minä kyllä aion lokakuussa / taika jo .... syyskuun .... välillä jo. Pirit / sukulainen / se lupasi että selvä tulee. Minulla on kaheksan sataa markkaa vähän yli / se EI riitä. Se menee ENEMPI. Kaheksan sataa kuus kympi saan.

- *Onko niin kallis ?*

16. - Niin / tähän puole .... Ku on heikko ihmiset se on halvempaa. Minä olen sen .... Minulle se sanno että saat mennä mutta anna TIETOA mihin lähtee ku tulet tänne. Saan jäädä sukulaisille jos haluan .... niin se sanno johtaja / mutta "anna tietoa ettei tartte katoo ja tutkimaan mihin ja soittaa että mihin se meni se Laitin mummu." Kohta minäki tulen kyllä. Pääsen kai viis .. viisen kuustoista päivänä tulen. Niin se johtaja sanno.

*

Discours K

Situation : Un jeune Lapon - le seul à avoir conscience de l'interview - a accepté de parler de son "identification ethnique" ... manifestement minimisée.

- *Olet syntynyt täällä Utsjoella ?*

1. - **Joo / täällä minä olen syntynyt.**

- *Ja missä olet käynyt koulua ?*
- **No .... Utsjoella ja Nuorgamissa. Ja Karigasniemessa vielä / jo.**
- *Karigasniemessa ? Onko siellä myös kansakoulu ?*
- **Jo. On.**
- *Miksi olet käynyt kolmea eri koulua ?*
- **Mä kävin kaks vuotta Utsjoella ensin. Ja sitten muutettii Nuorgamiin .... kato kun tänne ei mahtunut enempää Utsjoelle tai .... se täytyi. Oli .... liikaa.**
- *Liian paljon oppilaita ?*
- **Jo.**

- *Olitteko kaikki saamelaisia siinä koulussa ?*

2. - **Ei ihan kaikki. Oisko ollu kolme prosenttia suomalaisia ?**

- *Mutta opetus kävi kuitenkin suomen kielellä ?*
- **Jo / suomen kielellä.**
- *Eikä saamen kielellä ?*
- **Ei. Ei.**
- *Miten olet oppinut sitten saamea ?*
- **Täällä kotona.**
- *Kotona ? Puhumalla ?*
- **Joo / puhumalla.**
- *Vanhempien kanssa, tovereiden ?*
- **Vanhempien ja tovereiden.**

- *Onko sinusta saami helpompi kuin suomi vai päinvastoin ?*

3. - Vaikea ne on kumpikin. Yhtä vaikeita.

- *Mutta käytätkö nykyään enemmän saamea vai suomea ?*

- Se riippuu kenen kans / mä puhun. Jo.

- *Mutta sinä yleensä tapaat yhtä paljon suomalaisia kuin saamelaisiakin, vai ?*

- Jo / kumpiakin yhtä paljon.

- *Ja kotona puhut saamea vanhempien kanssa ?*

- Joo / missä on puolet suomenkielisiä sanoja.

- *Onko ?*

- No / ootsä kuunnellu ! Niin / siinä on suomenkielisiä sanoja / kato kun ei enää huomaa mitä siihen laittaa.

- *Joo, silloin tällöin, mutta ei niin paljon kuitenkin ! Kun sinun vanhempasi ovat saamenkielisiä alun perin ...*

- joo / niin ...

- *... he osaavat aivan aitoa saamea. Se on varmasti aika aitoa se mitä puhutte.*

- Niin .... aitoahan harva osaa / sin on tullu vieraskielisiä miksi minä nyt sanon niitä sanoja ... ?

- *Joo, sanoja jotka ovat lainattuja, lainasanoja. Mutta se on tietysti normaalista, jos te vain PUHUTTE sitä.*

- No / jo ....

- *Siis, te puhutte saamea, mutta jos esimerkiksi luet jotain, sinä luet yleensä suomeksi ?*

4. - Niin / suomeksi luen / joo .... ja sitten ajattelen saameksi.

- *Eikä suomeksi ?*

- No / jos on vaikea kohta .... niin pitää suomeksi ajatellaki.

- *Ja kun näet unta, onko se suomeksi vai saameksi ?*

- Se riippuu tilanteesta että .... että minkälaisen unen minä näen että .... Niin / siinä on .... voidaan puhua saamea tai suomea / vaikka kiinaakin. Unessahan se on mahdollista.

- *Varmasti, jos jo osaa saamea ja suomea, ymmärtääkin kiinaa !*

- Niin on !

- *Mutta sinä et koskaan siis joutunut kirjoittamaan saamea koulussa. Teillä oli aika vähän tunteja viikossa ?*

5. - Mitä niitä oli ? Kaksi tuntia viikossa.

- *Ja montako vuotta ? Muistatko ?*

- En muista oikein. Kahden vuoden aikana.

- *Sekin on aika vähän.*

- Niin on.

- *Sitten on ihailtavaa, että olette oppineet kuitenkin saamea kotona ja vieläkin puhutte sitä.*

- Niin on. IHAILTAVAA !

- *Saanko vielä kysyä jotain ?*

6. - **Niin / keksi jotain. Minä vastaan sitten/valehtelen ainaki jos en muuta.**

- *Tuntuuko että olet enemmän saamelainen vai suomalainen ?*

- **En .... en minä .... minä en oo huomannu.**

- *Se on aivan sama siis .... Mutta kun tapaat nuoria tovereita Norjasta, te puhutte saamea yhdessä, eikö niin ?*

- **Saamea / niin.**

- *Osaavatko he suomea yleensä ?*

- **Kyllä ne ymmärtävät / ja osaavat meleko paljon / mutta helepompi on heillä puhua saamea.**

- *Mistä he ovat oppineet ?*

- **No / meiltä ne on oppinut.**

- *Teiltä ? Sinä olet suomen kielen opettaja siis ?*

- **Jo / rehtori !**

- *Onko se sama kieli mitä te puhutte ?*

- **On.**

- *Siis, Tenon molemmilla puolilla. Eikö ole ollenkaan eroja ?*

- **Ei siinä paljon eroja oo / mitä nyt pikkusen.**

- *Mutta he varmasti käyttävät norjalaisia sanoja / kun te käytätte suomalaisia ?*

- **No / niin ne käyttääkin / se on kyllä tosi.**

- *Mutta sinä ymmärrät kuitenkin ?*

- **Kyllä minä ymmärrän.**

- *Mikset yrittänyt itse lukea saamea ?*

7. - **Kato kun tuo pää on niin tyhyjä.**

- *Ei, ei se sitä tietenkään ole !*

- **Ja ku mulla on huono muisti.**

- *Tai ei ollut tilaisuutta ....*

- **Kyllä sitä tilaisuutta ois ehkä ollu / mutta minä en oo .... ehkä kiinnostunu.**

- *Etkö koskaan lue saamelaislehtiä ?*

- **Kyllä niitäki joskus .... niitä vähän jotka meille tulee.**

- *Isäsikö niitä tilaa ?*

- **Jo.**

- *Sinä olet ollut töissä sekä Suomessa että Norjassa. Olitko vielä Ruotsissakin kerran töissä ?*

8. - **Jo-o / jo.**

- *Tapasitko siellä suomalaisia ?*

- **Siellä tapasin / jo.**

- *Ja te puhuitte tietysti suomea.*

- **Jo / suomea me puhuttiin. Siellä oli paljon suomalaisia / enemmän kohta kun** ruotsalaisia.

- *Missä päin siellä ?*

- Göteborgissa. Illalla kun meni kaupunkiin / niin ei siellä kuullu muuta kun suomen kieli.

- *Tapasitko myös ruotsalaisia ?*

- Kyllä tapasin / jo.

- *Mutta heidän kanssaan et voinut keskustella ?*

- Niin että .... vähän ne ymmärtää / muutaman sanan .... Mukavia kavereita neki !

- *Haluaisitko mennä töihin muuhunkin maahan kuin Pohjoismaihin ?*

9. - Ootappa ! Mikä semmonen paikka ois ? Ootappa ! .... Hawajille !

- *Mitä siellä tekisit ?*

- Ottaisin aurinkoo.

- *Mutta teilläkin on aurinkoa täällä Lapissa !*

- Jo / nyt on ollu pari kaks päivää. Ja sitä ennen on ollu kaks päivää kylymiä ilmoja.

- *Sinä viihdyt täällä kuitenkin ?*

- No .... jo !

- *Mikä täällä on hauskaa, Lapissa ?*

- No .... ootappa ! Mitä minä ... ? Ei oo sitä kiirettä !

- *Ja sitten kalasteleminen ...*

- jo / sekä ...

- *... majalla käynti ?*

- Joo !

- *Sinulla on paljon tuttavia siellä.*

- Jo / niitä on siellä meleko paljon.

- *Mikä sinulla on tässä ? Nämä "Sotilasmuistoja" ?*

10. - Hm .... se on vapaaehtoinen tuo.

- *Teille annettaan ... ?*

- Ei kun / me ostettiin .... Eikä se paljon maksanu. Pari markkaa.

- *Onko se oma keksintö ?*

- No / se on sellainen kun oikein perintönä perii / taikka perintönä puhe / ne kaskut siellä / ja vitsit ja ....

- *Tapasitko siellä armeijassa saamelaisia ?*

- Jo / meitä oli kolme siellä / kolmas oli Inarista.

- *Huomasitko siellä / suomalaisten tovereiden keskuudessa / että oli sellaisia sanoja tai vitsejä joita et olisi kuullut aikaisemmin suomen kielellä ?*

- Kyllä ne oli kaikki vanhoja.

- *Ja sitten kun tulit kotiin laitoit tämän valmiiksi ?*

- En / kun laitoin piiloon kuule / ja nyt ne on löytänyt ! Se on niin .... Mitä tykkäät niistä kirjoituksista ?

- *Aika kivoja !*

- No / minunki mielestäni ne on mukavia / mutta joku .... toinen voi päästää väärään käsitykseen ....

- *Mikä päätarkoitus oli siinä ?*

11. - No / että saa aikansa kulu.

- *Mitä muuta keinoa siihen siellä oli ?*

- No / siihen aikaan ei ollu mitään muuta / nykyään siellä on menny paljon .... paljon löysemmäksi. Nyt saa joka ilta käydä kaljoilla / ja kaupungilla / ja ....

- *Eikö silloin saanut ?*

- No / silloin piti aina kysyä lupaa. Vaikka nytki pitää sitä kysyä / mutta nyt saa helepommin sitä.

- *Oliko sitten ikävää ?*

- Ei / mukava aika kyllä se oli. Eikä me aina herätty. Eikä tarvinnu huolehtia mistään. Ei tarvinnu päätä vaivata. Ei / se kyllä musta oli mukavaa. Ei tarvinnu ajatella mitään.

- *Onko rasittavaa ajatella ?*

- On / ON ! Kun tarvitsee vaivata aivoja !

- *No, etkö nyt liioittele jonkun verran ?*

- Juu / jo ! Ha ha !

- *Olet valinnut sellaisen ammatin, jossa ei tarvitse liikaa ajatella.*

- Niin / sen tietää / jo.

- *Mutta se on kuitenkin rasittavaa ?*

- No / siihen kun tottuis / niin se ois kevyempi / helepompi / mutta minä .... taikka ei se niin raskasta / tuota / mutta siinä on kato / kun joskus pitää pitää sitä kiirettä.

- *Viime vuonna sulla oli raskaampi työ ?*

- Jo / se oli kato tuolla .... sorashommis. Norjan puolella.

- *Onko tämä nyt parempi ?*

- No / en tiedä parempi mutta .... tässä ei oo sitä kiirettä.

- *Ja sinä olet aika vapaa ?*

- Jo / siinä se onki / siinä on se oma homma.

- *Se on sinulle tärkeämpi se että olet itsenäinen, vaikka olisi rasittavaa ?*

- Jo / niin on.

- *Et haluaisi olla tehtaassa töissä, esimerkiksi ?*

- En / EN ! Korkeinta .... johtajana tai jotain.

- *Mutta siihen ei niin helposti pääse !*

- Ei / ei pääsekään.

- *Sinä olit kerran Helsingissä, oliko se kurssi ... ?*

12. - Kurssi / jo.

- *Et viihtynyt siellä, kun aika kohta lähdit pois ?*

- No .... kyllä olisin viihtynyt / mutta .... se oli niin komea kesä täällä / minä lähdin tänne.

- *Etkö voinut sen jälkeen lähteä takaisin ?*

- No .... ei tullu lähetty.

- *Et sinä haluaisi nyt mennä töihin etelään ?*

- Ei sitä vaan tie mihin sitten talviks taas mennee.

- *Olisiko kuitenkin parempi olla täällä ?*

- Se on kai aivan samaa missä on.

*

Discours M

Situation : Intrigué par nos discussions sur la survie de la langue same, un vagabond -valet de ferme saisonnier - donne son point de vue de vieux connaisseur (suécophone) de la calotte glaciaire. Il compare l'évolution de la situation en Finlande, Norvège et Suède.

1. - Jos minä osaisin lappia / saisinko ollenkaan puhua suomea ? Minä tarkoitan .... minulla on semmonen käsitys että useammat .... täällä Tenojokivarressa / samoin tuolla Inarijokivarressa on paljon semmoisia vanhempia ihmisiä jotka mieluummin PUHUVAT saamea kun suomea. Jos minä .... minulla on semmonen käsitys / jos osaisin itse lappia kyllä en saisi muuta PUHUAkaan.

- *(...)*

2. - No mutta on .. ne puhuvat aina saamea siis KESKENÄÄN tietenkin ja / mutta jos tulee joku .... joka ei osaa saamea sitten / täällä suomen puolella nimittäin / Norjan puolella sitä sielläkin on suomenkielisiä / mutta onhan .... Kyllä hyvin osaavat suomea SENTÄÄN täällä / suomen puolella yleensä. Mutta voi olla niin että / mieluummin puhuvat lappia kuitenkin. Aika .. melko suuri osa kyllä puhuu etenkin mieluummin lappia. KESKENÄÄN tietenkin. Kyllä minulla on semmonen käsitys / että se saamen kieli paremmin säilyy Norjassa kun täällä Suomessa kun se on semmonen jutu kun lapset jos pääsevät kouluun ja puhuvat saamea kotona on pakko oppia norjaa kouluissa / mutta sitten puhuvat norjaa opettajien kanssa ne lapset / mutta keskenään kuitenkin puhuvat norjaa opettajien kanssa ne lapset / mutta keskenään kuitenkin puhuvat lappia taikka saamea. Mutta täällä Suomessa on semmonen tapa täällä Utsjoen kunnassa esimerkiksi / että ne nuoret / jos puhuvat saamea kotona ja sitten kun pääsevät kouluun että on pakko oppia suomea / sitten he rupevat puhumaan suomea KESKENÄÄN vielä / ne NUORETkin täällä. Niin että saamen kieli jää / ENEMMÄN syrjään täällä Suomessa kun Norjassa. Paremmin säilyy NORJASSA. Näissä kolmessa pohjoismaassa tai pohjoiskalotilla / siis pohjoiskalotin alueilla / Pohjois-Norjassa / Pohjois-Ruotsissa ja Pohjois-Suomessa on kyllä lappalaisia paljon eli saamelaisia. Mutta PARHAITEN se saamen kieli varmaan säilyy Norjassa / paremmin kun Ruotsissa ja Suomessa. Paremmin jää syrjään sekä Ruotsissa että Suomessa se saamen kieli. Norjassa kyllä .... kyllä Norjassa puhutaan ainakin ihmisten keskuudessa / eihän puhuta norjaa niin yleisesti tuolla Norjan puolella kun täällä nykyään puhutaan suomea. Se niin kun .... niin kun kirkonkylissä tuolla Utsjoella kyllä / ihmiset keskenään puhuvat suomea. Mutta jos käy tuolla .... Karasjoella ja kuuntelee vain sivusta he puhuvat vain keskenään lappia enimmäkseen ihmiset. Kyllä tuolla Karigasniemessä tuo Antti katekeetta on .... ja .... vaimo Raili / lapsille puhuvat aina suomea. En tiedä osaavatko lapset OLLENKAAN lappia. En ole juuri kuullut. Samoin tuo Hans Kitti tuo / kyllä sinä tunnet tuon auton

.. taksinkuljettaja / Hans Kitti / että he osaavat lappia MOLEMMAT kyllä mutta lapsille puhuvat aina suomea AINAKIN. Puhuvat kyllä lappiakin joskus mutta se .... keskenään joskus ja sitten .... toisille ja .... mutta lapsille puhuvat enimmäkseen SUOMEA. Mutta se voi johtua siitäkin että / jos on semmonen tarkoitus että on pakko kuitenkin oppia suomea koulussa / kansakoulussa .... se HELPOTTAA hieman että puhutaan kotona. Kyllä harva nykyään enää joka ei osaa suomea kyllä suurin osa kyllä hallitsee suomen kieltä kyllä. Tuolla Näpijärvellä kun minä olen käynyt siellä puhuvat lappia aina ja lapsillekin / kun olen käynyt sisällä on Länsman nimeltään se .... sukunimi. Kun minä kävin siellä / minä huomasin että lapset katsoivat ja TUJOTTIVAT ja ihmettelivät / eivät ole kuulleet suomen kieltä. Minä puhuin tietenkin suomea siellä kun minä EN osaa lappia ja minä huomasin että varmaan oli tuo ihan outo. Lapset katselivat ja ihmettelivat ja talon emäntä vastasi suomeksi. He keskenään aina puhuvat vain lappia kotona. Siellä kyllä semmoisissa paikoissa kyllä saamen kieli hyvin säilyy. Ne on semmoisia syrjään .... Närpijärven tai Inarinpuolella Angelista .... nyt on maantie nyt jotta ne osaavat suomeaki mutta keskenään aina vain puhuvat lappia.

*

INDEX DES AUTEURS
DE LA BIBLIOGRAPHIE

La ventilation en sections est indiquée par le premier terme de la rubrique correspondante.

I . LES HOMMES.
- a. Plurilinguisme et société.
- b. Minorités de Fenno-Scandie.
- c. Les Lapons.

II. LES LANGUES.
- a. Langage, discours.
- b. Oral, langue parlée.
- c. Finno-ougrien.
- d. Le lapon.
- e. Le finnois.

AHLBERG N. : minorités.
AIKIO Samuli et al. : le lapon.
AIRILA M. : le finnois.
ASP E. : les Lapons.
ASP E. et al. : les Lapons.
AUSTERLITZ R. : finno-ougrien.
ATKINSON J. : le finnois.

BALLY C. : langage.
BARTENS R. : le lapon.
BENVENISTE E. : langage.
BERGSLAND K. : le lapon.
BERONKA J. - 1922, 1925 : le finnois.
- 1937, 1940 : le lapon.
BLOOMFIELD L. : langage.
BOLINGER D. : oral.
BOUQUIAUX L., THOMAS J.M.C. : oral.
BRANCH M. et al. : le finnois.
BUREAU C. : langage.

CARTON F. : oral.
CHOMSKY N. : langage.
COLLINDER B. - 1944, 1945, 1954, 1956 : le lapon.
- 1957-1977 : finno-ougrien.

DAHL Hj. : minorités.
DAHLSTEDT K.H. : minorités.
DANEŠ F. : langage.
DECSY G. : finno-ougrien.
DENISON N. : le finnois.
DIDERICHSEN P. : langage.
DIK S.C. : langage.

EJERHED E. : les Lapons.
ENKVIST N.E. : langage.
ERDAL M. : langage.

FELLMAN I. : les Lapons.
FELLMAN J. : les Lapons.
FERNANDEZ M.M.J. : - 1973 a, 1973 b, 1976 a, 1981 a : minorités.
- 1976 b, 1978 a : les Lapons.
- 1980 a, 1982 d : langage.
- 1971, 1978 c, 1979 a, 1980 b, 1982 c : oral.
- 1978 b, 1979 b, 1982 a, 1982 b : le lapon.
- 1977 : le finnois.
FODOR I., HAGEGE C. : plurilinguisme.
FOL J.J. : minorités.
FONAGY I. : oral.
FRANCOIS D. : oral.
FRETTE T. : le lapon.
FRIIS J.A. : le lapon.

GOUDAILLIER J.P. : oral.
GSELL R. - 1979 a : langage.
- 1979 b : oral.
GUESPIN L. : langage.
GUILLAUME G. : langage.
GUMPERZ J., HYMES D. : plurilinguisme.
GÅRDING E. : oral.
GÅRDING E. et al. : oral.

HAAVIO-MANNILA E., SUOLINNA K. : minorités.
HAGEGE C. - 1968, 1976, 1978 a, 1978 b : langage.
- 1975 : oral.
HAGEGE C., HAUDRICOURT A. : oral.
HAKANEN A. : le finnois.
HAKULINEN A. - 1972 : minorités.
- 1971, 1975 : oral.
- 1976 : le finnois.
HAKULINEN A., KARLSSON F. : le finnois.
HAKULINEN L. : le finnois.
HALLIDAY M.A.K. : langage.
HALTSONEN S., PURANEN R. : le finnois.
HANSEGÅRD N.E. - 1967, 1968 : minorités.
- 1965, 1967, 1970 : le lapon.
HANSSEN E. et al. : oral.
HARRIS Z.S. : langage.
HAUGEN E. : plurilinguisme.
HELANDER E. : les Lapons.
HILLBOM L. et al. : minorités.
HOËM A. : les Lapons.
HOLMESTAD E., LADE A.I. : plurilinguisme.
HÄRMÄ J. : le finnois.

IKOLA O. - 1972 : oral.
- 1960, 1964 : le finnois.
ITKONEN E. : le lapon.
ITKONEN Esa : langage.
ITKONEN T. : le finnois.
ITKONEN T.I. - 1947, 1948 : les Lapons.
- 1958 : le lapon.

JAAKKOLA M. : minorités.
JAKOBSON R. : langage.
JESPERSEN O. : langage.

KALLIOINEN V. : le finnois.
KANSANEN A. : oral.
KARLSSON F. - 1977 : langage.
- 1974, 1978 a, 1978 b : le finnois.
KASSAI G. - 1974 : finno-ougrien.
- 1976 : langage.
KASSAI G. et al. : finno-ougrien.
KETTUNEN L. : le finnois.
KIEFER F. : oral.
KOKKO-ZALCMAN A. - 1965 : les Lapons.
- 1980 : le finnois.
KORHONEN M. : le lapon.
KORHONEN O. : le lapon.
KOSKINEN I. : minorités.
KUNO S. : langage.
KÜNG A. : les Lapons.

LAGERCRANTZ E. : le lapon.
LAZARD G. : langage.
LE CALVEZ A. : plurilinguisme.
LECLERC J. : langage.
LI C.N. : langage.
LOMAN B. : oral.
LUKJÁNSHENKO T. : les Lapons.
LUKKARI P. : le lapon.
LYONS J. : langage.

MACKEY W.F. : plurilinguisme.
MAGGA T. : le lapon.
MALMBERG B. : plurilinguisme.
MANKER E. : les Lapons.
MARCELLESI J.B., GARDIN B. : plurilinguisme.
MARTINET A. : langage.
MERIOT C. : les Lapons.
MERIÖ K. : plurilinguisme.
MOREAU J.L. : le finnois.
MOUNIN G. : langage.

NESHEIM A. : les Lapons.
NICKUL K. : les Lapons.
NIELSEN K. : le lapon.
NOREEN A. : langage.
NUORGAM-POUTASUO H. : les Lapons.
NUUTINEN O. : le finnois.

OVERBEKE M. van : plurilinguisme.

PALMBERG R., RINGBOM H. : langage.
PALTTO K. : les Lapons.
PARIS C. : langage.
PENTTILÄ A. : le finnois.
PERROT J. - 1956, 1978 a, 1978 b : langage.
- 1971 : oral.
- 1967, 1974 : finno-ougrien.
PERROT J., LOUZOUN M. : oral.
POTTIER B. : langage.

QVIGSTAD J.K. : le lapon.

RAPOLA M. : le finnois.
RAUTALA H. le finnois.
RAVILA P. : le finnois.
ROSSI M. : oral.
RŪĶE-DRAVIŅA V. : plurilinguisme.
RUNEBERG A., WUOLIO E.L. : le finnois.
RUONG I. - 1943, 1974 : le lapon.
- 1967, 1971 : les Lapons.

SAARIMAA E.A. : le finnois.
SADENIEMI M. : le finnois.
SAJNOVICS J. : le lapon.
SAMMALLAHTI P. : le lapon.
SAPIR E. : langage.
SAUKKONEN P. - 1970 : oral.
- 1972 : le finnois.
SAUSSURE F. : langage.
SAUVAGEOT A. - 1949, 1965 a, 1966, 1970, 1973 : le finnois.
- 1961 : les Lapons.
- 1952, 1965 b, 1971 : finno-ougrien.
- 1977 : le lapon.
SCHWARZ D. : minorités.
SCHÖLD T. : le lapon.
SEBEOK T. : finno-ougrien.
SETÄLÄ E.N. - 1926 : les Lapons.
- 1966 : le lapon.
SETÄLÄ E.N., SADENIEMI M. : le finnois.
SIHVO H. : les Lapons.
SIMONIN-GRUMBACH J. : langage.
SIRO P. : le finnois.
SIURUAINEN E., AIKIO P. : les Lapons.
SIVERS F. de - 1968 : oral.
- 1978 : langues finno-ougriennes.
STEDJE A., TRAMPE P. af : plurilinguisme.
SUNDMAN M. : le finnois.
SVONNI L. : les Lapons.

TCHEKHOFF C. : langage.
TESNIERE L. : langage.
TOIVAINEN J. : le finnois.
TOIVONEN Y.H. : le lapon.

VALKEAPÄÄ N.A. - 1971 : les Lapons.
- 1976 : le lapon.
VEENKER W. : finno-ougrien.
VIERIKKO E. : oral.
VIHANTA V. : oral.
VIRTARANTA P. : le finnois.
VIRTARANTA P., SOUTKARI P. : le finnois.
VIRTARANTA P., YLI-PAAVOLA J. : le finnois.
VORREN Ø., MANKER E. : les Lapons.
VUORELA T. : les Lapons.

WEINREICH U. : plurilinguisme.
WEINRICH H. : langage.
WHORF B.L. : langage.
WICKMAN B. : finno-ougrien.
WIIK K. : le finnois.
WIKLUND K.B. : les Lapons.

ÖSTMAN J.O. : langage.

*

BIBLIOGRAPHIE*

I. LES HOMMES

I.a. Plurilinguisme et société

Des milliers d'ouvrages à ce jour publiés sur le plurilinguisme, nous ne citerons que ceux qui nous ont directement inspirée. On trouvera des bibliographies chez :

FISHMAN, 1971, p. 127-145.

van OVERBEKE, 1972, p. 203-212.

WEINREICH, 1974, p. 123-146.

MACKEY, 1972, 1977, *Bibliographie internationale sur le bilinguisme*, I-II, Québec, Presses de l'Université Laval.

FISHMAN, J.A.

1966, The implications of bilingualism for language teaching and language learning, A. VALDMAN (éd.) *Trends in language teaching*, New York-St Louis, Mc Graw Hill, p. 121-132.

1968, Sociolinguistic perspective on the study of bilingualism, *Linguistics*, 39, p. 21-49.

1971, *Sociolinguistique*, Bruxelles-Paris, Labor-Nathan.

FODOR, I. - HAGEGE, C. (éd.)

1982, *Réforme des langues : histoire et avenir*, Hamburg, Buske, sous presse.

GUMPERZ, J. - HYMES, D. (éd.)

1972, *Directions in Sociolinguistics - The Ethnography of Communication*, New York, Holt, Rinehart and Winston Inc.

HAUGEN, E.

1953, *The Norwegian language in America : a study in bilingual behaviour*, I, Philadelphia, University of Pennsylvania Press.

1956, *Bilingualism in the Americas : a bibliography and research guide*, University of Alabama, American dialect society.

1966, *Language conflict and language planning - The Case of Modern Norwegian*, Cambridge (Mass.), Harvard University Press.

1972, *The Ecology of Language*, Stanford, Stanford University Press (Language and Science).

---

* La liste des abréviations se trouve en fin de Bibliographie.

1977, Tospråkighetens økologi - Tanker om språk og politikk, *Papers from the First Nordic Conference on Bilingualism*, Helsingfors Universitet (Meddelanden från Institutionen för Nordisk filologi), p. 5-15.

HOLMESTAD, E. - LADE, A.J. (éd.)
1969, *Lingual Minorities in Europe*, Oslo, Det Norske Samlaget.

LE CALVEZ, A.
1969, *Recherches sur l'enseignement de la langue galloise dans son contexte historique, culturel, social et politique*, Rennes, Doctorat d'Université (dactylographié).

MACKEY, W.F.
1976, *Bilinguisme et contact des langues*, Paris, Klincksieck (Initiation à la linguistique).

MALMBERG, B.
1964, *Språket och människan*, Stockholm, Aldus.

MARCELLESI, J.B. - GARDIN, B.
1974, *Introduction à la sociolinguistique* - La linguistique sociale, Paris, Larousse ("Langue et langage").

MERIÖ, K.
1975, *Interferenssivirheiden analyysi ja mittaus*, Université de Helsinki (Linguistique générale), Doctorat de IIIe cycle (dactylographié).

OVERBEKE, M. van
1972, *Introduction au problème du bilinguisme*, Bruxelles, Labor - Paris, F. Nathan.

RŪĶE-DRAVIŅA, V.
1969, *Språk i kontakt*, Stockholm, Aldus.

STEDJE, A. - TRAMPE P. af (éd.)
1979, *Tvåspråkighet, Papers from the Second Nordic Conference on Bilingualism*, Stockholm, Akademilitteratur.

WEINREICH, U.
1974, (8e éd.) *Languages in contact - Findings and problems*, The Hague-Paris, Mouton.

I.b. Minorités de Fenno-Scandie

AHLBERG, N. (éd.)
1978, *Kulttuuri-identiteetin ongelmia : suomalaiset kulttuurivähemmistöt*, Helsinki, Suomen Unesco-toimikunta (julk. 14).

DAHL, Hj.
1956, *Finlands svenskar*, Helsingfors, Söderströms.

DAHLSTEDT, K.H.
1975, Den språkliga situationen i Norden, *Grannspråk och minoritetsspråk i Norden*, p. 19-30.

Grannspråk och minoritetsspråk i Norden, 1975, Stockholm, Nordiska rådet (NU 32).

FERNANDEZ, M.M.J.
1973a, Den finlandssvenska lyriska modernismen, O. OBERHOLZER (éd.) *Skandinavische Lyrik der Gegenwart (IX. Studienkonferenz der IASS)*, Glückstadt, J.J. Augustin, p. 147-158.

1973b, La poésie finlandaise d'expression suédoise, *Scandinavica* (Special issue), Cambridge, p. 41-64.

1976a, Edith Södergran et la critique étrangère ou "Présence rimbaldienne d'une Vierge Moderne", *Scandinavica* (Special issue), Cambridge, p. 105-121.

1981a, Identités ethniques et identités linguistiques en Finlande, *CIREN*, 1, p. 82-104.

FOL, J.J.
1978, *Les Pays Nordiques aux XIXe et XXe siècles*, Paris, PUF (Nouvelle Clio).

HAAVIO-MANNILA, E. - SUOLINNA, K.
1967, *Rajan vaikutus Tornionlaakson erilaistumiseen*, University of Helsinki, Institute of Sociology (Research report 86).

1971, *Studier kring gränsen i Tornedalen*, Stockholm, Nordiska rådet (NU 7).

HAKULINEN, A.
1972, *Iakttagelser angående de finskspråkiga prepositionsfel i svenskan*, Université d'Umeå, Maîtrise de Philologie Nordique (dactylographié).

HANSEGÅRD, N.E.
1967, Finskt i Tornedalen, en glömd minoritet, D. SCHWARZ (éd.) *Svenska minoriteter*, p. 162-182.

1968, *Tvåspråkighet eller halvspråkighet ?*, Stockholm, Aldus.

HILLBOM, L. - JANSSON, L. et al.
1970, *Debatten om tvåspråkigheten i Tornedalen*, Lunds Universitet.

JAAKKOLA, M.
1969, *Kielten erikoistuminen ja sen seuraukset Ruotsin Tornionlaaksossa*, University of Helsinki, Institute of Sociology (Research report 137).

1973, *Språkgränsen - En studie i tvåspråkighetens sociologi*, Stockholm, Aldus.

1974, Den språkliga variationen i svenska Tornedalen, B. LOMAN (éd.) *Språk och samhälle 2*, Lund, p. 15-42.

1976a, Finnish immigrants in swedish politics, *Committee of experts on Immigration research*, Report 1, Stockholm, p. 169-189.

1976b, Diglossia and bilingualism among two minorities in Sweden, *International Journal of the Sociology of Language*, 10, p. 67-84.

KOSKINEN, I.
1975, *Tornionlaakson kaksikielisyyden sosiolingvististä tarkastelua puhekielen yhden variantin valossa*, Université de Helsinki (Castrenianum), Doctorat de IIIe cycle (dactylographié).

SCHWARZ, D.
1976, *Invandrar och minoritetsfrågor - nordisk bibliografi*, Stockholms Universitet, Sociologiska Institutionen.

SCHWARZ, D. (éd.)
1967, (2e éd.) *Svenska minoriteter*, Stockholm, Aldus.

1971, *Identitet och minoritet - Teori och politik i dagens Sverige*, Stockholm, Almqvist & Wiksell.

I.c. Les Lapons

ASP, E.

1965, *Lappalaiset ja lappalaisuus*, Turku, Annales Universitatis Turkuensis, C:2.

1966, *The finnicization of the Lapps - A case of acculturation*, Turku, Annales Universitatis Turkuensis, B:100.

ASP, E. - RANTANEN, K. - MUNTER, A.

1980, *The Lapps and the lappish culture*, University of Turku, Department of Sociology and political research (Sociological studies, A:4).

Bibliografia Sámiid birra 1960-1969, 1980, Ohcejohka, Sámiraðði.

BOON, I.

1968, Bilinguism and education in Lappish speaking districts, *Inter-Nord*, 10, p. 285-292.

COLLINDER, B.

1953, *Lapparna - en bok om samefolkets forntid och nutid*, Stockholm, Forum.

EJERHED, E.

1979, Strukturella aspekter på sydsamisk tvåspråkighet, A. STEDJE, P. af TRAMPE (éd.) *Tvåspråkighet*, p. 179-195.

FELLMAN, I. (éd.)

1910-15, *Handlingar och uppsatser angående finska Lappmarken och Lapparne I-IV*, Helsinki-Helsingfors , Suomalainen Tiedeakatemia (Documenta Historica, I, II, III, V).

FELLMAN, J.

1906, *Anteckningar under min vistelse i Lappmarken I-IV*, Helsingfors, I. FELLMAN (éd.).

FERNANDEZ, M.M.J.

1976b, Les Lapons de Finlande : une condition minoritaire en mutation, *Boréales*, 1, p. 7-15.

1978a, Aspects de la littérature lapone "same" contemporaine, *Boréales*, 9/10, p. 227-231.

HELANDER, E.

1979, Tvåspråkighet hos samer, A. STEDJE, P. af TRAMPE (éd.) *Tvåspråkighet*, p. 179-195.

HOËM, A.

1965, *Samenes skolegang - En analyse af undervisningssituationen med forslag till styrkning af denne i fire kommuner i Finnmark*, Oslo, Institutt for Samfunnsforskning (dactylographié).

ITKONEN, T.I.

1947, Lapparnas förekomst i Finland, *Ymer*, 67, Stockholm, p. 43-57.

1948, *Suomen lappalaiset vuoteen 1945*, I-II, Porvoo-Helsinki, WSOY.

KOKKO-ZALCMAN, A.

1965, L'intégration des Lapons dans la société finlandaise, *EFO*, II (1), p. 89-96.

KÜNG, A.

1970, *Samemakt !*, Stockholm, Rabén & Sjögren.

The Lapps to-day in Finland, Norway and Sweden, I, 1960, Conferences of Jokkmokk 1953, Karasjok 1956, Ed. on behalf of the Nordic Lapp Council by R.G.P HILL, Paris, EPHE (Bibl. arctique et antarctique, I).

The Lapps to-day in Finland, Norway and Sweden, II, 1969, Conferences of Stockholm 1959, Inari 1959, Kiruna 1962, Ed. on behalf of the Nordic Lapp Council by R.G.P. HILL and K. NICKUL, Oslo, Universitetsforlaget.

LUKJÁNSHENKO, T.
1969, *Förändringar i Kolassamernas materiella kultur på detta århundrade*, Stockholm, Nordiska rådet (NU 6).

MANKER, E.
1963, *De åtta årstidernas folk*, Göteborg, Tre Tryckare. (trad. 1963, *People of eight seasons*, Göteborg - 1964, *Das Grosse Lapplandsbuch - Volk der acht Jahreszeiten*, München).

MERIOT, C.
1980, *Les Lapons et leur société - étude d'ethnologie historique*, Toulouse, Privat (Sciences de l'homme).

NESHEIM, A.
1958, Samisk och nordisk - felleskap og kulturkontakt, *By og bygd*, XI, (Norsk Folkemuseum årbok 1956-57), Oslo, Tanum, p. 1-18.

1966, (2e éd.) *Samene : Historie og kultur*, Oslo, Tanum (trad. 1970, *Les Lapons - Histoire et culture*, Oslo, Tanum).

NICKUL, K.
1970, *Saamelaiset kansana ja kansalaisina*, Helsinki, SKS (toim. 297).

NUORGAM-POUTASUO, H.
1977, Saamelainen koulukysymys, *Suomen antropologi - Antropologi i Finland*, 2, p. 137-145.

PALTTO, K.
1973, *Saamelaiset*, Helsinki, Tammi (Huutomerkki).

RUONG, I.
1963, *Les Lapons en Suède*, Stockholm, Institut Suédois.

1971, (2e éd.) *Samerna*, Stockholm, Aldus.

Saamelaisasiain komiteanmietintö, 1973, Helsinki, Komiteanmietintö, 46 (I-II),, Liite (Tutkimusraportit).

Saamelaisten koulutuksen kehittämistoimikunnan mietintö, 1971, Helsinki, Komiteanmietintö, B 63.

Saamen kielen opetussuunnitelmatoimikunnan mietintö, I-II, 1973, 1974, Helsinki, Komiteanmietintö, 88, 96.

Samernas skolgång - Betänkande avgivet av 1957 års nomadskolutredningen, Stockholm, SOU, 41.

SAUVAGEOT, A.
1961, *Les anciens Finnois*, Paris, Klincksieck.

SETÄLÄ, E.N.
1926, Suomensukuisten kansojen esihistoria, *Suomen suku 1*, p. 120-189.

SIHVO, H. (éd.)
1971, *Vanhaa ja uutta Lappia*, Porvoo-Helsinki, WSOY (Kalevalaseuran vuosikirja, 51).

SIURUAINEN, E. - AIKIO, P.
1977, *The Lapps in Finland - the population, their livelihood and their culture*, Helsinki, Lapin Sivistysseura (julk. 39).

Suomen suku, I-III, 1926-1934, éd. A. KANNISTO, E.N. SETÄLÄ, U.T. SIRELIUS, Y. WICHMANN, Helsinki, Otava.

SVONNI, L.
1974, *Samerna - ett folk i fyra länder*, Stockholm, Prisma - Solna, Seelig.

VALKEAPÄÄ, N.A.
1971, *Terveisiä Lapista - pamfletti*, Helsinki, Otava. (trad. 1979, *Helsing frå Sameland*, Oslo, Pax Forlag.)

VORREN, Ø. - MANKER, E.
1976, (2e éd.) *Samekulturen*, Tromsø-Bergen-Oslo, Universitetsforlaget (trad. 1962, *Lapp life and customs - A survey*, London)

VUORELA, T.
1960, *Suomensukuiset kansat*, Helsinki, SKS (toim. 264).

WIKLUND, K.B.
1912, Lapparnas forna utbredning i Finland och Ryssland, belyst af ortnamnen, Uppsala, *Le monde oriental*, 5, p. 101-136, 175-196.

1932, *Prehistory of the Lapps*, Uppsala, Almqvist & Wiksells Boktryckeri A.B.

II. LES LANGUES

II.a. Langage, discours

Analyse du discours, 1970, *Langages*, 13.

BA[illegible], C.
[illegible]944, (2e éd.) *Linguistique générale et linguistique française*, Berne, A.Francke.

BENVENISTE, E.
1966-74, *Problèmes de linguistique générale*, I-II, Paris, Gallimard (TEL).

1970, L'appareil formel de l'énonciation, *Langages*, 17, p. 12-18.

BLOOMFIELD, L.
1933, *Language*, New York, Holt.

BUREAU, C.
1969, *Linguistique fonctionnelle et stylistique objective*, Paris, PUF (Le linguiste).

CHOMSKY, N.
1969, *Structures syntaxiques* (1957, trad.), Paris, Le Seuil.

1970, *Le langage et la pensée* (1968, trad.), Paris, Petite Bibliothèque Payot.

1971, *Aspects de la théorie syntaxique* (1965, trad.), Paris, Le Seuil.

Communication et analyse syntaxique, 1974, *Langue française*, Février.

CORBIN, D.

1980, Compétence lexicale et compétence syntaxique, *Modèles linguistiques*, II (2), Lille, PUL, p. 52-138.

DANEŠ, F.

1964, A three level approach to syntax, *Travaux linguistiques de Prague*, I, p. 225-240.

1967, Order of elements and sentence intonation, *To honor R. Jakobson*, La Haye, p. 499-512.

1970, Zur linguistischen Analyse des Textstruktur, *Folia Linguistica*, 1, p. 72-78.

1978, De la structure sémantique et thématique du message (1976, trad.), *Linguistique et sémiologie - Textlinguistik*, Université de Lyon (Travaux du Centre de recherches linguistiques et sémiologiques de Lyon, 5), p. 177-201.

DANEŠ, F. (éd.)

1974, *Papers on functional sentence perspective*, Prague, Academia (Janua Linguarum, Series Minor, 147) - The Hague-Paris, Mouton.

DIDERICHSEN, P.

1962, (3e éd.) *Elementaer Dansk Grammatik*, Copenhague, Gyldendal.

DIK, S.C.

1979, (2e éd.) *Functional grammar*, Amsterdam-New York-Oxford, North-Holland Linguistic 37.

DUBOIS, J.

1967, *Grammaire structurale du français : le verbe*, Paris, Larousse.

ENKVIST, N.E.

1973, *Linguistic stylistics*, The Hague-Paris, Mouton.

1975, *Tekstilingvistiikan peruskäsitteitä*, Helsinki, Gaudeamus.

ENKVIST, N.E. - KOHONEN, V. (éd.)

1976, *Reports on text linguistics : Approaches to word order*, Åbo, MSÅAF 8.

ENKVIST, N.E. - SPENCER, J. - GREGORY, M.J.

1978, (5e éd.) *Linguistics and style*, Oxford, Oxford University Press.

ERDAL, M.

1980a, Référence et non-référence : exemples tirés du turc - Communication au *Séminaire de C. HAGEGE* (27-3-80), EPHE, Paris.

1980b, Turkish participles and the absence of reference, DW. YOUNG (éd.) *Festschrift für H.J. Polotsky*, Analecta Orientalia.

FERNANDEZ, M.M.J.

1980a, Ordre des mots et typologie contrastive : le discours pédagogique suédois et finnois - Communication au XIIe Congrès de la SLE (Jérusalem 1979), *Folia Linguistica*, à paraître, 15 p.

1982d, Les Particules énonciatives (PEN), opérateurs en discours : exemples tirés du domaine fenno-scandinave (suédois, finnois, lapon) - Communication à la *Société de Linguistique de Paris* (13.12.80), à paraître, 39 p.

FIRBAS, J.

1964a, From comparative word order studies, *Brno Studies in English*, 4, p. 111-127.

1964b, On defining the theme in Functional Sentence analysis, *Travaux linguistiques de Prague*, I, p. 267-280.

GSELL, R.

1979a, Actants, prédicats et structures du thai, C. PARIS (éd.) *Relations prédicats-actants*, I, p. 147-214.

GUESPIN, L.

1975, *L'analyse du discours - problèmes et perspectives*, Paris, La Nouvelle Critique.

GUILLAUME, G.

1919, *Le problème de l'article et sa solution dans la langue française*, Paris, Maisonneuve.

HAGEGE, C.

1968, La traduction des Ecritures en langue mbum, *Journal of West African Languages*, V (2), p. 97-106.

1976, *La grammaire générative - Réflexions critiques*, Paris, PUF (Le linguiste).

1978a, Du thème au thème en passant par le sujet - Pour une théorie cyclique, *La Linguistique*, 14 (2), p. 2-38.

1978b, Intonation, fonctions syntaxiques, chaîne-système et universaux des langues, *BSLP*, 73 (1), p. 1-48.

HALLIDAY, M.A.K.

1967, 1968, Notes on transitivity and theme in English, *Journal of Linguistics*, 3-4, 4, p. 37-81, p. 199-244.

HALLIDAY, M.A.K. - HASAN, R.

1976, *Cohesion in English*, London, Longman.

HARRIS, Z.S.

1951, *Methods in structural linguistics*, Chicago, The University of Chicago Press.

ITKONEN, Esa

1976, *Linguistics and empiricalness : Answers to criticisms*, University of Helsinki, Publications of the Department of General Linguistics, 4.

JAKOBSON, R.

1963, 1973, *Essais de linguistique générale*, I-II, Paris, Editions de Minuit (Arguments).

JESPERSEN, O.

1971a, *Philosophie de la grammaire* (1924, trad.), Paris, Editions de Minuit (Arguments).

1971b, *La syntaxe analytique* (1937, trad.), Paris, Ed. de Minuit (Arguments).

KARLSSON, F.

1977 (2e éd.) *Johdatusta yleiseen kielitieteeseen*, Helsinki, Gaudeamus.

KASSAI, G.

1976, A propos de la linguistique du texte, *La Linguistique*, 12 (2), p. 119-128.

KUNO, S.

1976, Three perspectives in the functional approach to syntax, L. MATEJKA (éd.) *Sound, sign and meaning : Quinquagenary of the Prague linguistic circle*, Ann Arbor (Mich.), Michigan Slavic contribution, 6, p. 119-190.

1979, Newness of information and order of deletion, *Cahiers Charles V*, 1, Université de Paris VII, p. 211-221.

1980, On the interaction between Syntactic rules and Discourse principles, *Papers in honour of Kazuko Inoue*, Tokyo, Kenkyusha, p. 279-304.

KUNO, S. - KABURAKI, E.
1977, Empathy and syntax, *Linguistic inquiry*, 8 (4), p. 627-672.

Langue, discours, société - Pour Emile Benveniste, 1975, dir. J. KRISTEVA, J.C. MILNER, N. RUWET, Paris, Le Seuil.

LAZARD, G.
1978, Eléments d'une typologie des structures d'actance : structures ergatives, accusatives et autres, *BSLP*, 73 (1), p. 49-84.

LECLERC, J.
1979, *Qu'est-ce que la langue ?*, Laval, Mondial.

LI, C.N. (éd.)
1975, *Word order and word order change*, Austin-London, University of Texas Press.

1976, *Subject and topic*, New York, Academic Press.

LI, C.N. - THOMPSON, S.A.
1975, Subject and topic : a new typology of language, C.N. LI (éd.) *Subject and topic*, p. 457-491.

LYONS, J.
1970, *Linguistique générale - introduction à la linguistique théorique* (1968, trad.), Paris, Larousse (Langue et langage).

1978, *Eléments de sémantique* (1963, trad.), Paris, Larousse Université (Langue et langage).

MARTINET, A.
1967, (4e éd.) *Eléments de linguistique générale*, Paris, Armand Colin (U2).

1969, *Langue et fonction* (1961, Oxford, trad.), Paris, Denoël.

1975, *Studies in functional syntax - Etudes de syntaxe fonctionnelle*, Munich, Wilhelm Fink.

MOUNIN, G.
1967, Les caractères linguistiques de l'agrammatisme, *La Linguistique*, 3 (2), p. 15-26.

1976, *Linguistique et traduction*, Bruxelles, Dessart et Mardaga.

1979, Hebraic rhetoric and faithful translation, *Technical papers for the Bible Translator*, 30 (3), p. 336-340.

NOREEN, A.
1904-25, *Vårt språk - Nysvensk grammatik i utförlig framställning*, I-VII, Lund, Gleerup (trad. 1923, *Einführung in die wissenschaftliche Betrachtung der Sprache*).

PALMBERG, R. - RINGBOM, H. (éd.)
1977, *Kontrastiv lingvistik och felanalys - Contrastive linguistics and error analysis*, Åbo, MSÅAF 19.

PARIS, C.
1979, Une interprétation "existencielle" de la "construction ergative" de la phrase en tcherkesse (comparaison avec le basque), C. Paris (éd.) *Relations prédicat-actant(s)*, II, p. 105-121.

PARIS, C. (éd.)
1979, *Relations prédicat-actant(s) dans des langues de types divers*, I-II, Paris, SELAF (LACITO-documents, Eurasie, 2-3).

PERROT, J.
1956, Réflexions sur les systèmes verbaux du latin et du français, *Revue des Langues romanes*, 72, p. 137-169.
1978a, Fonctions syntaxiques, énonciation, information, *BSLP*, 73 (1), p. 85-101.
1978b, (11e éd.) *La linguistique*, Paris, PUF, (Que sais-je ?).

POTTIER, B.
1969, (5e éd.) *Introduction à l'étude des structures grammaticales fondamentales*, Nancy, Publications linguistiques de la Faculté des Lettres et des Sciences Humaines de Nancy, 1.

POTTIER, B. (éd.)
1976, *Sémantique et logique*, Paris, Mame (Univers sémiotiques).
1980, *Les Sciences du langage en France au 20e siècle*, I-II, Paris, SELAF (Numéro spécial 10)

SAPIR, E.
1953, *Le langage* (1921, trad.), Paris, Petite Bibliothèque Payot.

SAUSSURE, F. de
1966, (3e éd.) *Cours de linguistique générale*, Paris, Payot (Bibliothèque scientifique).

SIMONIN-GRUMBACH, J.
1975, Pour une typologie des discours, *Langue, discours, société - Pour Emile Benveniste*, p. 85-121.

SLAKTA, D.
1975, L'ordre du texte, *Etudes de Linguistique appliquée*, 19, p. 30-42.

TCHEKHOFF, C.
1978, *Aux fondements de la syntaxe : l'ergatif*, Paris, PUF (Le linguiste).

TESNIERE, L.
1976, (2e éd.) *Eléments de linguistique structurale*, Paris, Klincksieck.

Textes - Linguistique, 1977, *Pratiques*, 13.

Typologie du discours politique, 1976, *Langages*, 41.

WEINRICH, H.
1973, *Le temps* (1964, trad.), Paris, Le Seuil (Poétiques).

WHORF, B.L.
1969, *Linguistique et anthropologie* (1956, trad.), Paris, Denoël.

OSTMAN, J.O. (éd.)
1978, *Reports on text linguistics : Semantics and cohesion*, Åbo, MSÅAF 41.

II.b. Oral, langue parlée

BOLINGER, D. (éd.)

1972, *Intonation : Selected writings*, London, Penguin Books.

BOUQUIAUX, L. - THOMAS, J.M.C. (éd.)

1976 (2e éd.) *Enquête et description des langues à tradition orale*, I-III, Paris, SELAF (Numéro spécial, 1).

CARTON, F.

1974, *Introduction à la phonétique du français*, Paris, Bordas.

DEULOFEU, H.J.

1977, *Recherches en vue d'une étude de l'évolution de l'ordre des constituants en français : la place des syntagmes prépositionnels en français oral contemporain*, Université de Paris III, Doctorat de IIIe cycle (dactylographié).

FERNANDEZ, M.M.J.

1971, *Le théâtre radiophonique d'expression suédoise en Finlande - contribution originale à la pensée théâtrale du XXe siècle*, Université de Paris IV, Doctorat de IIIe cycle (dactylographié).

1978c, Les voix de l'audiodramaturgie chez Bo Carpelan ou "L'éternel retour de l'Oralité", *Boréales* 9/10, p. 208-216.

1979a, Bo Carpelans radiodramatik : rösterna i efterscentiden, *20th century drama in Scandinavia (Proceedings of the XIIth IASS study conference)*, University of Helsinki, Nordica, p. 227-238.

1980b, The functional discourse perspective in spoken Swedish, Finnish and Lappish (paper delivered at the VIIth Conference on Baltic Studies), *The Journal of Baltic Studies*, à paraître, 12 p.

1982c, Oral Discourse and Functional Perspective : a new approach to Finnish and Lappish, *Proceedings of the Vth International Finno-Ugric Congress*, Turku, Fennicum, p. 180-186.

FONAGY, I.

1973, Poids sémantique et poids phonique, *La Linguistique*, 2, p. 5-35.

FRANÇOIS, D.

1974, *Français parlé - Analyse des unités phoniques et significatives d'un corpus recueilli dans la région parisienne*, I-II, Paris, SELAF (Numéro spécial, 2).

GOUDAILLIER, J.P.

1979, De l'utilisation de la phonétique expérimentale dans le cadre de la théorie phonologique fonctionnelle, *La Linguistique*, 1, p. 91-100.

Grammaire du français parlé, 1968, *Le français dans le monde*, 67.

GSELL, R.

1969b, Intonation et fonctions syntaxiques : réflexions sur le statut linguistique de l'intonation en français, Communication au *XIIe Congrès de la SLE* (Jérusalem).

GÅRDING, E. (éd.)

1978, *Kontrastiv fonetik och syntax*, Lund, LiberLäromedel.

GÅRDING, E. - BRUCE, G. - BANNERT, R.

1979, *Nordic prosody*, Lund University, Department of Linguistics (TILL 13).

HAGEGE, C.
1975, La ponctuation dans certaines langues de l'oralité, *Mélanges offerts à Emile Benveniste*, Louvain, Peeters, p. 251-266.

HAGEGE, C. - HAUDRICOURT, A.
1978, *La phonologie panchronique*, Paris, PUF (Le linguiste).

HAKULINEN, A.
1971, *A socio-linguistic approach to the analysis of narrative speech*, Université de Helsinki (Linguistique générale), Doctorat de IIIe cycle (dactylographié).

1975, Finnish "sitä" - An instance of the interplay between syntax and pragmatics, *Papers from the 2nd scandinavian Conference of Linguistics*, University of Oslo, p. 147-163.

HANSSEN, E. et al. (éd.)
1978, *Oslomål - Prosjektbeskrivelse og syntaktisk analyse av oslomål med henblikk på sosiale skilnader*, Oslo, Novus (TAUS 6).

IKOLA, O.
1972, Kirjakieli ja puhekieli, yleiskieli ja murre, *Sananjalka*, 14, p. 16-26.

KANSANEN, A.
1979, *Puheviestinnän perusteet*, Helsinki, Weilin & Göös.

KIEFER, F.
1967, *On Emphasis and Word Order in Hungarian*, Bloomington, Indiania University Publications (Uralic and Altaic Series, 76) - The Hague, Mouton.

LOMAN, B.
1968, Talsyntax, *Språkvård*, 4, p. 2-8.

1970, Social variation in the syntax of spoken Swedish, H. BENEDIKTSSON (éd.) *The nordic languages and modern linguistics 1 - Proceedings of the International Conference of Nordic and General Linguistics*, University of Reykjavik, p. 211-234.

LOMAN, B. (éd.)
1972, *Språk och samhälle - Språksociologiska problem*, Lund, Liberläromedel.

1974, *Språk och samhälle 2 - Språket i Tornedalen*, Lund, Gleerups.

LOMAN, B. - JORGENSEN, N.
1971, *Manual för analys och beskrivning av makrosyntagmer*, Lund, Lundastudier i nordisk språkvetenskap, C 1.

PERROT, J.
1971, Problèmes de structure appliqués au message, *Mélanges offerts à Aurélien Sauvageot*, p. 223-229.

PERROT, J. - LOUZOUN, M.
1974, Message et apport d'information : à la recherche des structures, (*Communication et analyse syntaxique*) *Langue française*, Février, p. 122-135.

ROSSI, M.
1977, L'intonation et la troisième articulation, *BSLP*, 72 (1), p. 55-68.

SAUKKONEN, P.
1970, Puhekielen luonteesta, *Kielikello*, 3, p. 3-9.

SIVERS, F. de
1968, L'adverbialisation des conjonctions dans quelques parlers populaires, *Word*, 24, p. 463-468.

VIERIKKO, E. (éd.)
1972, *Puhekieli ja ilmaisu*, Helsinki, WSOY.

VIHANTA, V.
1978, *Les voyelles toniques du français et leur réalisation et perception par les étudiants finnophones*, University of Jyväskylä (Studia Philologica Jyväskyläensia, 12).

II.c. Finno-ougrien

AUSTERLITZ, R.
1965, A Finnish/Swedish Phonological Parallel, *Scandinavian studies*, The University of Washington Press, p. 111-124.

1968, L'ouralien, *Le langage*, Paris, Gallimard (Encyclopédie de la Pléîade), p. 1331-1387.

1975, Language contact in Fenno-Scandia through the ages, K.H.DAHLSTEDT (éd.) *The nordic languages and modern linguistics*, Stockholm, Almqvist & Wiksell, p. 355-361.

1976, L'appellation du renne en japonais, aînou et surtout en ghiliak, *Sinor Festschrift*, Wiesbaden, O. Harrassowitz (Analecta Altaica), p. 45-49.

COLLINDER, B.
1957-77, *A handbook of the Uralic Languages*, Hamburg, Buske :
1977, (2e éd.) I. *Fenno-Ugric Vocabulary - An Etymological Dictionary of the Uralic Languages*.
1969, (2e éd.) II. *Survey of the Uralic Languages*.
1960, III. *Comparative Grammar of the Uralic Languages*.

DÉCSY, G.
1965, *Einführung in die finnisch-ugrische Sprachwissenschaft*, Wiesbaden, O. Harrassowitz.

KASSAI, G.
1974, *Etudes de stylistique comparée du français et du hongrois*, Université de Paris III, Doctorat d'Etat (dactylographié).

KASSAI, G. - LOFFLER, A.M. - PERROT, J.
1970, Pour une description fonctionnelle des cas du hongrois, *EFO*, VI-VII, p. 61-87.

Mélanges offerts à Aurélien Sauvageot, 1971 (*EFO*, VIII), Budapest, Akadémiai Kiadó - Paris, Klincksieck.

PERROT, J.
1967, Observation sur la structure de l'énoncé en hongrois, *BSLP*, 62 (1), p. 123-133.

1974, Le fonctionnement de l'article en français et en hongrois : problématique d'une description contrastive, *Etudes contrastives sur le français et le hongrois*, Debrecen (Studia Romanica Universitatis Debreceniensis, III), p. 3-14.

SAUVAGEOT, A.
1952, (2e éd.) Langues ouraliennes, *Les langues du monde*, Paris, CNRS, p. 279-318.

1965b, Le problème des postpositions en ouralien, *EFO*, V, p. 73-93.

1972, La servitude subjectale dans les langues ouraliennes, *EFO*, IX, p. 15-31.

Scandinavica et fenno-ugrica - Studier tillägnade Björn Collinder, 1954, Stockholm, Almqvist & Wiksell.

SEBEOK, T.
1946, *Finnish and hungarian case systems*, Stockholms Universitet (Acta Inst. Hungarici).

SIVERS, F. de
1978, Localisation sur l'axe horizontal en estonien, F. de SIVERS (éd.) *Structuration de l'espace dans les langues de la Baltique orientale*, p. 25-32.

SIVERS, F. de (éd.)
1978, *Structuration de l'espace dans les langues de la Baltique orientale*, Paris, SELAF (LACITO-documents, Eurasie 1).

VEENKER, W.
1975, *Materialien zu einem onomasiologisch-semasiologischen vergleichenden Wörterbuch der uralischen Sprachen*, Hamburg, Hamburger uralistische Forschungen, I.

WICKMAN, B.
1955, *The form of the object in the uralic languages*, Uppsala, Lundequist (*Uppsala universitets årsskrift*, 6) - Wiesbaden, O. Harrassowitz.

II.d. Le lapon

AIKIO, Samuli - ITKONEN, E. - SAMMALLAHTI, P.
1974, *Skabmatolak - Sabmelaš kirjjalašvuođa antologiija = Tulia kaamoksessa Saamelaisen kirjallisuuden antologia*, Helsinki, Otava.
- AIKIO, Sulo, *Čierastallam = Mäenlaskua*, p. 295-299.
- GUTTORM, A., *Kanda jiehtanasa reäŋgan = Poika jättiläisen renkinä*, p. 203-207.
- GUTTORM, H.A., *Kufihttarii nieiddak = Maahisten tyttäret*, p. 229-235.
  - *Reätkanjar-Juoksa = Katajaniemen Joose*, p. 237-243.
- LUKKARI, J., *Piera jâ su kalggu puođđum = Pieran ja hänen eukkonsa padonrakennus*, p. 301-305.
- LUKKARI, P., *Lišma minister = Lisman ministeri*, p. 269-275.
- NUORGAM, J., *Stuorr-Antt Anna noaidivuođa pirra = Ison-Antin Annan noituudesta*, p. 183-190.
- PALTTO, K., *Stalu kollik = Staalon aarre*, p. 309-319.
  - *Liegga olmmošvuođa ordnijubmi = Lämpimän inhimillisyyden järjestelmä*, p. 341-345.

BARTENS, R.
1972, *Inarinlapin, merinlapin ja luulajanlapin kaasussyntaksi*, Helsinki, MSFO 148.

1978, *Synteettiset ja analyyttiset rakenteet Lapin paikanilmauksissa*, Helsinki, MSFO 166.

BERGSLAND, K.
1961, *Laerebok i samisk : grammatikk med øvelsestykker*, Oslo, Kirke- og Undervisningsdepartementet.

BERONKA, J.
1937-40, *Lappische Kasusstudien*, I-II, Oslo, A.W. Brøggers boktrykkeri A/S (Sonderabdruck aus den Oslo Etnografiske Museums Skrifter, Bd. II).

COLLINDER, B.
1944, A lapp nyelv hovatartózasa, *Magyar Nyelv*, 40, p. 249-263.

1945, The affinities of Lapp, *Uppsala Universitets årsskrift*, 12, p. 129-143.

1954, Proto-lappish and samoyed, *Uppsala Universitets årsskrift*, 20, p. 94-118.

1956, Swedish research on the language and folklore of the Lapps, *Svenska landsmål och svenskt folkliv*, 79, Stockholm, P.A. Norstedt & Söner, p. 25-69.

FERNANDEZ, M.M.J.
1978b, Structuration de l'espace dans les langues balto-finnoises : l'exemple du lapon de montagnes, F. de SIVERS (éd.) *Structuration de l'espace dans les langues de la Baltique orientale*, p. 17-23.

1979b, Exploitation contrastive du champ sémantique de "la main" en lapon et en finnois, F. de SIVERS (éd.) *La main et les doigts dans l'expression linguistique*, Paris, SELAF (LACITO-documents, Eurasie 4), p. 28-31.

1982a, Anthropomorphisme et renniculture en Laponie : les andouillers multiples à forme de mains, F. de SIVERS (éd.) *La main et les doigts dans l'expression linguistique*, II, Paris, SELAF (LACITO-documents, Eurasie 7), p. 42-50.

1982b, L'unification de la langue lapone (same) : le crépuscule des Lapologues, ou une aube nouvelle pour la lapophonie ?, I. FODOR, C. HAGEGE (éd.) *Réforme des langues : histoire et avenir*, 36 p.

FRETTE, T.
1975, *Norsk-samisk ordbok - Dárugiel-sámigiel sádnigir'ji*, Oslo, Universitetsforlaget.

FRIIS, J.A.
1856, *Lappisk grammatik*, Christiania, J.W. Cappelens forlag.

HANSEGÅRD, N.E.
1965, *Sea Lappish and Mountain Lappish - A comparison of Fiord Lappish and Jukkasjärvi Lappish*, Helsinki, JSFO 66.

1967, *Recent finnish loanwords in Jukkasjärvi Lappish*, Uppsala, Acta Universitatis Upsaliensis (Studia uralica et altaica Upsaliensia, 3).

1971, *Finnish Loanwords in Jukkasjärvi Lappish - Supplement to "Recent finnish loanwords in Jukkasjärvi Lappish"*, Uppsala, Acta Universitatis Upsaliensis (Studia uralica et altaica Upsaliensia, 6).

ITKONEN, E.
1960, *Lappische Chrestomathie mit grammatikalischem Abriss und Wörterverzeichnis*, Helsinki, SUS.

ITKONEN, T.I.
1958, *Koltan- ja Kuolanlapin sanakirja - Wörterbuch des Kolta- und Kolalappischen*, Helsinki, LSFU XII.

ITKONEN, E. - ITKONEN, T. - KORHONEN, M. - SAMMALLAHTI, P.
1971, *Lapin murteiden fonologiaa*, Helsinki, Castrenianum (toim. 1).

KORHONEN, M.
1967-74, *Die Konjugation im Lappischen*, I-II, Helsinki, MSFO 143, 145.

1981, *Johdatus lapin kielen historiaan*, Helsinki, SKS. 1982c,

KORHONEN, M. - MOSNIKOFF, J. - SAMMALLAHTI, P.
1973, *Koltansaamen opas*, Helsinki, Castrenianum (toim. 4).

KORHONEN, O.
1973, *Sadnikir'ji sámigielas ruotagillii, ruotagielas sámigillii - samisk svensk, svensk samisk ordbok*, Jokkmokk, Sámiid Ál'bmutallaskuv'la Jåkkamåkkis.

LAGERCRANTZ, E.
1927, *Strukturtypen und Gestaltwechsel im Lappischen*, Helsinki, MSFO 57.

1929, *Sprachlehre des Nordlappischen nach den seelappischen Mundarten*, Oslo, Oslo Etnografiske Museum (Bulletin 3).

1939, *Lappischer Wortschatz*, I-II, Helsinki, LSFU VI.

1941, *Synopsis des Lappischen*, Oslo, Oslo Universitetets Etnografiske Museums Skrifter (Bd. II).

LUKKARI, P.
1974, *Sami-suoma sadnekirji - Saamelais-suomalainen sanakirja*, Helsseg, Lapin Sivistysseura (julk. 34).

1977, *Suoma-sami sadnekirji - Suomalais-saamelainen sanakirja*, Helsinki, Lapin Sivistysseura (julk. 38).

MAGGA, T.
1974, *Saamen kielen kielioppi*, Oulu (cours polycopié).

1976, *On quantity relations in norwegian Lappish - an experimental study based on the Utsjoki dialect*, Université de Turku (Phonétique), Doctorat de IIIe cycle (dactylographié).

NIELSEN, K.
1902-05, *Die Quantitätsverhältnisse im Polmaklappischen*, I-II, Helsinki, MSFO 20.

1913, *Die wissenschaftliche Bedeutung des Lappischen*, Oslo, FUF 13.

1943, *Lappiske studier*, Oslo, A.W. Brøgger (Studia septentrionalia, I).

1979a, (2e éd.; 1926-29, 1e éd.) *Laerebok i lappisk utarbeidet på grunnlag av dialektene i Polmak, Karasjok og Kautokeino*, Oslo, A.W. Brøgger.

1979b, (2e éd.; 1932-62, 1e éd.) *Lappisk ordbok - Lapp dictionary*, I-V, Oslo, Universitetsforlaget (Instituttet for sammenlignende kulturforskning, B, XVII, 1-5).

QVIGSTAD, J.K.
1945, Dobbeltkonsonant i forlyd i lappisk, *Festschrift till Konrad Nielsen*, Oslo, A.W. Brøgger (Studia septentrionalia, II), p. 193-212.

RAVILA, P.
1935, *Die stellung des Lappischen innerhalb der finnisch-ugrische sprachfamilie*, Helsinki, FUF 23.

RUONG, I.
1943, *Lappische verbalableitung dargestellt auf Grundlage des Pitelappischen*, Uppsala , A.B. Lundequistska - Leipzig, O. Harrassowitz (*Uppsala Universitets årsskrift*, 10).

1974, (2e éd.) *Min sámigiella - Samisk grammatik*, Uppsala, Utbildningsförlaget.

SAJNOVICS, J.
1972, *Beweis, dass die Sprache der Ungarn und Lappen dieselbe ist*, Wiesbaden, O. Harrassowitz (Societas uralo-altaica, 5).

Sámi Giellalávdegoddi
1978, *Oanehis sámegiela oahppa*, Guovdageaidnu, Sámi Instituhtta.

1979, *Sami oahppaneavut - Samiska läromedel*, Guovdageaidnu, Sámi Institut'ta (Dieđut 3).

SAMMALLAHTI, P.
1977, *Norjansaamen Itä-Enontekiön murteen äänneoppi*, Helsinki, SUS (toim. 160).

SCHÖLD, T.
1961, *Die Kriterien der urnordischen Lehnwörter im Lappischen*, Uppsala universitet, Institutionen för nordiska språk, 8.

SAUVAGEOT, A.
1977, Où situer le lapon ?, *EFO*, XIV, p. 7-18.

TOIVONEN, Y.H.
1950, *Zum problem des Protolappischen*, Helsinki, Sitzungsberichte der Finnischen Akademie der Wissenschaften (1949), p. 161-189.

VALKEAPÄÄ, N.A. ("Ailu, Ailloha\v{s}")
1976, *Lávlo vizar biello-cizaš*, Kemi, Sabmelaš-doaimahus.
(trad. 1982, M.M.J. FERNANDEZ, *Chante gazouille Grelot-des-neiges*, Moulins, Ipomée).

WIKLUND, K.B.
1915, (2e éd.) *Lärobok i lapska språket*, Uppsala A.B. Akademiska Bokhandeln.

II.e. Le finnois

AIRILA, M.
1924, *Kielellisten ilmiöiden perustelemisesta*, SUS (toim. 52), p. 15-26.

ATKINSON, J.
1969, (3e éd.) *A finnish grammar*, Helsinki, SKS.

BERONKA, J.
1921, *Syntaktiske iagttagelser fra de finske dialekter i Vadsø og Porsanger*, Kristiania, Videnskapselskapets skrifter.

1925, *Iagttagelser fra orddanelses- og formlaeren i de finske dialekter i Vadsø och Porsanger*, Oslo, Det Norske Videnskaps Akademi.

BRANCH, M. - NIEMIKORPI, A. - SAUKKONEN, P.
1980, *A student's glossary of Finnish*, Porvoo-Helsinki, WSOY.

DENISON, N.
1957, *The partitive in Finnish*, Helsinki, Suomalainen Tiedeakatemia (toim. B:108).

FERNANDEZ, M.M.J.
1977, Pour une linguistique contrastive finnois / français : A la recherche du Thème perdu, *Boréales*, 5, p. 56-61.

FLINT, A.
1980, *Semantic structure in the finnish lexicon : Verbs of Possibility and Sufficiency*, Helsinki, SKS.

HAKANEN, A.
1972, Normaalilause ja eksistentiaalilause, *Sananjalka*, 14, p. 36-76.

HAKULINEN, A.
1976, *Reports on text linguistics : Suomen kielen generatiivista lauseoppia*, 2, (Liitepartikkelin -han/-hän syntaksia ja pragmatiikkaa, p. 1-61 - Suomen sanajärjestyksen kieliopillisista ja temaattisista tehtävistä, p. 62-158), Åbo, MSÅAF 7.

HAKULINEN, A. - KARLSSON, F.
1979, *Nykysuomen lauseoppia*, Helsinki, SKS (toim. 350).

HAKULINEN, A. - KARLSSON, F. - VILKUNA, M.
1980, *Suomen tekstilauseiden piirteitä : kvantitatiivinen tutkimus*, University of Helsinki, Publications of the Department of General Linguistics, 6.

HAKULINEN, L.
1926, Pojalla on vaaleat hiukset, *Virittäjä*, 30, p. 91-94.

1968, (3e éd.) *Suomen kielen rakenne ja kehitys*, Helsinki, Otava.(trad. 1957-60, *Handbuch der Finnischen Sprache*, I-II, Wiesbaden, O. Harrassowitz. 1961, *The structure and development of the Finnish language*, Bloomington, Uralic and Altaic series, 3).

HALTSONEN, S. - PURANEN, R.
1979, *Kauno-kirjallisuutemme käännöksiä - Livres finnois en traduction*, Helsinki, SKS (Suomi 122:4).

HIRVONEN, I.
1977, *Tematiikka, spesies ja sanajärjestys - Suomen ja ruotsin vertailua*, Université de Helsinki, Maîtrise de Linguistique Générale (dactylographié).

HOLMAN, E.
1975, Teema/reema-rakenne ja suomen kielen sanajärjestys, *Virittäjä*, 3, p. 279-288.

HORMIA, O.
1967, *Lärobok i finska*, Lund, Gleerups.

HÄRMÄ, J.
1977, Eräiden suomen siirtotransformaatioiden soveltamisesta lauserajan yli, *Virittäjä*, 81, p. 157-166.

IKOLA, O.
1960, *Das Referat in der finnischen Sprache - Syntaktisch-stilistische Untersuchungen*, Helsinki, Suomalainen Tiedeakatemia (toim. B:121).

1964, (2e éd.) *Lauseopin kysymyksiä*, Helsinki, SKS (Tietolipas 26).

IKOLA, O. (éd.)
1977, (3e éd.) *Nykysuomen käsikirja* (éd. révisée du *Suomen kielen käsikirja*, 1969), Helsinki, Weilin & Göös.

ITKONEN, T.
1966, *Nykysuomen tutkimusta ja huoltoa*, Helsinki, SKS (Tietolipas 48).

1974-75, Ergatiivisuutta Suomessa, I-II, *Virittäjä*, 78, p. 379-398, 79, p.31-65.

KALLIOINEN, V.
1965, Les fonctions de l'intonation et la phrase interrogative en finnois, *EFO*, II (2), p. 107-122.

KARLSSON, F.
1974, *Centrala problem i finskans böjningsmorfologi, morfofonematik och fonologi*, Helsinki, SKS (Suomi 117:2).

1976, *Finskans struktur*, Lund, LiberLäromedel.

1978a, Nominaalilausekkeen tematiikka ja eksistentiaalilauseiden ongelma, *Rakenteita - Juhlakirja Osmo Ikolan 60-vuotispäiväksi*, Turku, Turun yliopiston suomalaisen ja yleisen kielitieteen laitoksen julk., 6, p. 293-305.

1978b, *Finsk grammatik*, Helsinki, SKS (toim. 339).

KETTUNEN, L.
1930-50, *Suomen murteet*, I-II (*Murrenäytteitä*, *Murrealueet*), IIIA-IIIB (*Murrekartasto, Selityksiä murrekartastoon*), Helsinki, SKS (toim. 188).

1960, *Suomen lähisukukielten luonteenomaiset piirteet*, Helsinki, SUS (toim. 119).

KOKKO-ZALCMAN, A.
1980, (2e éd.) *On tie - Cours de finnois en 24 leçons*, Helsinki, SKS.

MOREAU, J.L.
1971, La corrélation du sujet et de l'objet en finnois, *Mélanges offerts à Aurélien Sauvageot*, (*EFO*, VIII), p. 193-202.

NUUTINEN, O.
1977-78, *Suomea suomeksi - finska på finska - finsk på finsk - finnska á finnsku - finnish in finnish - le finnois par le finnois*, I-II, Helsinki, SKS (toim. 338).

Nykysuomen sanakirja, I-III, 1973 (4e éd.), Helsinki, SKS.

PENTTILÄ, A.
1963, (2e éd.) *Suomen kielioppi*, Porvoo-Helsinki, WSOY.

RAPOLA, M.
1925, *Suomen murteiden keskinäisistä suhteista*, Turku, Turun Yliopiston vuosikirja.

1933, *Suomen kirjakielen historia*, Helsinki, SKS.

1960, Suomen murteet, *Oma maa*, VII, Porvoo-Helsinki, WSOY, p. 387-400.

1969, (3e éd.) *Johdatus suomen murteisiin*, Helsinki, SKS (Tietolipas 4).

RAUTALA, H.
1978, Subjektin määräisyyden ja epämääräisyyden ilmaisukeinot englannissa ja suomessa, *Sananjalka*, 20, p. 29-51.

RUNEBERG, A. - WUOLIO, E.L.
1956, *Kortfattad finsk satslära*, Helsingfors, Söderströms.

SAARIMAA, E.A.
1967, (7e éd.) *Kielen opas*, Helsinki, WSOY.

SADENIEMI, M.
1960, *Kielenkäytön kysymyksiä*, Helsinki, SKS (Tietolipas 18).

SAUKKONEN, P.
1972, Kokeellisia havaintoja puhekielen ja kirjakielen tyylieroista, E. VIERIKKO (éd.) *Puhekieli ja ilmaisu*, p. 13-32.

Puhekielen lauseopillisista tunnusmerkeistä, *ibid.*, p. 49-52.

SAUVAGEOT, A.

1949, *Esquisse de la langue finnoise*, Paris, Klincksieck.

1965a, Du rôle de la quantité en finnois, *EFO*, II (1), p. 5-12.

1966, A propos de l'attribut partiel en finnois, *EFO*, III, p. 7-19.

1970, L'analyse morphologique du finnois, *EFO*, VI-VII, p. 7-21.

1973, *L'élaboration de la langue finnoise*, Paris, Klincksieck.

SETÄLÄ, E.N.

1966, (15e éd., revue par M. SADENIEMI) *Suomen kielen lauseoppi*, Helsinki, Otava.

SETÄLÄ, E.N. - SADENIEMI, M.

1966, (17e éd.) *Suomen kielioppi - Äänne- ja sanaoppi*, Helsinki, Otava.

SIRO, P.

1964, *Suomen kielen lauseoppi*, Helsinki, Tietosanakirja OY.

1974, Eksistentiaalilauseen hämähäkinverkkoa, *Virittäjä*, 78, p. 35-46.

1977, (2e éd.) *Sijakielioppi*, Helsinki, Gaudeamus.

SUNDMAN, M.

1976, *Suomen kielen eksistentiaalilauseiden syntaksista ja semantiikasta*, Université de Helsinki, Maîtrise de Linguistique Générale (dactylographié).

Suomen kielen etymologinen sanakirja, I-V, 1955-75, éd. Y.H. TOIVONEN, E. ITKONEN, A.J. JOKI, R. PELTOLA, Helsinki, LSFU XII (1-5).

TOIVAINEN, J.

1980, *Inflexional affixes used by Finnish-speaking children aged 1-3 years*, Helsinki, SKS (toim. 359).

VIRTARANTA, P.

1958, *Pääpainollisen tavun jälkeisen soinnillisen dentaalispirantin edustus Suomen murteissa*, Helsinki, SKS.

1971, Finskan i Amerika, A. HAMBURGER et al. (éd.) *Språk i Norden*, Lund, Läromedelsförlaget-Svenska Bokförlaget, p. 79-109.

VIRTARANTA, P. - SOUTKARI, P.

1964, *Näytteitä suomen murteista*, Helsinki, SKS (Tietolipas 34).

VIRTARANTA, P. - YLI-PAAVOLA, J.

1980, *Suomen murteet*, Helsinki, SKS (Suomi 119:1).

WIIK, K.

1974, *Suomen eksistentiaalilauseiden "subjekti"*, Turku, Turun yliopiston Foneetikan laitos (julk. 13).

*

Liste des abréviations utilisées dans la bibliographie

BSLP	Bulletin de la Société de Linguistique de Paris.
CIREN	Centre Inter-disciplinaire de Recherches sur l'Europe du Nord (Université de Paris VII)
EFO	Etudes Finno-ougriennes, Budapest-Paris.
EPHE	Ecole Pratique des Hautes Etudes, Paris.
FUF	Finnisch-ugrische Forschungen, Helsinki.
IASS	International Association for Scandinavian Studies.
JSFO	Journal de la Société Finno-ougrienne (SUS), Helsinki.
LACITO	Langues et Civilisations à Tradition Orale, CNRS, Paris.
LSFU	Lexica Societatis Fenno-Ugricae (SUS), Helsinki.
MSFO	Mémoires de la Société Finno-ougrienne (SUS), Helsinki.
MSÅAF	Meddelanden från Stiftelsens Åbo Akademi Forskningsinstitut, Åbo.
NU	Nordisk utredningsserie, Nordiska Rådet.
PUF	Presses Universitaires de France, Paris.
PUL	Presses Universitaires de Lille.
SELAF	Société d'Etudes Linguistiques et Anthropologiques de France, Paris.
SKS	Suomalaisen Kirjallisuuden Seura, Helsinki.
SLE	Societas Linguistica Europaea.
SOU	Statens offentliga utredningar, Stockholm.
SUS	Suomalais-ugrilainen Seura, Helsinki.
WSOY	Werner Söderström Osake Yhtiö.

*

Liste des abréviations utilisées dans la bibliographie

TABLE DES MATIÈRES

Pages

Résumés 7
Carte : les dialectes sames 12-13
Sommaire 15
Cartes : finnois et lapon en Laponie finlandaise 16-19
Préface 21
Remerciements 25

0. REMARQUES LIMINAIRES 27

0.1 MOTIVATION ET DEMARCHE 27
0.2. LES LAPONS 30
0.3. L'ENQUÊTE 34
0.4. LE CORPUS 36
0.5. LES LANGUES EN CONTACT 39
Carte : les dialectes finnois 42

1. TYPOLOGIE CONTRASTIVE DU FINNOIS ET DU LAPON 45

1.1. LES HYPOTHESES GENETIQUES 45
1.1.1. La recherche nordique 45
1.1.2. La position d' A. Sauvageot 46

1.2. LES GENERALITES CATEGORIELLES 49
1.2.1. Multiplicité casuelle du finnois 52
1.2.1.1. L'inventaire casuel 53
1.2.1.2. Les cas grammaticaux 62
1.2.1.3. L'accord 65
1.2.1.3.1. L'accord dans le syntagme nominal....... 67
1.2.1.3.2. L'accord dans le syntagme verbal........ 72
1.2.2. Multiplicité spécificatrice du lapon 76
1.2.2.1. Les déictiques 79
1.2.2.2. Les particules 81
1.2.2.3. La dérivation 82

1.3. POUR UNE TYPOLOGIE CONTRASTIVE LANGUE ECRITE / LANGUE PARLEE 87
1.3.1. UN ANALYTISME TACTIQUE 89
1.3.2. L'ENCHAINEMENT DANS LA DISCONTINUITE 92

2. ANALYSE MORPHOSYNTAXIQUE DU FINNOIS LAPONISANT 95

2.1. LES UNITES DE PREMIERE AUDITION 95
2.1.1. Aperçu phonologique 95
2.1.1.1. Le matériel vocalique 96
2.1.1.2. Le matériel consonantique 99

2.1.2. Particularités du lexique 102
2.1.2.1. Les régionalismes 102
2.1.2.1.1. Traits dialectaux 102
2.1.2.1.2. Les signifiés ethnoculturels 103
2.1.2.1.2.1. L'identité ethnique 103
2.1.2.1.2.2. Une civilisation de l'oralité 108
2.1.2.2. Les avatars de la synthématique 113
2.1.2.3. Idiolectes agrammatiques... 115
2.1.2.4. ... et créativité du langage 123

2.2. LES CONSTITUANTS IMMEDIATS 126
2.2.1. Le syntagme nominal sujet 127
2.2.1.1. Le sujet formel 127
2.2.1.1.1. Les présentatifs 129
2.2.1.1.2. Les infinitives...................... 130
2.2.1.1.3. Les génériques 132
2.2.1.2. Les actants permutables 136
2.2.1.2.1. Les phrases existentielles 136
2.2.1.2.1.1. La hiérarchie des actants en finnois 139
2.2.1.2.1.2. La notion de "species" 142
2.2.1.2.1.3. Forme de l'actant existentiel en finnois laponisant 147
2.2.1.2.1.4. Fonction de l'actant existentiel en finnois laponisant 151
2.2.1.2.2. Les phrases nécessives................ 159
2.2.2. Le syntagme verbal 164
2.2.2.1. Construction prédicative 165
2.2.2.2. Rection objectivante 168
2.2.2.3. Rection localisante 172
2.2.3. Le circonstant 177
2.2.4. L'accord 179
2.2.4.1. Accord nominal 179
2.2.4.2. Accord verbal 181

3. ANALYSE DISCURSIVE DU FINNOIS LAPONISANT 187

3.1. LA PERSPECTIVE FONCTIONNELLE DE LA PHRASE 188
3.1.1. Les composantes de la prédication 188
3.1.2. Thème - rhème 188
3.1.3. L'emphase 192
3.1.4. Le rappel 198
3.1.5. L'hégémonie du donné prosodique 200
3.1.6. Ordre des mots 207
3.1.6.1. Ordre syntaxique 209
3.1.6.2. Ordre informatif 213
3.1.6.2.1. L'expression du species 214
3.1.6.2.2. L'ultime dynamisme 216
3.1.6.2.2.1. Le verbe rhématisé 216
3.1.6.2.2.2. L'objet rhématisé 219
3.1.7. Les procédés morphologiques de thématisation ... 222
3.1.7.1. La marque du thème 223
3.1.7.1.1. Les particules 223
3.1.7.1.2. Les conjonctions..................... 226
3.1.7.1.3. Les verbes........................... 227
3.1.7.2. La démarcation du thème 227
3.1.7.2.1. Les adjectifs indéfinis 227
3.1.7.2.2. Les conjonctions indéfinies............ 228
3.1.7.3. La transition 229
3.1.7.3.1. Les déictiques 229
3.1.7.3.2. Les phatiques 230
3.1.7.3.3. Les adverbes énonciatifs 231

3.1.7.4. La rhématisation exclusive 233

3.2. AU-DELA DE LA PHRASE 235
3.2.1. La recherche du thème perdu 235
3.2.2. La thématisation de couverture 240
3.2.2.1. L'intonation suspensive 240
3.2.2.2. L'intonation cumulative 241

3.3. LA PERSPECTIVE FONCTIONNELLE DU DISCOURS 246
3.3.1. La progression thématique 246
3.3.1.1. Progression formalisée 247
3.3.1.2. Progression improvisée 249
3.3.1.3. Progression rhématique 252
3.3.2. La cohésion structurale 254
3.3.2.1. Cohésion syntagmatique 254
3.3.2.2. Cohésion d'isomorphie 258
3.3.2.2.1. Cohésion iconique 259
3.3.2.2.2. Cohésion circulaire 260
3.3.3. La stratégie discursive du finnois laponisant : notre perspective... 264

Planches photographiques (hors-texte)

TEXTES DU CORPUS 265
Discours A 267
Discours B 271
Discours C 277
Discours D 281
Discours E 283
Discours G 287
Discours H 293
Discours I 297
Discours K 301
Discours M 307

INDEX DES AUTEURS DE LA BIBLIOGRAPHIE 309

BIBLIOGRAPHIE 313
I. Les hommes 313
a) Plurilinguisme et société 313
b) Minorités de Fenno-Scandie 314
c) Les Lapons 316

II. Les langues 318
a) Langage, discours 318
b) Oral, langue parlée 323
c) Finno-ougrien 325
d) Le lapon 326
e) Le finnois 329
Liste des abréviations utilisées dans la bibliographie 333

*

PUBLICATIONS DE LA SELAF

N° ISBN : 2-85297

Bibliothèque de la SELAF

Les années 1967 et 1968 sont parues sous le titre « Bulletin de la SELAF ». Il s'y trouve parfois en fin d'ouvrage une rubrique « Informations ».

Année 1980

77-78. Pierre NOUGAYROL. *Le day de Bouna (Tchad). II. Lexique dày-français, index français-dày* (langue non classée Adamawa?), 180 p. 044-9

79. Luc BOUQUIAUX, Gladys GUARISMA, Gabriel MANESSY (éds.), *Problèmes de comparatisme et de dialectologie dans des langues africaines*, 85 p.
Tonologie comparée des langues gbaya-manza-ngbaka, par Yves MOÑINO.
Comparatisme dans les langues Adamawa, mise en question de quelques principes concernant la pratique de la linguistique comparative, par Raymond BOYD.
Racines tchadiques dans le groupe « Boua » (langues Adamawa du sud du Tchad)?, par Pascal BOYELDIEU et Jean-Pierre CAPRILE.
Comparaison dans le groupe mafa des langues tchadiques (Nord Cameroun), par Daniel BARRETEAU.
Niellim et tula (langues « Adamawa ») : concordances morphologiques (pluriels nominaux), par Pascal BOYELDIEU.
Comparatisme dans le domaine tonologique, par Gabriel NISSIM.
L'Atlas linguistique du Kenya : méthodes et résultats, par Wilhelm MÖHLIG. 120-8

80-81-82. Élisabeth MOTTE. *Les plantes chez les Pygmées aka et les Monzombo de la Lobaye (Centrafrique). Contribution à une étude ethnobotanique comparative chez des chasseurs-cueilleurs et des pêcheurs-cultivateurs vivant dans un même milieu végétal*, 490 p. 065-1

Année 1981

83-84. Diana REY-HULMAN. *Les bilinguismes littéraires, signification sociale de la littérature orale chez les Tyokossi*, 280 p. 101-1

85-86. Robert NICOLAÏ. *Les dialectes du songhay (contribution à l'étude des changements linguistiques)*, 200 p., 3 cartes, tableaux. 124-0

87-88. Nicole TERSIS-SURUGUE. *Economie d'un système - Unités et relations syntaxiques en zarma (Niger)*, 1981. 125-9

Année 1982 (sous presse)

89-90. Suzanne LALLEMAND et Zachari TCHAGBALE. *Toi et le ciel. Vous et la terre. Contes paillards tem du Togo.* 066-X

91-92. Francis JOUANNET. *Le kanembu des Ngaldoukou (langue saharienne parlée sur les rives septentrionales du lac Tchad). Phonématique et prosodie*, 250 p. 129-1

93-94. Jean-Michel DELOBEAU. *Yamonzombo et Yandenga. Les relations entre les villages monzombo et les campements pygmées aka dans la sous-préfecture de Mongoumba (Centrafrique).* 047-3

Tradition Orale

« LANGUES ET CIVILISATIONS À TRADITION ORALE »

1980

38. Jean-Claude RIVIERRE. *La langue de Touho - Phonologie et grammaire du cèmuhî (Nouvelle-Calédonie)*, 363 p., 2 cartes. 079-1
39. Georges DRETTAS. *La mère et l'outil. Contribution à l'étude sémantique du tissage rural dans la Bulgarie actuelle*, 592 p., 5 cartes, photos, fig. 080-5
40. Pierre GRENAND. *Introduction à l'étude de l'univers wayãpi. Ethnoécologie des Indiens du Haut-Oyapock (Guyane française)*, 332 p., 7 cartes, ill., photos. 086-4

1981

41. Françoise GRENAND. *La langue wayãpi. Phonologie. Grammaire (Guyane française)*, 116 p. 092-9
42. Noble AKAM et Alain RICARD. *Mister Tameklor*, suivi de *Francis-le-Parisien. Deux comédies musicales ewe*, par le HAPPY STAR CONCERT BAND. 300 p. + 2 cassettes, photos. 096-1
43. Maurice COYAUD. *Contes de Thaïlande, avec un aperçu grammatical du siamois*, 160 p., carte. 099-6
44. André PROST et Pierre LEBRIS. *Dictionnaire bobo-français. Introduction grammaticale et lexique français-bobo*, 415 p. 102-x
45. Gabriel NISSIM. *Le bamileke-gomala? (parler de Bandjoun, Cameroun) - Phonologie - Morphologie nominale, comparaison avec des parlers voisins*, 316 p.
46. Fernand BENTOLILA. *Grammaire fonctionnelle d'un parler berbère : Aït Seghrouchen d'Oum Jeniba (Maroc)*, 445 p., 2 cartes. 107-0
47. Jean CLÉMENT. *Les relations familiales dans le Bengale rural à travers le roman néo-réaliste bengali*, 220 p. 100-3
48. Martine DÉCHAMPS-WENEZOUI. *Le français, le sango et les autres langues centrafricaines. Enquête sociolinguistique au quartier Boy-Rabe (Bangui, Centrafrique)*, 211 p. 095-3
49. Jean-Dominique PÉNEL. *Homo caudatus, Essai d'Archéologie du discours ethnologique*, 220 p., photos. 108-9
50. Jacqueline M.C. THOMAS, Serge BAHUCHET et al., *Encyclopédie des Pygmées Aka - I. Les Pygmées Aka - Introduction à Encyclopédie*, 1981, 410 p. 119-4
    II. Dictionnaire ethnographique, fasc. 1, P-P̂, 1981, 140 p. 106-2

* Françoise OZANNE-RIVIERRE. *Dictionnaire iaai-français (Ouvéa, Nouvelle Calédonie)*, 250 p. 126-7
* Jean-Claude RIVIERRE et Alban BENSA. *Les chemins de l'alliance, tradition orale cèmuhî (langue de Touho, Nlle Calédonie)*, précédé de l'*Organisation sociale en pays cèmuhî* (par Alban BENSA), 450 p. 114-3
* Jean-Michel CHARPENTIER. *Atlas linguistique des Nelles-Hébrides*, 500 cartes. 106-2
* Suzanne LAFAGE. *Français écrit et parlé en pays ewe (Sud-Togo)*, 595 p. 127-5
* Jean-Marie PLONEÏS. *Description phonétique et morphologique du parler de Berrien (Bretagne)*. 128-3

LACITO-Documents

ASIE-AUSTRONÉSIE

1. Maurice COYAUD (éd.), *Littérature orale*, 1977, 56 p.
   1. Contes paiwan (Formose), par A. G. HAUDRICOURT et M. COYAUD, pp. 2-23.
   2. Un mythe khamou: L'origine des baguettes divinatoires, par M. FERLUS, pp. 24-31.
   3. Une histoire phou noy: «La guerre des Ho et des Phou noy», par M. FERLUS, pp. 32-35.
   4. Contes siamois, par M. COYAUD, pp. 36-39.
   5. Conte coréen: «La fondation de Séoul», par M. COYAUD, pp. 40-56. 098-8
2. Maurice COYAUD et Denise BERNOT, *Littérature orale (Birmanie, Corée, Japon, Mongolie, Nouvelle-Calédonie)*, 1979, 127 p., ill. 075-9
3. Jean-Claude RIVIERRE, Françoise OZANNE-RIVIERRE et Claire MOYSE-FAURIE, *Mythes et contes de la Grande-Terre et des Iles Loyauté (Nelle Calédonie)*, 1980, 225 p., carte. 091-0

AFRIQUE

6. Jean-Pierre CAPRILE (éd.), *Contacts de langues en Afrique 3*, 1979, 135 p.
   — *La création lexicale spontanée en Afrique centrale par emprunt au français*
   I. Le projet «lexiques thématiques d'Afrique centrale» et la création lexicale spontanée, par Jean-Pierre CAPRILE, pp. 11-15.
   II. Les besoins terminologiques des langues africaines en fonction des «publics cibles», par Jean-Pierre CAPRILE, pp. 17-20.
   III. Inventaire thématique des créations lexicales spontanées au Tchad (exemples mbay), par Jean-Pierre CAPRILE, pp. 21-32.
   IV. Créations lexicales spontanées en sango à partir d'emprunts au français, par Marcel DIKI-KIDIRI, pp. 33-43.
   V. Les emprunts du tupuri au français, par Suzanne RUELLAND, pp. 45-81.
   VI. Processus d'intégration des emprunts linguistiques français en tetela, par Tassa OKOMBE-LUKUMBU, pp. 83-115, carte.
   Liste alphabétique des concepts correspondant à une création lexicale spontanée par emprunt au français, pp. 117-135. 076-7
7. Gladys GUARISMA (éd.), *Tons et accents dans les langues africaines*, 1981, 146 p.
   1. Quelques principes de structure prosodologique dans les langues africaines et leurs conséquences pour une analyse adéquate, par Wilhelm MÖHLIG.
   2. À propos de la notion de faille tonale, par Raymond BOYD.
   3. De deux à trois tons, l'évolution tonale dans les langues gbaya-manza-ngbaka, par Yves MOÑINO.
   4. Les tons du gbanu, par Yves MOÑINO.
   5. Les tons du bozom, par Yves MOÑINO.
   6. Analyse paradigmatique ou analyse syntagmatique des tons, par Francis JOUANNET.
   7. Sur le phénomène accentuel en bafia (langue bantoue A 50 du Cameroun), par Gladys GUARISMA.
   8. Les marques prosodiques de l'accompli et de l'inaccompli dans une langue saharienne. Problèmes d'accentuation et de morphologie, par Francis JOUANNET. 109-7

EURASIE

5. Frank ALVAREZ-PEREYRE (éd.) *Ethnolinguistique: Contributions théoriques et méthodologiques* (Actes du Colloque tenu du 29 mai au 1er juin 1979 à Ivry). 118-6
6. Fanny de SIVERS (éd.), *La main et les doigts dans l'expression linguistique, 2* (Actes de la Table Ronde Internationale du CNRS, Sèvres, 9-12 septembre 1980), 1981, 280 p. 112-7

Numéros Spéciaux

8. Odette METTAS, *La prononciation parisienne. Aspects phoniques d'un sociolecte parisien (Du faubourg Saint Germain à la Muette)*, 1979, 564 p., sonagrammes. 062-7
9. Luc BOUQUIAUX, Larry M. HYMAN et Jan VOORHOEVE (éds.), *L'expansion bantoue* (Actes du Colloque International du C.N.R.S., Viviers, 4-16 avril 1977). 069-4
   I. Les classes nominales dans le bantou des Grassfields, par J. VOORHOEVE, K. STALLCUP, G. NISSIM, J. M. HOMBERT, M. TADADJEU, L. M. HYMAN.
   II. L'expansion bantoue (thèmes: 1. Recherches relatives à la classification du bantou, d'après des méthodes statistiques, lexicales et grammaticales, 2. Comparaison des unités
10. Bernard POTTIER (Articles réunis par), *Les sciences du langage en France au XX*[e] siècle,
11. Jacqueline M.C. THOMAS et Anne BEHAGHEL, *La linguistique africaniste française (en France et en Afrique). Le point de la question en 1980, 1980, 85 p.* 077-5
12. Marie-Thérèse MORLET, *Les études d'onomastique en France de 1938 à 1970*, 1981, 214 p. 070-8
13. André et Jeanne MARTINET, *Dictionnaire de l'orthographe, Alfonic*, 1980, 201 p. 088-0
* Émilie SABEAU-JOUANNET (éd.), *Langage enfantin et conditions de communications*. 110-0

ORALITÉ (Documents et Études)

1. Spiridion SHYIRAMBERE, *Contributions à l'étude de la sociolinguistique du bilinguisme. Kinyarwanda et français au Rwanda*, 1978, 535 p. + XX p. + Annexe et carte. 021-X
2. Gladys GUARISMA et Suzy PLATIEL (éd.), *Dialectologie et comparatisme en Afrique Noire* (Actes des journées d'étude tenues au Centre de Recherche Pluridisciplinaire du CNRS, Ivry/France (2-5 juin 1980), 1980, 306 p., cartes, tableaux. 064-3
3. André JACQUOT, *Lexique laadi (Kongo)*, 1981, 350 p. 121-6

Asie du Sud-Est et Monde Insulindien

1. Bakoly DOMENICHINI-RAMIARAMANANA, *Le malgache. Essai de description sommaire*, 1976, 130 p., carte. 049-x
2. Jacques DOURNES, *Mythes srê. Trois pièces de littérature orale d'une ethnie austro-asiatique*, 1977, 313 p., 2 cartes, photos h-t. 015-5
3. Denise BERNOT, *Dictionnaire birman-français (fasc. 1)*, 1978, 227 p., fig. 020-1
   Dictionnaire birman-français (fasc. 2), 1979, 209 p., fig. 053-8
   Dictionnaire birman-français (fasc. 3), 1980, 195 p., fig. 087-2
   Dictionnaire birman-français (fasc. 4), 1981, 208 p., fig. 11-9
4. Nicole REVEL-MACDONALD, *Le palawan (Philippines). Phonologie, catégories, morphologie*, 1979, 264 p., 2 cartes, photos h-t. 036-8
5. Henri CAMPAGNOLO, *Fataluku I. Relations et choix. Introduction méthodologique à la description d'une langue «non austronésienne» de Timor Oriental*, 1979, 246 p., 4 cartes. 023-6
6. Adolphe RAZAFINTSALAMA, *Les Tsimahafotsy d'Ambohimanga. Organisation familiale et sociale en Imerina (Madagascar)*, 1981, 252 p., 3 cartes, 16 planches photos. 038-4
7. Jacqueline MATRAS-TROUBETZKOY, *Le village et l'essart. Etude de la culture du riz chez les Brou du Cambodge (Province de Ratanakiri)*, 1981, 500 p., cartes, photos. 071-6
8. Denise BERNOT, *Le prédicat en birman parlé*, 1980, 381 p. 072-4

9. Mohamed AHMED CHAMANGA et Jacques-Noël GEUNIER. *Le dictionnaire comorien-français et français-comorien du R. P. SACLEUX.* 1979, 659 p. (2 vol.). 048-1
10.* Dominique THOMAS-FATTIER. *Le dialecte sakalava du Nord-Ouest de Madagascar. Phonologie, grammaire, lexique*, 400 p., 2 cartes. 103-8
11.* André BAREIGTS. *Les Lautu. Contribution à l'étude de l'organisation sociale d'une ethnie chin de Haute-Birmanie*, 520 p. 105-4
12.* Uraisi VARASARIN. *Les éléments khmers dans la formation de la langue siamoise*, 305 p. 113-5
13.* Claude VOGEL. *Les quatre mères d'Ambohibao (Madagascar)*, 1980, 379 p. 074-0
14.* Roger-Bruno RABENILAINA. *Morpho-syntaxe du malgache. Description structurale du dialecte bara*,365 p. 122-4
15.* Pierre CLÉMENT et Sophie CHARPENTIER. *L'habitation lao dans les régions de Vientiane et de Louang-Prabang*, 700 p. (environ), fig., photos. 113-5
16.* Henri CAMPAGNOLO. *Fataluku II. Description d'une langue de l'extrême-est de Timor. Phonématique, prosodie, morphologie, syntaxe*, 200 p.
17.* Brigitte CLAMAGIRAND. *Marobo, une société ema de Timor central*, 300 p. 123-2

Les ouvrages de cette collection sont également disponibles à L'ASIATHÈQUE, 6 rue Christine 75006 Paris (tél. 325-34-57).

DISQUES - ORSTOM-SELAF

1. Simha AROM et France CLOAREC-HEISS. *Rondes et jeux chantés banda-linda. République Centrafricaine*, 1973-CETO 745
2. Jean-Claude BARBIER et Bernard SURUGUE. *Funérailles d'une reine bamileke. Cameroun.* 1974-CETO 746
3. Jean-Pierre DIGARD. *Baxtyâri, nomades de la montagne. Iran.* 1974-CETO 747.
4. TRÂN VAN KHÊ. *Ṛâga Kirwani, râga Gunkali. Inde.* 1975-CETO 751.
5. Michel GUIGNARD. *Voie noire, voie blanche. Mauritanie.* 1975-CETO 752-753.
6. Henri LAVONDES. *Chants et musique des îles Marquises et Tuamotu.* 1976-CETO 755.
7. Jean-Michel BEAUDET. *Musique wayãpi.* 1980-CETO 792.
8. Françoise LE GUENNEC-COPPENS. *Musique de mariage à Lamu. Kenya.* 1980-CETO 791.

Jacqueline M.C. THOMAS. Luc BOUQUIAUX et France CLOAREC-HEISS. *Initiation à la phonétique. Phonétique articulatoire et phonétique distinctive.* 1976-CETO 750, 1 disque 33 t. 30 cm.

Achevé d'imprimer le : 07 Mai 1982
sur les presses de la SELAF
5, rue de Marseille 75010 PARIS